律师之路

从法学生
到
合伙人

律师之路

从法学生到合伙人

刘万勇 张伸 著

中国政法大学出版社

2024·北京

图书在版编目（ＣＩＰ）数据

律师之路：从法学生到合伙人/刘万勇，张伸著.—北京：中国政法大学出版社，2024.1
ISBN 978-7-5764-1122-5

Ⅰ.①律…　Ⅱ.①刘…　②张…　Ⅲ.①律师业务－中国　Ⅳ.①D926.5

中国国家版本馆CIP数据核字(2023)第191921号

出　版　者　　中国政法大学出版社
地　　　址　　北京市海淀区西土城路 25 号
邮寄地址　　　北京 100088 信箱 8034 分箱　邮编 100088
网　　　址　　http://www.cuplpress.com (网络实名：中国政法大学出版社)
电　　　话　　010-58908289(编辑部) 58908334(邮购部)
承　　　印　　北京中科印刷有限公司
开　　　本　　720mm×960mm　1/16
印　　　张　　24.25
字　　　数　　365 千字
版　　　次　　2024 年 1 月第 1 版
印　　　次　　2024 年 1 月第 1 次印刷
定　　　价　　99.00 元

    法律是一门实践性很强的学科，本人在司法一线多年，希望广大法律从业者能够通过本书对自己的职业规划有更加清楚的认识和追求，也希望广大读者能从本书中了解到一个律师成长的必经之路，以及一定的法律知识。

    刘万勇律师通过本书将自己的执业经验倾囊相授，几经删改，终于出版，实属不易。古语云：师者，传道授业解惑也。本人详读此书原稿后，深感可喜。本书在律师行业中传道授业解惑上的倾力之心从其涉猎内容之广可见一斑。

    这本《律师之路》，不仅仅是一本律师的晋级攻略书，更是一本关于律师成长的百科全书。律师也好，不是律师也好，每一个人都能从这本书中看见律师职业的轮廓，甚至在脑海中形成一幅小律师一步步成为大律师的图景。这本书在方方面面都非常详细，小到律师的穿着与简历，大到律师的业务拓展能力如何适应当今飞速发展的网络，本书所进行的律师职业规划顺应时代展开，在可预见的未来中也是非常贴合律师行业，是一本律师实务的工具书。

    在如今这个时代，随着法治建设的浪潮汹涌，越来越多的人开始有意识地、自发地学习和了解法律知识，我们也在逐渐摆脱古老且腐朽的厌讼旧习。对于律师来说，这其实是一道坎，意味着律师不再仅仅通过知道法条就获得当事人的信赖，甚至如果律师对于法律关系的熟悉程度不够，可能被当事人说得哑口无言。换言之，律师也需更多提高自己的知识储备和业务水平。

    希望本书能让更多的律师找到自己选择这条道路的答案，不断突破自身，也不断在律师的道路上更加精进，为法治社会的建设贡献出自己的一份力量。

梁书文

2022 年 11 月

前　言
FOREWORD

　　律师是一个有前景的行业，学历背景、人脉资源、个人工作能力等因素会影响每个律师的成长轨迹。律师，尤其是青年律师，在执业之初一定会有不少困惑。我经历过同样的阶段，也有过同样的迷茫。为了给青年律师的成长提供一些借鉴，我萌发了编写这本书的想法。本书将结合自身的经历，讲述一个普普通通的本科生一路拼搏晋升到律所主任的心得与体会。希望能够给青年律师以启迪，和大家共同交流进步。

　　2008 年，我初出茅庐，来到现在这家律所开始执业，十余年以来，从未换过律所，一路从专职律师、合伙人律师、高级合伙人律师做到律所主任。我们律所与北京各大高校一直保持着良好的合作关系，是法律专业学生的实践基地。因为拥有在职业生涯中带徒弟的经历，我非常熟悉学生的心理状况，知道初入行容易犯的错误和必须掌握的技能。自成为律所主任以来，通过与律所律师及各加盟律师的交流，我亦了解到了律师们最关切的问题，且熟悉各个阶段的律师关心的问题和需要的帮助。

　　我算不上学习成绩十分优秀的学生，一直以来都是个实用主义者。我认为将自己的法律知识储备转化为解决实际问题的能力，是每一位律师成长的必经之路。至此，我将毫无保留地将自己的执业经验展现于本书之中，无论是青年律师执业之初对于专业领域选择的迷茫，抑或是专职律师关于如何突破职业瓶颈，在执业能力上更进一步的困惑，相信你们都将会在此书中找到属于自己的答案。

　　最初编写本书是作为内部培训资料，在经过多年的检验修改后，现予以公开出版，期望能够帮助学生、青年律师快速成长，以教科书的形式打造出法学生晋级到合伙人律师的详细攻略。

第一章　律师职业漫谈　001

随着社会的发展、国家的出现，"法"这一概念逐渐替代原始社会的氏族联盟和习惯。在法产生后，便成为人和人之间处理不能自行解决的严重冲突工具，律师这一职业便是随着西方的辩论式诉讼而产生的。

第二章 素质篇 040

　　没有任何一份职业可以一蹴而就，更没有任何一个行业可以轻易取得成就。想成为一名出色的律师，扎实的专业技能与优秀的综合素养都必不可少。哪些素质是一名合格律师应具备的，这是每位法律人需要思考的问题，本章从七个小节分述如下，希望青年律师可以有所启发。

第三章　技能篇 076

　　法律知识是法律技能的基础，但也仅仅是基础，作为律师，必须实现从法律知识到法律技能的跨越。律师的成功不仅仅来自学历和天赋，更重要的是技能。出色的名气和口碑往往能吸引当事人光顾，但赢得案件却只能凭律师的技能，办案程序一旦启动，律师的名气就要让位于律师的技能，能否赢得案件取决于律师技能的运用与发挥。本章主要从掌控时间的能力、文字处理能力、法律检索的能力、整理案卷、踏上晋级之路五个方面阐述律师所需的必备技能。

第四章　业务篇　**111**

随着全面依法治国实践的不断深入，我国律师队伍不断壮大，律师的作用日益凸显，律师的事业发展呈现出新的局面。律师是社会主义法治建设中一股非常重要的力量，作为律师，应尽力做到：①坚定信念，坚定中国特色社会主义理想信念；②执业为民，树立和自觉践行服务为民的理念；③维护法治，忠于宪法和法律；④追求正义，维护社会公平正义；⑤诚实信用，恪守诚实守信原则；⑥勤勉敬业，做到爱岗敬业。尤其是要注意理论联系实际，突出操作技能。本章重点介绍执业中的几项基础业务和基本技能，主要包括一些常见的非诉业务，民事、刑事诉讼业务，仲裁、执行业务。在大众心目中，一提到律师，马上就会联想到诉讼，这种印象虽然有些片面，但是也反映出律师业务中最主要的内容便是诉讼。伟大的时代为中国律师的起步、发展提供了千载难逢的机会，同时也对律师提出了更高的要求，所以我们要不断加强业务知识学习，为社会主义法治建设贡献一份力量。

第五章　进阶篇　293

　　从抽象层面来看，若想要在律师行业崭露头角，从一名青年律师进阶到合伙人，除了需要掌握法律知识以外，还需要具备较强的人际交往能力，故年轻律师在刚入行的时候，一定要多学、多听、多看，巧学技能；比如从客户接待到人脉资源的建立，从完成诉讼文书到庭审表达，可以在这个过程中搭建自己的声誉，比如获取当事人的信任、获得法官的尊敬等。

1

第一章

律师职业漫谈

随着社会的发展、国家的出现，"法"这一概念逐渐替代原始社会的氏族联盟和习惯。在法产生后，便成为人和人之间处理不能自行解决的严重冲突工具，律师这一职业便是随着西方的辩论式诉讼而产生的。

第一节　法律职业

法律职业伴随着法律的出现而出现，是受过专门的法律训练的从业人员。古代的法律职业最早可追溯至西周时期，古代西方和中国都有从事法律职业的专职人员。

一、古老的法律职业

自从有了法律，一个以公平、正义为使命的法律职业群体便应运而生。法律职业一般是指直接从事与法律有关的各种工作，包括法官、检察官、律师、法务、公证人以及大学法学教师等职业，目前主要指律师、法官、检察官。

（一）西方

在西方古罗马习惯法时期，宗教和世俗都由僧侣祭司控制。以《十二铜表法》为代表的成文法颁布之后，祭司仍有对法律的解释权和司法权。随着古罗马人越来越多地参与到公共事务的管理，能言善辩者被公众所熟知，在有人被公开审判时，这部分人会被请去为那些内向而不善言辞之人发言，这便是最早期律师辩护的雏形。公元前1世纪，罗马共和国处于社会变革时期，社会上出现许多研究法律法规的法学家，经常向公共官员提供意见，也会帮助普通人民解决法律问题、提供法律服务，对法律宣传和社会稳定起到了积极的作用。随着社会发展，一批优秀的法学家成长起来，在奥古斯都（Augustus）统治之下，一些知名的法学家被授予提供法律意见的权利，若是没有其他意见相左，那么此意见便应该被遵循。由此，法律职业得以进一步地被推崇和发展。[1]

（二）中国

在中国古代，法律职业早已存在上千年。据史料记载，历史上最早出现的司法官员是尧舜时期名为"士"的司法官员。时任者乃皋陶，法官之始祖也，主管立法与司法事务。《竹书纪年》云："帝舜三年，命咎陶作刑"，深受人们爱戴。西周时期最高司法长官为大司寇，掌三邦之典，佐王刑邦国。其次为小司寇，掌外朝以外政五刑，听万民之狱讼。最后为士师，掌国之五禁之法，以左右刑罚。秦朝时，廷尉是中央最高审判机关和最高司法机关官员，还有一种专门做司法文书工作的司法辅助人员为"刀笔吏"，《史记·萧相国世家赞》中说："萧相国何于秦时为刀笔吏，录录未有奇节。"唐代最高司法机关为大理寺，下设司法辅助人员、掌同司直、出使推按，参决疑狱。地方有御史、亭长、掌固、问事等。宋代各路设有提点刑狱司，地方属官中有县丞、主簿和县尉，其中县丞亦受接民讼。我国历史上还有一种特殊的法律职业，便是讼师，讼师注重逻辑，善于思辨，崇尚法律，依靠代写诉状、出谋划策、传授法律知识等作为谋生手段。讼师出现于春秋、发展于汉代、兴趣于唐代。唐代具有较为完备的法典，司法活动具有稳定性和可预期性，是讼师得以兴盛的前提。在敦煌和吐鲁番出土的唐代文书中表明，讼师为专门替人写契书的契人。《唐律疏议·斗讼》第九条规定："诸为人作辞牒，加增其状，不如所告者，笞五十；若加增罪重，减诬告一等。"宋代得以大发展，宋人好诉成风，兴讼、健讼、嚣讼等词语在宋代史料中比比皆是，如《名公书判清明集》卷十二《讼师官鬼》记载："官鬼"之意即害官之鬼，这等讼师大致以贿吏赇官为能事，把持诉讼，从中牟利。《名公书判清明集》中共有八处提及，可见其兴盛。[2] 后经元、明、清发展，讼师所写的诉状格式有了严格的要求，即制作官府统一认定的诉状格式。但是由于中国古代封建制度和特有的法律环境，传统意义讼师和近现代意义的律师仍有着本质上的差别，古代讼师是在封建专制下以书写诉状打官司为生的人，并不是一种具有正当性和专业化的法律家阶层。

进入 20 世纪以后，在西方民主法治思想的影响之下，清朝政府也随之进行变法图强，进行法律改革。1902 年，清政府任命沈家本、伍廷芳将一切现行律例，按照交涉情形，参考各国法律，悉心考订，妥为拟议。[3] 新律颁布后，一定程度上改变了当时的法律制度，如 1907 年颁布的《各级审判厅试办章程》、1910 年颁布的《法院编制法》《法官考试任用暂行章程》《法官考试任用暂行章程实施细则》等，都对律师代理、律师辩护以及法官、检察官的选拔、任用等作了具体的规定，有力地推动了清末律师制度、法官制度的确立，进而促成了对法律职业的需求。[4] 因此，政府建立了许多专门培养政法人才的学堂、司法研究所、临时法官养成所等，使得法律职业无论从人数上还是素质上都得到了较大提高。同时清朝政府为了保证法官的质量，还进行了选拔考试，只有通过考试才能从事法官审判工作。随后律师制度也得以建立，1906 年修订的《大清刑事民事诉讼法草案》第四章"刑事民事通用规则"有"律师"一节，专门规定了律师的执业资格、职责、注册登记以及违纪惩戒等。1910 年 2 月颁布的《法院编制法》，则对律师代理以及辩护制度作了具体的规定，这标志着近代律师制度已在我国初步确立。1911 年 1 月，在新修订的《大清刑事诉讼律草案》以及《大清民事诉讼律草案》中，律师的辩护和代理制度得到进一步的确认，其涉及的内容，包括辩护人的资格、代理费用、代理权限及效力以及诉讼辅佐人等。律师制度的建立是近代法律职业兴起的重要表现。[5]

新中国成立之后，国家提出依法治国方略，对法律人才的需求增加，众多高等院校纷纷开设法学专业。但近年来法学专业人才出现供大于求的局面，为了保证法律人才质量，国家组织法律职业统一考试，选拔法律人才，形成目前较为稳定完善的法律职业制度。法律职业制度经过上千年的发展，在当代法治生活中也扮演着越来越重要的作用，法律职业是实现国家法治、维护社会稳定的中坚力量。

二、法学专业就业方向

拥有法学背景的毕业生（本科或研究生阶段学习法学）毕业就业如果想继续从事与专业相关的工作，大体有以下几个方向：

（一）公务员

主要包括法官、检察官和行政机关公务员。考取公务员是很多毕业生的首要选择。以最具代表性的北京市为例，公务员可以解决北京户口且工资福利待遇有保障，如果可以成功被录取，确实是一份不错的工作。但是一般公务员晋升相比其他行业较为缓慢，通常有5年的最短服务期，本科生或者研究生正常毕业5年后大多在27～30岁左右，如果此时再从事其他行业，起步较晚。

（二）企业法务

法律专业培养的学生具有良好的法学思维，掌握法学基本理论和系统法律专业知识；熟悉我国法律法规及有关政策，具有社会责任感和担当精神；能够独立分析和解决实际法律问题；具有较强的文字和口头表达能力；掌握律师实务、司法鉴定、法医等技术知识的高级法律专门人才。[6]企业法务也是法律专业学生的一个选择。

企业法务是指受聘于特定公司企业、具有丰富的法律知识、负责处理诉讼和非诉讼法律事务的专业人员。

法务与律师的区别在于：①法务是单位的员工，依据劳动法和劳动合同为特定公司服务；律师是独立于单位外聘的法律工作人员。②法务可以不通过法律职业资格考试，律师则必须通过法律职业资格考试并且领取律师执业资格。[7]③法务一般精通法律知识同时熟悉企业管理，主要侧重于对公司内部治理、交易模式设计与决策法律风险管控工作，并且担负企业与外聘律师沟通桥梁的作用；律师则精通于各种具体的诉讼和非诉讼法律事务的处理。企业法务的工作较为琐碎，晋升空间一般，往往作为公务员和律师之后的选择。一些律师在工作一段时间后认为自己不能胜任也会转做企业法务工作。企业法务主要服务于企业的法律事务部、法律咨询部以及知识产权部等。例如，各大国企、银行、外企、一些大型的私企，公司内部都会设有法务部门，专门处理企业所涉及的法律事务。

企业法务的主要职责是合同文本的制定、修改，包括客户、员工、供应商合同之拟定、修改、审核；处理及收集整理资料配合律师处理公司有关法律事务；收集、分析与本公司业务相关之法律信息并结合公司情况提出专业意见，针对工作中发现的问题及时提出预防措施；代表公司参与涉诉事务的协商、调解、诉讼与仲裁活动；协助公司领导正确执行国家法律法规，对公司的重大经营决策进行法律论证，出具法律意见；对侵犯公司利益的事项进行调查、处理，依法追究相关人员的法律责任；负责商标专利等公司知识产权的申请、维护；负责企业及下属公司的法律宣传、教育及培训；追踪最新法律资讯以供管理层参考。

企业法务的工作目标主要构建和完善企业运营法律支持体系和法律风险防控体系，争取无争无诉是法务工作的根本目标，为企业发展提供全面的法律保障和法务支持。

法务是一份"保守"的工作，[8]倾向于低风险操作，在保障公司利益的情况下追求效率；多学多问多了解，多理解多沟通多配合是法务工作的基本方法。通过望、问、听的方式来了解公司法律事务的运作流程、获得相关部门的理解与配合，关注问题，提出解决方案，不仅要做问题的发现者，更要做麻烦的解决者；摸清各个部门风险，理清各类工作流程。与同事们继续保持良好的配合协同关系，在愉快的氛围中完成工作使命，一同降低风险，预防争诉，提高效率。遇到法律问题可以及早地发现并提出，将法律风险消灭在萌芽状态。还有一部分法务供职于政府的法律事务部门，但一般政府部门对学历和工作能力的要求较高，不是普通本科生能够达到的，因此需要根据自身情况进行慎重选择。[9]

企业法务的核心价值在于通过完善管理制度、业务流程、参与交易模式设计、筹划税收、商务谈判、参与决策、起草审查合同等法律文件、指导合同履行、处理纠纷等方式帮助公司防范法律风险、降低损失、提升经营绩效。在企业管理中，法务工作不但可以起到辅助预测及规避风险的作用，也可以是企业经营管理的重要资源。个人认为，在当今社会，法律对各企业的经营活动和各种方式的资金运作等都有强有力的支撑作用，可以帮助企业避免巨大的利益损失。风险控制、竞争超越和增值经营三大要素构成了现代公司法务的核心商业价值。在现代公司治理中，公司律师扮演着越来越重要的作用，公司法务部门应成为全面参与公司各个流程和决策的风险控制中心。在资产经营过程中，公司法务应该特别注意风险控制和经营增值的冲突，努力在这两点之间找一个平衡点。如果发现两个目标存在根本的冲突，应该首先保证风险控制的要求。[10]

以我个人看来，一名合格的企业法务应至少具备扎实的专业能力（掌握法律法规，具备基础的文字表述功底）、谨慎的工作习惯与工作态度、对业务模式的深入理解（具体相应的业务模式的理解、宏观的整个行业的了解，横向的不同企业的业务模式参考，纵向的历史业务模式的理解）、良好有效的沟通技能方面的基础素质。

一般来说，企业的法务团队通常为数人乃至数十人的专业团队，支持工作以业务框架为基础，每个或每几个法务人员分别为框架下的业务线提供相应的支持。企业业务本身不可能涉及方方面面，作为一名企业法务也不可能精通所有类型的法律。成为一名优秀的法务人员应具备以下条件：

其一，做一名优秀的企业法务人员需要具备良好的商业意识。因为企业存在的根本目的就是追求利润的最大化，是商业运作的一种基本模式，而一个优秀企业法务人员就需要理解企业的商业运作模式，具备良好的商业思维才能跟上企业发展的步伐。

其二，做一名优秀的企业法务人员需要具备两种良好语言，一种是法律框架下的法言法语，另一种是商业运作模式下的商务语言。优秀的法务人员能够将这两种语言运用得出神入化，自由转化。一个既懂商业又懂法律的人，才是企业真正需要的优秀法务人员。

其三，一个优秀的企业法务人员需要努力成为客户的合作伙伴或者团队成员，即自己的服务是更加前端的，与客户之间是一种"零距离"状态，这样既保持和保存了与客户的良好合作关系，也为自己所在的企业带来了良好的发展机遇和口碑。

同时，做一名优秀的企业法务人员需要与企业的业务人员做好沟通交流。因为业务人员最了解企业的经营模式和运作方式，企业的法务人员只有深入企业的业务之中，与业务人员形成良好的沟通交流模式，才能更好地了解企业的真实情况，提出的法律意见和建议才能切实解决企业问题。

另外，做一名优秀的企业法务人员需要认真总结自己看过的法律文件。企业法务人员看过的法律文件不外乎企业经营的各个方面，包括财务、销售、人力资源管理、法律纠纷及争议解决、公司治理结构、股权及上市、投资策略或者方案等方面的内容，而这些内容几乎涵盖了企业的方方面面，法务人员如果认真总结，就会对企业有一个全面的了解，就会更加有针对性地工作，更能取得工作上的成就。

最后，做一名优秀的企业法务人员需要不断锻炼自己的沟通能力，因为法务人员不论是在企业内部还是与企业外部的有关合作伙伴或者政府部门，公检法部门都需要打交道，而打好交道离不开良好的沟通能力。

1. 法务的工作流程

（1）合同类业务：拟定/送审/修改通知—当事人沟通（合同目的、合同背景及要求）—合同拟定/审查/修改（目的性、完整性、明确性、合法性、风险程度等方面）—提交成果—反馈（范本化/相关问题处理）。

（2）咨询类业务：咨询请求—搜索信息（咨询对象、事件背景、当事人要求）—准备答复（方式选择、内容整理）—答复—反馈（形成建议/意见）。

（3）建议、意见类业务：自主观察/信息收集/反馈—思考（性质划分、如何应对）—作出意见/提出意见（法律/管理角度）—反馈（制度化/移交其他部门）。

（4）争议处理/诉讼辅助类业务：部门反馈/公司指令—根据法律要求/律师工作指令收集整理材料—提供证据材料支持/法律支持—参与具体过程—结案/争议进展动态报告—反馈（规范化措施建议/预防意见）。

2. 企业法务是无处不在的

（1）任何企业都会不自觉地对本企业可能面临的法律风险进行预测或

者预防，这是一个普遍存在的事实。预测或者预防的程度可能不同，但是企业法务的精髓，就是对可能出现的法律风险进行预测或预防。企业法务因企业预测和防范风险的需求而普遍存在。

（2）任何企业在合同签订之后，都会对合同履行的时间、期间、质量、数量是否符合约定，督促履行、合同变更、解除、终止的各种情况给予足够的关注，并就履行中的问题组织谈判，许多企业还会对合同的履行问题提起诉讼或者应对诉讼。简单地说，就合同管理这一方面来说，这就是全套的企业法务。至于企业法务目前发展的新情况、新做法、新领域、新成果，不影响企业法务普遍存在这一基本判断。

3. 对企业法务的认识

（1）法务人员不是法律和正义的化身。法务人员是企业内部的工作人员，服务的对象是企业，因此考虑问题的出发点和落脚点是维护企业的合法利益。因此，企业法务对法律的应用应当以谋求公司最大利益为目标。在公司面临任何问题和纠纷的时候，公司是承受损益的当事人，而不是居中裁判的法官，因此法务人员要做企业利益的代言人和维护者。

（2）法务人员不是法律的传声筒。法务人员应当在管理企业法律风险、帮助企业减少损失、提高经营业绩方面下功夫。也就是说，除了告诉管理者法律是如何规定的之外，还要对企业所在行业的业务特点了如指掌，对财务、税务知识有比较深入的研究，从而能够在构架企业治理模式、创新设计交易模式、参与商务谈判、筹划税收、加强法律风险管控方面做出贡献，解决企业经营的具体问题。

4. 企业法务人员任职条件

（1）法律专业，本科以上学历，具有两年以上公司法务工作经验者优先。

（2）熟悉合同法、公司法、劳动合同法等法律法规及政策。

（3）有处理经济纠纷、劳动关系纠纷等相关经验。

（4）良好的人际沟通和语言表达能力。

（5）具备较强的学习能力、良好的团队合作精神。

5. 企业法务职业的优势

（1）性价比较高。

（2）有利于综合能力的提升。企业法务部门是承上启下，跟不同部门、内外部机构打交道的地方，这有助于个人职业素养的提升。

（3）是切入一个行业的好机会。基于经验的自信，无非就是见过、做过，知道什么地方会有什么问题，怎么解决。法务是法律人了解一个行业最好的切入点。

（4）职业自由度相对较高。

综上所述，企业法务其实也并没有表面上那么简单，也需要各位法律人的不懈努力。公司法务只有保持相应的大局观并辅以专业的法务工作，才能保证目标的实现。[11]

（三）律师

我不知道各位为什么会选择律师这个行业。是因为真的喜欢法律工作，还是因为听说律师这个行业收入较高？或者仅仅只想找份工作，再或者根本不知道为了什么。

其实，学法律专业不一定非得从事法律工作，即使从事的是法律工作，也不一定非要选择律师这个行业。这点，我想首先提醒大家。

法律职业种类多样，如果根据《富爸爸穷爸爸》的作者罗伯特·清崎对职业的四种分类，同为法律职业的法官、检察官属于雇员，而律师则属于自由职业者。[12]律师既不像公务员队伍那样选拔严格，又是法律专业的对口领域，是很多年轻毕业生的主要选择。律师的收入构成可分两种计算，一种是拿工资式的，事务所付工资，律师负责打官司；另一种是律师不拿工资，但挂靠律师事务所，靠律师找客户，根据业务提成。

律师是一个很有前景的行业，刚开始跟着有经验的律师做案子积累经验，逐步培养自己的独立办案能力。一名律师的培养时间大约是 3~5 年，影响其未来的发展前景主要依据有：学历背景、人脉资源、个人工作能力。一般来说从事律师行业 5 年左右可以拿到 30~50 万年薪，之后的晋升道路主要依据前文所述的三方面能力。律师属于社会的中高收入阶层，选择律师行业主要的优势是收入高、时间自由、社会地位高。缺点是收入按能力划分，行业内部收入差距大，案情紧急时较为忙碌。优秀的律师需要具有主动性。

现实生活中绝大多数的事情不需要法律的介入即可完成，仅有5%的事情需要用到法律来解决。律师需要考虑的是小概率事件，解决这5%的问题才是律师价值的体现。

第二节　律师行业

中国在春秋时期便出现了最早的律师，但是在两千多年的封建君主专制中没有律师存在的空间，近代在西方文化的冲击下得到了发展。如今，随着经济的发展，我国的律师队伍规模也在不断扩大。

一、律师职业的历史沿革

（一）我国古代的律师

近代的研究者习惯将早期的"讼师"作为律师的渊源，当然，这有利于人们能从传统和历史渊源上了解和认识这一行业。就律师职业而言，有人认为中国律师的"祖师爷"是春秋末期的邓析。据《吕氏春秋》记载，邓析最早从事专业的法律咨询，并收取了咨询费用。相比同时期的古希腊和古罗马，这种收取当事人咨询费用的职业行为具有历史意义。不过，邓析所处的时代，正处在法律从不成文到成文的历史时期，律师执业在封建君主与诸侯的夹缝中没有开辟出生存空间。

春秋战国之后，尤其是秦帝国的建立，废封建，设郡县，一改中国有史以来的政治治理模式，公权对司法的约束却一直在加强。自汉以后，实体法以儒家的经典《春秋》为规范，实行春秋决狱，民刑不分。贯穿整个封建帝国时期，中西方在律师制度上有一个共同的特点，那就是在法律制度上从未形成过一个官方性质的代理收费的律师模式，也从来不存在一个以法律服务为群体的食利阶层。

故而，真正意义上的律师制度在古代中国社会未能出现。究其原因，在政治层面，统治者从未制度性地考虑过诉讼代理的必要性；在思想层面，中国历来有重农抑商的思想传统，律师职业由于其具备的商业彩色而受到排斥；在社会层面，皇权与父权分别作为官方与民间的权威，皆以血缘关系为纽带。当事人遇到纠纷，大的为官府垄断诉讼解决，小的则交由血亲中的权威人士调解。因此，古代的律师职业不可与现代的律师职业同日而语。

（二）新中国成立以前的中国律师

中国近代律师制度是在"西风东渐"背景下逐渐发展起来的。1840年鸦片战争以后，中国沦为半殖民地半封建社会，这时固有的封建旧法再也不能适应急速变化的经济关系和社会关系，朝廷不得不变法修律，寻找出路。律师制度这才如同其他司法制度一样在中国得到了发展。[13]

从清朝末年开始，在学习引进资本主义国家司法制度之时，徐谦等考察外国司法制度时，在考察报告中，曾建议设立律师，以便司法官有公平的裁判，保护讼民的利益。[14]1910年，清朝政府起草了《大清刑事民事诉讼法》，其中有律师辩护和代理的规定，但未及颁布，清王朝就被推翻。

辛亥革命后，孙中山领导的南京临时政府仿效德国、日本起草了律师法草案，但未实施。在这之后北洋政府制定了律师暂行章程，此时，旧中国才有了律师制度雏形。[15]1927年，北洋政府又公布施行律师章程，对前者多有修改。1945年，南京国民政府制定了《律师法》《律师法实施细则》，奠定了民国律师制度的基础。

（三）新中国成立后的中国律师

1949年，新中国成立，次年7月颁布的《人民法庭组织通则》规定被告人有辩护权。

1956年1月，司法部向国务院呈送《关于建立律师工作的请示报告》，得到了批准。

1957年，由于历史原因，律师制度发展停滞。

1978年3月5日，《中华人民共和国宪法》修订，恢复了被告人有权获得辩护的规定。

1980年8月26日，我国正式颁布了《中华人民共和国律师暂行条例》，律师制度在我国正式建立。

1996 年 5 月 15 日，我国颁布了《中华人民共和国律师法》。

二、我国律师行业的新发展

自 1993 年以来，我国律师行业进入迅猛发展阶段，截至 2021 年底，我国律师执业人数已经达 57.48 万多人，律师事务所达 3.65 万多家。我国律师事务所规模普遍较小，部分律所在合并和分离的过程中无限循环，律师的单打独斗已不适应客户日益复杂的法律服务需求。

中国加入世界贸易组织后，律师服务市场限制性对外开放，但同样面临国外同行业律师冲击。《外国律师事务所驻华代表机构管理条例》明确规定了境外律师代表机构及代表只能从事律师执业业务的国家法律的咨询，以及有关国际条约、国际惯例的咨询；境外代表机构不得聘用中国执业律师；聘用的辅助人员不得为当事人提供法律服务等。一系列限制外国律师在华执业的政策出台虽然在某种程度上限制了外国律师在华执业范围，但是外国律师事务所的专业服务能力、品牌效应、管理方式、培训机会、信息技术、雄厚资本等吸引一大批中高端人才加盟，加剧了中国优秀的法律人才流失。同时，随着全球经济一体化及我国经济的迅猛发展，中国客户的法律需求逐渐复杂化、专业化、国际化，尤其体现在金融贸易、投资并购等高端非诉业务，我国律所相对缺乏竞争力。随着我国自贸区的全面建设，外国律师事务所已经成为中国法律服务市场的竞争主体，截至 2021 年底，国外已有 237 家律所在华设立代表机构 292 家。

2017 年至 2021 年底，我国律师事务所数量总体显现上升趋势，律师事务所数量从 2017 年的 13 096 家发展到 2021 年的 3.65 万多家。截至 2021 年底，全国共有执业律师 57.48 万多人，比 2018 年底增长了 35.8%。律师人数超过 1 万人的省（自治区、直辖市）有 22 个（北京、河北、山西、辽宁、上海、江苏、浙江、安徽、福建、山东、河南、湖北、湖南、广东、重庆、四川、云南、陕西等），超过 3 万人的省（直辖市）有 7 个（分别是北京、江苏、上海、山东、四川、浙江、广东）。

（一）律师事务所区域分布

截至 2021 年底，北京共有律师事务所 3000 多家，约占全国律所数量的

8.21%。江苏省共有律师事务所 2300 家；上海市共有律师事务所 1776 家；辽宁省共有律师事务所 1216 家，各地律所的数量说明我国律师行业的发展与经济发展密不可分。经济发达地区，法律需求大，律师活动频繁，对应的律所数量增加。北京、上海、湖南、福建、辽宁、四川、浙江、江苏、山东、广东等几个地区律所数量占全国律所数量的 56.7%。

截至 2021 年底，全国共有律师事务所 3.65 万多家，比 2018 年底增长了 21.6%。其中，合伙所 2.61 万多家，占 71.64%；国资所 740 多家，占 2.03%；个人所 9600 多家，占 26.33%。

从律师事务所规模来看，律师 10 人以下的律师事务所 2.42 万多家，占 66.3%；律师 11 人（含）至 20 人的律师事务所 7500 多家，占 20.52%；律师 21 人（含）至 50 人的律师事务所 3700 多家，占 10.13%；律师 51 人（含）至 100 人的律师事务所 700 多家，占 1.91%；律师 100 人（含）以上的律师事务所 400 多家，占 1.14%。

（二）律师行业收入与国内生产总值（GDP）比例

2016 年，全年国内生产总值 744 127 亿元，按可比价格计算，比上年增长 6.7%。分季度看，一季度同比增长 6.7%，二季度增长 6.7%，三季度增长 6.7%，四季度增长 6.8%。分产业看，第一产业增加值 63 671 亿元，比上年增长 33%；第二产业增加值 296 236 亿元，增长 61%；第三产业增加值 384 221 亿元，增长 78%。法律服务作为重要的第三产业，伴随着国家良好的经济形势快速增长。我国法律业务营业收入与 GDP 增长总体趋势保持一致。

（三）律师行业总收入

我国律师业务收入总体上呈快速增长的趋势。据统计，2015 年全国律师业务总收入 679 亿元，近八年保持年均 12.8% 的增速。[16] 按照年均增长率 12.8% 保守推算，2016 年，全国律师业务总收入超过 766 亿元。由于互联网对法律行业的渗透及新型法律服务平台的出现，刺激了法律行业相关服务快速发展，2016 年，法律服务相关行业的收入已经超过 2000 亿元。虽然律师行业收入会受到政策、市场、经济、收费等诸多因素的影响，但律师行业总收入的上升趋势非常明显。比如上海市，2015 年上海律师行业收入 135

亿元，2016 年达 172.34 亿元，同比增长 22%，是上海 GDP 增值的三倍之多。

（四）律师业务案件类型

我国经济的迅猛发展促进了律师行业快速发展，随着"一带一路"建设、京津冀一体化建设、自贸区等重大战略部署，非诉业务的法律服务需求进一步扩大，非诉业务的比重较诉讼业务也在逐年增加。2021 年统计数据显示，各类诉讼业务占各类法律业务比例达 62.0%；各类非诉业务占各类法律业务总量的 12.8%；担任常年法律顾问的占比 6.4%。此外，2021 年我国律师共办理法律援助案件 103 万多件，占各类公益法律业务比例达 67.5%。

三、北京律师行业概况

（一）专业化趋势明显

根据律师学历的构成情况，截至 2021 年底，我国具有法律专业本科学历的律师占到了律师总数的 72.63%。大多数的律师接受过正规法学专业教育，保证了律师具有较强的法律专业能力。具有硕士、双学士学位的律师占律师总数的 10.41%，通常，双学士学位的律师至少有一个学历是法学专业，加上本科是法学专业的，说明我国大多数律师具有专业法学背景，有一定的学术研究能力。具有博士学位的律师占 1.29%。专科及专科以下占到 6.23%。

根据教育部学位与研究生教育发展中心最新公布的第四轮学科评估结果可知，全国共有 100 所开设法学专业的大学参与了 2020—2021 法学专业大学排名，其中排名第一的是中国政法大学，排名第二的是中国人民大学，排名第三的是北京大学，排名第四的是西南政法大学，排名第五的是中南财经政法大学。前五名中有三所高校在北京，可以看出北京法律人才的专业水平居全国前列。

（二）规模全国前列

我国律师行业的发展与经济发展成正相关。北京、上海等大城市及长三角、珠三角地区的律师数量占据了全国的半壁江山。由于北京处于我国政治、文化中心，有着得天独厚的地缘、政府、公检法、高校等资源优势，北京律师行业的发展较其他地区更为迅猛。北京、上海等城市律师在金融证券、投资并购、上市、国际贸易等业务领域或新兴业务领域的竞争优势更加明显。2017年，北京非京籍律师执业的政策松动为北京律师人才引进提供了便利条件，截至2018年底，北京共有律师32 205人，约占全国律师总数的7.61%。专职律师29 562人，兼职律师932人，公司律师520人，公职律师1191人。男律师占56.76%，女律师占43.24%。29岁及以下律师占7.23%，30~49岁律师占74.84%，50至64岁律师占15.44%，65岁以上律师占2.49%。

截至2018年底，北京共有律师事务所2735家，约占全国律师事务所总数的8.6%。普通合伙1587家，个人所850家，特殊普通合伙所29家，外省市驻京分所104家，另有94家境外律师事务所在北京设立办事机构。拥有10名以下律师的律所占72.06%，拥有10名至30名律师的律所占21.57%，拥有30名至50名律师的律所占2.92%，拥有50名至100名律师的律所占1.78%，拥有100名以上律师的律所占1.67%。

截至2018年底，北京律师办理各类诉讼案件183 427件，约占全国律师办理诉讼案件总数的3.68%。其中刑事诉讼案件23 050件，民事诉讼案件142 176件，行政诉讼案件18 201件。办理非诉讼法律事务166 195件，承办法律援助案件37 108件，仲裁业务10 948件。担任法律顾问33 131家，其中政府法律顾问2366家，企业法律顾问25 184家，事业单位法律顾问3008家，其他2573家。

截至2018年底，北京律师行业业务收入273.73亿元，比2017年同期增加35.39亿元，同比增长17.76%。2018年北京律师行业纳税总额32.95亿元，同比增加4.69亿元，增长16.6%。其中合伙人所得税16.41亿元，同比增加1.83亿元，增长12.55%，增值税同比增长20.79%。2018年行业平均税负率14.04%，同比下降了0.99%。

（三）首都优势

首都通常是一个国家的中央政府所在地、政治和经济活动的中心城市、各类国家级机关集中驻扎地、国家主权的象征城市。北京作为我国的首都，其在资源、业务领域、国际化等多方面的特殊条件，对于律师行业的发展具有独特的优势。北京律师在全国律师行业发展中保持领军地位，其优势主要体现在以下七个方面：

第一，北京拥有经济资源优势。对于律师行业来说，优秀的资源十分重要，就业务方面看，首都发达的经济使得其业务较其他地区能够更多地集中在金融、证券、公司上市等高端业务上。例如，仅2018年，北京全年证券交易额为911 465.7亿元，相比之下是其他地区所不具备的。由于这类活动主要为虚拟交易，本身具有较高的复杂性及高风险性，使其成为律师行业进军的一个重要方面。北京在高端业务方面拥有较高的占比，这就使得北京律师在一定程度上能够"近水楼台"，在高端业务上具有较强的资源竞争优势。

第二，北京是我国的政治中心，这一地位对北京律师行业的发展具有重要意义。首先，北京的律师行业能够全面把握制度变革，掌握先机。例如，最高人民法院、司法部发布的《关于开展律师调解试点工作的意见》（以下简称《意见》），要健全完善律师调解制度，推动形成中国特色的多元化纠纷解决体系，北京作为首都优先被选择开展律师调解试点工作。为落实上述《意见》精神，北京律协组织落实"北京市律师协会民商事专业纠纷调解中心"建设相关工作，拟定全市律师事务所参与调解工作的相关建议及范例形式的《法律服务告知书》，倡议全市律师参与调解工作。其次，在最高人民法院、全国人大、中央部委等重要部门的集中地，北京律师行业与公、检、法等相关部门能够保持良性互动关系。北京律师参政议政工作也具有显著成效，其中在当选第十三届全国人大代表的22名律师中有4名为北京律师，并且北京律师担任各级人大代表的人数也在逐渐增长，这在一定程度上推进了法治化建设，保障了律师的权益。

第三，北京作为首都肩负更多的社会责任。北京律师一年参加公益事业和社会活动可达21万多人次，主要为残疾人、未成年人、老年人等弱势群体提供法律援助。北京律师行业的社会责任感较强，利用专业优势参与公益活动，在提高能力的同时，承担了社会责任，一定程度上提高了北京律师在行业内及公众中的口碑，形成了北京律师行业独特的氛围。

第四，北京的律师行业已经形成了良性发展的模式。**市场资源在经过竞争和分配后，必然会走向专业化。北京因其独特的环境优势，使得北京**律师行业的专业化程度较高，[17]因此律师服务水平也相对较高，从而带动了北京律师行业的竞争力，并提高了其在行业内的口碑。与此同时，竞争力提高也在一定程度上推动着律师专业化水平的不断提升进步。这种由专业化推动竞争力，再由竞争反作用于专业化的模式形成了良性的循环，成为首都独特的优势之一。

第五，北京在国际化上的优势为律师行业开辟道路。近年来，随着中国不断改革开放，"走出去"已成为中国企业的重要议题，国际化成为一种必然。而在"走出去"的过程中，这些企业不可避免地会遇到法律问题，帮助解决这些问题的律师，成为其中的关键角色。

而北京作为我国迈向国际的先驱者，截至 2017 年，已经与 72 个国家的 124 个首都和大城市有友好往来关系。在北京设立的国外驻京代表机构已超过 7000 家，全球最大的 500 家跨国公司已有 185 家来京投资。较高的国际化水平也使得北京律师行业能更快地适应时代潮流，最先掌握国际动态，能够有更多的机会优先进入国际市场，在国际化的道路上更具优势。

第六，北京律师具有特别政策支持。北京面向全国放开了律师人才的引进渠道，律师行业被正式纳入北京市工作居住证办理范围，律师事务所可以为其聘用的优秀律师申请办理《北京市工作居住证》，在不转户籍的前提下持证享受子女教育、购买商品房和小客车摇号指标等多项市民待遇。如此一类的政策支持，全力为首都的律师人才创造条件，为北京律师行业的发展开辟了人才引进的新局面。

第七，北京的社团组织较多，即以文化、学术或公益性为主的非政府组织，例如协会、学会等。这就意味着北京律师行业有更多的机会参与社团组织，据不完全统计，在北京有 39.7% 的律师参加社团活动，在社团中发挥积极作用，并且主要为专业类、学术性组织。通过加入社团组织，参与社团活动，对于律师之间的交流、专业化水平的提高具有很大帮助。北京大量的社团组织为律师行业搭建了一个交流学习的平台，更好地提高北京律师行业的水平。

总的来说，作为首都，北京在政治、文化、国际交流、政策支持等多方面具有的特殊优势，对于北京律师行业的发展具有重要的推动作用。北京律师行业要充分利用北京独有的优势，把握机会，紧跟时代潮流，做好量的积累，实现质的飞跃。

第三节　律师事务所

中国大陆地区的律师事务所按照律师事务所的规模可以分为红圈所、一线大所、精品所和其他类型的小型律所；按照内部管理制度，可以分为合伙制（提成制）的律所和公司化（一体化）管理的律所，下面分别予以介绍。

一、红圈所

红圈所简单来说就是指在发展竞争中占据头部位置的律所。这种称谓源自英国，在英国最顶尖的律所称为魔圈所[18]与魔术圈概念类似，中国律界也延伸出"红圈"律所的概念，这一概念是由素有法律界福布斯之称的亚太地区权威杂志《亚洲法律杂志》（*ALB*）在题为《红圈中的律师事务所》的文章中提出的。6月，英国杂志 *The Lawyer*（周刊）公布了 2014 亚太 150 强名单，其中中国律所有 35 个；9月，其发布 *China Elite 2014：A Report on the PRC Legal Market*，报告中提到为更好地了解市场的动态性质和获奖的杰出律所，将之划分为五个类别，其中之一即为红圈所。

二、一线大所

当前的律师事务所主要分为两种：一种是大型综合所，这类所的特点就是所大人多，律师类型较全；还有一种就是精品所，这类所的特点是规模小，专注于某一专业领域。综合型大所具有更大影响力和竞争力，其中包括上文介绍的红圈所，称为一线大所。

对于刚刚步入律师行业的实习律师来讲，进入一线大所工作都有哪些好处呢？可以归结成一个词：可能性。大所有更多可能性，小所则可能性较少。在大所，所接触的人员更加多样，业务的种类更多，会有更多的概率来发现不同。

而在精品所或小所，可能更专注于某一领域，比如资产证券化，投资基金等非诉业务。探索业务领域的可能性小一些。不过，可能性多也并非一直是好事，对于一部分人，精品所就是更好的选择。

在大所发展，积极的可能性与消极的可能性兼而有之。你可能在大所遇见赏识的领导，事半功倍，也可能遇见难以相处的领导，不被看重；你有可能碰见高品质的客户，受益匪浅，也有可能碰见难缠的客户，大好青春都在给人收拾烂摊子；你可能跳到一个公司做着令人艳羡的法务主管工作，也可能凭着律所的名气跳去一个不了解的行业难以适应。

而在精品所，虽说平台不大，但成员精挑细选，业务经验丰富，技能成长稳步，前景相对也可预测。没有意外之喜，但是一步一步稳扎稳打，充满安全感。所以对于喜欢挑战的人来说大所是个很好的选择，对于喜欢平顺生活的人来说精品所也许更加理想。

三、合伙制（提成制）律所

第一，传统的律师事务所有以下几种形式：合伙所、个人所、国资所。他们之间的区别如下：

（1）组织形式不同。合伙制律所要有合伙协议，普通合伙要有三人以上，特殊合伙要有二十人以上，个人律所只要求一个人，国资所则是二人以上。

（2）出资不同。普通合伙制律所要 30 万以上，特殊合伙 1000 万以上，而个人律所 10 万以上，国资所则无要求。

（3）对设立人的要求不同。普通和特殊合伙只要求三年执业经历，个人要求五年执业经历，国资所无要求。

（4）承担责任不同。合伙制律师事务所的合伙人按照合伙形式对该律师事务所的债务依法承担责任；个人律所设立人对律师事务所的债务承担无限责任；若为国资所则该律师事务所的全部资产对其债务承担责任。

这里主要说一下普通合伙制律师事务所（以下或称"合伙所"）。

合伙所从其本质来说，属于合伙人自愿组合、财产归全部合伙人所有，合伙人对律师事务所的债务承担无限连带责任的组织。正是基于这种特性，合伙所从本质上要求合伙人之间互相信任，在法律意义上要求合伙人享有同等的权利和承担同样的义务。[19]

合伙所的管理体系与公司的管理有其相似之处。公司属于资合组织，股东的投入是资金；合伙制律师事务所属于人合组织，合伙人的投入是"专业知识"。

但在"专业知识"越来越被作为一种"资本"看待的情况下（但不应量化为实际资金，否则就失去了合伙本身强调的"人合"的性质）。因此，合伙所也可以借鉴公司的管理体系。毕竟公司的管理体系是已被证实比较完善的组织管理形式。[20]

合伙所中每个独立律师的收入来源于自己的业务。通常律师事务所会用某种计算方法来分摊律所费用，例如有的律师事务所会给每位律师计算定额的费用，以摊销房租和行政人员工薪等成本。扣除律师事务所的定额费用、律师个人的花销（包括律师个人助理的工资）之外的所有律师个人业务收入都归该律师所有。

根据笔者了解的情况，从世界律师业及发达国家律师业一、二百年的发展历史来看，成熟的律师事务所模式基本上有四种：第一种，个人开业；第二种，合伙制；第三种，联合开业（紧密型和半紧密型）；第四种，律师公司。因四种基本模式不同，律师服务机构的基本制度也有很大不同。这些基本制度包括管理制度、分配制度、市场开发机制、服务质量和风险控制机制、人力资源制度和团体文化等。在上述基本模式中，从满足法律服务市场的主体需求和承担法律服务市场需求的主要份额看，合伙制是律师事务所的主要模式。

第二，合伙人的结构、共同意愿和目标决定了律师事务所的管理模式。不同律师事务所的经营管理模式是不同的，是多样化、多元化的，主要看从什么方面去划分：

如果从治理结构、治理机制上来划分，可能是主任负责制，也可能是民主决策制，或者是决策与执行分离，以及决策与执行相混合。

如果从薪酬制度上来划分，有单一的提成工具，或是按照计点，或是全员工资几种不同的模式。

如果从作业模式上来划分，有个体化作业的模式、专业化团队作业模式等。

至于何为最佳模式？笔者认为，综合实际情况选择适合的模式方为最佳。

四、公司化／一体化管理的律所

（一）传统的提成制管理模式

传统的提成制管理模式发端于一个法律服务供不应求、市场封闭、行政管理痕迹严重的时代，合伙所或个人所的管理模式直接承袭了原来公职所的模式。在那个时代，提成制很大程度地激发了律师的职业积极性，很长一段时间都是一种具有成长性，分配公平的模式。

然而随着律所及律师队伍的不断壮大，尤其是在北上广深杭等市场经济较为发达的大城市中，律所与律所之间、律师与律师之间的竞争越来越激烈，行业深度分工也就成了必然；再加上互联网技术所带来的信息化，推动着原本封闭的地方律所开始互相分享和交流，从而让各自的独门秘籍很快都成了"公开的秘密"。而提成制律所的发展瓶颈也就逐渐显现出来了。

（1）提成制律所无法形成深度的专业分工。

（2）提成制律所很难形成长期稳定的协作团队。

（3）提成制律所中的律师存在利益冲突，无法形成合力。

（4）提成制律所没有公共积累。

（5）合伙人必须对一体化管理的理念有着高度的认同，并将理念渗透进律所的企业文化构建之中。

（6）将创收与律师的收入脱钩，以点数或工资层级作为主要的分配依据。

（7）案源统一分配管理，以项目为核心建立团队。

由此可以看出很多合伙制律所的所谓一体化管理模式都是假的。这些律所的合伙人没有形成对一体化管理理念的高度认同，没有形成统一的价值观（很多价值观只是表面的宣传口号，对于人才招聘和培养没有任何约束力），一些既得利益的高级合伙人不够有情怀去做出实质的改变。

合伙人之间无法抛开利益，共享案源、人才、知识和业绩。各团队相互独立，团队间少有无边界合作，团队内部有隶属关系。律师不愿意放弃提成制的模式，或者说提成制的分配方式本身就束缚了律所一体化的改造。

（二）合伙制，绩点制，公司制

90%以上的律所不是公司化管理的律所，律师职业性质决定了一个高提成制团队内部的分工不能称之为公司化。大所的一个团队实际上已经是一个小型所。

1. 绩点制与提成制

绩点向公司化的方向发展，但是律师能力，尤其是获取案源能力的巨大差异很难靠绩点来调整。

最终公司化、一体化管理的律所会阻碍律师拓展案源，这也是体制转变中最难以逾越的障碍。

2. 专业化的律所管理

从律所管理实践来看，我个人认为：律所的专业化，并不仅仅指的是律师业务的专业化。还有行政部门专业化、市场部门专业化、客户管理部门专业化、信息技术部门专业化、知识管理部门专业化等所有部门的专业化，才能够让律所显得更专业。

五、律所的一体化管理建设

精品律师事务所的"一体化"需要同时满足 4 个条件，即品牌建设一体化、案源分配一体化、业务办理一体化、行政服务一体化。这 4 个条件缺一不可，而且需要骨干律师之间"势力均衡"，否则就是名为"一体化"实为"弱肉强食"。少数"资深律师"借助"一体化"对其他律师的业绩"再分配"，一旦其他律师认为该律师事务所的品牌给他们带来的溢价小于他们在"一体化"中的损失，这些律师就有可能选择"另起炉灶"或加盟管理相对宽松的其他律师事务所。

普通律师事务所很难"一体化"，这是因为他们不具备紧密型合作的"共同办案"必要性，或者不具备紧密型合作"团队服务"技术力量。精品所一般规模中等，既有条件"共同办案"，也有技术骨干可以"一致对外"。一些专业化所，例如专门从事刑事辩护、企业服务或者环境保护的律师事务所，他们就有这种"大兵团作战"的需求与技术储备。

"一体化"其实不难，只要精品律师事务所的骨干律师都有"做成精品，成就事业"的决心。所谓"天下事有难易乎？为之，则难者亦易矣；不为，则易者亦难矣。"

品牌建设一体化，是"一体化"的前提。以律师事务所的名义统一组织品牌建设，每天官网、官微的更新，每周业务讲座与培训的组织，每月对外业务交流与合作，每季度专业刊物的发放，每年度专业书籍的编写出版，很容易形成行业内权威地位。律师事务所通过精神与物质相结合的方式对律师事务所的个人宣传与营销进行鼓励，并作为品牌建设的一部分，这才是品牌建设的一体化。

案源分配的一体化，是"一体化"的基础。以律师事务所名义获得的单位案源，应该按照细分服务方向分配给一线办案律师；律师个人获得的案源，只要有"剩余"部分，也应该参照单位案源的模式分配给一线办案律师。这才能实现"案源"与"办案"之间的有机结合，"专业的事交给专业的人"。

业务办理的一体化，是"一体化"的核心。业务办理方面，需要"老中青三结合"，即资深律师、青年律师与律师助理（实习律师）合作办案，将资深律师的办案经验、青年律师的办案热情、律师助理的充足时间融为一体，还有利于梯队培养。

行政服务的一体化，是"一体化"的保障。整个律师事务所不仅有专业上的分工，还有服务上的分工。除了律师、实习律师、律师助理才能完成的工作，例如收发材料、整理资料、撰写一般性文稿，一律交给行政人员。除了律师、实习律师才能完成的工作例如会见、阅卷，以及行政人员已经胜任的工作，都交给律师助理。除了律师才能完成的工作例如单独会见、单独开庭，以及行政文员、律师助理已经胜任的工作，都交给实习律师。这也就使得律师从烦琐的日常事务中解放出来，专门从事其他人不能胜任的核心工作。

精品律师事务所"一体化",其目的在于整合内部资源共同对外发展,这就需要"志趣相投",还需要"相互帮衬"。

第四节　律　师

律师是使用法律为当事人提供专业性法律服务的从业人员,我们要从事律师这一行业,就要先了解什么是律师,如何成为一名律师,怎么做好一名律师。

一、律师职业的特点

收入高,行业前景好,依靠个人努力就能实现自己的职业理想,这或许是一个很理想的职业。但我还是给各位想当大律师的朋友们提个建议:这个行业其实不适合大多数人。

从业10年来,我见到了太多根本不适合从事法律职业,至少是不适合从事律师职业的人在做律师。他们在这个行业中时常会感到迷茫,难以胜任却又难以完全割舍。所以,各位读者在努力取得律师执业资格之前,我认为首先应当考虑的是要不要成为律师。

(一)律师的工作是专业性极强的实务性工作

专业能力是律师的立身之本,也是最重要的核心竞争力。律师的专业性特征主要体现在以下三方面:第一,律师必须是专业人员,具备律师资格,这是首要形式条件;第二,律师必须熟练运用专业知识,不仅要掌握各自专业领域的法律知识,还应将知识成功运用于实践;第三,律师必须解决专业问题,这是律师价值的集中体现,也是获得当事人和客户信赖的关键因素。对一个律师的可持续发展来说,其专业性是基础,只有打稳根基,才能迈入更高的发展阶段。

为什么一定要突出实务性?我们从三个角度理解。首先,实务性工作不同于理论性工作。理论是可以论证的,是需要经过实践检验的;而律师和其他职业的区别在于,我们一定要有当事人或客户才可被称作律师。这一特征背后的逻辑,在于明确真正成为律师的标志是什么?不是年龄,不是级别，也不是经验，而在于你是否拥有一批稳定的、真正有忠诚度的当事人。律师服务具有很强的人身依附性，当事人需要基于对律师的信任才会产生委托。因此，无论从专业还是从市场出发，我们一定要以客户和当事人为中心，只有这样，才会解决最终的发展问题。其次，实务性工作不同于宏观性工作。律师是在具体性事务中，运用法律手段，为客户解决具体的法律问题及相关问题的人。最后，事务性工作不同于单方面工作，仅单方做微观基础的法律工作者也不能称之为真正的律师。举个简单的例子，助理律师同样可以制作出法律文件，但在实务中其是否有能力作出有效决策，是否能够与客户顺利完成项目对话，能否建立长期稳定的合作关系，这些能力的欠缺才是助理律师与真正律师之间的差距。

更准确地讲，律师的工作是专业性基础上的事务性工作。律师通过研究理论、案例而具备扎实的法律专业功底，这是其专业基础。但要清楚的是，律师进行的工作并非专业化的理论性工作，律师需要有客户意识，解决当事人遇到的法律问题，但应明白这并不是简单的事务性工作。律师的实务性以专业性为基础，不断满足客户的需要，使客户的利益通过律师的法律手段得以实现，从而赢得客户的信任与尊重，形成良性互动的合作关系。以上是我们对律师定性第一个层面。

（二）律师职业是社会性极强的系统性工作

律师第二大特性是，律师职业是社会性极强的系统性工作。律师职业既有自然科学的技术性要素，又有社会科学的社会性要素。所以，律师要有演说家的口才、政治家的敏锐、经济学家的眼光、工程师的缜密。一个律师成功的程度，很大部分取决于他社会化的程度。我认为，社会化并不意味着是我们单方面对社会，一对多，而是作为社会的有机因子，参与整个社会的运行，同时发挥法律特有的规制作用。律师的社会性包括三点：律师面临的问题是社会化的；解决问题的途径是社会化的；其工作结果也是社会化的。律师掌握的法律是工具性的，如果不懂社会运行规律、不懂经济脉络，一定是不完美的、有所缺憾的。虽然不是必须取得社会学或金融学位，但至少要了解社会学、财务会计等方面的知识。

为什么一定要强调系统性呢？很多律师解决的问题虽然看起来是一个

案件或者是一个项目，这只是客户问题的某一个点。以法律顾问为例，有些律师经常做到一定程度后，客户感觉不满意，就会换其他律师，这是为什么？从根本上看，是这些律师没有把它视为一个系统性工程，不看客户文件，也没有与客户进行深度交流，客户会认为你无法提供更加全面系统的服务，很快双方的合作关系就会若即若离，这对律师来说是非常危险的。法律虽然只是客户需要的外部服务的一个分支，但是所有涉及的事情都是其经营管理的一部分。因此，律师必须深入了解客户背后的整体运行体系，这也是律师工作系统性的第一个要点——律师工作目标的系统性。其次，律师的工作方式也应当具备系统性。很多律师虽案头工作做得好，但其缺乏系统思维能力和整体协调能力，这说明其工作方式是零散的，不成体系的。律师一定要善于了解和调查客户的问题，掌握他们背后的制度体系和其他关联性问题，只有简单机械的专业体系是不够的，还要具备系统处理问题的能力，将法律渗透到客户经营管理的各个环节，为他们提供全面的法律服务。最后，工作团队更应系统化。当前很多律师都是"单独作战""单打独斗"，除去基本的业务成本和办案成本，大部分律师获得的可支配收入很少，因此，这些律师面临着更大的压力。这就更加凸显团队系统化作战的必要性，当十几个甚至几十个律师为一件事组成项目组，做到有规模、有层次、有分工、有衔接，最大限度提高服务质量，这才能真正获得客户的深度信赖和长期合作。

综合来看，律师的工作是社会性基础上的系统性工作。服务中要关注政策定性、上下游运营模式，帮助客户找出风险点和解决方案，形成系统性思维，透过表面看到法律专业与企业经营之间的深层关系。比如非诉案件，我认为非诉讼律师应该把握业务的蓝海，随着经济的不断发展，法律也在不断跟进、创新，从而会产生很多新的服务品种，也叫非标准产品。经过不断复制和规范后，非标准产品很快将成为标准产品，进而成为落后产品，最后被淘汰。因此，致力于非标准产品开发便能赢得市场先机，而成功开发的保证就是在遵循律师职业社会性的基础上，开展系统性工作。律师要站在客户角度、结合客户的实际情况，把客户的利益和风险与法律专业结合，进行有效沟通，制定系统性法律服务方案，从而使我们所做的产品能够在客户的经营管理体系中发挥作用。

在管理或者执业过程中，我们一定要考虑律师的真正内核是什么。现在很多律所、很多法律人都在讨论"互联网+法律"，"互联网+"可以解决平台、模式和效率问题，可以丰富律师服务的方式和品种，但是它永远无法取代的是律师的思想性和创造性，这也是律师的最大价值所在。这种创造性在非诉中体现在非标准产品的开发和对标准产品的极致追求，我认为这应该是每个律所管理者、每位合伙人甚至每个律师需要关注的问题。

因此，我们应该明确的是，律师一定要落脚到专业性基础上的实务性工作和社会性基础上的系统性工作，具备客户意识，将自身专业能力与客户需求深入对接融合，真正成为优秀法律服务的提供者和客户利益的实现者。

（三）律师职业的工作压力大

从事律师工作要比从事其他工作的压力更大，因为委托人是把他处理不了的事情交给律师，律师在心理素质、办事能力、协调能力、沟通能力等方面都承受了更大的职业压力。一件普通经济纠纷可能涉及一个企业的存亡，一桩刑事案件可能涉及一个人的生死，重大非诉项目中的一个失误就可能引发巨额索赔。

（四）律师职业的工作节奏快

律师能接到的委托，通常都是有时效性的。当事人之所以委托律师的根本原因，是因为专业人士办理专业事项一定比普通人要更有效率。这不仅意味着律师要非常有时间观念，更意味着工作节奏快。在快节奏的工作下保证案件的办理质量，这是每一位律师的必修课。

（五）律师职业要求从业者知识面广、知识更新快

用纷繁复杂来形容我国的法律并非夸张，除开宪法、法理、行政法、民法、刑法、商法、三国法、诉讼法等，还有很多诸如建筑法、环境法、消费者保护法等。而律师在浩瀚的法律海洋中面对形形色色的当事人时，知识的储备又怎能不重要？此外，每一部法律自身都具有近乎无穷的知识深度，促使无论是律师还是法学教授都能在其中钻研一生。所以，作为律师，不可停止学习。

（六）律师职业的独立性强

律师工作中，特别是诉讼业务，往往保持着较强的独立性。律师在承办一个诉讼案件时，往往主要依靠其自身的法理知识、诉讼技巧和经验能力就可以完成，不需要其他律师太多的介入，这就导致律师的独立性较其他行业更为突出。这样的职业特点易造成有组织、无纪律的工作习惯。很多律师虽然在某一律师事务所名下执业，但其实与事务所之间没有特别紧密的关系，这种松散游离的状态是非常危险的，或者说是不利于职业发展的。

（七）律师职业的收入相对较高

在中国，律师是经济收入相对稳定的人群。而且，律师的收入与业绩的上升成正比。因而，律师是一个可以白手起家，用自己的辛勤劳动换取幸福生活的职业。过去的二十年内，中国的律师队伍增长了上百倍，但是中国律师的总收入上涨了上千倍。可见，中国律师的收入一直是与中国高速发展的经济成正比的。中国的经济充满了希望和无限的发展潜能，中国律师的收入也水涨船高，同样也具有无限的上升空间。

（八）律师职业的上升速度较快

除了收入的上升空间大，律师这个行业的职业生涯上升速度也比较快。在一个普通的企业，一般人做到中级职级就很不容易了，做到高级位置则非常难，做到企业老板级的角色那就更是难上加难。但是作为律师，只要肯努力，一般来讲可能六到十年，就能成为一个事务所的合伙人，并成为一位在行业内有一定资历的律师。

（九）律师的职业转换容易

首先，律师在法律共同体内部可以相对自由地进行职业转换，很多律师转行做了法院的法官、检察院的检察官、仲裁委员会的仲裁员、学校的老师、公司的法务。同时，因为工作关系，律师每天接触不同的事情，锻炼不同的技能，包括分析、研究、组织和综合能力。所以，律师的职业转换比较容易，可以很快上手其他工作。

（十）律师职业的服务性、辅助性

良好的专业形象和口碑，需要在不同年龄层的人员之间进行传播。律师作为专业人士，一定要认清自己的行业特色，律师从事的是服务行业，服务于我们的客户。

二、律师的分类

按照不同的标准，可对律师进行不同的分类。

（一）司法局的分类

主任、合伙人、专职律师、兼职律师、实习律师、律师助理、行政人员。

权益合伙人、专职律师、律师助理、部门负责人、行政人员。

（二）业务型律师、市场型律师、管理型律师

业务型律师，个人在案源拓展上能力卓越，以办理法律业务为主。

市场型律师，善于发现市场需求，根据市场形势的变化调整自己的工作方向。

管理型律师，此类律师通常在团队中处于管理者的地位，因此，日常工作不仅仅是进行法律相关业务还要对自己的团队进行管理。

（三）诉讼律师与非诉讼律师

诉讼律师，主要从事刑事、民事、行政诉讼和仲裁，可以具体到各个方面，对任何一个诉讼所要涉及的法律法规都要很熟悉，必须是一个综合型的律师，但一般情况下，每一个律师都有自己比较专业的领域。

非诉讼律师，主要从事证券上市、房地产开发、专利商标代理、公司设立和涉外法律服务等方面，所做业务基本不涉及诉讼，但对其所做业务的具体法律规定和行政操作细节，比诉讼律师擅长。

（四）专业律师与万金油律师

专业律师，是指律师主要从事某一领域法律服务，同时具备熟悉行业实际情况、熟知相关法律规定、熟练解决专业问题三种能力即具有综合能力的律师。

专业律师的内涵与标志，就是同时具备上述三种能力：熟悉行业实际情况的能力、熟知相关法律规定的能力、熟练解决专业问题的能力。这是律师准确解决专业法律问题之必需。

　　律师熟悉提供专业法律服务的行业实际情况和行业术语，是律师能够与委托人进行有效沟通，能够迅速熟悉案情的重要能力。"三百六十行，行行出状元"，律师从事哪一行专业服务，就应当成为这一行的内行和法律"状元"。

　　比如，常年做公司法律顾问的律师，应当了解自己顾问单位的行业特点，以及企业的运作模式，顾问单位的行业术语。以担任动漫公司的法律顾问为例，顾问律师应当了解动漫产品的原创制作与代加工、前期剧本设计、人物角色定位、动漫电影电视的制作与发行、市场推广与营销、电影院线的合作模式、电视台及各媒体的授权播放、衍生品的研发营销等基本的行业运作情况，以及每一个环节存在法律风险及解决对策等。

　　代理买卖合同纠纷案件的律师，应当了解买卖产品的性质、货物交付的方式、质量验收的标准、送货单的确认、是否进行对账、对账的方式及效力等，如涉及售后服务，还应当涉及售后服务的期限、售后服务的内容，以及售后产品三包政策等。

　　律师熟知相关法律规定，具体是指熟悉该行业广义的有关法律规定，包括从相关法律法规以及最高人民法院相关的司法解释，到浩繁的行政规章、规范性文件、裁决指引、会议纪要、各类批复及复函。因我国法律体系的设计，以及立法权的多层次化，导致存在上位法与下位法的冲突，以及新旧立法的冲突，甚至同一顺位的法律也存在规定不一致等情形。

　　比如劳动法律师，就不仅要了解全国性的劳动法、劳动合同法、社会保险法、工资支付暂行条件、工伤保险条例和原劳动部，以及人社部的相关规定，还应当了解最高人民法院关于劳动争议的四个司法解释，以及争议所在地省高院、省仲裁委的若干规定及座谈会纪要，除此以外，还应当了解当地中院的各位裁判指引，地方性的各类规定等。

　　如果我们对与行业相关的法律规定不够了解，甚至对行业法规的熟悉程度还不如当事人，恐怕难以成为专业律师。

　　（五）合伙人与专职律师

　　合伙人在法学中是一个比较普通的概念，通常是指以其资产进行合伙投资，参与合伙经营，依协议享受权利，承担义务，并对企业债务承担无限（或有限）责任。[21] 律师合伙人是律师事务所的一种合作模式，几个律师一起开办律师事务所，他们就是律师合伙人。而律师合伙人一般分为：一般合伙人、高级合伙人等。

专职律师，是指取得律师资格或法律职业资格证书者、在律师事务所实习一年后，领取专职律师执业证、专门从事律师工作的人员。专职律师都必须在律师事务所执业，执业范围包括民事诉讼、刑事诉讼、行政诉讼等诉讼业务，也包括法律咨询、法律顾问等非诉业务。

三、如何成为一名律师

（一）通过国家统一法律职业资格考试

1. 什么是国家统一法律职业资格考试

中华人民共和国的国家统一法律职业资格考试（以下简称"法考"）是为了规范国家统一法律职业资格考试工作，根据《中华人民共和国法官法》《中华人民共和国检察官法》《中华人民共和国公务员法》《中华人民共和国律师法》《中华人民共和国公证法》《中华人民共和国仲裁法》《中华人民共和国行政复议法》和《中华人民共和国行政处罚法》的规定而由司法部与各地司法厅（局）统一组织的从事法律职业的资格考试，考试合格授予法律职业资格证书。其中，初任法官、初任检察官，申请律师执业和担任公证员，初次担任法律顾问和仲裁员（法律类），以及行政机关中初次从事行政处罚决定审核、行政复议、行政裁决的公务员，必须通过国家统一法律职业资格考试来取得法律职业资格。国家统一法律职业资格考试始于2018年，此前实施的国家司法考试于2017年进行最后一次考试后终止。

法考每年的通过率一般在全国考生人数的15%左右。因此通过法考是成为律师的前提之一，且通过率较低，需要科学合理地安排复习。

国家统一法律职业资格考试内容包括：理论法学、应用法学、现行法律规定、法律实务和法律职业道德，分为客观题和主观题两次考试，客观题考试上午一场，下午一场；客观题考试通过者可以参加主观题考试，主观题考试共一场。

客观题考试（第一场）：中国特色社会主义法治理论、宪法、行政法与行政诉讼法、刑法、刑事诉讼法、国际公法。

客观题考试（第二场）：民法、商法与经济法、知识产权法、民事诉讼法（含仲裁制度）、国际私法、国际经济法。

主观题考试：中国特色社会主义法治理论、宪法、行政法与行政诉讼法、刑法、刑事诉讼法、民法、商法与经济法、民事诉讼法（含仲裁制度）。

通过以上试卷构成可以总结出：法考包含的科目众多，准备难度大，考查的科目多且涉及法理等理论性较强的科目理解难度大、知识较为抽象。了解法考的试卷构成以及考试内容，有助于科学备考，着重掌握具体的知识。

一般客观题的报名时间在六月中旬，考试时间在八月底、九月初。主观题的考试时间在十月中旬。客观题和主观题的考试时间相距较近，这也就提醒我们司法考试的备考，对于主观题和客观题的复习要相结合，切忌仅复习客观题而忽略对于主观题的训练。

报名程序：先进行网上统一报名，报名人员应当在规定期限到报名地司法行政机关指定的地点进行现场确认。

2. 如何科学备考

首先，了解司法考试中各科在试卷中占的分值比重，将其按照分值、理解的难易程度、考察频率等做出划分，优先复习考试分值较大的科目和必考点。其次，有条件地了解法考的必考点，从中选择自己较为感兴趣的科目进行复习，可以实体法与程序法相结合的方式进行复习。例如：民法—民诉—刑法—刑诉—行政法—行政诉讼法。一定要给自己留出较为充裕的准备时间。最后，建议制定一个学习计划表格，及时跟进记录自己的学习情况，及时做出相应的调整。

开始复习每一科前，研究每科重点考的内容，制定相应的复习计划以及复习方法。例如：重点掌握商经法中的知识产权法、经济合同法与企业法律制度三大部门法。其次掌握海商法、仲裁法、劳动法、反不正当竞争法、产品质量法、消费者权益保护法，这几种法律在司法考试中已有一定的固定考察方式。其他法律则视情况安排，如若时间紧急则可以选择性舍弃。其他科目以此类推，可以参照知乎以及各种较为权威的资料分析，加上自己的分析总结。

对于法考的复习可以听网课、自己看书、报线下的法考班，但更建议自主复习，除非自制力极差，可以报线下辅导班。精心挑选讲解得有条理性，重难点突出同时适合自己的网课。第一阶段复习建议先看网课构建知识点的框架，理解性记忆。看完一部分网课对照框架图进行复述，不熟悉的地方标注。如果直接做司法考试真题会发现知识点漏洞多，基础知识欠缺，比较打击复习的积极性。先看网课打牢基础，再通过题目检验听课效果更有利于了解自己是否掌握知识，对哪方面的知识了解尚有欠缺。切忌在某一知识点花费过长时间，一般不理解的知识在第二轮复习时会清晰许多，第一轮复习基础不扎实，问题多属于较正常的现象。

第二轮复习建议着重看自己不熟悉的部分，配合已经看过的科目做题目，再次检查自己的知识漏洞。重视知识点之间的联系与区别，构建知识框架，深入理解知识点。二轮复习要重视知识的深度，有利于对主观题的理解和分析。找出知识点之间的联系、法条之间的联系，例如：贪污犯罪与职务侵占罪的区别，侵占罪与职务侵占罪的区别，法定按照职务侵占罪处理的行为，挪用公款罪与挪用资金罪的比较，前罪构成条件，"挪用公款归个人使用的认定"等内容。自己整理并对比记忆，注意理解他们之间的区别，不要混淆，这将有助于对知识点的深入理解。

重视真题并重复做错题，直到做对为止，但是每次错了都要分析自己做错的原因，对的题做完之后对照题目回忆相应知识点，扫清自己的盲点。在做过的题上打上标记，对和错要明显区分开。建议做一个错题集方便集中复习和整理。

建议阅读王泽鉴的《民法思维：请求权基础理论体系》，书中介绍了许多法学学习方法，对于司法考试的备考以及法学的学习，之后的实务工作都有很大帮助。多学习法律思维方法，掌握一些学习方法，有助于提高复习效率。

建议通过表格记录自己每天学习的内容、收获、遇到的问题等，给自己一个正向的激励，记录自己的成果。每周对自己的学习情况进行评估，及时根据自己的问题针对性地思考解决方案。和家人朋友多沟通，保持心情的愉悦，加强体育锻炼，保持身体健康。

（二）准备一份合适的简历

简历内容可以从以下几点来考量：

第一，仔细斟酌遣词造句。行文简练大气、富有逻辑、深刻到位而不晦涩；没有错别字/误用标点是最低要求。第二，突出个人经历的过人之处，如实习经验丰富/学生工作经验丰富、英语成绩/绩点优异等。第三，附上形象气质干练成熟的证件照/职业照。

排版别致可以从以下几点来考量：

第一，篇幅尽量精简，不超过2面A4纸（缩减篇幅的办法：含金量较小的奖项、实习经历没有必要写进去。但年龄、性别、民族等基本信息一定要写；不要通过缩小行间距、减小页边距等牺牲美观的方式缩减内容）。第二，选用简洁的简历模板。简历主色调最好不超过2种颜色，且避免同时使用高饱和度的颜色（如大红色和明黄色）。第三，制作完毕后并将文件名改为应聘岗位+名字（按招聘要求修改）。邮件正文要简单说明应聘岗位，切忌一字不写。

着装方面男生无需考虑过多，直接穿合身的正装配皮鞋即可；女生不建议穿太死板的黑白色正装，可以考虑穿棕色/灰色等深色系的休闲款西装外套，下身搭配过膝裙或格纹西裤，鞋子可以穿中低跟靴子/单鞋，如此既正式又不乏味。

仪表妆容阳光健康即可，当然容貌端正都是加分项。如果前三项都符合，那面试通过的成功率一般不低。

男女皆需注意的：①修剪指甲（女士不要涂太显眼的指甲油）。②适当喷一些止汗喷雾（特别是夏天）。③矫正含胸驼背以及二郎腿。在妆容方面，男士需要适当修整眉型、整理一下发型，其余看个人习惯；女士则需要妆容清淡干练。不要选择大地色系以外的眼影，不要厚涂正红色/深红色等颜色的唇膏。

（三）开启你的律师之路——成为一名实习律师/律师助理

1. 选择适合你的律师之路

当你申请成为一名实习律师的时候基本上已经决定了你未来的律师之

路。入门前 3 年的指导律师（普遍称为"师父"）和同事非常重要，几乎决定了你的职业轨迹。

如果你在以诉讼为主要业务的合伙制所中，师父显得尤为重要，因为你可能将来继承和分享的正是师父的朋友或者朋友的朋友，以此类推。所以，在这种律所中，跟着某个师父，他可以给你案源，帮你提升业务能力，帮你建立人脉关系。内资大所或外资所的经验很宝贵，对拓展眼界很有帮助。

另一类是公司制律师事务所，大都以非诉业务为主。这种模式下，案源全是"高管"的，虽然很难发展出自己的客户，但是非常有利于能力提升，因为这几个带头人几乎不自己做业务，事都在和你一样的人手中。

现在比较大的律所都是公司制度下的，一个案子，数个端口在负责，不同的人不同的事，因为专一，所以可能学到的东西会更加细，也更好。但是就如同上面说到的，很难有自己的客户，你可能会非常依托自己所在的平台，而个人独自的工作能力可能就会相对较弱。当然前期从工资待遇来说，公司制的律所待遇还是不错的。

传统业务的目的是专业化，但在专业化的道路上，不是只做我们选择的那个专业领域的事，而其他的专业领域不触及，这不现实，也违背了专业化发展的初衷。没必要对传统业务和"高端"业务做总区分，传统业务依然可以做精，做细分，往往还会与那些"高端"的业务交叉。诸如离婚案件，可以在专业化的道路上做细分市场，专业发展的尽头是复合的交叉业务研究和拓展，这些交叉的业务有：公司法中的股权转让、证券法、会计法、财税法、"离岸信托"以及他最后确定的"私人财富管理"。

并非只有非诉才是高端业务，认认真真地跟着律师接触诉讼也能让你飞速成长。

2. 面试

一是自我介绍：

（1）内容包括：基本情况、实习经历、科研经历、学生工作经历、获奖情况以及个人法律职业生涯规划的大纲。

（2）接着，对照以上自我介绍，从面试官的角度来发掘可能由自我介绍而引出的相关问题，然后再一一准备这些问题的答案（如：你介绍了自己在法院的实习经历，合伙人很可能会问你在法院做了哪些工作、有什么收获等，此类常规问题建议提前准备）。

（3）搜集律所面试的常规问题，逐个思索答案（重点准备你认为很可能被问到但却无从回答的问题）。

（4）汇总一些最近发生的法律界的热点事件，根据你所面试的团队所在的领域挑 2~3 个进行单独的法律分析。

二是专业能力：

如果是实习生或者律师助理要求不会很高，不要求能够把专业问题回答 100% 正确，只需大方向正确、考虑问题的逻辑和思路正常，并且有研究学习能力就行。

无须因面试官是合伙人就底气不足，因为合伙人不会对一个初入茅庐的实习生有很高的期待，他更希望看到的是你运用法律人的思维来阐述你的答案。一般来说不会问十分具体的实务操作的问题，即便问了，也绝不会要求你完全回答正确。如果不会地不要慌，你只需要将自己最擅长的部分大方自信地、有逻辑地说出来即可。

三是表达：

要向面试官展示你对这份工作的期待与热忱，让他们感受到尽管作为初生牛犊，但你不仅面对这份实习工作热情满满、准备充分，更重要的是，在了解到法律行业的种种困难后，你仍下定决心从事这行，告诉他们，你对这行的热爱和坚持来得理性又热烈。

四是沟通能力：

自信就好，不要求出口成章；在工作中，为老板考虑工作问题，能举一反三可以加分。在面试时，不可弄虚作假，不可盲目自信，不可语无伦次、词不达意，要保持清醒理智的头脑。

3. 面试结束后

一般不会即刻通知是否录用（但也有少数会即刻通知）。在等待结果的这段时间里，不要停下投简历的脚步，如日搜寻招聘信息投递简历。

终面结束后一般在 7~14 天左右会收到通知。从终面结束到收到通知的时间长短与团队缺人程度成反比，越缺人越快收到。切忌发邮件催促结果。

选你更想跟的合伙人（有意愿向你传授知识与经验的）>选你更想做的领域>选你以后打算执业的地点。

4. 我们喜欢通过学校老师和熟人推荐

我们往往是通过学校老师，同门师兄师姐或师弟师妹推荐的方式来完成初选。经过初步推荐过来的实习生往往毕业学校、专业匹配度都比较好，各方面素质也比较高。

内部推荐并不等于黑幕，事实上，偏向用熟人是一个低成本又高效的方式。这些同门师弟师妹，因为校内老师、导师的背书，相当于已经被筛选过一遍。并且在法律的思维习惯上会有相似性和传承性，能够更好地沟通与配合。

对于学生而言，学校老师和律所直接提供的信息，其准确性和专业的匹配程度也要高很多，所以此为首选。

当然，需要注意的是，任何熟人推荐，都只是机会的提供，仅仅是个敲门砖，此后的简历、笔试、面试都需要靠自己。有能力者，给一个机会就足以施展才华了。

（四）成为一名实习生

在本科专业教育中，实习是一个重要的实践性教学环节。尤其法学作为一个实践性要求较高的学科，实习可以使我们逐渐实现书本知识到实际运用的过渡，熟悉法学实务的具体操作流程，增强感性认识，从中进一步了解、巩固与深化已经学过的理论和方法，提高发现问题、分析问题以及解决问题的能力。

在具体实习过程中，通过接触到各类真实的案件，切实体验到法律实务中当事人面临的具体问题、他们之间的互动关系，学习怎样运用所学的法律知识找到切入点，分析解决问题。通过实例，真实感受到案件处理的各种策略，了解相关法律实务的具体操作，各类具体工作的基本技巧。还能对相关行业深入彻底地了解，如律师事务所的经营和运作，从而发现自身存在的不足，并积累一定的经验，为将来走上工作岗位打下良好基础。

安排教学实习的最主要目的，在于通过理论与实际的结合、学校与社会的沟通，进一步提高学生的思想觉悟、能力水平，尤其是观察、分析和解决问题的实际工作能力，[22]更好地完成社会角色的转变，以便把学生培养成为能够主动适应社会主义现代化建设需要的高素质的复合型人才。更广泛地直接接触社会，了解社会需要，加深对社会的认识，增强对社会的适应性，将自己融入社会中去。通过实践培养自己的实践能力，缩短我们从一名大学生到一名工作人员之间的思想与业务距离，为以后进一步走向社会打下坚实的基础。

在实习过程中，要勤动手锻炼自己的能力，加强对工作的适应，培养自己的适应能力、组织能力、协调能力和分析解决实际问题的工作能力，在这过程中提高对工作职责和个人定位的认识。了解工作单位的构成、职能及整个工作流程，从而确立自己在公司里最擅长的工作岗位。为自己未来的职业生涯规划起到关键的指导作用。

这是就业工作的预演和准备。通过实习，找出自身状况与社会实际需要的差距，并在以后的学习期间及时补充相关知识，为求职与正式工作做好充分的知识、能力准备，从而缩短从校园走向社会的心理转型期。将自己的理论知识与实践融合，进一步巩固、深化已经学过的理论知识，提高综合运用所学过的知识，并且培养自己发现问题、解决问题的能力，将学习的理论知识运用于实践当中，进而检验书本上理论的正确性。

（五）申请成为一名执业律师

长期以来，"女怕嫁错郎，男怕入错行"的思想一直左右着我们。但这里没有"入错行"这个说法，毕竟都是律师这个行业，不同的仅是具体的业务区分，且不同的业务并没有绝对的好坏之分，很多时候不是你在选择市场，而是市场在决定你的选择。在选择之前应有相应的储备，在选择过后更要有不懈的努力和坚持，有时坚持远比选择更重要。

传统业务的目的是专业化，但在专业化的道路上，并非只局限于我们选择的那个专业领域，而不触及其他领域，这不现实，也违背了专业化发展的初衷。没必要对传统业务和"高大上"业务做总区分，传统业务依然可以精细划分，往往还会与那些"高大上"的业务交叉。诸如离婚案件，一些律师在专业化的道路上做细分市场，认为专业发展的尽头是复合的交叉业务研究和拓展，这些交叉的业务有：公司法中的股权转让、证券法、会计法、财税法、"离岸信托"以及最后确定的"私人财富管理"。

第二章

素质篇

没有任何一份职业可以一蹴而就，更没有任何一个行业可以轻易取得成就。想成为一名出色的律师，扎实的专业技能与优秀的综合素养都必不可少。哪些素质是一名合格律师应具备的，这是每位法律人需要思考的问题，本章从七个小节分述如下，希望青年律师可以有所启发。

第一节　一切要从零开始

初入法律这一行业的人最重要的是要端正自己的心态，要有从零开始的心理准备。这种"从零开始"既是态度层面，又是实践层面。在心理上，要摆正位置，端正心态；在行动上，要调整行为模式，培养良好的习惯。

一、摆正位置

很多实习律师在刚刚进入律所的时候，都期待自己能接到大案子，就像影视作品里那些主角律师的成长之路一样，又充实又难忘。但现实中并非如此，所以我首先想提醒实习律师的是，不要构想太多的期待，否则落差感会让你后悔选择成为一名律师，以至于让你在偏见里失去成为真正律师的机会。

实习律师起初往往会做很多文字的工作，帮助团队归档，写诉讼材料，邮寄证据材料，这个时候要沉住气，多与律所的律师们沟通，从不同的律师那里能学到很多知识和经验。此外，在所处工作团队中，你也要多主动与团队的负责人沟通学习，同时也要有自学的能力。虽然律师们喜欢好学的后辈，但一个什么问题都要通过问别人才能解决的后辈，只会给人留下没有独立思考能力的坏印象。

在这个阶段，我们要秉持优良的律师素养，做人忠诚、工作严谨、勤学肯干，甘愿处理一些相对简单的事务性工作，这些都是老板们对这个阶段律师最基本的需求。

比如，我的团队对助理的要求就很基本，像他们的时间线、整理的案件材料很多时候并不能满足办案标准，但在这个阶段我需要考察他们的更多是工作态度，当你知道他们有非常好的工作态度后，我会尝试找一些适合的事情给他们处理。所以我认为对这个阶段的律师在程序上需求，往往大于在实际上需求。

在这个阶段，我们和老板相处的时间比较长，所以要处理好老板的每件小事，以获得信任。这样，我们就会尽快接触到一些重要的案件以提升我们的办案能力，这对我们打好专业基础是极为有益的。

上手快、不挑活、能抗压、愿加班，就已经是不错的实习生了。如果还能够举一反三灵活变通、那就已然具备未来合伙人的潜质。

一般而言，时间观念强、不会错过时限，做出来的东西像样、不会有很愚蠢的问题（像错别字、语句不完整、句子跟句子之间的空格不一致、行距不一致、逻辑不通顺等），并且有一定的领悟能力，这样的就属于靠谱。有律师指出，"一般情况下，我们会在掌握整个案子的前提下，让助理亲自从头到尾操作一个案子，看他的完成度，然后亲自详细指导其错误之处后再看其领悟能力。表现好的留用，不好的就算了。"

不靠谱的典型有以下三个：①入职时间尚短，就仓促离职，不珍惜实习机会。②好高骛远，没有坚定的工作意愿。③虽然聪明勤奋能干，但是贪多，贪多的人容易出问题。

要在心中明确，没有小案子，没有小事情，对待任何事情认真严谨，是对自己负责，对律师负责，也是对客户负责。

（一）树立几个观念

1. 关于角色：我是律师，不是学生，我能行

刚入行的年轻人，大多是刚从法学院毕业的学生，由于社会经验匮乏，因此，面对问题时容易缩手缩脚，自信心不足，有时候甚至会打退堂鼓。以我本人为例，那时候，我时常认为主任不应该把某个事情交给我做，因为我刚毕业，各方面都还没有准备好，既无从下手，也难以胜任。所以结果也往往是做不好、完不成，最后挨骂。

客观地讲，对于一个刚离开校园的人来说，有这种心理也属正常。但是，在多数老板眼中，职场里面无学生，你坐在这里就要体现你的价值，就要去完成一些工作，即使它可能确实会超越你的能力范围。

所以，刚毕业的实习律师们首先要完成心理角色的转变。你要在内心里坚定地告诉自己：从今天起，我不再是学生，坐在这个律所里，也没人会把我当学生。因此，我要尽自己最大的努力把事情做好，不断克服困难，不断超越自我。

2. 关于位置：我是助手，是空白，我需要从零开始

现在很多实习律师毕业于名校，拥有法学硕士，甚至博士学位，有些还是留学归国人员。因此当指导老师比自己学历低，没有自己读的法学院好时，内心里可能会有很多不服气。

奉劝各位，这种心态千万不要有。律师，是一个实践性很强的职业，学历的高低与执业水准的高下并不一定正相关。一个非常简单的事情，假如没人带你做一遍，没人告诉你到底怎么做，硕士也好，博士也罢，还真是会一筹莫展。导师之所以可以指导你，是因为他做过，他知道怎么做，还知道怎么做会更好。因此，在你的实践经验还没有超越他之前，最好还是摆正位置，为学亦要尊师。

3. 关于重心：有案则喜，报酬次之

实习律师待遇偏低，是一个行业性的普遍问题。多数实习律师的收入可以勉强养活自己，很多还可能会入不敷出。因此，有些人难免会抱怨："老板一年赚了几百万，事情我也做了那么多，每个月的工资却只有固定的两三千，我心里不平衡"，还有人可能会说："这个当事人（或朋友）咨询

了半天，一分钱也没给我。"

其实，这完全是没有认清工作重心的表现。告诉各位：做律师的前三年不要过于注重薪资问题，你最应当考虑的是——我有没有案子做？有没有学习锻炼的机会？我的执业水平是否已经达到了一个合格律师的标准？如果离开这个团队，我是否有能力独立生存？

试想，当你把自己锻造得异常强大、练就了一身本事时，你还怕自己将来赚不到钱？所以，大家千万不要本末倒置，不要为了一点眼前的小利而误入歧途，所谓"磨刀不误砍柴工"用在这里很贴切。

4. 关于犯错和挨批：观念上重视，情绪上释然

做实习律师期间，很多人会因为犯错而挨骂。犯错时羞愧，挨骂时伤心，难免会有很多憋屈。尤其是当指导老师脾气较大、较严厉时，这种批评会更加让人难以接受，有时甚至会怀疑自我、怀疑人生。

其实，我可以负责任地告诉大家，任何一个成熟的律师都是从犯错和挨骂走过来的。作为一个新手，怎么可能会不犯错？而在你的指导老师眼中那么简单的一个事情，你居然还会出错，怎么会不挨骂？所以，犯错和挨骂很正常。

在我做律师助理的时候，每当挨骂时我都会想："将来等我带助理时，如果他/她犯错了，我一定会心平气和地和他/她沟通，绝不会大发脾气。"但是，等我现在真的开始带人办案了，我却发现我很难做到，我时常也会说话很难听。为什么？

首先是不能容忍低级错误的发生，其次是觉得如不使用严厉的话语他/她可能不重视，最后是在那种快节奏的工作状态中，我无法让自己慢下来从而做到心平气和。位置不同、心境不同，表现自然不一样，等你转换角色时就完全可以理解。

因此，请大家记住：犯错并不一定是坏事，吃一堑长一智，就不会把错误带到将来自己独立承办的案件。有人批评你说明你还有被塑造的价值。犯错后，应当直面错误，重视错误，下次不再犯。指导老师说话不好听的原因有很多，未必就因为是你犯的错误真的特别大。因此，要学会释然些，再释然些。

5. 关于坚持：既来之则安之，不轻言放弃

我时常听到有人说："我可能真的不适合做律师"，于是，他/她们在刚从事律师职业不久就转行了。在业内，很多人熬不过前三年也已成为一个众所周知的事实。

其实，在我看来，一个人刚与某个行业接触三至五个月就判定自己不适合是极其不负责任的。以实习律师为例，三至五个月的时间，你所能了解的只是律师业务和律师行业里面的一点点皮毛，自以为已经看透一切的你，其实，连律师职业的门槛都尚未迈入，这种情况下，贸然判定自己与这个行业无缘显然过于仓促。

还有很多人，一旦看到从事其他职业的同学或朋友工资挺高、待遇挺好，就心生艳羡，恨不得立马转行。今天看作公务员不错，明天看作公司法务挺好，后天看银行待遇优厚，反正是心猿意马，静不下来，时刻准备转行。这样的你，是永远做不好的。在我看来，既然你选择了律师这条路，就不妨将它作为一件值得信仰的终身事业来做，眼光放长远些，守住暂时的清贫，忍下默默无闻的寂寞，不到万不得已，切勿轻言放弃。

6. 警惕"遍历性陷阱"

"法律行业处处充满风险"，对于律师工作潜在的遍历性风险的认识应该是随着执业经验的丰富而逐渐增加。有必要对于律师职业的潜在风险加以思考，做到心中有数、时时注意、日日警醒。

遍历性陷阱的典型事件是"黑天鹅事件"，具有三个特点：它具有意外性；它产生重大影响；虽然它具有意外性，但人的本性促使我们在事后为它的发生编造理由，并且或多或少认为它是可解释和可预测的。虽然"黑天鹅事件"一般被用于金融行业之中，但是律师执业过程也有很大可能会遇到具有类似特点的、对职业生涯有重要影响的事件。现将一些需要防范的情形整理如下。

留存当事人原始证据，但误将证据当作废纸绞碎。一般而言，除非特别需要，律师一般不应当留存当事人的原始证据，保留复印件即可。因为"打官司就是打证据"，一旦不小心造成当事人的原始证据的毁损或灭失，不仅仅会让当事人严重质疑你的职业水平，还需要对当事人承担赔偿责任，

甚至面临律师事务所的诘难与律协的处罚。此外，一旦出现类似事件将会对整个律师生涯的口碑造成致命影响。

发送法律文件时未注意防范法律风险。法律文书是律师提供法律服务的重要载体，而对于文字的理解，在不同的环境、语境甚至文化当中，都容易产生歧义。以律师与客户的往来邮件为例，由于邮件用语一般较为简单、随意，因而也容易引起双方误会。因此，为了防范该等风险，应当在发送法律文书前仔细检查，同时也可以在法律文书中附加相关免责声明，或者用注释的方式对相关问题进行解释。

与对方当事人或律师交流时不注意把握尺度，发表违背法律与职业伦理或者对于自己和当事人不利的言论，被他人偷偷录音。在办案的全过程当中，时刻警惕与对方的谈话场合、人员和谈话内容，尽量保持多人在场，防止被对方录音，注意警惕对方可能会冒用委托人名义，向律师打听代理思路，套取情报等。

为赢得案子，帮助当事人作伪证，或者在当事人的诱导下不小心作伪证。我国《刑法》第306条的伪证罪专门针对律师而设，对于准备从事律师行业或正在从事律师行业的法学人都应该对此有所了解并切记不要以身试法。

（二）抱有几种心态

1. 敬畏之心，严肃对待你的工作

法律工作的特殊之处在于——它关乎别人的自由、生命和重大财产利益，一招失误，带来的后果就是自由受限、财产受损，甚至还可能是让你的当事人失去生命。你漫不经心的态度，很可能为他人带来不可预知的重大风险。因此，你不得有半点马虎，你必须常怀敬畏之心，小心翼翼，如履薄冰，严肃对待你的工作，不可儿戏。

2. 踏实认真，不要滑头

如前文所言：作为一名实习律师，能够学到东西才是重中之重。因此，在日常工作中，千万不要为了省事而偷工减料，更不要因为工资不高而偷奸耍滑。你所要做的就是按照指导老师的要求不折不扣，保质保量又按时地完成你的工作任务。记住，这个阶段的你，骗别人就是在骗自己，偷奸耍滑无异于加速终结你的职业生涯。

3. 细致入微，不留死角

律师的作用在于帮助当事人控制交易风险，所以，你必须比普通人更严谨、更细致，更全面。你需要细心研究、细心发现、细心表述、细心审查，绝不能遗漏重要事项，绝不能在你的文书中出现任何歧义性理解。即使是一个不影响案件整体的错别字，都会让你在客户的心中大打折扣，更何况有些错误简直就是致命的。

4. 积极主动，走在指导老师分派之前

多数实习律师都缺乏主动性，指导老师安排做什么他就只做什么，至于案件中的其他工作，只要指导老师没有安排，他就绝对不会触及，甚至还自我庆幸。

其实，在做好被安排的工作之外，你完全还可以关注本案的其他信息，研究与本案相关的其他问题。即使你不将成果提交给指导老师，起码你可以得到锻炼。尤其是当指导老师安排你做新的工作时却发现你早就将其研究透彻了，好印象会大幅提升。

5. 时刻保持正能量

一旦团队卷入负能量的漩涡，不仅影响正常的工作，还伤害人际关系。一是不抱怨，在工作中人人都有压力，抱怨会让自己和他人陷入负面情绪之中，一个人传染一个部门，一个部门传染一个公司；二是要平心静气，在办公室里，那种急于邀功、做事不踏实的人很容易破坏团队的协作平衡；三是要随时调整好状态，不能自卑，也不要有太多心理负担，因为在团队协作中，大家都喜欢和自信有担当的人合作。总之，时刻让自己保持清醒，保持自己的独立思考才能让自己保持较好的工作状态。

二、养成良好的工作习惯

一个良好的工作习惯能让我们工作事半功倍，虽然工作习惯的养成不是一朝一夕的，但是作为刚刚入行的律师、实习律师、律师助理，如果不能在工作的前几年养成良好的工作习惯，以后会更加懈怠，工作会越堆积越多，到时候一团糟，会降低我们的工作效率。

律师工作的特殊性决定了其一定要严谨细致，律师要培养严谨的工作习惯。工作难免会出现错误，但一定要注意不要犯同样的错误。善于总结，时时复盘，思考如果自己再做一次，能在哪些方面有所提高。

（一）写好工作日志

此处的"工作日志"包括个案日志和日常日志。

所谓个案日志就是你要坚持为每个案件写工作日志，只要这个案件有新进展，你就在工作日志上写明：在什么时间、什么地点、律师做了哪些工作，达到了哪些效果。这样既可以帮助记忆案件进展（尤其是重要时间节点），也可以很好地向当事人展示律师工作内容，另外，当新的律师中途参与进该案时也好对之前的工作有一个全面的了解。将来，当你将案件拿给后人学习时，他/她也会非常清楚地知道一个案件究竟应该做什么，究竟应该怎么做。

所谓日常日志，就是要将自己每天所做的工作逐项记录下来，这样一种记录，会让你的生活更有条理，督促自己不断完善和提升自我，同时，也具有相当的史料价值。当你年老时，工作日志会让你迅速回想起那段奋斗岁月，你的后辈也能从工作日志中学习经验、做好传承。

（二）做好文档管理

有序的文档管理，可以提高工作效率，为律师节省很多时间。这要求我们为每一个案件或每一项其他工作建立文件夹，将你在工作过程中形成的所有文稿有序地保存起来。将来，等你需要类似文稿时，就可以直接在原来的基础上进行修改。此外，分门别类地整理法律法规，也可以为你的法律研究提供诸多便利。

（三）及时提醒

多数律师平时都非常地忙碌，可谓是千头万绪，因此，难免会忽略，甚至忘记某些重要事项。作为助理，你应当时刻关注每一个案件的进展，并至少应当提前两三天提醒他注意那些重要的时间节点。如上诉期限，开庭时间，客户会面等，以便他提前做好准备。即使你提醒的事项他并未忘记，你的印象分也将大大提高。

（四）摆脱依赖

实习律师通常都有比较强烈的依赖心理，总想着反正自己的工作还有指导老师把关，因此放低了对自己的要求。其实，要想尽快成熟起来，你就必须逐渐摆脱依赖心理，将自己假定为主办律师，设想你自己起草的文书将直接作为最终定稿予以提交，设想不会有人再为你把关。如此反复，成效惊人。需要时间去学习，最终会沦为懒惰者的完美借口。毕业之后面临的问题，是提供一个合格的服务/产品。

律师对于律师助理，还有一种关系：质检员与工人的关系。你交付的产品，首先需要过质检员这一关，过不了，就返工。一次不行，就返第二次，第二次不行，就第三次。一直都不行，那自己就很快被淘汰掉。

（五）熵增定律

物理学中有一条非常重要的定律，叫熵增定律：在一个孤立系统里，如果没有外力做功，其总混乱度（即熵）会不断增大。这个定律被追捧为"宇宙的终极演化规律"，因为它揭示了所有生命体和非生命体的演化规律。这条定律的哲学价值在于告诫我们：生命本身就是努力奋斗的过程，就是对抗熵增的过程。正所谓，由俭入奢易、由奢入俭难，躺平容易、进取难。因此，为了美好幸福的生活，我们必须主动做功，必须积极开放，这是人类文明不断进步、个人不断成长的唯一途径。

熵代表了一个系统的混乱程度，或者说无序程度。系统越无序，熵值就越大；系统越有序，熵值就越小。所以，负熵代表着系统的活力，负熵越高就意味着系统越有序。物理学家薛定谔说："自然万物都趋向从有序到无序，即熵值增加。而生命需要通过不断抵消其生活中产生的正熵，使自己维持在一个稳定而低的熵水平上。生命以负熵为生。"

比如，在每周刚刚开始的时候，我们都会把房间收拾得井井有条，窗明几净，可是一到周末，我们就会发现房间乱成一团。这个过程就是熵增的过程。又如手机和电脑总是会越来越卡，电池电量会越来越弱，屋子总是会越来越乱，人在总是会变得越来越散漫，机构效率总是越来越低下，等等。

同样对从事律师职业的人来说，要想跳出熵增定律，就要找到出路——"逆熵"之路。

"逆熵"之路是积极主动之路。对于刚踏入律师职业的实习律师而言，首先要及时认真完成律师或合伙人交代的任务，哪怕是做一些细枝末节、琐碎的小事。不懂的地方要学会积极主动和前辈交流，不放过任何一次可以成长的机会。其次要及时更新知识储备，有人说过法律更改一个字，整个图书馆变成一堆废纸。尽管有些危言耸听，但律师职业是一个需要终身学习的职业是不容置疑的。如果以为通过了司法考试，完成了学业就可以丢掉课本，那便是大错特错，便是陷入的熵增定律。为了避免陷入熵增定律，我们应当时刻提醒自己关注立法动态，关注司法改革。

"逆熵"之路是锐意进取之路。经过一年或两年的摸爬滚打，当你从实习律师转变成为独立执业的律师时，请不要就此懈怠。都说初心易得，始终不易。为何会"不易"，就是因为懈怠，人一旦懈怠下来，就会满足现状，一旦满足现状，就会待在虚幻的舒适圈里，而一旦在虚假的舒适圈定居，就意味着陷入熵增定律，也就意味着走向人生的下坡路。而这并不是一个优秀的律师应有的人生。所以当你成为独立的执业律师时，请一定要继续前进，严格要求自己，虚心向律师前辈、向合伙人学习。

"逆熵"之路是追求人生价值之路。古人云：为天地立心，为生民立命，为往圣继绝学，为万世开太平。在我看来，从事律师职业就像是做一个斗士，一个为维护法律尊严的斗士，一个明白何为权利、何为义务、何为责任的斗士。当你运用你的法律知识为当事人提供法律服务时，你就已经走在"逆熵"的路上了。为了当事人的合法权益，你要周旋于法院和对方当事人之间，为了完成一次漂亮的庭审，你要在庭前做无数的准备，要书写起诉状、要查阅案例、要调查取证、要梳理证据等。有时候这些工作并不能增加你的物质财富，但却是在实现你的人生价值。人们都知道律师是一个光鲜亮丽的职业，但鲜有认知律师也是一个勇于承担社会责任的职业。

最后，对律师职业来说，熵增定律并不可怕，可怕的是不敢打破自身的熵增定律。

三、团队协作与自我认知

团队协作是主流的律师执业方式，这也意味着学习团队协作是律师职业生涯的第一步，也是至关重要的一环。

在团队协作中除了众所周知的团结与分工协作等重要影响因素之外，自我认知是一个隐藏于角落深处的关键点之一。自我认知是否正确与恰当对团队认同度、默契度以及自我的规划与价值实现都有着至关重要的影响，而这些也是影响团队协作效率的重大因素。

自我认知是个对于信息收集与整理后得出的主观判断，而一个主观结论恰恰会出现不适格的状况。美国学者劳伦斯·彼得（Dr. Laurence Peter）在对组织中人员晋升的相关现象研究后得出的一个结论：在各种组织中，由于习惯于对在某个等级上称职的人员进行晋升提拔，因而雇员总是趋向于被晋升到其不称职的地位。[1]彼得原理有时也被称为"向上爬"理论以及不胜任原理。这种现象在现实生活中无处不在：一名称职的教授被提升为大学校长后无法胜任；一个优秀的运动员被提升为主管体育的官员，导致无所作为。对一个组织而言，一旦相当部分人员被推到其不称职的级别，就会造成组织的人浮于事，效率低下，导致平庸者出人头地，发展停滞。[2]将一名职工晋升到一个无法很好发挥才能的岗位，不仅不是对本人的奖励，反而使其无法很好发挥才能，也给组织带来损失。

在律师的职业规划里自我认知是贯穿始终的。对于自身专业能力的不断评估，对现有资源的整合和规划，对于性格劣势补充以及优势特性的激发，这些需要都是自我认知的把控点，需要阶段性与目的性并重，才能做到真正的效率最大化，得到有效的执业积累，完成业务能力的稳定提升。

适格的自我认知会帮助自己确定在团队中的生态位，在团队中最大化地学习与成长，而与之带来的成果也快速反补到团队中，使得自身与团队共同发展。清晰的自我认知并不是单纯的"自我"，"认知"也必须时刻观察与分析团队置于自身的需求与目标。这些是未来发展的指引方向，把握好当前情况定向的学习与成长，减少团队协作中因沟通与分配带来的损耗，以提高团队协作效率。

当然，在律师职业生涯里学习是主基调，"向上爬"是职业发展与价值实现的唯一途径。不能停留在辅助的初级阶段，应该也要把眼光着眼于全局，要有主人翁意识，以适格的自我认知结合变化的执业环境不断调整自身在团队中的位置，不仅要提高团队效率，更要提高团队的上限，共同努力实现整个团队的腾飞。

第二节 思考问题的方法

在每天的生活与工作中，我们会面临许多问题，遇到了问题就要去解决问题。解决问题的第一步也是最重要的一步即明确问题，只有抓住问题的根本，才能有之后的对策。下面我将大致讲述应该如何去思考问题：

一、不能钻牛角尖

做律师要有全局观念，不能只站在自己的角度去思考问题。

对任何一个问题，都不要满足于一个单一的答案，要从多个层次多个角度去思考。比如我所学的心理学这一学科，有发展、社会、人格、行为、认知、生物、感知、神经等非常多的研究方向，而每一个方向都可以有不同的解决思路和答案。所以任何一个看起来单一的问题，都可以找到很多不同的理解角度。

如果你能养成习惯，对于每个事物都可以运用至少两个角度去分析，并且能够深刻了解不同角度之间的优势与劣势，那么你就能够更好地认识事物多面性、世界多样化的本质，也能够避免自己因为逻辑单一带来的偏颇和局限。

二、弄清问题是什么、结果是什么

思考问题的前提是了解问题是什么意思，应当得到什么样的结果。

对于指导老师交办的任务一定要充分理解，不清楚不理解时，务必及时询问，以免白费功夫。需要注意的是在询问时你应当尽量将你的疑问一次性问清，否则，你三番五次地询问，将变成对指导老师的打扰。他回答你问题所耗费的时间，已经足够他自己去研究这个问题，这样，你的存在将毫无意义。

三、不要想当然，要学会怀疑一切

给出的结论都要有依据。律师给人的印象就是严谨、认真的，作为一名律师不能信口开河,凡事都要做到有据可查、有法可论。遇到一个法律问题,不要凭直觉给出答案,律师和医生是一样的,都是治病救人,本着对当事人负责的态度,要做到凡是从自己口中给出的结论都要有法律、案例等支撑。同样道理,在日常工作中,主办律师布置的法律问题,能找准确依据的,一定要根据法条给出结论,不能想当然,认为简单就按自己的理解回答。如果这个法律问题,目前是有争议的,也要查询争议点在哪里,存在几种说法,有哪些案例可以支撑这些说法,并且注意这些说法来源的权威性,再决定要不要以这些为依据。

切记不要仅仅因为他人以"多年经验"为理由就轻信他人,在你对其经验寄予厚望之前,一定要确信提建议者已经从其经历中吸取了经验教训。不要接受那些带有强烈建言者性格和志向的建议,除非你想成为他们那样的人。要弄明白何种情况最适合作为一个独特个体、拥有特定需求和品位的你。尽管有一些道路是确定错误的,但没有哪一条路是绝对正确的,要勇于走自己想走的路,勇于尝试想尝试的方向。最糟糕的路径就是让你自己完全按照他人的建议去工作,要活出你自己的,而不是别人的人生。另外,当事人不是你的朋友,朋友也不应成为你的当事人。很多律师误认为自己与那个支付了大笔律师费、闪烁其词的"骗子"成了知己,结果因为轻信他人而锒铛入狱,最后追悔莫及。[3]

四、"勤学"和"好问"——学会独立思考

法律是一门实践性极强的学科,律师在自己缺乏经验的情况下,"好问"诚然是弥补经验不足的措施,但不要忘记"勤学"的主导作用。应当做到"勤学",但不要过于"好问"。

首先,如果养成遇事"好问"的习惯,我们就会丧失独立思考的能力,丧失通过自己的能力找到解决问题的办法的坚定意志。

其次,"好问"的危害来源于那些专家和前辈。你所请教的人,有时候根本不是你想象的那样,或者并非你案件所面临问题相应领域的专家,且专家再有本事也不可能有效解决所有领域的所有问题。

再次,"好问"容易导致信息传递错误。在法律方面,结论通常决定于

一个明确的事实和一个准确的法律规定，而其中任何一项的不确定都将导致结论的错误。

最后，被求教者的回答往往是无偿的，同样也是没有责任的。

在专业领域，律师这个行业没有所谓的专家，既然都是律师，那就意味着只要大家朝正确的方向努力，我们都能成为你心中的"专家"。不要盲目崇拜同行，崇拜是偷懒和投机取巧最好的借口。如上所说，"勤学"和"好问"都是获得知识的来源，因此正确掌握"勤学"之道，对我们自身成长和在这个行业的进步更加有利。

第一，通过"勤学"，构建自己的知识体系。知识只有转变成自己的，才能为自己灵活使用。知识不成体系，永远都做不到独立解决问题，更不能创造性地解决问题。构建自己的知识体系的途径只有三个，多读书、多办案和勤思考。通过多读书，尤其是多读经典书可以获得更多伟大人物的经验和逻辑；通过多办案可以获得更多的实战经验，在实战中找到问题的关键；勤思考，将通过读书和办案获得的零散知识有机地整合起来，并进行有序地排列，最终使自己的知识完成逻辑性和体系性的构建。只有这样的知识才能为我们迅速有效解决问题提供支持，混乱的知识和不成体系的经验只会让我们一头雾水，甚至走入歧途。

第二，要善于研究案例，因为案例才是律师最好的老师。在大数据时代，信息公开的程度越来越高，现在获得各级法院生效判决的途径越来越多，这为我们研究案例提供了极大的可能和方便。每个案例，都是律师和法官经验的集合，都是就同一问题诉辩审三方博弈的再现，可以说案例是最好的也是最有效、最直接的经验。如果我们遇到案件，能够养成先研究受理法院及上级法院同类案件的判例，通过这种方式获得的解决问题的方法，要远比求教同行来得更加可靠。

第三，要有一套独立解决问题的流程。在办案过程中，如果遇到问题，应当首先问"百度"，互联网可以同时为你提供更多的选择和判断。更重要的是，你可以对这些多元的信息进行分析，然后获得有价值的线索。接下来，利用专业的法规及案例检索系统，结合获得的上述线索，获得准确有效的数据。最后，对获得的数据进行大数据分析，最终独立获得解决问题的方法。

第四，律师要勤学但不要好问，并不是说不要向别人求教，而是不要放弃独立思考而仅仅依赖于向别人请教。相反，我们独立找到解决问题的初步方案后，在没有把握的情况下，要善于向那些专家和前辈求教，用他们的经验来校验自己的结论是否正确。[4]

一个行业的成员只有具备独立思考的能力和习惯，这个行业才有希望。多问、多想、多思考。不要当伸手党，最好是尽己所能查阅资料并进行思考仍然无果后再进行询问。

当遭遇疑难问题时，一定要首先自己进行研究，只有当手段用尽依然无法解决时，再考虑向指导老师请教。如果你问的问题非常简单，简直没有任何技术含量，或者当他发现你自己什么也没研究就匆忙向他发问时，他将非常生气，甚至怀疑你的专业水准。

质检员必须对出去的产品负责，为了快速地对外交货，他或许应该教你如何做，但他是否有义务去教你如何做。

律师是否有义务教律师助理。应不应该是一回事，是否有义务又是一回事。不懂得自己可以学，四年的大学学习，应该有一定的学习能力。

美国的柳治平大律师讲过这样一个故事：他之前在华尔街的大所做助理时，他的带教律师过于忙碌，没有空闲去教他如何应对工作中的事务，这时，他主动跟律师提出要求，希望每一次给客户发邮件的时候，抄送一份给他。这样，他就能够看到那位律师是如何与客户沟通的，每一版的合同是如何修改的，修改了哪里，为什么会这样修改等。就这样，每一件事情，都是他主动学习的结果，这才成就了如今并购届知名度很高的大律师。这个世界上，没有现成的答案，即使有，也别指望别人无偿告诉你。

第三节　塑造个人形象

律师这个职业，个人形象非常重要，因为在工作中我们需要见很多的陌生人，如何让当事人在第一次见面就对我们产生信任并愿意将他的案子委托给我们，我认为个人外在形象非常重要。心理学上有一种效应，叫作首因效应，也就是第一印象效应。它指的是会面双方形成的第一次印象会对今后的关系有所影响，也就是所谓的"先入为主"。第一印象并不一定准确，但却是非常深刻的，决定着今后双方的发展趋向。因此，与当事人会面时，如果初次见面印象很好，那么合作的可能性就会大大增加。反之，对于第一印象不好的人，往往也会被冷淡，甚至让他人产生对抗心态。

第一印象，既包括外在形象，也包括很多其他的因素。人们透过外在，会不自觉地去猜测我们身后那些无法直接表现出来的东西，进而判断我们的价值。律师个人的言行举止、待人接物形成了律师固有的形象。

因此，如何在第一次见面或是尚未见面的人心中留有良好的印象是律师必备的职业技能，这甚至会直接决定案源的获取与维护。

首先，给你自己一个标签。律师是一个专业化非常强的职业，每个律师既要能对大部分的法律知识掌握熟练，又需要有一个非常擅长的领域。你在此领域要有较高的建树，且具有丰富的案件处理经验、打得漂亮的典型案例。这是你与其他律师的区别之处，也将是你的"金字招牌"。因此，选择什么样的标签，需要进行慎重的考虑。一方面，要考虑该领域业务的未来发展和实际收益，另一方面，也要保证自己确实在此方面有超越他人的见解，并不断寻求进步。

其次，对个人简历也要重视。在双方尚未见面时，简历是自己给他人留下的最直接的印象。一份好的简历能够增加当事人对律师的信任感。其一，对个人的履历要有清晰的梳理。成绩突出的项目、擅长的代理领域等都应当在简历中有所体现。这其实是为自己的潜在客户指明了方向。其二，对个人照片和工作照片的选择。职业形象，就是与自己职业相关的个人形象，是自己从事职业工作时表现出来的形象。包括卫生、妆容、服饰、气质、礼貌、语言等直观方面，也包括思想等内在方面。形象是一个人综合素质的外在表现，也是礼仪的核心组成部分。好的律师职业形象应当要干练、清爽、专业。

一、关于穿衣

每个职业要处理不同的事务，面对不同的服务对象，因此社会大众对于不同的职业会有不一样的形象期待。

在大多数百姓心中，律师是处理专业事务，具有高素质人才特征的群体。这群人应当穿着一身西装，在高级办公楼里书写法律文件，神采奕奕地走在开庭的路上。在外在形象上，当事人也期待能够看到一副稳重可靠、聪颖能干的面相。因此，我们作为律师，必须要知晓他们的想法，并尽量去符合这一期待。在穿衣时，要选择较为稳重、合体、笔挺的职业装，让当事人能够放心地将目前复杂的情况交到你手中。

某些律师并不注意衣着，这常让新入行的律师感到迷惑。但实际上，无论是什么样的律师，从事何种业务，都应当要格外注意自己的穿着，实践中不乏因为穿着随意而丢掉客户的律师，当事人是这样说的，"感觉他并不像律师，估计办不成事。"

即使我们知道了要穿稳重、合体、笔挺的职业装，那你确定你穿对了吗？看似简简单单的一套职业装，其实还是有很多的讲究，需要我们注意以下几点：

第一，女律师选择穿职业裙装需注意以下五点：①在正式场合不穿黑色皮裙，这是国际惯例，因为它给人们的感觉是不正式；②在正式的场合不能光腿；③袜子不能出现残破；④鞋袜需要配套，穿套裙不能穿便鞋，穿凉鞋不穿袜子；⑤时刻谨记职业着装的三色原则，唇彩、指甲和衬衫的颜色一致，化妆品的品牌与香型要一致，以此传递"我是你值得信赖的法律专家"这样的信息。

第二，男律师穿西装需牢记的要点和原则：全身的颜色限制在三种颜色之内，三种颜色指"身上三个部位"：鞋子、腰带和公文包要保证是一个颜色，一般以黑色为主。三大禁忌，穿西装一忌商标不拆掉；二忌袜子色彩、质地不合适，正式场合不穿丝袜、白色袜子，袜子的颜色要以与鞋子的颜色一致；三忌领带打法不规范，主要是要注意质地和颜色的要求。

第三，在职业装的穿搭上有六不准：不准过分杂乱，不伦不类；不准过分鲜艳，颜色不能超出三种；不准过分暴露；不准过分透视；不准过分短小；不准过分紧身。

第四，女律师在穿着上还会佩戴一些饰品给自己的形象增添特色。佩戴首饰同样也有讲究。戴首饰坚持三个原则，一是数量原则，下限为零，上限不多于两件；二是搭配原则；三是质色原则，坚持同质同色，不能形成远看像圣诞树，近看像杂货铺。女士戴首饰三个忌讳：一是展示财力的珠宝首饰不要戴；二是展示性别魅力的首饰不要戴；三是脚链不要戴。

二、关于言谈

多数实习律师由于刚刚入行，经验不足、底气有限，害怕直接面对客户，这完全可以理解。但是，一旦面对客户，你一定要非常自信且富有逻辑地表达。比如，你在讲话的时候，要敢于正视对方的眼睛，并将语气、语速，以及面部表情控制在一个适度的状态。

第一，要表现得强大且自信。不管你的内心如何波澜翻涌，你都必须表现得平静无起伏，不急不躁、有条有理、不容置疑，让对方看到你的底气和自信。当事人是遇到难题才来向你求助的，若是你犹犹豫豫、畏畏缩缩，表现得非常不自信，那么他如何能相信你可以顺利帮助他把事情解决呢？

第二，论述要有逻辑。逻辑分析能力是律师必备的素质之一。它包括缕清事情的来龙去脉、发现真相、构建案件体系等。在与当事人交流时，要尽量向其展示出这项能力，至少不能逻辑混乱、前后不一。说话反复的人难以被当事人信任。

三、关于举止

律师从事的虽然是服务业，但他们用的是自己的专业知识为当事人提供服务。因此，只要专业过硬，能够为当事人争取到最大的利益，就完全没必要因为收取了费用，而感到依附于当事人。

一方面，举止要大方得体。在面对当事人或其他任何人时，律师完全没必要扭扭捏捏、唯唯诺诺、缩首缩尾，甚至卑躬屈膝。眼神要坚定，不要东张西望、左顾右盼，不敢注视对方，这样不仅不礼貌，而且会暴露自己的不自信。要让人从你的眼神中看到自信、得体和庄重。你一定要展现出温文尔雅、落落大方、不卑不亢的态度，将你的气场低调而富有内涵地释放。此外，眼神在法庭的不同阶段也有着举足轻重的作用。如发问时，直视对方，温柔地给被告以心理暗示；辩论时，紧盯公诉人、环视法官，不要扫视。因此在庭审中你应当全神贯注、目不斜视、威严正听。但在实践中，许多律师在法庭上一副满不在乎的态度，有的认为自己有胜诉的把握就一脸傲慢，有时是窃窃私语、有时望着天花板，但是在他们的不经意中，对方的观点已经被法官采纳了；还有的律师一直低着头，没完没了地记，这样他们虽然记住了对方和法官的语词，但忽视了表情、语气、肢体动作等重点。在与民事案件当事人接触时，也要有效利用眼神的传递。可以通过在眼神中注入感情的理解，在律师和当事人之间建立一种充满人情的关系。这种关系本身也为当事人提供了一种衡量满意度的尺度标准。

另一方面，行事要亲切而沉稳。律师既要能让当事人张口、愿意把真实情况悉数告知，也要不急不躁、有条有理。其一，拉近与当事人的距离，善于引导和倾听。有些当事人不了解法律，往往重复陈述事实，没有重点。也有些当事人出于某些原因，遮遮掩掩，不愿意告知真实情况。这时，通过眼神和手势配合进行沟通，引导当事人说出你想知道的内容就十分重要了。其二，礼貌沉稳，低声说话。讲话时声音过大会显得不够有修养，而声音低一点既符合规范，又礼貌内敛。讲话时更要慎重，言为心声，你所讨论的问题，都需要经过思考，要知道在不同场合该谈什么、不该谈什么。

不同的人对于律师的形象会有不同的见解。我国《中华人民共和国律师法》（2017年修正）对律师的定义是："依法取得律师执业证书，接受委托或者指定，为当事人提供法律服务的执业人员。"而法律人对律师的定义则是：真正的律师，似清澈见底的潺潺清流，如通体透明的无瑕水晶，表里如一，道德崇高，时时处处体现着人格的完善与优美。真正的律师，必有赤子之心，纯正善良，扶弱济危，决不勾串赃官，奔走豪门，拉拉扯扯，奴颜婢膝；决不见利忘义，礼拜赵公元帅，结缘市侩，徇私舞弊，而是自始至终与人民大众走在一起。真正的律师，实是一团火，从点燃到熄灭，持续放着光、散着热，艺品高超，仗义执言，嫉恶如仇，义无反顾。这段话所体现的既是人们对律师职业所期望的形象，也是每一位律师都应为之奋斗的理想。

四、人格稳定性原则

在长期的生活道路上，每个人都会形成自己独特的心理特征。这种人格心理特征一旦形成，便具有相对的稳定性，在外界没有重大变革的情况下，一般是不易改变的。人的性格结构具有相对的稳定性，虽然一个人的举止行为变了，但是其性格的基本结构却是不变的。人的性格发展中有"动"和"静"两种因素，性格发展的各个连续阶段就是"动"的因素，性格类型始终保持相对稳定就是"静"的因素，这两种因素是相互依存的。

人格稳定对于一个人的发展具有十分重要的意义，如何形成稳定的人格，受到环境因素和遗传因素的双重影响。比如在儿童、少年时期，自己受到家长、老师、同学的评价趋向一致，整体波动不大；外界的评价与自己的内心期许一致，个人潜在的思想浮动不大，长久以来，就形成了稳定人格。除此以外，遗传因素也是造就人格稳定的主要原因，研究表明，遗传因素对个体早期的气质会产生一定程度的影响，不过它只是对个体后期的发展起到一定的倾向性的作用；到了青春期和成年期，随着个体生活范围、人际交往关系的不断扩大，个体的人格就会更多地受到遗传和环境相互作用的影响。

律师职业的特殊性决定了律师在执业过程中不仅要忠于事实和法律，还要具备良好的性格、性情，保持清醒的头脑、高度的智慧，这样才能履行好自己的职责，维护好当事人的合法权益。[5]从事律师职业需要稳定的性格特征，如，理智、细心、冷静、健谈、平和、耐心、有主见、精力充沛、强烈的责任感等。在普通人恐讼、厌讼的社会背景下，当事人在寻求律师帮助时，内心往往已经产生了不安、焦虑等不良情绪；而且由于当事人对法律没有详细的了解，在沟通时也许会存在障碍，此时，律师需要用耐心的态度和稳当的谈吐使当事人得到安慰，以此获得当事人充分的信任。

一般来讲，不同的社会角色面临着不同的社会评价与社会压力。当提起律师这一职业时，人们就会预期他（她）具有聪明、专业、严谨、理性等性格特点。因此，个体一旦担当这一职位，就会有意无意地以外在标准来要求自己，经过一段时间，角色要求逐渐内化为个体的自我概念，其人格随之发生变化。一个律师从开始执业到执业多年，他们都倾向于选择与自身相一致的环境，但这些新环境可能会对他们提出新的角色要求，那么为了适应这个新角色，个体会不断地调整和改变自己的人格，时间一长，其律师职业人格就趋于稳定了。

综上所述，遗传和环境不会孤立地影响人格的发展。相反，它们之间的交互作用通常会使人格的稳定性与可变性问题变得错综复杂，在权衡稳定性与可变性之间的关系时，应该从相互依存、相互转化的角度进行分析。

第四节　选择自己喜欢的和擅长的方向

兴趣是最好的老师。孔子曾经说过："知之者不如好之者，好之者不如乐之者"。这说明我们无论从事什么专业都要从自身的兴趣爱好出发。然而我们大多数的人，从事工作并没有跟从自己的兴趣老师，或者根本不知道自己的兴趣老师是谁，而在就业选择上很随意。实质上，选择自己喜欢的就业方向，就会喜欢上自己的职业，这种喜欢与爱好将转化为我们不断积极进取的动力，推动着我们不断地向前发展。就律师职业来说，在外行看来，是一份光鲜亮丽的职业。也许他们不知道律师职业实质上经历着各种心酸，需冲破种种重围，才能成就一名职业优秀的律师。在律师这个行业里，有多少人在职业方向上迷失了自我，放弃自己喜欢的方向，忍受着生活的压力而不得不选择一个自己并不喜欢的专业领域，不得不忍受着高强度的压力。因此，律师在职业选择上切勿盲目，一定要综合多方面因素考虑做出最佳选择，即既要从社会发展的角度出发，又要结合自身的兴趣、爱好，将兴趣、爱好转化为内在的动力，带着这种动力去工作，你就会感到乐此不疲。

很多年轻律师在走上律师道路时，往往没有明确的方向，希望自己成为"十项全能"的选手。有这种想法是人之常情，作为律师大家都希望有尽可能多的案源和客户。但是，由于法律部门的差异性，一般人总是难以全面而细致地掌握所有的法律甚至仅其中几个法律部门，于是当你选择成为全能型律师时，结果可能陷入"博而不专"的境地。你丧失了作为律师最重要的素质——专业性，就很有可能丧失你的客户，这对于一个律师的长期发展是十分不利的。因此，我认为选择一个专业化的方向对于律师的成长是十分重要的，也是律师赢得客户的最大法宝。实践证明，我们的这种专业化取向也是符合客户需求的。以专业吸引客户，用专业留住客户，靠专业发展客户，这是我们得以迅速发展的要旨所在。当然，我也不建议年轻律师盲目而草率地选择自己的职业方向。我觉得律师在做专业化选择时应当选择自己喜欢的和擅长的方向。

一、选择自己喜欢的方向，利用爱好自我激励

只有选择好自己喜欢的方向才能在该领域发自内心的不断探索与进步，激励自己不断深造，从而增强自身专业性，提高竞争力。具体原因有以下几点：

（一）喜欢的方向是律师成功的动力

律师对于我们而言，是一份职业更应该是一份事业，而要把这份事业经营好，前提是你要热爱它，唯有热爱才能持久。因此，必须选择一个自己喜欢的方向，这才是律师成功的持久动力。

（二）选喜欢的领域能增加竞争力

社会发展的大势所趋，越进步，分工就越细。在说服当事人选择自己做律师的时候，专业的律师更容易拿到业务。也就是说，专业的律师更有竞争力。既然是竞争，那就必须从起跑线就开始。起跑线就是选择专业，如果你选择自己喜欢的领域作为专业，就能保证你自己能非常投入地工作，事半功倍的效率能让你在竞争中占有优势。

（三）领域不一定是专业

对律师而言领域是什么？可以是某个部门法，比如婚姻、继承、房地产、金融、知识产权等法律服务的专业，也可以是某个产业，比如互联网产业、进出口贸易、信息技术、房地产、海运等。从产业切入法律服务的意思是，假如你对互联网产业感兴趣，那么可以选择互联网公司作为服务对象，并结合相关法律专业提供专业的法律服务产品。

（四）专业无贵贱，有精疏

在如何选择领域的问题上，可以选择行业，也可以选择法律专业。找到之后，就需要极具耐心地沉入这个领域深耕，因为不管是行业还是法律专业的耕耘，都需要比较长的时间才能见效，坐比较长时间的冷板凳对多数人而言是不可避免的。坐冷板凳的本质是潜心培养竞争力，此时切记要耐心，不要这山看了那山高，随便换领域或者耐不住寂寞放弃专业化。

我相信，"三十年河东，三十年河西"的规律在每个领域都是适用的。领域没有贵贱，只要肯沉下心深耕，肯定也会在该行业爆发式增长或者某法律修订促进法律服务需求增加的时候迎来业务高速发展期。但如果总是见异思迁或者不思进取的话，竞争力就不会强，即便你所在领域里的机会来了也不一定能抓住。

如何选择自己喜欢的方向，利用自己的爱好进行自我激励呢？起初，我们在步入律师行业之时，在就业方向上不能随意，一定要有自己的就业想法或者选择相对较大的领域，例如诉讼领域还是非诉领域，甚至可以具体到某个特别专业的领域，例如知识产权法方向。如果我们是刚刚踏入律师行业的应届生，还是一个律师圈的新人，不知道自己喜欢什么方向，那我们可以在实习阶段尝试不同的领域，最终找到自己喜欢的方向。我们既然选择了做一名职业律师，将它作为自己一生的事业，选择自己喜欢的方向尤为重要。选择自己喜欢的方向，利用爱好进行自我激励。当你将它作为自己的兴趣而不再是工作，你就会完全沉浸在这种热情之中，无论遇到困难或者挫折，都会迎难而上。这时你的爱好就会转化为你冲破困难的动力，同时激励着自身不断地去创新，挑战新的领域，也激励着自身不断地积极进取。每当你完成一件事情，你就会感到无比喜悦的成就感。这种成就感就会转化为动力，使你不断地前进。

因此，我们无论从事何种事业，我们都要结合自身的爱好进行选择。同理，我们选择做一名职业律师，加之律师职业的专业性强的特性，更需要我们谨慎选择。面对选择的三岔路口，我们选择自己喜欢的路口非常重要，这可能会影响我们人生道路。

二、选择自己擅长的方向，培养长处，精耕细作

21 世纪以来，市场上的竞争愈加激烈，而如何在竞争中占有一定的优势，这是我们需要思考的问题。其中，取得一定竞争优势的因素之一就是自身的优势，即自己所擅长之处。在就业的竞争之中，选择自己所擅长的方向，坚定不移地培养自己长处，你就会在人山人海中脱颖而出，到达成功的彼岸。随着社会的发展，分工越来越细化，而专业化是律师行业发展的必然趋势。如今律师行业已经开始走向专业化的道路，例如北京市家理律师事务所专注做婚姻家事方面的业务，又如北京星权律师事务所专注于娱乐影视方向。甚至一些较大的律师事务所在内部也划分为不同领域的团队。而如何在律师专业化的趋势下取得成功，需要综合各种因素。其中，最重要的因素是自身因素，即选择自己最擅长的领域，专注地打造自己的长处，才可能取得竞争优势。每个人的精力都是有限的，我们将花费最大的精力去培养自己的长处，让自己的优势炉火纯青，才能在竞争中脱颖而出。

如上文所说，人的生命是有限的，人的精力和时间也是有限的。在执业过程中我们似乎总能学到点什么，却又仿佛什么都没学到。我们不能什么都学，什么都做。年轻律师更应该明白这一点，术业有专攻。我们应该时常问自己：我最精通的是哪一方面，我是否找到了准确的切入点，做得多就说明我专业吗？我认为，律师行业未来的发展趋势必定是专业化、精细化、创新化。

那么我们该怎么做才能顺应这个发展趋势呢，找准发展方向的前提下，我们要学会在实践中慢慢找出自己最擅长的领域。从学校开始我们就会有一些自己比较擅长的学科或者领域，从事律师行业也是一样，从众多的工作中找到自己擅长的方向，重点培养这些擅长的领域，让其成为自己的优势，不断深耕提高专业化。选择自己擅长的方向能让你在起跑线就快人一步，是你取得竞争优势的因素。万事开头难，做律师最难也是开始这段，如果选择了擅长的领域作为专业，能让你在竞争中尽快站稳脚跟，并有助于你快速成长，提高专业化水平，形成知名度，早日晋升成为优秀的、顶

级的律师。如果选择了自己不擅长的领域则可能需要花费比其他人更多的时间和精力去完成，不仅效率降低，还有可能影响法律产品质量，从而影响整个团队甚至是律所的声誉。

这里有一个误区，并不是说某类案子做得多就一定能成为这个领域的专家。如果仅仅停留在做多这个层面，却不能总结提升，不能及时反馈，不能研发创新，不能促进律师服务产品的升级，那么即使做得再多也不能达到专业化的标准。我们在未来的发展方向中，应该着眼于细分市场，甚至让专业化能达到垄断的程度。在这个过程中，我们还应当永远保持对学习的热忱，做完一个案子就应当了解一个行业。比如在一个工地发生了泵管伤人的事件，我们不仅要着眼于侵权、赔偿，更应当以这个案子为切入点，去了解整个建筑行业，跳出法律的思维框架去接触其他行业。在这个过程中，我们不仅要重温这个案子中涉及的所有法律知识，还要围绕建筑的设计、施工、装修、管理去全面地了解这个行业，最后再回到法律思维中去深入研究责任分配的问题。只有这样，我们才能走出"什么都懂一点却又什么都不能做"的困境，才能不断提高，实现法律服务的专业化与精深化。

作为一名律师，要想取得成功，最大的捷径就是专注于自己擅长的领域。每个人都有自己的闪光点及价值，选择执业领域实质上就是选择自身价值的过程。不同的人，选择不同领域。当然，在选择领域之前，我们应该听从内心的呼唤，选择自己最擅长的领域，发扬自己的长处，在自己擅长的领域去深度发掘，实现人生的价值。俗话说："扬长避短"，我们又如何做到呢？首先，正确认识自我。作为一名律师要明确自己的优势是哪些，缺点是哪些。如果不能正确认识自己，那么在竞争中就会落后。其次，扬长避短，努力经营自己的长处，在实践中努力克服自己的短处。最后，正视自己的短处。其实优点和缺点在一定情况下是可以相互转化的，我们不能绝对化，要看到并发挥我们自己的优点，也要积极主动地改正自己的缺点，这样我们才能在竞争中取得优势。在律师专业化的趋势之下，努力培养着自己的长处，顺应着专业化的潮流，将自己的就业领域也逐渐专业化。努力发挥自己的长处，在某个专业领域做到最好，努力成为这个领域的佼佼者，别人做不到的，你可以做到，你就是成功的。

综上所述，在律师的道路上，选择自己喜欢的和自己所擅长的方向尤为重要。但实践中二者可能会发生冲突。自己喜欢的方向并不是自己所擅长的领域，自己擅长的方向不是自己喜欢的方向，该怎么办？其实二者之间的矛盾并不是绝对的。选择自己喜欢的方向，就利用自己的爱好激励自己不断进取，慢慢地就会将这种爱好转化为自己擅长的领域。选择自己擅长的领域，努力培养着自己长处，自己擅长的领域带来的成就感，会使我们喜欢上自己的长处，最终发展为我们喜欢的方向。当然，如果可以将二者结合起来，我相信你在律师的道路上会越走越好。

第五节　锻炼表达能力

表达是每个律师的必备技能，律师职业的特点在于律师提供的往往不是有形的产品，而是一份份文书和一段段演讲（无论是正式的还是非正式的）。文字与语言表达能力同等重要，都应受到训练，成长为一名合格的律师，既要在文字上条分缕析，又要在交谈中有理有据。

一、不敢在大庭广众下表达不是致命的

语言表达是一门艺术，它是思想的外观，也是情感的流露，语言的表达能力不是天生就有的，而是在成长的过程中慢慢学习、累积的过程。很多人因为性格，成长环境的不同，不敢在大庭广众之下表达自己的观念，但这并不是致命的。因为不敢并不代表你不能，多数情况下是因为你缺少合适的语言锻炼机会，缺少激发语言能力的契机。故而在这一不自信、自我怀疑的过程中，你所要做的就是慢慢改变自己，提升自己的表达能力，把每一次张口说话，都当成一次锻炼，把握珍惜每一次机会，终有一日会成为别人眼中能言善辩的那个"他"或"她"。

二、沟通能力

作为一名律师，有着善于与人沟通的能力往往在面对一个案件时可以

事半功倍。在我们所接触的个案中，可能包含着很多常人容易忽略的细节，我们需要在有限的时间里随时对存在的各种情况进行应变及分析，与此同时还包含如何与法官沟通、如何与客户沟通、如何与对方及对方律师沟通。有效的沟通既是解决问题的基石，也是工作生活中必不可少的交流工具。当然，有效的沟通需要根据不同的沟通对象运用不同的调解技巧。当然在我们法律领域中，沟通最多的就是与当事人、法官或检察官。因此，我们在沟通时，一定要注意沟通技巧。

（一）与客户沟通

如今，我们面对的客户都非常理性，好比买东西一样，都是货比三家最后决定选择购买哪一家。当然，当事人也就是我们的客户，在决定委托哪家律师时，也会慎重地选择，亦如买东西。所以我们花在客户身上的时间，目的就是要通过提供专业服务，为客户创造价值，同时为自身创造价值。与客户沟通要讲专业才算直指主旨，以自身扎实的专业知识为客户提供良好的法律服务，让客户能够看到一名专业律师的法律素养。因此，我们见到客户时，沟通关键是先亮出观点，然后给出具体理由。现在生活节奏快，每个人的时间都非常宝贵，谈问题最好单刀直入，直切入主题，简洁的风格会给对方一种快刀斩乱麻般的畅快感。但不同类型的案件需有不同的应对模式，不可一概而论。如在某些民事案件中，律师可能要做情感疏导的工作，讲专业可能不如讲故事或倾听。俗话说，隔行如隔山。律师从事专业的法律服务，在专业领域里，有许多非本行业内不明白的行话。比如原告、被告、诉讼请求、诉讼标的、时效、违约责任等这些专业的术语，这些专业术语在某种程度上会构成我们与客户沟通的障碍，要越过这些障碍，需要我们用清晰的思维、缜密的逻辑、浅显的语言来表达。

（二）与法官、检察官沟通

在办理案件过程中，除了需要和客户进行沟通，涉及诉讼的还需要和法官、检察官等进行沟通。在和法官、检察官等进行沟通的过程中：首先，我们要用平常心来对待，要意识到大家同属于法律队伍的一员，彼此间更需要相互理解和包容，如此才能够建立起信任关系。同时在绝大多数案件上，通过换位思考，了解法官和检察官真实内心想法后，就更能够找到解决问题的方法。其次，在庭审中对于自己所代理的案件应熟悉相关法律且充分了解案件事实，就相关案例及证据进行搜集、整理工作，帮助法官梳理案件事实，如用表格、时间轴等可视化方式把证据融合在一起，再辅以文字，使案件事实能够清晰明了地展示在法官、检察官等的面前，使案件能够顺利进行。最后，在庭审后除了邮寄书面代理意见，同时还应把自己及客户的法律意见或是想法及时反馈给法官，进行高效的沟通，辅助法官作出公平公正的裁判。而在与法官沟通无效时，律师要善于变换角度寻求解决途径，不可知难而退。作为代理律师，在尽力为客户提供优质的法律服务的同时，也应当协助法官、检察官高质高效办案。

三、能说不见得是好事

说话有逻辑的人，不见得一定要时刻话都很多，反应很快。说话有逻辑和反应速度并没有必然联系，所以如果你自己是一个反应速度不太快的人，也不要因此觉得自己就没办法有逻辑地表达。

笔者本人就是一个反应和逻辑思维都不是特别出色的人，为了避免自己表达有误，我在与人交往的时候往往会先多听对方的观点和表达，培养自己边听边思考的能力，等对方观点表述完后，我会思考片刻，在胸有成竹的时候再进行回应。

另外善于聆听，也能够让你有很多机会去观察他人讲话的逻辑，并且可以去尝试模仿、学习他人的优点长处以弥补自身短板。一边听，一边在心里默默列出对方表达的主要意思，按顺序排列，甚至可以尝试在表述完之后把听到的东西总结陈述出来。此外，很多时候在和工作伙伴，朋友以及家人交流沟通的过程中，会有意见、想法不一致的情况。如何表达不同意见而不至于引起不快是我们每个人都需要考虑的问题。其实方法很简单，我们只需要在表达自己观点之前，先找到对方观点中值得肯定的地方，并将它们表达出来就可以了。证明自己正确，而对方错误，是最愚蠢的谈话目标。

四、要在工作中努力提高理解、分析、表达三种能力

语言是传达思想的工具，这一工具的高效利用将是自身综合素质的集中体现。如果你的这种"工具"处于良好的状态，那么，你的看法、观点和思想就可以流畅地表达出来。若不能有效地使用语言这一工具，那么别人就无从知晓你的想法，毕竟沟通在某种程度上是最低的信任成本。[6]因此，熟练地使用语言是一笔不小的财产，能够恰当地使用语言是赢得诉讼的一个极为重要的因素。流畅的演说及毫不费力的陈述，会对听众产生持久的印象，熟练地掌握语言有助于获得信任并使自己易于达到自己的目的。许多刚刚执业的律师发现，语言知识的贫乏成了他们自身的重大障碍。他们怯于使用语言，总是有一种潜在的恐惧：害怕在讲演中出现一些令人尴尬的错误。其实，讲演的意义并不局限于其本身，它不仅可以改善口头表达能力，也可增强自信，提高反应能力。从另一方面来看，如果可以选择一种更有吸引力的形式加以表述，思想即会获得大的诉诸力。它们会变得赏心悦目，使听众对此保持兴趣。借助语言的魔力，演讲者可以完全地征服听众。对许多律师来说，在通向胜诉的道路上，有效的演讲沟通进而充分地表达自己的主张不仅对于案源的开拓而且在具体案件的办理过程中都有着不可替代的作用。因此，这一素质要比任何其他单一因素都更能发挥作用。

简洁是智慧的灵魂，它也是一个优秀律师的重要特征。简洁能给人产生极深的印象，它能使法官吸取所说的一切而无一遗漏。简练的语言要比冗长拖沓的讲话更为有效，但要做到简洁却是不易的。对案件准备的时间越长，辩论的时间反倒会越短，反之，在案件的准备中没有花费足够的时间，辩论就会是冗长而啰嗦的。这种冗长啰嗦的讲演当然不会产生理想的结果。讲话拖得太长，自身的弱点反倒容易暴露，漏洞也易引起人们的注意，而关键的重点反倒得不到适当的强调。某些以简洁而著称的律师习惯于反复思考之后再发表意见，他们选择那种能留下深刻印象的语词来表达自己的主张。另外一些著名的律师则是以平和、谦逊以及相对缓慢和步步为营的方式来达到他们的目的，整个辩论一环紧扣一环直至在不知不觉中

形成了整个逻辑链条，每个环节之间缜密连接。[7]但是无论采取何种演讲的方式或态度，一个有效、简洁、重点突出的演讲都会使它的演讲人居于一个非常有利的地位。

幽默是一种罕见的素质，我怀疑是否能够人为地培训出这种素质。硬性地制造幽默并无助于活跃枯燥的法庭气氛。如果一个人天生富于幽默感，那将大大地有助于他应付困难的局面。幽默感常常是摆脱危机的手段。[8]在一些令人尴尬的场合，恰当的幽默可以使气氛顿时变得轻松起来。一段妙言，一句俊语，一个巧词，或是一句精致而俏皮的评论，就可能打破案子中势均力敌的局面，这种现象已是屡见不鲜。[9]

除了语言上的表达，还有文字的表达。虽然法律文书都有一套模板，但这并不意味着文书写作的时候就可以忽视个案的特性。恰恰相反，在庭审文书的书写中，应当保持自己的个性及针对个案的独特风格。这不是说你应当用标新立异的方式去写一篇代理词，法律文书的基本标准还是要遵守的，只是不要在每篇代理意见中过度"模式化"即可。因为"模板"太多，容易让人以为这是"戏路"。

此外，我常听到有人说法律文书的写作要追求"简短、简短、再简短"，如果把这句话单纯地理解为字数，你一定就会陷入误区。因为法律文书的简短是指在意思表达清晰基础上的减少字数，不写废话，并非单纯盲目地减少篇幅。

五、主动性

形成自己的工作模式，找到最适合自己的工作方式，在这种方式下你的工作高效且高质。养成在开展工作前先在脑子里构思好一个粗略计划的习惯，把握好工作方向，从哪里开始、怎么开始都要想好，实在无从下手要不吝请教他人，否则南辕北辙会严重影响效率。

要多想多问多学，不要羞于发问。

从成为实习律师开始，你便不可停止学习。无论是业务水平还是学术水平，不学不用便无法形成你自己的知识。那怎么学呢？当然是多和律师学习。现在网络信息交换非常发达，你可以看到各种律所、律师、法院在微博或者微信公众号上发布他们的案例、文书、技巧或者观点解析，这些对你的律师之路都很有帮助。此外，多和身边的律师沟通，在和律师的谈话中，你也可以获取相当多的知识和思路，能帮助你对某一个法律关系下的某些问题认识得更深刻，甚至产生这个案件原来是这样理解的想法。

诚然，在律师之路上，没有人有义务教你什么，也没有人有责任陪着你成长。所以，如果碰巧遇到一位无私奉献、乐于分享的师父，他就是人生的贵人，可以帮助你站得更高、少走弯路。如果没有遇见，也没有关系，所谓"三人行必有我师焉"，抱着谦卑的学徒之心和持之以恒的决心，你一定可以有令你自己都想不到的成长。

六、提升说服力六原则

对于法律从业者，尤其是对于律师而言，能否说服当事人、法官，使得他们接受自己的观点，直接关系到律师与当事人之间的代理关系是否成立以及当事人最终的诉讼目的能否实现。

美国亚利桑那州立大学心理学及营销学客席教授、世界著名的最具影响力及说服力的专家罗伯特·B. 西奥迪尼（Robert B. Cialdini）在其著作《影响力》中，从提高他人对自己顺从的概率和降低使自己顺从的概率两个方面，提出了有效提高个人影响力水平的"人类天性基本倾向六大原则"，即互惠原则、权威原则、承诺/一致性原则、稀缺原则、喜欢原则、从众原则。

互惠原则，即以恩报恩原则。以律师与当事人的关系为例，律师协助当事人维护自身的合法权益，当事人支付报酬给律师，这种关系可以视为互惠关系。律师如果想说服当事人与自己建立委托关系或者让当事人采纳自己的意见，可以提供一定程度的免费法律服务，给予潜在客户优待，使其感受到自己的善意和诚意，从而接受律师的建议。

权威原则，即在现实生活中，人们做决定时总会倾向于寻求专家的建议、帮助。在实务中，律师除了通过专业的法律知识、个人受理案件数量、案件胜诉率等显示自己的权威性，还可以通过职级、着装等表征权威身份，以提升自己对当事人的说服力。

承诺/一致性原则，即言行一致，当人们公开承诺或者认可某事时，会倾向于顺从。一方面，律师自己要做到言行一致，给人以可信赖之感；另一方面，律师在与当事人确立委托关系时可以对之后的工作做好约定和规划，得到当事人的公开承诺，此后出现意见相左的情况时，可以以此更好地说服当事人。

稀缺原则，即当人们相信物品供不应求并且有其他竞争者（或者只在短时间内有效）时，便会倾向于顺应请求。在实务中，律师要善于把控自己的时间，让当事人了解到自己的时间和精力是有限的，如不能尽早确立委托关系，则其可能得不到及时的服务以至于个人利益受损。

喜欢原则，即当做出请求的人与被请求者有相同的爱好、信仰、意见等，或者被请求者对做出请求的人存有好感时，人们总是倾向于顺从。实务中，律师可以通过交谈了解当事人的兴趣爱好，寻找与当事人地缘、人际、教育经历等相似之处；也可以通过顺应、及时回馈等获取当事人的好感，以提高说服力。

从众原则，即跟随他人的做法。在无法做出判断时，人们往往会根据多数人的经验或做法确定自己的选择。在建立委托关系或提供法律建议时，律师可以简要梳理自己代理过的相同或相似胜诉的案件，以提高自己对当事人的说服力；在法庭审理阶段，可以列式与自己观点相同的裁判内容，以增强对法官的说服力。

律师在实务中可通过适当运用该六原则提升自身的说服力，法律实务能力的提升是一个经验积累的过程，在实践中灵活运用说服力六原则，根据目标特性不断调整，才能真正提升说服力，实现律师与客户的双赢。

第六节　不能称为优点的优点

作为一名律师，能吃苦、有韧性、理论功底扎实、细心不是你的优势，这是这个行业最基本的素质。律师这个行业，要想出人头地，首先需要做好以下四点，这四点是地基、是第一步，如果你连这四点最基本的素质都没有掌握，何谈其他呢。确定自己拥有这四项基本素质后，再去拓展只属于你自己的核心竞争力。

一、能吃苦

既然选择了律师行业，前期就需要做好吃苦的准备，具体表现为身体上的苦和心灵上的苦。

加班、出差应该是一名律师的标配和常态，你需要习惯于熬夜守在电脑前，等待当事人各方调解完，你再出具调解书；需要习惯于饥肠辘辘啃完面包匆匆忙忙赶往下一个法庭；需要习惯于有些不明事理的当事人不分时间深夜仍打电话向你咨询。这些身体上的苦只是一部分，克服心灵上的苦也尤为重要。

曾几何时，不知你是否有过这样的经历：毕业前暗自下定决心，等找到工作后，一定要勤勤恳恳，任劳任怨，服从领导安排，一开始哪怕工资低一点也不要紧，结果找到律所实习后，才知道不是每个师父都会给你布置任务，不是每个师父都能天天见到，不是每个师父都会给你实习工资。当现实与理想有所差距的时候，最考验人的毅力，这是正常的，克服心灵上的苦也是一门必修课，很多年轻律师还没等到功成业就，因为心态没摆正好就转行了。当然了，付出就有收获，现在所吃的苦，都是以后事业成功的垫脚石。

和做学问一样，板凳要坐十年冷，没有甘坐冷板凳的心理准备，内心焦躁不安，东一榔头、西一棒槌，结果必然是始乱终弃、一事无成。

还有一个理论是"八小时之外"定律：人与人之间的差异最终在于业余时间如何利用。说这话的不是别人，正是爱因斯坦。别人上班八个小时，你上班也八个小时，你怎么能比别人更优秀、更专业？那就需要我们利用课余时间来学习和充电。

二、有韧性

对于年轻的律师，头几年都处于学习阶段，在招聘市场并不算受欢迎，第一份工作做上 3~4 年并不稀奇，要么是因为工作环境顺畅不需要换工作，要么是内心虽然抗拒但苦于修为不够，找不到更好的机会。

而年纪轻轻就可以频繁换工作的律师，都是属于背景优越的"面霸型"人才。说白了，虽然初级职位不多，但碰上有招聘年轻律师的机会就跃跃欲试，招聘方看候选人，也无从评价法律技能，无非是看性格、谈吐、机灵程度。

往往这样的候选人，有了一两次成功之后，就以为自己是市场的宠儿，工作稍有不顺心，就不愿意忍耐，缺乏韧性，把跳槽作为最高效的解决方法，回避现有工作的种种不顺，掩饰得毫无痕迹，让自己重新开始。

实践中也有两年跳了三次槽，月薪翻了一番的案例，不论跳槽是出于主观还是客观原因，不是"面霸"还真做不到。但这也未必全然是好事，简历上已经有了四五段工作经历，每段经历都是一年不到，虽然都是无缝连接，但工作更换频率过高，之后再找工作，难度会陡增，招聘方多半会认为这是个烫手山芋，担心工作的恒久度，候选人无疑提前花完了自己仅有的职业资本。

三、法学功底扎实

成为律师首先需要通过法律职业资格考试（即"法考"，2018 年之前称"司法考试"）。通过法考的同学只能算是一只脚迈进了法律圈，还需要不断地学习法律知识，与实践相结合，做到知行合一，使自身的法律功底扎实。

这里所说的法律知识，是指律师应当具备与所代理事项相适应的法律知识，同时这也是法律职业者区别于其他职业的首要特征，是律师提供法律服务必备的工具，是律师的安家立业之本。

最初，律师的法律知识主要来源于法学院校的教育，后续主要是职业中的经验积累，以及在相关专业领域的培训和研究等。法律知识是律师的资源储备，律师储备的法律知识越多，越完善，其对于法律关系的分析越准确，寻找解决问题的办法就有可能效率越高。许多律师前期十分好学，每当有新的法律条文或者新的规定出现的时候，都第一时间进行研究，等执业年限一长，对于学习的热情就大大降低了，脑海里的法律知识也停滞不前，长期下去不利于自身发展。因此，律师是一个需要长期学习法律知识的行业，应树立起终身学习的目标。

四、细心

与其他行业一样，细心是对律师执业最基本的态度要求。做到细心，就要求律师在提供法律服务的各个阶段都做到不马虎、严谨认真，不管是法律文书的撰写，还是证据整理，都给人以专业的感觉。律师尽管具备完备的法律知识储备，熟练运用法律知识定纷止争，但如果不细心，证据调查得不全面，事实确认得不彻底，法律关系分析有差错，都可能给结果造成影响，任何一项失误都可能使当事人得不到有效的法律服务。律师处理法律纠纷稀松平常，但对于当事人而言打官司却较为罕见。当事人追求的是法律服务效能最大化，是否能够实现预期目标是评价法律服务是否有效的标准。

虽然许多当事人不懂法律，也不知道律师业务水平的高低，但当事人可以通过阅读律师写的文书，通过观察是否有错别字、语句是否完整等细节来得出对于该律师以及所在律师事务所业务水平好坏的评价。律师工作说到底是一门手艺活，粗枝大叶得不到当事人和其他法律职业共同体的尊重，只有细心，才能更好地驾驭这善良与衡平的技艺。

第七节　成为一个靠谱的人

"靠谱"是对一个人的最高评价之一，是比聪明更重要、更难得的品质。浮躁的时代下，靠谱显得更加难能可贵，因为靠谱代表着踏实、放心。如果让我找一个"靠谱"的同义词，我会选择"负责"。靠谱，是对事负责，对人负责和对己负责。

一、任务完成均需阶段性报告结果

每项工作完成后都要及时反馈工作结果。如果没办成，要及时说明困难是什么、你认为可行的解决办法，请示给你指派工作的律师，说明你的看法，听从他的决断。

在收到工作邮件/微信消息/短信后，无论此时是不是工作日/工作时间都要立即回复。你要让给你布置任务的律师知道：你已收到他布置的任务，你会认真完成。如果在完成工作过程中遇到问题无法解决，那是后话了。在收到工作安排时你首先应该做的就是明确知会对方"好的，我已收到您的信息，我将立即着手处理"。

行事风格靠谱且严谨。律所是对细节要求很高的地方，任何小错误都有可能致命，因此在平时就要养成细心谨慎的行事习惯，让合伙人觉得一项工作交给你，至少不会犯低级错误，久而久之你自然变得靠谱。

从微小琐碎的工作开始积累口碑。勿以工作琐碎简单而敷衍了事，要得到靠谱二字的评价绝非一日之功。

二、培养责任心

富有责任心是极为重要的品质，在律师行业里，律师的责任心往往体现在如下方面：

第一，对当事人负责。当事人咨询的律师目的是得到律师专业的回答与帮助。所以律师对待当事人的态度一定要端正，不可以貌取人，也不可为了获取当事人委托费而不考虑案情，做出虚假的胜诉承诺。在接受委托后，更不可为了达成当事人的主张而伪造证据。

第二，对自己负责。身为律师，对待自己也要足够负责。不可放弃对自身所涉及的法律关系领域的学习，在业务方面也同样不可以懈怠。要注意锻炼与休息，以确保有足够的精力在压力下办案。要养成一定的工作习惯，对于案情证据资料的保管要慎重。

第三，社会责任感。作为律师，作为法律的使用者，对社会整体的风气应该有感知。对于有违社会法治，践踏权利的行为应当有正确的态度。但在接受"显而易见"的犯罪嫌疑人的法律援助职责时，也应尽心尽职，为犯罪嫌疑人做出辩护。

第三章

技能篇

法律知识是法律技能的基础，但也仅仅是基础，作为律师，必须实现从法律知识到法律技能的跨越。律师的成功不仅仅来自学历和天赋，更重要的是技能。出色的名气和口碑往往能吸引当事人光顾，但赢得案件却只能凭律师的技能，办案程序一旦启动，律师的名气就要让位于律师的技能，能否赢得案件取决于律师技能的运用与发挥。本章主要从掌控时间的能力、文字处理能力、法律检索的能力、整理案卷、踏上晋级之路等五个方面阐述律师所需的必备技能。

第一节　掌控时间的能力

守时是恒定的美德。一场大的交易中，律师作为有明确任务的角色，很多任务都有时间限制。在一个律所中，律师之间也有着明确分工。从团队合作的角度出发，如果一个人拖延任务，势必要耽误其他人的工作进度。所以如果发现任务无法按时完成，要提前进行反馈。超期反馈是不负责任的表现，就像合同超期履行需要支付违约金一样，一个常常超期完成任务的律师，或许不用支付违约金，但一定会以你的律师生涯做代价。

一、注重效率

律师的思维方式应当是我要花多长时间来完成这项任务，而不是我完成这项任务会花多长时间。

任何事情均要有时间观念，学会管理时间。

以此判断此项工作以效率为先还是以质量为先，效率为先则应先放过细枝末节的部分，从主干抓起着手开展工作，在保证整体质量不差的情况下尽快递交成果；质量为先则小至词句标点都应细细斟酌。

完成任务不要拖沓。兵贵神速，任何事情别拖，拖只会让事情越来越糟糕。

二、四象限时间管理

美国的史蒂芬·R. 科维（Stephen R. Covey）提出了"四象限时间管理"原则，按照事情的轻重缓急，把要做的事情分为：重要且紧急，重要而不紧急，紧急而不重要，既不重要也不紧急。

（一）重要但不紧急

我们工作之中，大多数真正重要的事情都不是急的，可以现在或稍后再做。实际上我们却往往把这些事情无休止地拖延下去。对这类工作的注意程度，可以分辨出一个人办事的效率。正确的方式是：要把这类工作作为第一优先的事情。只有当你把主要精力用在"重要而不紧急"的事上，你才能从容应对。记住一个原则：把最重要的事做到最好，不值得做好的事，就不值得去做![1]

（二）重要又紧急

这些事情看上去比任何事情都要优先，似乎必须立刻去做。而这样的结果是：你会永远忙忙叨叨。其实，最好的时间管理，就是让这类事越少越好。

（三）不重要但紧急

这一类是表面上看起来需要立刻采取行动的事情，但客观而冷静地分析一下，我们就可以把它们列入次优先工作中去，或者让别人去做。[2]

（四）既不重要也不紧急

我们常常在做重要的事情前先做它们，这是本末倒置。因为这些事情会让你分心，它们给你一种有事可做和有成就的感觉，使你有借口把重要的工作向后拖延。这是许多能力不够而又身居高位的人的最大弱点。[3]

我们大多数重大目标无法达成的主因，就是因为把大多数时间都花在次要的事情上。所以，我们必须学会根据自己的核心价值，建立起优先顺序，然后坚守这个原则，并把这些事项安排到自己的例行工作中。

我们要学会分清工作的主次。首先把那些无关紧要的工作放一边去，接着再排除那些你认为以后再干也不要紧的工作。对于那些必须目前就干的工作，也要很好地进行组织。组织工作的方法有如下几条，既可以单独使用其中的一条，也可以互相配合使用：[4]

同时综合进行多项工作。办事要有顺序，并不是同一时间内只能办一件事，而是运用系统论、运筹学等原理，同时综合进行几项工作，这样效率就会大大提高。[5]

把若干步骤结合起来。有两项或几项工作，它们既互不相同，又有类似之处，互有联系，实质上又是服务于同一目的，因而可以把这两项或几项工作结合为一，利用其相同或相关的特点，一起研究解决，这样就能节省时间。

改变步骤的顺序。考虑做工作时采取什么样的顺序最合理，善于打破自然的时间顺序，采取电影导演的"分切""组合"式手法，重新进行排列。

改变工作方法。改变工作的手法大体有两种，一种是"分析改善方式"，对现行的手段、方法认真仔细地加以分析，从中找出存在的问题加以改进，使之与实现目标的要求相适应。一种是"独创改善方式"，不受现行的手段、方法的局限，在明确目的的基础上，提出实现目的的各种设想，从中选择最佳的手段和方法。[6]

尽可能把不同性质的工作内容互相穿插，避免打疲劳战。如写报告需要几个小时，中间可以找人谈谈别的事情，让大脑休息一下。

把某种要素换成其他要素。如能打电话的就不写信，需要写信的改为写便条，需要每周出访的改为隔周一次，在不出访的那一周里，可用电话代替出访。

作业标准化。用相同的方法来安排那些必须时常进行的工作，比如记录时使用通用的记号，这样一来就简单了。对于经常性询问，事先可准备好标准答复。[7]

三、绝对不能迟到

时间就是金钱，一寸光阴一寸金。作为现代人，在这个快节奏的社会里，每个人的时间都很宝贵，有句话说"浪费时间就是浪费生命"，为了不浪费自己以及他人的时间，增强自己的时间观念，对于现代社会的人极其重要。因此，不管在什么场合，因为什么事，作为律师，首先要做到的就是守时，绝对不能迟到。

（一）时间观念的重要性

1. 守时有利于按时高效地完成工作计划

一般我们在工作中都会设定一个目标，比如在特定时间内自己要完成多少工作，守时的人能够利用好时间规划好自己工作的细节，优化工作内容，进而高效地完成目标。然而没有时间观念的人，别看他整天忙忙碌碌的，完成工作的质量达不到要求，时间不能合理地被安排，做事情只能是事倍功半，效率很低。

2. 守时的人可以得到更多的机会、信赖和尊重

还记得前文所说的"首因效应"吗？第一印象并不一定准确，但确实非常深刻地决定着今后双方的发展趋势。作为律师，你和当事人约定了一个时间，按时到达约定场所可以给对方留下一个好印象。因此，与当事人初次会面时我们能够准时到场，可以让当事人感觉到我们对他的案件的重视程度，其选择我们作为代理人的可能性就更大，反之，第一次见面就迟到，当事人对律师的印象就大打折扣，很可能这件案子就结束于此了。

另外，如果时间允许，最好选择提前 10~15 分钟到达约定场所。早到，心里就踏实一点，就更有自信了，而且我们也有充足的时间整理好我们的仪态，遇到突发情况也不至于手忙脚乱，可以更从容地应对各种问题。而一旦迟到，我们就会心怀愧疚，在与当事人沟通时逻辑思维、语言表达方面都会大打折扣，会给当事人留下很不专业的印象。在约定的时间内提前到达，既是对别人的尊重也是你个人修养的体现以及你对这份工作的重视

程度。这往往是洽谈成功的一个重要因素之一。

3. 时间观念还可以考验到一个人的自律能力

在生活和工作中，如果一个连自己都不能严格要求的人，又怎么能以身作则去要求别人做事呢？有时间观念的人能把时间细分化为很多时间段，严格要求自己按时完成任务。

有时间观念的人不会抱怨因为自己迟到被扣了多少工资，不会一直关心着公司制度的约束，而是能够做到自我约束按时到达公司，从而在根源解决问题。一个人的成功在我看来就是他实现了他的人生价值。要想成为一个成功者，要想让自己从职场小白成长为一名成功的律师，请遵守守时的时间观念，对别人负责，更重要的也是对自己负责！

（二）如何养成守时的好习惯

首先，我觉得一定要有表或者闹钟之类可以提醒你时间的工具。若不守时成为一种习惯，就很难在一朝一夕之间做出改变。因此，在每次的约会中，你可以给自己定个闹钟，闹钟的时间要早于约定的时间，至于早多少，这个需要依个人的行动的快慢而定。而且要学会安排计划，每天写一个备忘录，记录自己每天要做的事情，有了计划我们才可以有条不紊地组织安排好我们的时间。计划像一座桥，是连接目标与目标之间的桥梁，也是连接目标和行动的桥梁。没有计划，实现目标往往可能是一句空话。计划对于人生来说相当重要，没有计划的人生杂乱无章，看似忙碌却是空缺的。所以会安排计划，才使我们在杂乱的时候合理地安排什么时间段做什么事，什么时间段完成哪项工作等。不过在此期间你还要不断地提醒自己，时间到了，该做什么就要做什么，不能再拖拖拉拉。除此之外，你也可以让身边的人时刻提醒自己，最好是比较严厉、熟悉的人，不过我认为这个方式不适合长久使用，最好的方法还是要自己养成良好的习惯。

其次，应该严守纪律。在著名的滑铁卢战役中，正是因为拿破仑的手下格鲁西没能灵活变通及时回救，在关键时候没有及时赶到战场，而对手威灵顿的援军却及时赶到，从而导致他的兵败，由此可见在战场上哪怕是一分钟都不可以耽误。遵守纪律，才可以掌控成功的关键；拒绝迟到，才可以掌控自我。在工作中同样是这样，一个团队的工作很有可能因为你一个人的不守时而导致整个团队项目不能按时完成，因此我们在工作中一定要严守纪律，在规定的期限内认真完成好自己的工作。

最后，还应该勤奋刻苦。宝剑锋从磨砺出，梅花香自苦寒来。无法做到自我的勤奋就会导致我们拖延懒惰，据科学调查表明，许多迟到的学生都是因为起床时的懒惰造成的，所以我们才应该对自己要求严格，拒绝懒惰导致的迟到行为。

综上所述，我个人认为守时非常重要。笔者本人是个时间观念很强的人，无论是别人迟到等别人，还是自己迟到让别人等，我都不认为是合适的处事方式。人生时光有限，我们应当充分把握好每一分钟，不要把时间浪费在无意义的等待上。

不迟到是很好的也是很重要的习惯，它可以帮助我们成就事业，而相反，不守时会让我们与机遇失之交臂，错失良机。正是因为我们人生之中机遇不会再来，所以我们才更应该把握机会，拒绝迟到。屡次三番的迟到，不仅是对他人的不尊重，更是对自己人生的不尊重。

无论对什么工作而言，守时都是美德。我不能保证时间观念强的人都能够成功，但是，任何一个成功的人，一定都有很强的时间观念。重视时间安排，知道什么时间自己要做什么，总是能高效地完成任务，而对工作抱着无所谓态度的人往往在事业上不能有很好的发展或者进步。

第二节　文字处理能力

对于律师来说，文字能力无疑是至关重要的一种能力。律师绝大部分工作成果都是通过书面语言来体现，不仅要掌握文书规范要求，还要懂得如何通过文书来达到与对方进行沟通的目标。法律文书要求规范、严谨、有逻辑、有理有据、用词准确、段落规整，这要求我们注重文字的处理能力。

一、文件格式

要注意文件的格式，律所有专门的建议行文格式，比如公文标题采用2号宋体居中加粗等要求，要文件看起来美观大方，从侧面展现律师的基本素养。

要注意文档格式的美观。很多律师不注重文档格式的美观，文章字体、字号、行距、页眉页脚等格式要素，随意选择，装订时书钉随意安放，将一篇看起来令人难受的文书交给当事人或国家机关。殊不知，格式的美观度，不仅影响律师的形象，也会直接影响沟通的效果。糟糕透顶的格式，会让人失去阅读的欲望，再好的文件内容也不能有效传达给对方。因此，希望大家注意每一篇文档的美感。

二、文件命名

我们的团队要求，文件要按照"法律关系+主体+日期"的方式来命名，这样做的好处是，让下一个接手工作的人，能清楚地知道这个文件主要内容是什么，是不是最新的版本，提高团队的工作效率。

三、文件形式

在发送律师函时，应注重形式，如抬头、纸张、格式，等等。

四、文件管理

文件的保存：发送后应记得留存一份并将纸质版复印件递交客户一份。

文件的更换：文档使用活页式，定期更换，目录中载明每份文档的修订日期。

文件的分类：就管理者而言，分类不是重点，重点是对知识的回顾、加工和再应用。分类的标准依个人喜好，以简单、方便为主。但建议文件夹不要超过三层，一般超过三层，自己再次打开的概率会降低。

五、法律写作注意事项

（一）指代

指代要清楚，"其""自己"等词汇会带来歧义，应该替换为指代的内容或者适当删除。

例如，实业公司为使贸易公司在其资金短缺情况下继续供货→实业公司在资金短缺情况下为使贸易公司继续供货。

"A 与 B 的 C"这种结构会带来歧义，可以分别理解为"A 的 C 与 B 的 C"以及"B 的 C 与 A"。此时应该根据实际情况避免歧义表述。

例如，许某与王某夫妇→王某夫妇与许某。

（二）动词重复

"是否"的含义为"是不是"，"为"的含义为"是"，"非"的含义为"不是"，"系"的含义为"是"，这类的动词之后不能再加"是""为"等动词。

例如，合同的报告要求并非工期顺延生效的必然要件→合同的报告要求并非工期顺延生效的必然要件。

（三）相同介词

一个句子中应该尽可能避免使用两次相同的介词，比如两个"对""向""以""按""即""因""与""在"等，应替换为同义介词。

例如，对酒店提出的对塑钢窗进行质量鉴定的申请→对酒店提出的就塑钢窗进行质量鉴定的申请。

（四）连续字

尽量避免相同的汉字连续出现，可适当改写。

例如，违法民事行为无效行为→违法民事行为无效。

尽量避免分开解读有不同含义的前后两字构成另一独立词汇。

例如，现金属不当得利→现金应属不当得利。

（五）时间

书面语中，"未……之前"应修改为"……之前"，删除多余的"未"。

例如，在未办理结婚登记之前→在办理结婚登记之前。

（六）书面语

尽量使用书面语，使用"案涉""涉案""诉争"，"系"代替"是"；"得"代替"可以"；"非为"代替"不是"；"亦"代替"也"；"亦为"替换"也是"；"即"代替"就"；"均"代替"都"；"予"代替"给"；"至"代替"到"；"未"或"无"代替"没有"。

例如，这也是《公司法》保护股东知情权立法精神应有之义→此亦系《公司法》保护股东知情权立法精神应有之义。

（七）白话

多用法言法语，避免大白话。

例如，第三人打欠条→第三人出具欠条。

（八）文言

文书中一般不要使用"之"。

（九）精炼

用词要精练，删除一些不必要的介词、动词、助词、量词等。

例如，在无证据证明双方变更了协议情况下→在无证据证明双方变更协议情况下。

再例如，戴某作为一个成年人→戴某作为成年人。

（十）标点符号

列举并列内容的书名号与双引号之间不用顿号，非并列关系除外。

例如，依《中华人民共和国民法典》、《中华人民共和国公司法》等法律规定→依《中华人民共和国民法典》《中华人民共和国公司法》等法律规定。

破产法这样的简称不使用书名号，全称使用书名号，例如《中华人民共和国企业破产法》。

逗号、句号在引号内表示终止、结束时，之后不能再加标点符号而应该直接跟汉字，也不能将逗号、句号放在引号外。

例如，依《民法典》第49条规定："……"。→依《民法典》第49条规定："……。"

在引号内的内容是截取的一部分时，标点符号放在引号外。

例如，《投标须知》特别提醒投标人"合同总价不再进行调整。"→《投标须知》特别提醒投标人"合同总价不再进行调整"。

（十一）半角符号

"+""xx"之类的符号使用全角符号而不用半角符号。

（十二）常用词

《民法典》上的"抵销""撤销"系特定法律术语，不能错用为"抵消""撤消"，后者系指作用相反而相互消除。

"签订合同"，不能用"签定"，而且没有"签定"这个词。法律草案用"拟定"，正式颁布的法律法规用"制定"。

"作出"强调抽象动作，如"作出决定"，而"做出"强调具体动作，如"做出样子"。

（十三）标题

标题要简明地对内容进行概括，不能泛泛而论"法律适用错误""事实查明错误"（例如在上诉状中）。

（十四）长短句

使用短句可以使句子含义更加清晰，长句则相反。可根据情形和需求使用长短句。

例如，张某作为公司股东在担任法定代表人期间擅自以公司名义对外做出担保→张某作为公司股东，在担任法定代表人期间，擅自以公司名义对外做出担保。

（十五）多重否定

多重否定容易使最后含义究竟是表示肯定还是否定不清楚，一般用肯定句。

（十六）主语

弄清句子的主语，确保前后分句的逻辑正确。

例如，本约合同一旦签订，不能再诉请确认预约合同效力→一旦签订本约合同，不能再诉请确认预约合同效力。

（十七）"的"字

与口语不同，书面语中大部分"的"字可以省略。

（十八）"所"字

"所"本身就有"……的人、事、物"之意。

例如，他人所签订的合同→他人所签订合同。

（十九）固定搭配

一些固定搭配，例如"以……为……""因……责任""由于……原因""未尽……义务""存在……行为"的结构应当完整，不能混淆或缺失。

例如，建设公司以徐某不来上班，属于违反劳动纪律，作出解除劳动合同决定→建设公司以徐某不来上班，属于违反劳动纪律为由，作出解除劳动合同决定。

再例如，未尽合理限度内确保入住酒店消费者人身安全→未尽合理限度内确保入住酒店消费者人身安全义务。

（二十）定状补结构的位置

定状补语结构的位置需要符合习惯。

例如，居委会在所辖某片区将公厕根据实际情况设在角落→居委会根据实际情况将公厕设在所辖某片区角落。

（二十一）避免错别字

客户不懂法律问题，但是他们能看出错别字，如果让客户发现错别字，他会觉得你不够专业，从小事上质疑你的专业能力。因此，写完文件后，要认真检查，避免错别字。

第三节　法律检索的能力

法律检索，是律师研究法院判决思路和法律适用的有效途径。我国是大陆法系国家，一切诉讼都是从法条中来又到法条中去。任何一个案件的裁判结果，在形式逻辑上必然出自法律条文与案件要件事实相匹配的过程，这个裁判过程与法学院以往所教授的从法律概念到法律概念的思考过程迥异。因此，准确、快速地检索到适用于手头案件的法条，关系到诉讼的结果与成败，故法律检索是法律人基本的实务技能之一。

一、什么是依据

查找到的规定，应按颁布机关的层级由高至低列明，所列事项包括规定的名称、颁布时间、主要内容等。防止在各法律文件发生冲突时，引用失效或法律效力较低的相关法律条款而导致败诉，确保在诉讼过程中适用法律、法规、司法解释准确无误。

（一）法律、行政法规、司法解释

包括法律、行政法规、部门规章、最高人民法院规定（含司法解释、指导性案例、回复意见、会议精神、答记者问等）。

（二）规范性文件

经济发达地区省级高院的规定，与该案有关的地方性法规、规范性文件、政策以及当地省市级法院相关案件审判业务指导、会议纪要等。

（三）指导性案例

西方的"判例"具有法院的地位，法官在审理案件中可以直接使用。而在我国普遍使用指导性案例，减少同案不同判的现象，在律师办案时有很高的参考价值。指导性案例分为三种，分别由最高人民法院、最高人民检察院和公安部发布。

（四）法律的理解与适用

司法解释是人民法院准确适用法律审理各类诉讼案件的主要依据之一，凝结了众多法官与专家的法律智慧和司法经验。司法解释出台后，最高人民法院相关业务部门撰写的司法解释理解与适用丛书，阐述司法解释出台的背景，解读主要条文内容，是法律人不可或缺的宝典。

（五）案例

官方的案例和解释等均存在时效性。

充分利用已公开的裁判文书资源，对类似案件的裁判观点进行归纳，对己方有利或不利的观点均需向主办律师汇报、沟通。

（六）文章

对于需作为案件代理意见依据的学术文章，应选用该领域知名学者、权威或最高人民法院相关审判庭的法官、庭长撰写的文章。

他人的研究成果仅可作为参考和背景知识。

二、什么不是依据

汉末刘熙所著《释名·释言语》："基，据也。在下，物所依据也。"故此，依据的基本含义便是把某种事物作为依托或根据。同时也作为根据或依托的事物。举例来说，《释名》这部作品即是依据含义的依据。然而，在法律语境中，强调依据的根本原因在于不同的依据效力不同，也只有具有一定法律效力的依据，才能作为司法裁判中的裁判准绳。

那么，法律法规的效力由什么确定呢？法律法规效力等级一般是根据制定该法律法规的机关的等级地位来确定的。法律法规的制定机关的地位等级越高，该法律法规的效力等级一般也就越高，反之亦然。另外，同一机关制定的法律法规，新的规定与旧的规定不同时应当适用新的规定，一般规定与特别规定不同时应当适用特别规定。

上文提及的法律、行政法规、司法解释与我们经常提到的规范性文件等的法律效力就不同。法律是由全国人民代表大会和全国人民代表大会常务委员会通过行使国家立法权制定的，一般为基本法律。行政法规是国务院根据宪法和法律制定的。行政法规可以就下列事项作出规定：为执行法律的规定需要制定行政法规的事项；《中华人民共和国宪法》第89条规定的国务院行政管理职权的事项。地方性法规是由省、自治区、直辖市以及省和自治区的人民政府所在市，经国务院批准的较大的市的人大及其常委会，根据本行政区域的具体情况和实际需要制定和颁布的、在本行政区域内实施的规范性文件的总称。司法解释，是指国家最高司法机关在适用法律过程中对具体应用法律问题所作的解释，包括审判解释和检察解释两种。这些都是我们在法律实践中，经常运用，效力比较高的法律法规。

再说规范性文件。何为规范性文件呢？"规范性文件"是法律中经常出现但又并不局限于法律领域的一个概念，它主要是指具有规范性（即规定权利和义务）的、适用于不特定对象的各种文件。在非法律领域，"规范性文件"主要被用来指对某一群体具有纪律约束力的文件。当然，这些规范性文件也可以作为案件的依据，具有一定的参考价值。只不过这些规范性文件作为依据的法律效力要远远地低于上述我们提及的法律法规和司法解释。

三、怎样让你的依据更可靠

(一) 获得依据的途径

搜索引擎、官网、司法文书网、法律法规、辅助工具、询问法律工作者、询问当事人。也包括多读书,最高人民法院出台的每一本都可以买,学者出的书慎重买。选不出书的时候就看法官看什么,他们看什么你就买什么也是一种选书的方法。

(二) 精确、精确、再精确

律师在法律文书的写作与观点的表达中都要追求精确表达,在法言法语的同时,准确表达出我们的真实意思。在法律语境中,一个字的偏差就会造成对整体法律关系判断的错误。举例来说,合同中止和合同终止,这两个词发音相同,但表达的意思天差地别。前者指的是债务人以特定理由行使抗辩权拒绝债权人的履行请求,进而使得合同产生的权利、义务关系暂时停止;而后者指的是合同当事人之间的权利、义务关系消灭,在客观上不复存在。作为律师,如果你在文书中将合同中止写成合同终止,一字之差可能就直接导向你的当事人败诉,这意味着你不但无故增大当事人的诉讼成本,还失去了当事人对你,甚至是对你所在律所的信任。

此外,在法律法规的引用上要注意时效性。由于法律本身的滞后性,每隔一段时间,国家都要对部分法律进行修订。所以在判断案情的过程中,新旧法的选择也是至关重要的。举例来说,《中华人民共和国刑法》(以下简称《刑法》)自 1997 年修订以来,距今 25 年,一共修正过十一次,最新一次修正是 2020 年的《刑法修正案(十一)》。按照刑法"从旧兼从轻"的原则,在新法生效前的未决案件应当按照旧法审理,若新法对该行为处罚较轻,则按照新法审理。此外,在民法、刑法、司法解释等适用上都有相关原则,律师应当认真审慎地对待。

比较特殊的情况,即一项法律文件有多个发文机关,而仅有其中一家发文机关将该项法律文件废止,其他发文机关则尚未废止该项法律文件。

（三）法律检索方法

1. 法律检索的方法之一：体系检索法

从法律体系出发进行检索。民法是有体系的，所以我们可以从体系出发进行检索。以"夫妻一方单独处分（出卖）共有房产"为例，一旦就该问题进行检索，从民法体系出发，即可判断该问题必然涉及《中华人民共和国民法典》（以下简称《民法典》）、《中华人民共和国城市房地产管理法》（以下简称《城市房地产管理法》）及其相关司解。从数据库中检索出《民法典》《城市房地产管理法》及其相关主要司解，分别利用"共有""物权""处分"等关键词进行页面筛查，就可以发现相关主要法条。

再利用自动索引功能。专业数据库会在每个法条下自动索引引用了该法条的其他法律、司解、裁判文书等，点开自动索引的链接，就可以发现其他密切相关的法条、司解、案例等有用信息。

2. 法律检索的方法之二：关键词检索法

调整检索口径。检索所得结果过多，难于人工筛选时，需要缩小检索口径，可通过加长关键词（代理→无权代理）、加多关键词（处分→处分＊无效）、增多检索项（发布机关限定为最高人民法院）等方法缩小检索口径，得到范围限缩后的检索结果。检索所得结果过少，需要扩大检索口径时，则反之。

发现关键词。从中文文本出发发现关键词：同义词、近义词、反义词、词序调换（如转让股权→股权转让）、衍生扩展词（如虚拟货币→比特币、数字货币）；从法理出发发现关键词（检索"无权处分"就要想到"善意取得"、检索"无权代理"就要想到"表见代理"）；从相关法条出发发现关键词；从判决出发发现关键词；从行业习惯用语出发发现关键词。关键词的选取能力是检索经验、中文功底、法律功底的综合体现。

发现重合字词。选取关键词时，应打破中文习惯并善于选取多个关联关键词的重合部分。如从"合同 无效""合同 有效""合同 失效"等三组检索词中，提取出共同的"合同 效"进行一次检索；又如从"有权代理""无权代理"两个关键词中提取出共同的"权 代理"进行一次检索。[8]

3. 法律检索的方法之三：案例调查法

以上两种检索方法归根到底都是从概念出发的演绎的思路，而案例调查法则是从案例找法条的归纳思路。

第一，搜索案例。一是用"体系检索法"在相应法条下自动索引的裁判文书中找案例；二是用"关键词检索法"在案例库中找案例。需要注意的是，在直接查找法条设定关键词时一般追求法言法语（因为立法用语一般较为严谨），但在查找案例设定关键词时可以使用一些生活用语（因为判决的查明部分会引用当事人交易过程中的生活用语）。

第二，倒查法条。逐个浏览筛选案例全文，重点看法院在"本院依据某某法……"部分引用的法条。倒查不仅能实现找法上的查漏补缺，更能发现法条在实务中的争点和疑点。

（四）检索所得法条的效力甄别及适用原则

一次认真全面的法律检索做完，可能找到几十个甚至上百个相关法条，有必要对所得法条逐一进行效力甄别。

1. 对检索所得法条的真实性和准确性进行甄别

搜索引擎所得的法条常有虚假、错漏的情况，法律数据库检索得到的法条也必须通过至少两个数据库进行验证。网上常见的虚假法条有：《最高人民法院关于审理建设工程合同纠纷案件的暂行意见》《公安部印章管理办法》等。

2. 对检索所得法条是否有效进行甄别

法条是否已被废止；法条是否属于已经公布但尚未施行；法条是否属于法院的裁判可依据的文件范围。

3. 法条在事项效力上是否适用于本案

注意法律文件的标题对适用事项范围的界定。如《最高人民法院关于审理城镇房屋租赁合同纠纷案件具体应用法律若干问题的解释》（2020 修正），该文件的标题已经明确了不适用于农村房屋的租赁纠纷。

注意法律文件的条文对适用事项范围的界定。如《最高人民法院关于审理民间借贷案件适用法律若干问题的规定》第 1 条即明确该规定所称的民间借贷，是指自然人、法人、非法人组织之间进行资金融通的行为，而经金融监管部门批准设立的从事贷款业务的金融机构及其分支机构，因发放贷款等相关金融业务引发的纠纷，不适用该规定。

4. 法条在时间效力上是否适用于本案

民商事实体立法一般不具有溯及力；民商事实体司法解释在实质上具有所谓的"溯及力"，即新制定的司法解释一般适用于该司法解释施行后的未结或新立案件（再审除外），即便该案件所涉及的法律事实发生于该司法解释施行之前；程序立法或司法解释即时适用。需注意司法解释末条及后续通知对相应司法解释于一、二、再审的程序适用（适用的时间范围）的限定条款，如《关于认真学习贯彻适用〈最高人民法院关于审理民间借贷案件适用法律若干问题的规定〉的通知》中的有关表述。

甄别后的有效法条之间如发生冲突，应按照上位法优于下位法、后法优于前法、特别法优于普通法的三大原则来确定法条适用。如通过三大原则仍无法确定法条适用，则应参酌规范目的和既有判例来确定最终的法条适用。对该问题有兴趣的读者，可参阅江苏省高级人民法院〔2003〕苏行他字第002号请示和最高人民法院相应的〔2003〕行他字第4号答复（已失效）的内容，以及最高人民法院相应的法〔2004〕第96号《关于审理行政案件适用法律规范问题的座谈会纪要》。[9]

5. 交叉验证极为重要

搜索引擎不能只用一家，法律数据库也不能只用一家，特定检索结果的真实性、有效性、全面性，都需要通过多平台分别检索才能得到验证。

6. 做好检索记录

法官、律师向助理布置检索任务时，应要求其随同检索结果一并提交检索记录（使用何种数据库、何种方法、何种关键词做的检索），以便查漏补缺。

7. 类案检索报告的突出重要性

最高人民法院2018年12月印发的《关于进一步全面落实司法责任制的实施意见》中要求："各级人民法院应当……建立类案及关联案件强制检索机制，确保类案裁判标准统一、法律适用统一。存在法律适用争议或者'类案不同判'可能的案件，承办法官应当制作关联案件和类案检索报告，并在合议庭评议或者专业法官会议讨论时说明。"最高人民法院 2019 年 8 月制定的《关于健全完善人民法院审判委员会工作机制的意见》中要求："提交审判委员会讨论的案件，合议庭应当形成书面报告。书面报告应当……列明……类案与关联案件检索情况。"最高人民法院 2019 年 10 月印发了《关于建立法律适用分歧解决机制的实施办法》，规定了法律适用分歧解决申请书、法律适用分歧问题初审、法律适用分歧问题复审、审委会对法律适用分歧问题讨论决定的一整套终局性地解决法律适用分歧问题的长效机制。从此，最高人民法院各业务部门、各高级人民法院、各专门人民法院、中国应用法学研究所在审执工作和类案同判专项研究中发现法律适用分歧的，均可启动上述分歧解决机制。

虽然各种既往案例中只有最高人民法院指导性案例对全国法院案件审判同类案件具有参照效力，但由于上述三个规定的出台，诉讼代理人、民事检察人员向法院提交类案检索报告，将会有三方面效果：一是类案检索报告中如果提出了存在同案不同判或者与上级法院的既往判例不一致的情况的话，将可能导致案件提交法官联席会甚至审委会进行讨论；二是在承办法官将案件提交联席会和审委会讨论时，也需要在审理报告后附类案检索报告，相关人员提交的上述类案检索报告将有可能转化为法官检索报告的有利部分；三是有可能启动最高人民法院的法律适用分歧解决机制。

四、法律研究

深度可以分为三个层次：罗列法条，关联概念，自己的看法。

无论你擅长的是什么业务类型，是做诉讼还是非诉讼业务，法律检索都是必备技能之一。通常情况下，律师小白因为搜索方法、搜索技巧不对，或者说没有细致地审题、精确地定位、全面地检索，导致你可能花了好几天时间也什么都没找到。但是合伙人是要结论的，客户是要结论的。那么，没找到有效的，找到无效的了吗？没找到法条，找到案例了吗？没找到案例，找到法官观点了吗？连法官观点都没有，找找新闻报道里有没有类似接受采访的律师表态？我相信，大多数情况下，合伙人交给你的问题都不会是前无古人的。

还有一种情况是，虽然找到了但是没有派上用场。费尽千辛万苦找到的法条是被废止的，或者说找到法条没注意看适用范围，找到的案例也不能适用于案情，无法解决问题，这种情况也时常发生。或者法律检索仅仅被理解为机械地堆砌，这种毫无逻辑、毫无重点的法律检索是无意义的。因此，要掌握好的检索方法。

掌握检索方法的第一步为检索之前的准备——审题，搞清楚你要解决的法律问题是什么。还要学会发现问题，如果你发现不了问题，你就对法律研究无从下手。最终可能出现一个问题，即为什么做了半天检索工作结果却被指责压根没做到点子上。其实，归根到底在于没有学会归纳问题，而且对于对方提出的问题本身就没搞懂，至于这个问题还可以如何发散等都更加不清楚。第二步，善于运用中国裁判文书网、北大法宝、百度、知网等各种搜索网站，尤其是在搜索法规时，不应仅停留在法律法规，还要注意各个地方法院的会议纪要。最后，在得到结果后，我们还要培养发散型思维，考虑这个问题涉及的法律问题，或者站在对方律师的角度，针对这个结果考虑对方律师进行反驳的切入点。

在解决法律相关的实际问题时，援引相关的依据是实务中切实有效的证明手段。实务中，根据不同来源的依据可能得出相悖的结论，因此需要根据依据的来源进行分级。选择依据时，最优选择的依据是法律司法解释、最高法指导案例、法院纪要以及规范性文件；其次是相关行业规范；再次是类似案例，在案例中也应当区分审计和地域，优先采用与现有案件同地域的案例或者审计相对较高的案例；此外，书籍也可以进行参考，书籍的出版社最好为法院出版单位，该类书籍往往代表着一定范围的法官观点，更贴合司法审判的逻辑，或者相关领域的权威学术观点也可以适当采纳；最后，也是最末位的选择是网上搜索或者其他个人观点。

五、民商事案件法律检索标准流程

中国法上现行有效的民商事法律规范浩如烟海，仅凭广泛的阅读和记忆，已经无法找全、找准特定案件所应适用的全部法条。要提高办案时找法的查全率与查准率，除了借助外部数据库进行有效的法律检索外，别无他法。[10]

法律检索是法律从业者的基础技能之一，法律检索结果的优劣，对案件办理结果产生直接影响。对业内资深人士而言，法律检索的过程也是发现案件争点、调整办案思路、文书写作参考的过程。且由于整个法律行业尚未能形成办案中必须采用严格的法律检索流程的工作习惯，各地法官、律师在办案中使用虚假法律文件的情况屡见不鲜。在法院裁判文书和律师诉讼文件中较为常见的虚假文件有：《公安部印章管理办法》《最高人民法院关于审理建设工程合同纠纷案件的暂行意见》《最高人民法院关于审理民事纠纷案件中涉及刑事犯罪若干程序问题的处理意见》。

（一）法律检索的前提、作用与科技基础

法律检索基于法条意识，也有助于加强法条意识。我国是大陆法国家，一切诉讼都是从法条中来又到法条中去。任何一个案件的裁判结果，在形式逻辑上必然出自法律条文与案件要件事实相匹配的过程，这个裁判过程与法学院以往所教授的从法律概念到法律概念的思考过程迥异。因此，准确、快速地检索到适用于手头案件的法条，关系到诉讼的结果与成败，故法律检索是法律人基本的实务技能之一，此点的重要性无需多述了。

法律检索也是法律人实务学习的重要工具。目前我国的法学研究与法律实务所需的匹配度有待提高，学术研究的基本出发点已不在于现有法条在法律实务中的具体运用。遇到新型实务疑难，从传统学术资料中往往难以找到答案，此时借助法律检索往往更能有效地答疑解惑。

自然语言处理等法律 AI 所需的基础科技远未成熟。虽然过去几年法律 AI 的提法以及相关的创业项目为数不少，但就笔者目前了解到的科技进展来说，法律 AI 所需的自然语言处理（尤其针对中文的）等基础技术远未成熟，这块面临的技术障碍远远超过下围棋的 AlphaGo 的开发难度，甚至未来中期内也看不到科技突破的明显希望。更何况，法律语言本身极其复杂，个案中法条适用涉及的事实边界千变万化，因此，现阶段法律检索的自动化应用，基本停留在文本识别与关键词比对这样一种可称之为比较原始的技术基础之上。

（二）法律渊源与法条识别

大陆法系一切诉讼决于法条，法律检索的主要对象当然是法条。可作为民商事诉讼中法院裁判依据的法条，主要分为全国人大及其常委会的立法（以下简称"人大立法"）、行政法规、司法解释、地方性法规四类以及作为准法源的最高人民法院与最高人民检察院的指导性案例。《最高人民法院关于裁判文书引用法律、法规等规范性法律文件的规定》第 4 条规定："民事裁判文书应当引用法律、法律解释或者司法解释。对于应当适用的行政法规、地方性法规或者自治条例和单行条例，可以直接引用。"《最高人民法院关于案例指导工作的规定》第 7 条规定："最高人民法院发布的指导性案例，各级人民法院审判类似案例时应当参照。"需要注意的是，两高的指导性案例，对人民法院的审判，是具有参照的效力，所以本书称之为"准法源"。

除了法条之外，我们也需要检索案例和文章，二者的作用是辅助理解法条或将其作为对法条某种特定理解的佐证。这里需要强调的是，对人大立法的法条的理解，一般参考全国人大常委会法制工作委员会官方署名编著或该机构工作人员署名编著的俗称的"释义书"系列，如各家主流法律类出版社均有出版的《中华人民共和国民法典合同编释义》《中华人民共和国民事诉讼法释义》《中华人民共和国公司法释义》等书中对相应立法条文的具体解读。对最高人民法院数量繁多的司法解释的理解，一般参考最高人民法院内设庭室官方署名编著的俗称的"理解与适用书"系列（一般由人民法院出版社出版），如《〈全国法院民商事审判工作会议纪要〉理解与适用》《最高人民法院新民事诉讼证据规定理解与适用》等书中对相应司法解释条文的具体解读。

法条的识别。人大除了法律，还会制定其他多种文件，最高人民法院除了司法解释，也会制定其他多种司法文件，所以，对同一机关制定的多种文件进行法条识别，确定哪些文件属于法条，哪些文件不属于法条，就很重要。上述四类法条中，较难准确识别的是最高人民法院制定的司法解释。司法解释识别的基本规律是，1997 年之后的司法解释必带"法释"文号，1997 年之前的按惯例确定。识别时特别需要注意，就对个案的答复/批复而言，最高人民法院他字号的答复件一般仅是个案答复（如文号为"〔2016〕最高法民他 11 号"的答复件），并非司法解释，法释字号的批复文件才是。对特定司法文件的真实性、效力及文本产生疑问时，应比对《最高人民法院公报》及《最高人民法院司法解释汇编（1949—2013）》（最高人民法院研究室编，人民法院出版社 2014 年版）。

（三）方向与背景检索

多个搜索引擎检索。就要检索的法律问题，应首先使用 Google、百度、必应、搜狗微信搜索、微博搜索、知乎搜索等各种搜索引擎进行检索（不推荐只使用一种引擎），了解法律问题实务研究的基本情况和商业、金融、财税等相关必要背景信息，确定下一步使用法律专业数据库检索的大方向。

搜索语法。使用搜索引擎时，应熟练掌握双引号以及 "-" "site：" "filetype：" "intitle：" "inurl：" 等搜索语法。双引号内加关键词，表示搜索中限定不能分词；"-" 表示搜索结果中排除 "-" 之后的关键词；"site：" 表示在 "site：" 后所限定的网站范围内搜索 "site：" 前列明的关键词；"filetype：" 表示搜索结果限定为 "filetype：" 之后限定的诸如 "doc" "pdf" 等某一种文件格式；"intitle：" 表示搜索结果中限定网页标题中必须含有 "intitle：" 后的关键词；"inurl：" 表示搜索结果的网页的链接中必须含有 "inurl：" 之后的关键词。以上搜索语法，亦可通过百度高级搜索（https://www. baidu. com/gaoji/advanced. html）等各搜索引擎的高级搜索功能予以实现。

中国庭审公开网。可利用中国庭审公开网（http：//tingshen. court. gov. cn/）的视频资料，查看特定法官的既往开庭视频录像资料，提前了解法官的庭审风格与习惯。

（四）法律专业文章检索

（1）人民法院报官网（rmfyb. chinacourt. org/）。人民法院报是最高人民法院的机关报，该网站免费提供近年来所有该报刊登文章的全文查阅及电子检索。在百度等搜索引擎中输入 "关键词 site：rmfyb. chinacourt. org/" 所获结果，优于该网站首页内置搜索框的反馈结果。特别需要提示的是，每一部重要的司法解释发布之后，最高人民法院的起草人往往会在人民法院报署名发表一篇《关于……解释……的理解与适用》的长文，对该司法解释的来龙去脉和重点规定做体系解读，非常值得阅读。如 2015 年 8 月 27

日，人民法院报就发表了《关于民诉法解释中有关管辖若干问题的理解与适用》的一文，对法律人常见争议的各种管辖问题，这篇文章基本上都已经给出了明确答案。

（2）搜狗微信搜索（http://weixin.sogou.com/）。所有法律类微信公众号的专业文章，均可通过该搜索引擎免费查阅，但在百度等其他搜索引擎上，无法搜索到微信公众号的文章内容。另外，微信 PC 端软件"搜一搜"的查全率和查准率，一般高于搜狗微信搜索。

（3）《人民司法》。该刊系最高人民法院机关刊，登载最新的权威司法观点。中国知网已经收录该刊，查阅方便。《人民司法》每个月发行《人民司法·应用》《人民司法·案例》《人民司法·天平》各一本。《人民司法·应用》，注重对审判、执行及法院各项工作的指导与研究；《人民司法·案例》，对已生效案件进行深度开发，旨在进行案例指导、案例参考和案例研究；《人民司法·天平》，着力推进法院队伍建设和文化建设。从法律实务检索的角度，重点检索的范围是《人民司法·应用》和《人民司法·案例》。

（4）《新编版·最高人民法院司法观点集成》（刘德权主编，中国法制出版社）。该套丛书［24 册+民商事卷增补（2018）4 册］以司法解释、司法文件、司法政策、个案批复答复、指导性案例及公报案例等为素材和依据，选摘最高人民法院主流观点、法官著述、司法信箱等资讯，梳理专题，分门别类，并以说明的形式阐述相关司法观点的适用要点。

（5）《民事审判指导与参考》。《民事审判指导与参考》由最高人民法院民一庭编写，指导全国民事审判。

（6）《商事审判指导》。《商事审判指导》由最高人民法院民二庭编写，指导全国商事审判。

（7）《审判监督指导》。《审判监督指导》由最高人民法院审监庭编写，指导全国审判监督工作。

（8）最高人民法院其他业务庭的指导丛书。如《立案工作指导》《知识产权审判指导》《执行工作指导》等，但目前均未有总目录电子版。

（五）数据库的选择

常见数据库。目前市面上常用的中国法数据库有"威科先行"、iCourt

的"alpha数据库"以及"北大法宝"等。"alpha数据库"除常规的法规库和案例库之外，其中的"司法观点库"包括了最高人民法院历年来的主要司法观点。"威科先行"法律信息库除常规的法规库和案例库之外，其"英文翻译""行政处罚""检察文书""实务指南"栏目富有特色。

中国裁判文书网。最高人民法院建立了"中国裁判文书网"。该网站首页的检索功能也非常便于使用。全国各地各级法院的一、二审判决均在陆续实现在该网站全面公开（最高人民法院的民商事判决已实现全面公开）。

其他常见数据库。全国人大官网的"法律释义与问答"、中国法院网的"法律文库"均提供检索服务，亦可关注。

第四节　整理案卷

案卷是什么？是一个案件的全部材料。其中包含了从收案、接受委托、调查取证、会见当事人、证据编用、庭审过程以及庭后的必要工作等记载资料，诸如起诉状（仲裁申请书）、答辩状、证据、代理词、判决书等各种法律文书。

它是办案律师办案思路的书面载体。比如在民商事案件中，起诉状或答辩状体现了办案律师为当事人设计的权利诉求，以及该诉求所依托的事实、请求权基础和法律依据；在代理词中，律师要结合证据对事实进行提炼和确认，继而目光在法律与事实间来回穿梭，以期小前提与大前提准确结合；案卷最后那一页的"办案小结"是办案律师对自己办案思路的一个反省和总结，哪些意见被采纳了，哪些没有被采纳以及原因出在哪里，等等。

也就是说，你可能花一个月的时间来整理案卷，却把办案律师十年做过的所有案件全部浏览了一遍，他十年的经验可能就会被你一个月来吸收，他花一年懂得的一个道理你可能一个月就会明白，你站在巨人的肩膀上，前方一片光明。

一、按照要求把案卷整理好

案卷其实就在完整地再现一个案件的诉讼流程，在熟悉的过程中，一定要对相关"数字"敏感，也即我们通常所说的法律期间，诸如在诉讼案件提交答辩状的时间、提起反诉的时间、提交证据的时间、申请证人出庭的时间、诉讼保全的时间等。此外，还需了解每一个程序启动的前提条件。从而达到通过学习案卷，对办案程序有一个既宏观、又细致的了解和把握。

二、能够准确表达案卷所述案情

"世界上有两件事最难：一是把自己的思想装进别人的脑袋里；二是把别人的钱装进自己的口袋里。"律师需要做的正是第一件难事。表达是一门学问，更是一项技巧。律师工作中那些闪闪发亮的瞬间离不开千百次的全面准备和刻意训练。很多律师都听说过，案件表达的核心，就是简洁。但如何做到简洁，就是一件需要学习与锻炼的事情。简洁的重点则是精准。精准的表达要求我们对案件事实准确描述，以及通过案卷可以总结学习到的办案观点与诉讼思路。

一个人的言语能力，可以说，绝大多数是天生的。这就是说，有少数人，语言能力天然很强，不需要锻炼学习，就能讲好。有少数人，就喜欢沉默寡言，但"夫人不言，言必有中"。也有少数人，就是笨嘴拙舌。作为律师，我们希望在口语表达时做到言简意赅、条理清晰，让人愿意听，能理解；希望在书面表达中逻辑清晰、主次分明，让人看得懂、记得住。但是现实情况中，能够做到上述标准的律师并不多。

为此，通过学习，我们了解到两种表达方式可以进一步锻炼我们的表达思维与能力：

第一种：金字塔式的表达方式。

这是一种值得诉讼律师学习和研究的表达技巧。金字塔式表达方式要遵循四大原则：

（1）结论先行：每段表述只有一个中心思想，并放在表述的最前面，开篇首先突出重点的中心思想，吸引听众的注意力。

（2）以上统下：每一层次上的思想必须是对下一层次思想的总结和概括，由浅及深，前后呼应。

（3）归类分组：每一组中的思想必须属于同一逻辑范畴，不能与所述的主题相差太远，背道而驰，尽量做到首尾呼应，突出重点观点。

（4）逻辑递进：每一组中的思想必须按照逻辑顺序排列。

即使充分理解以上原则后，我们依然会遇到这样的情形，即你只是大致知道要说什么，但并不清楚具体要表达什么；你只是知道最终呈现的思想必定会组成一个金字塔结构，但不知道该如何表达。

此时，我们需要充分调用自身的知识储备，自上而下地演绎或自下而上地归纳来构建属于自己的金字塔结构。

自上而下地演绎：首先提出总结性的思想，再提出被总结的具体思想。如果我们传达给受众的思想已经事先进行了归纳和概括，受众就更容易理解我们所要表达的信息。

自下而上地归纳：我们的思维将从最底部的层次开始，首先收集所有的信息，然后进行归类分组、抽象概括，最后将句子组成段落，将段落组成章节，将章节组成完整的文章，层层递进，有理有据，所有文字落笔的终点即为金字塔最顶端的核心思想。

第二种：表达方式之二分法。

律师是专业的语言工作者。律师的工作场景是由辩论、谈判、演讲、说服、写作等不同输出方式共同构建的。不论是在法庭之上义正词严，还是在法庭之外侃侃而谈；不论是用嘴上演口吐莲花，还是用指尖在纸面笔耕不辍，其实皆是在表达，皆是希望以最有效的方式传递我们想要让对方感知的信息。

诉讼律师在表达时，最重要的两种对象，一是当事人，二是法官。面对不同的对象，往往需要采取的是不同表达方式，方能有的放矢。

（1）面对当事人的沟通方法。律师的表达往往带有较为明确的目的性，而这种目的性决定表达的策略。面对当事人时的表达不同于面对法官时的表达。在与法官沟通时，作为律师，我们的职责是"呈现事实，证明观点"；而在与当事人沟通时，我们需要的是充分了解案件事实和说服委托代理。

当面对当事人咨询法律问题或陈述案件事实时，律师要积极地把握整个过程中的节奏。作为当事人，掌握的案件信息过于庞杂，在叙述案件事实的过程中，难免会缺乏逻辑性和掺杂大量的干扰信息，同时会带有很强的主观色彩，导致律师即使完整地听完当事人的陈述，也很难清晰地判断当事人所要表达的事实和诉求。此种情况下，律师必须把控节奏，从时间、地点、人物、起因、经过、结果等多个层面，详细地了解案件的三大要素：利益、行为、关系。最终以此为基础，重构整个案件事实。

第一，利益层面。当事人利益的实现是诉讼的终点，判断能否到达终点的前提是充分了解当事人的诉讼目的，挖掘当事人的利益诉求。此前提的实现可以从横向和纵向两个维度展开。

横向维度多问"还有什么其他的吗？"，纵向维度多问"为什么呢？"。当律师掌握充足的信息后，自然会根据案件事实对诉讼目的实现做出理性的判断。面对当事人合理的诉讼目标时，律师应帮助其梳理案情，增强其获胜的信心；面对当事人不合理的诉讼目标时，律师应明确指出其中的问题所在，适当的调节当事人的心理预期。

第二，行为层面。当事人的阐述客观上无法呈现上帝视角，往往进行的都是立场性发言。同样的履约行为，通过当事人的表述，我们通常能了解到对方当事人的违约行为，但是己方当事人的履约瑕疵则被忽视。此时律师需要进行积极的干预，以法律事实的构成要件为主线进行引导，便于更全面地了解案情。

第三，关系层面。面对纷繁的案件事实和错综的人物关系，律师应迅速地从其中提炼出明确的法律关系。以法律关系为轴，引导当事人沿着轴线展开论述，将当事人口中的案件事实转化为律师脑中的法律事实，便于律师更准确地做出判断。

（2）面对法官的沟通方法。法庭是律师的主战场，不只是因为原被告双方激烈对抗，法官居中裁判的模式，更因为相较于整个案件漫长的办理过程，庭审的时间短暂而珍贵。在庭审中高效地输出信息是成为优秀律师的必备技能。实现这一目标需要从庭审表达和问答环节两个层面来展开。

第一，庭审表达。如前所述，律师的工作场景是由辩论、谈判、演讲、说服、写作等不同输出方式共同构建的。在庭审的表达部分，以陈述为主，是一个说服法官的过程。陈述的过程中，律师可能会遇见两种情形：

一是法官没有提前阅卷，对案情的了解和判断非常依赖于庭审过程中呈现的信息。此时，律师需要立足于证据，进行详尽的细节描述，努力构建出一个关于案件事实的有利于己方的"故事"，利用先入为主的心理现象引导法官的判断和评价。

二是法官在开庭前已然对案卷进行充分的研究，形成自己的裁判思路，仅是通过庭审再进一步确认自己的判断。此时，律师不需要拘泥于案件的具体细节，应该紧紧围绕法官总结的争议焦点进行阐述。针对有利于己方的观点，用简明扼要的语言进一步强化法官的认知；针对不利于己方的观点，通过相关证据的呈现和细节的描述，扭转或者弱化法官的判断。

第二，问答环节。在庭审的问答部分，律师面临着双重的挑战。一是接受法官的询问，对法官关注的问题进行回答；二是与对方当事人或律师之间进行问答的交互。切中要害的提问和回答在整个庭审过程中尤为重要，会对法官的判断形成较为直观的影响。如何有效地提升问答的能力，以下三点必不可少：

一是提前做好准备。好记性不如烂笔头，能够做到对所有的案件事实和细节烂熟于心，这固然极佳，但往往操作难度相对较大，将准备的材料形成书面材料，在庭审中才更有机会做到心中有数，对答如流。

针对复杂案件的代理，我们通常的做法是在开庭前，除准备必要的起诉状、答辩意见、质证意见等材料外，还要进行一次高度还原的模拟法庭，在此基础上形成一份庭审战场流水单，做到有备无患。

二是充分聆听。聆听是一项艺术。"聆听"的过程不只是用耳朵收集周边物理震颤产生的声波，更是在于透过听法官或对方律师的提问，揣摩对方潜在的疑惑和真正想要获取的信息。所以听问题时，需要听完整，略加思考后再做回应，避免因对问题的错误理解，而错过一次很好的回应机会。例如法官试探性询问当事人对某项待证事实的细节问题时，意味着大概率上法官对此项事项已形成内心的倾向性意见，此时律师需要根据己方立场及时地强化或削弱这种内心确认。

三是有效回答。出色的回答一定是简短有力且具有针对性地回应。面对提问时，我们可以从抓手、要点、结构三个层面来组织回答。抓手是指对提问部分的引述，是将提问与回答相关联的过程，凸显回应的针对性；要点是指所传递信息的核心观点，没有要点的回应过程只是信息的传递，而无法实现信息的有效传递；结构是指表达的层次感，合理运用"首先、其次、最后"等连接词，并在其中提供充实的论据，会使回应显得条理清晰，具有说服力。

著名主持人马东在现象级网综《奇葩说》中的金句——被误解，是表达者的宿命。诚然，在表达的过程中，可能会有各种意想不到的因素会干扰到信息的传递，最终导致对方接收的信息与我们最初想要传递的信息之间产生误差。而律师的工作，就是运用自身专业的技能和精准的表达来弥合此间的误差。这既是律师智慧的彰显，也是能力的体现。

任何技巧都需要阅读大量的书、办一定数量的案件和不懈练习的笨功夫来支撑，日积月累、长此以往才能把行为变为习惯、把习惯变为直觉，才能在表达案件时时处处散发着分寸感的芬芳。除此之外，或许真没有更好的办法了。

三、能够看到案卷之外的东西

每个刚刚入行的实习生、律师助理、实习律师都要学习订卷，通过订卷了解现实的案子是什么样子，会有什么文件，订卷不是机械的整理，而要做到思考，具体做到以下六点：

（一）整理案卷

按照以逻辑顺序分类，按照法院送达的相关文件，授权手续，原告相关文件，被告相关文件，第三人相关文件，其他诉讼参与人相关文件，其他的顺序排序。法院文件主要有：判决书，生效法律文件等；手续主要有：当事人身份证明和委托代理以及所函；原告文件主要有：起诉状、证据、代理意见等；被告文件主要有：答辩状、证据、代理意见等；第三人相关文件及其他诉讼参与人相关文件同原被告文件。

分类后文件内部以时间顺序排序。注意事项：证据分类时，有证据目录的按照证据目录排序，没有证据目录的应编写目录；案件经过二审的，分两个卷宗分别装订，如果本所只承办二审，则二审材料排在一审材料之前。缺少材料或材料有多余时，及时向办案律师询问。

（二）熟悉各类法律文件

在整理案卷过程中，首先要特别关注实践中起诉书、答辩状、代理意见、判决书等文件，熟悉行文格式及规则，对此类法律文书有一个整体的把握。知道哪类文书所对应的主张有何区别，什么阶段适用什么样的文件，通过实践来跟学校学的书本知识区分开，毕竟实践和书本知识还是有差距的。其次，针对每一个案子，注意在该案所提交之证据，比如对账单、收据、银行流水等，熟悉证据样貌及所证明之事实，在自己的脑海中构建知识库，知道哪部分证据可以证明什么，为以后职业之路打下基础。

（三）能够准确地描述案情

仔细阅读案件材料后，需与主办律师沟通案件，沟通过程中要准确描述案件事实、证据情况、争议焦点，这不仅锻炼语言表达能力，亦锻炼逻辑概括能力，要当成一次锻炼自己的机会，实现突破。除了和主办律师沟通案件，还可以通过文字来描述案件，形式包括但不限于案例分析、办案小结等。律师更多的案头工作，可以更好地锻炼文字书写的能力。其实不管是用语言表达出来抑或是用文字书写出来，都是对于案件、知识点等输出的过程。

（四）分析案子的核心点

通过阅读案卷，须思考案件的核心要点，不光要看判决书上法官总结的争议焦点，还要通过案卷材料了解案件的真实情况。不光要从本所代理方的角度看案件，亦需从对方角度看案件。思考主办律师的办案思路，有时候案件会有很多个突破口，要分析为什么主办律师选择这个突破口，而不选其他，选择这个要点有什么优势，选择其他的突破口有什么后果。

（五）写办案小结

经过上述步骤后，要写本案的办案小结，用最精简概括的语言描述案情及争议焦点等，再从证据角度分析案件。

（六）与主办律师进行交流

在了解案情及相关法律问题的基础上，积极与主办律师进行沟通，提出自己的问题，询问主办律师此案的事实情况、办案思路的选用等，然后对比自己思考问题的方式、问题解决能力，提升自己的能力。对于不懂、有疑问的地方要及时和主办律师沟通，有时候庭审中的情况并不能通过案卷完整呈现，可以通过和主办律师的沟通来尽量完整还原案件本身。

要在整理卷宗的过程中学会庭审举证质证，积累一些法律文书的格式文本，不要仅仅将其当作一项机械性的工作。

第五节　踏上晋级之路

在掌握了基础技能之后，年轻律师应该对于时间掌握、案卷整理及法律检索的能力有所提升。而为了更好地将法律知识应用到现实案件中，提升自身实务操作能力，需要通过下列三个方面进行提高。

一、实际操作跟法律规定有差距

对于中国应试教育所培养出来的学生而言，最重要的是要认识到职场与考场大相径庭，在职场绝大多数问题没有标准答案、不会有专人给你的业务水平打分，更不会有人时刻关注着你的表现、指出你的不足、敦促你努力考取一个更好的分数。在职场，你需要靠自我走好这条路，时刻保持自省自律自我消解；同时还要转变应试思维，临时突击一场考试可以让你低分飘过万事大吉，但在司法实践中，切莫不可抱有这种心态，要对法律职业有敬畏之心，为每一位当事人尽心尽力服务，化解纠纷、匡扶正义。

二、年轻律师应当熟知的基础案件类型

一名刚入行的律师应该将婚姻家庭、劳动纠纷、不动产相关、民间借贷、人身损害这种基础类型案件的法律基础、法律依据理清并熟记。

三、要具备一定的商业意识

控制风险永远不是当事人的目的，因为风险和收益成正比，当风险为零时，收益也就没有了。管理是收益与风险之间寻找平衡的艺术，法律服务应当服务于这样的艺术。

四、掌握人工智能软件的使用

在当今数字化时代，人工智能的出现正在迅速改变律师行业的方式。其中，自然语言处理技术（NLP）是一种强有力的工具，可以帮助律师在日常工作中提高效率和准确性。其中以 CHATGPT（Conversation Hypernymy Aware Transformer GPT）为代表的基于 GPT-3.5 模型的大型自然语言处理模型，它可以自动生成语言文本并进行对话。下面是一些律师可以使用人工智能软件提高效率的方法。

（一）为律师提供文书起草支持

人工智能软件可以自动生成各种法律文书，如起草律师信、合同和法律声明。它可以为律师提供起草建议，提供法律术语和范例，并为律师提供有关法律文件的意见。这使律师可以更快地创建文档，并提高文档的准确性和一致性。

（二）快速回答常见问题

律师常常会收到关于法律问题的咨询。人工智能软件可以提供针对这些常见问题的快速答案，包括合同条款、诉讼程序和知识产权问题等。这有助于律师节省时间，并允许他们专注于更重要的事情，如与客户沟通。

（三）为律师提供法律研究支持

律师需要进行大量的法律研究以支持其案件。人工智能软件可以帮助律师提供有关特定法律问题的背景信息，并提供有关法律条款和案例法的详细解释。这可以帮助律师更快地了解案件的关键问题，并更好地为客户提供建议。

（四）改善律师与客户之间的沟通

人工智能软件可以帮助律师与客户进行更有效的沟通。通过人工智能软件，律师可以回答客户的问题，提供解释和意见，并帮助客户更好地理解其案件。这可以提高客户满意度，并使律师更容易获得客户信任。

（五）自动化法律文件管理

律师需要管理大量的法律文件，如合同、诉讼文书、证据等。人工智能软件可以帮助律师自动化文件管理流程，例如自动识别和分类文档、提取关键信息并组织数据，以及生成文档摘要等。这可以节省律师的时间和精力，并使他们更好地管理和利用法律文件。

（六）提高法律翻译效率

律师需要熟练掌握多种语言以便于处理国际案件。人工智能软件可以帮助律师快速准确地翻译法律文件和文件段落，包括法律术语和专业术语。这有助于律师更快地理解案件细节和客户需求，同时减少了翻译错误的风险。

（七）预测法律风险和结果

人工智能软件可以帮助律师预测潜在的法律风险和案件结果。律师可以使用人工智能软件来分析法律文件和先前案例，以发现类似的情况并预测未来的结果。这可以帮助律师更好地了解案件的潜在结果，并为客户提供更准确的建议。

（八）帮助律师进行智能搜索

律师需要在大量文档中搜索信息以支持他们的案件。人工智能软件可以帮助律师进行智能搜索，提供与关键词相关的文件和文档。此外，人工智能软件还可以为律师提供搜索建议和自然语言搜索功能，使搜索更加便捷和准确。

（九）拓展新领域

随着人工智能的普及与发展，从训练到使用人工智能生产都会带来一系列的法律问题。目前，我国正在就人工智能领域进行立法意见征求。在其与知识产权、信息保护、数据隐私等问题上力求有一套完整的规范体系。

综上所述，人工智能软件是一种强有力的工具，可以帮助律师提高效率和准确性，从而更好地为客户服务。律师可以利用人工智能软件进行文书起草支持、快速回答常见问题、法律研究支持、改善与客户之间的沟通、自动化法律文件管理、提高法律翻译效率、预测法律风险和结果以及进行智能搜索。通过充分利用人工智能软件，律师可以更好地应对日益复杂的法律环境，并提高客户满意度和业务绩效。

此外，在人工智能软件等人工智能的使用过程中也可能产生一些潜在的风险。以下是律师应如何应对这些风险的建议：

（1）机器学习算法的局限性。人工智能软件是一种基于机器学习算法的人工智能工具，它的准确性和可靠性取决于其训练数据集和算法模型。因此，人工智能软件可能存在一定的局限性，可能无法处理某些复杂或新颖的法律情况。

应对方法：律师应该始终保持警觉，并与机器学习算法的结果进行比较和确认。他们应该了解人工智能软件的局限性，知道何时需要手动处理信息，以及何时需要专业的法律知识和经验来补充人工智能软件提供的信息。

（2）机器学习算法的偏见和错误。机器学习算法可以受到数据集的偏见和误导，导致结果存在偏见和错误。这可能会对律师的决策和建议产生负面影响。

应对方法：律师应该使用多种不同的工具和数据源，以便于检测和减少算法偏见和错误的风险。他们还应该根据客户需求和案件特点来适当地调整和验证人工智能软件的结果。

（3）安全和隐私问题。人工智能软件需要访问大量的法律文件和数据，因此可能会涉及安全和隐私问题。如果不加控制地使用人工智能软件，客户的敏感信息可能会泄漏或被攻击者利用。

应对方法：律师应该使用安全的网络和设备，并确保客户信息得到适当的加密和保护。他们还应该使用合规的数据存储和共享方案，并在使用人工智能软件时始终遵守当地的法律法规和道德标准。

（4）误解和误用。由于人工智能软件是一个强大的工具，律师可能会对其结果产生误解或误用。他们可能会将人工智能软件的结果视为绝对真理，并未考虑其他因素。

应对方法：律师应该了解人工智能软件的功能和限制，并谨慎地解释和使用人工智能软件的结果。他们还应该将人工智能软件的结果与其他信息和数据进行比较，并将其用作决策和建议的辅助工具。

综上所述，律师应该了解人工智能软件的优势和风险，并制定相应的策略和措施来应对这些风险。他们应该始终保持警惕，知道何时需要依靠人工智能软件，以及何时需要借助自己的法律知识和经验。通过正确地使用人工智能软件，律师可以提高效率和准确性，同时确保客户的隐私和安全得到保护。（编者注：本段"掌握人工智能软件的使用"系使用人工智能软件 GPT 生成，也许在本书出版之时人工智能软件会给整个行业带来更为巨大变化。）

业务篇

随着全面依法治国实践的不断深入，我国律师队伍不断壮大，律师的作用日益凸显，律师的事业发展呈现出新的局面。律师是社会主义法治建设中一股非常重要的力量，作为律师，应尽力做到：①坚定信念，坚定中国特色社会主义理想信念；②执业为民，树立和自觉践行服务为民的理念；③维护法治，忠于宪法和法律；④追求正义，维护社会公平正义；⑤诚实信用，恪守诚实守信原则；⑥勤勉敬业，做到爱岗敬业。尤其是要注意理论联系实际，突出操作技能。本章重点介绍执业中的几项基础业务和基本技能，主要包括一些常见的非诉业务，民事、刑事诉讼业务，仲裁、执行业务。在大众心目中，一提到律师，马上就会联想到诉讼，这种印象虽然有些片面，但是也反映出律师业务中最主要的内容便是诉讼。伟大的时代为中国律师的起步、发展提供了千载难逢的机会，同时也对律师提出了更高的要求，所以我们要不断加强业务知识学习，为社会主义法治建设贡献一份力量。

第一节　基础业务

律师是接受客户委托为其提供法律服务的专业人员，需要通过法律途径帮助当事人找到最佳的解决问题的方法。一个优秀的律师应该具备扎实的法学理论知识，丰富的实践经验，诚信勤勉、认真负责的职业道德，过硬的文书写作能力与流利的口头表达能力。不同专业的律师需要处理的事情也不一样，本节主要详细介绍几项常见的基础业务，分别是：①制作法律备忘录，即记载交易框架、各方就该交易已达成一致和未达成一致的事项、各方下一步应该采取的行动等内容的书面文件；②制作标书；③起草合同，随着交易和法律环境的日益复杂，合同事务已经成为一门独立、重要而又非常基本的专业事务，需要律师参与其中；④审查合同；⑤律师见证业务。律师见证应遵循自愿、真实、合法三大原则。

一、制作法律备忘录

（一）什么是法律备忘录

法律备忘录是实务中经常出现但无统一概念的一种法律文本，大致指针对具体案例、法律法规或法律问题进行法律分析而形成的文本。法律备忘录本质上是书面的法律分析，属于法律意见的一种表现形式。律师通过法律备忘录的形式解答特定的法律问题，预测事件结果（如行为是否会违法），提炼对未来类似交易的解决方案，最终回归到商业问题的解答。

现行法律法规及自律规则对于律师出具不同文件的效力并无直接规定，但对律师在执业和出具文书过程中需要承担的责任则有明确规定：律师应对其出具的法律意见承担法律责任，保证其合法性。对于法律备忘录效力的考察，应当遵循实质重于形式的原则，律师按照约定为委托人就有关法律问题提供的意见即为法律意见，而不论该等意见以何种方式呈现和提交给委托人。其中对事实的陈述不构成法律意见，但如果包含了个人的分析、法律观点等则有可能形成法律意见。

实践中并未对法律备忘录进行严格的区分，但根据服务对象、客户需求的不同，可分为：法律研究型备忘录、案件分析型备忘录、尽职调查型备忘录、其他类型备忘录。

（二）法律备忘录的作用

1. 厘清思路

律师面对的案情或某一法律问题可能涉及多个部门法，其中信息量巨大，难免产生一定的窒息感。若不在一开始就厘清案情与思路，后续工作将难以为继且容易在一开始就走向错误的方向。

2. 备忘

备忘录中一般会有案情概括或对法律问题的描述，这些简短扼要的文字信息方便律师将来在无法准确记忆相关信息时迅速进入状态，回到个案或法律问题中，而不至于需要重新面对庞大的信息量以唤起回忆。

3. 执业保障

受限于法律法规的时效性，备忘录中的法律分析也存在时效性的问题。在某一时间点作出的分析因日后条文修订或新的法律颁布，可能变为无效、过期。虽然这些备忘录对客户不再具有参考价值，但对律师而言，这种落实到书面的分析可提供自己已为客户提供尽职服务的证据，避免一定的职业风险。

（三）法律备忘录的种类

1. 个案备忘录

个案备忘录指的是针对具体案例或具体法律问题的备忘录，内容涉及案情概括、与案情相关的法律法规的分析、案情分析与解决方案。

2. 概括备忘录

概括备忘录指的是面对抽象的法律问题的备忘录，内容较为广泛，涉及针对法律问题的法律研究、某种项目结构的分析、法律尽职调查分析与直接针对法律法规的分析。

（四）如何起草法律备忘录

1. 区分阅读对象

为专业人士，如客户公司内的法务、律所内对案件有权限的律师提供的备忘录（全文）建议直接使用专业词汇。专业人士具备法律知识，使用专业词汇抽丝剥茧般分析有助于节省时间、降低沟通成本，同时留下专业的工作形象。

为非专业人士，如客户本人或客户公司内的高管，应当使用简明扼要的非专业词汇起草备忘录的概括部分，其余部分仍保持一定的专业性。非专业人士关注的重点一般为结论，而且是直接、清晰的结论，应当照顾到他（她）们的需求，因人而异起草相对不同的备忘录。

2. 区分法律事实与非法律事实

区分法律事实与非法律事实是进行法律分析的基础，如同做化学实验应当使用纯净物而不是混合物。当事人因情绪问题、记忆混乱或法律敏感度较低无法在叙述时区分法律事实与非法律事实，这种屡见不鲜的情形要求律师具备一定的能力帮客户区分法律信息以进入下一步。

3. 寻找法律问题

每个案例或法律问题会包含一个甚至多个核心问题，它们决定了备忘录分析部分的主要内容。例如，客户提供了房屋买卖过程中对方无意支付价款的信息，可暂时判断为房屋买卖合同纠纷。值得注意的是，客户受限于非专业背景在描述案情或法律问题时可能遗漏用于决定法律问题的相关信息，这时律师需要根据专业知识及时与客户沟通、确认以获取完整的背景信息。

4. 进行法律研究、结合个案进行分析

之所以将进行法律研究与结合个案进行分析放在一起，是因为它们在逻辑上存在先后顺序，法律研究是进行个案分析的前提，两者分别为大前提与小前提。

在进行法律研究的过程中，可能会遇到法律适用上的问题，例如不同的法律法规对同一法律事实存在不同规定或条文存在不止一种理解。限于当前的立法水平，这种问题可能并非个例。此时若能根据效力等级判断便据此进行判断，若无法判断应在备忘录中标记清楚。辅助判断的方式还有求助有权解释的机关、具有实务经验的法律从业人员。

分析时须尽职尽责，法律风险所在之处需要提醒，自己穷尽方法仍无法确定的内容需要指出。坦诚面对客户才能赢得长久的信任与合作，同时避免执业风险。

还需要注意的是，律师判断的范围仅为法律问题，若非当事人委托且自己愿意承担相应责任，否则商业风险等非法律问题不属于律师应该在备忘录中分析的内容。

5. 提供解决方案

解决方案类似结论，不应简单回答合法或非法，而应为客户提供合法的解决方案。在能力、时间允许的情况下，律师应为客户提供两套以上可行的解决方案并解释每一套方案的利弊。只提供一套解决方案的后果是客户受限于非专业背景只能全盘接受律师提供的解决方案，而无法运用其自身的经验、知识进行相应判断。

（五）法律备忘录的结构

备忘录的结构主要包括引言、法律分析与结论。

引言的作用一是在于记录备忘录的时间，以便事后对旧备忘录的价值作出判断，若时间久远，对目前指导实践的意义就很小。二是限定工作范围，减少法律风险。在发生纠纷时，客户常常会指责律师没有考虑到一些相关问题，这时根据备忘录可以查询到当初的工作范围和客户提供的资料，解释为何没有提到某些问题，做到有据可查。

法律分析包括法律研究、个案分析落实到书面语言的部分。该部分要求具备逻辑、使用推理。若内容相对复杂，可使用分级标题、图标与结构图等说明、分析问题（前提是保证画面简洁）。用词方面，应当采用简明扼要的风格，同时力求专业规范、避免口语化表达。这里也是最容易产生错别字的部分。由于精力主要放在分析问题上，可能对打字有所疏忽。这种情况轻则损害专业形象，重则引起不必要的误解，应当尽力避免。

结论对应解决方案，应当向客户说明客户希望了解的内容，比如是否合法等，并就客户希望达成的目的提供若干解决方案。要告诉客户能做什么，不能做什么，能做的事情有哪些途径和方案，若无法得到明确的结论，应当如实说明。

（六）制作法律备忘录的注意事项

第一，对问题或要求有不确定的地方，应当及时征求相关人员的意见，以避免一开始就弄错方向。

第二，就事论事。回到初衷，法律备忘录的内容应当是针对具体案例、法律法规或法律问题进行的法律分析，而不是对其他非法律问题的讨论或分析。

第三，为客户留下自主决定的空间。若读者为客户，尽量为其提供两种以上解决方案，使其能在自己的专业范围内作出最好判断，而不是简单回答合法与否。

第四，注意措辞。用词要求尽量准确、专业，表达要求简洁、得体。

第五，注意细节。发出之前进行内容、格式与错别字的检查。发送时注意收件人、抄送者的地址与名称，以避免保密信息泄露或产生不必要的尴尬。

第六，注意格式问题，标明标题、序号、页码，分清段落，保持页面整洁清爽。

二、制作标书

在公开招投标活动中，法律服务的专业性愈加重要，一份好的投标文件就是团队综合实力的最佳可视化展示。

做一份高质量、高标准的投标文件，或许会花费很多时间，但是一旦形成定稿，以后的所有的招投标，只要在此基础上进行不断完善和迭代就可以了。基于历次成功的投标经验，我们总结出投标文件制作的四大阶段，三十个核心步骤。

（一）招标文件解读

招标文件的解读，相当于考试中的审题，如果想交出一份满意的答卷，审题一定要准确，因此解读的质量直接影响了投标文件制作的策略及最终呈现的效果。

1. 投标文件制作工作分解

很多招投标项目，需要在短时间内完成投标文件，时间紧，任务重，仅靠一人之力无法完成，因此需要团队协作，合众为一、统筹规划、有序进行，组成项目工作小组，明确分工及完成日期，将招标文件核心内容及注意事项做成思维导图或者表格清单，便于后续开展工作时快速核对。思维导图的制作过程就是对招标文件内容的熟悉过程，只有对招标文件有了详细的了解，融会贯通，在制作投标文件时才能够得心应手，逐一响应。

在解读招标文件时，需要重点关注投标人资质要求、服务内容、评分标准、时间节点及废标情形等内容，并且要分不同主题形成单独的书面解读文件，便于后续校验及使用。

对于资质的解读，不仅可以判断投标人是否具备投标资质，也可以快速判断投标人在资质上是否具有得分优势。对于服务内容的详细解读，是编制投标文件时对招标要求一一响应的基础，解读服务内容需要耐心细致，任何一处遗漏，都可能导致不完全响应，最终导致扣分，严重的可能会导致废标。

投标文件分工解读之后，一定要召开项目组交流会，熟悉招标文件内容，并布置下一步投标文件的撰写任务。

2. 确定所有重要时间节点

对于时间节点的解读及把握，关系到投标文件制作的进度安排，从而影响到投标文件项目成员的配置及投标文件的精度。将所有投标重要时间点逐一录入 Excel 表格，并根据时间先后进行排序，依据招标时间要求，确定投标文件的编制进程。

一般而言，投标过程中的重要时间节点有以下几个：

（1）标书购买截止时间。

（2）开标时间。

（3）截标时间。

（4）投标人的答疑截止时间。

（5）招标人对招标文件的澄清时间。

（6）缴纳保证金截止时间（注意考虑周末银行不办理对公业务）。

（7）投标有效期天数。

3. 确定项目基本信息

将项目的基本信息以清单形式进行罗列，方便文件制作及查漏补缺。一般而言，项目基本信息包含以下几个方面：

（1）招标项目名称。

（2）招标项目编号。

（3）服务起始日期。

（4）优惠条款。

（5）招标控制价（如有）。

（6）投标保证金缴纳信息。

（7）投标人的资质要求。

（8）服务方案要求。

（9）履约保证金信息。

（10）付款方式及日期。

4. 确定项目评分标准

投标文件应紧扣评分标准制作，仔细分析招标文件中的商务、技术的评分标准。所有的投标文件均需对应评分标准一一准备，且突出标题，一目了然。

根据律所实力进行详细分析：要求什么标准，客观分（比如业绩、财务情况、进度安排等）和主观分（比如方案等），怎样拿高分，编辑评分导读表。

评分导读表摘录标书评分标准并标明页码，便于信息核对，它既是投标文件编制时的指引，也是后续文档审查时的参照标准。

然后，根据评分导读表制作评分梳理表，根据标准制定投标策略，寻找自己的优势，弥补自己的劣势，做到心中有谱。

对于评分标准的全面解读至关重要，只有把握住得分点，在制作投标文件时才能够详略得当，重点突出，并且要把握住一个原则，所有的得分点在投标文件中都要便于查找。

此外，对于废标情形的解读及罗列不可忽视，若解读不到位导致出现废标情形，团队之前所有的努力都会付诸东流。在投标过程中，出现废标的情形屡见不鲜，一定要予以重视。

5. 确定文件排版要求

一般招标文件在招标书中均会规定投标书的排版格式要求，制作者必须遵照招标文件要求编写投标书。

如果没有相应的排版要求，则需在制作文件前统一排版规则（排版规则的制定需要提前设计），以便不同的项目参与者在排版时有章可循，同时也可以降低文件汇总时的时间成本。

6. 明确具体服务内容

投标文件的编制必须建立在认真审阅和充分消化、理解招标书中全部条款内容的基础之上。明确详细的服务内容将有利于编制投标文件时确保逐条响应，如未逐条响应，可能会被招标方视作有偏差或不响应，导致扣分，严重的还将导致废标。

7. 确定优惠条款

招标文件中一般会给出优惠条款的切入点，因此在响应时一定要将优惠条款单独列出，便于评委查证标书的完整性。

有的招标文件，将优惠条款设置为常规分数，包含在总分之中，占一定的分数；有的招标文件，将优惠条款设置为投标文件的加分项，因此要予以格外重视，优惠条款要尽量细化和明确，做好工作拆分。

8. 审读资信条件

资信证明是投标人具有参与项目投标和履行合同的资格及能力的证明，是投标的必备文件，一般包括：投标人的经营资格、专业资质、财务状况、技术能力、管理能力、类似业绩、商业信誉等方面的证明。

9. 基本操作规则汇总

基本操作规则需要事先确立，并且根据团队经验不断完善，实现知识的积累和不断迭代升级，有助于团队成员高效率协作。以下是我们历次经验总结出来的几项规则。

对所有文书编号。尽量采用自动编号，不超过三级。自动编号可以避免出现内容调整时，需要对所有编号进行手动调整的尴尬情形，手动调整编号顺序会浪费许多时间。

目录要自动生成，禁止手动编写目录并标注页码。投标文件少则几十页，多则几百页，内容的变动会引起目录的变动，使用目录自动生成的功能，可以避免手动调整目录顺序和页码的情形，大大提高排版的效率。

所有资质、证书及纸质文件，均需扫描插入 Word 文档，并自动插入页码。目的是排版方便，节省手动打码的时间，同时也方便重复使用。

善用分页符和分节符。分页符是为了使每一份单独的文件的标题都能够显示在页面的最上端，并且保证前文内容的调整和删减不会引起后一个文件标题位置的变动。使用分节符的目的是使文章的正文在目录上显示为第一页，这就需要使用分节符将目录与正文分节。

如果发现商务或技术参数中有错误，应立即按投标人须知所述地址及联系方式与招标方取得联系，及时用书面形式向招标人提出澄清要求。

如果招标文件中有多处对同一事项提出要求且不一致，在招标文件没有特别声明以哪处为准时，以最苛刻的要求为准，或询问招标代理。

页数较多的连续文档应转换成 PDF 等不可编辑版本后打印。

根据目录将所有电子文档有序分类存放，文件名称为：文件名—制作人—制作日期—版本号。

"投标文件"的文件夹中只存放编辑完后需要装订、递交的文档。

（二）投标文件编制

投标文件的编制分为招标文件附件中所包含的格式文本的填写和投标人根据招标文件要求需要制作的相关文件。

1. 制作封面

每份响应文件须在封面上清楚地标明"正本"或"副本"字样。一旦正本和副本不符，以正本为准。封面需要重点审核的要点如下：

格式：封面格式是否与招标文件要求格式一致，文字打印是否有错字。

标段：封面标段是否与所投标段一致。

签章与名称：企业法人或委托代理人是否按照规定签字或盖章，是否按规定加盖单位公章，投标单位名称是否与资格审查时的单位名称相符。

日期：投标日期是否正确。

2. 准备投标方详细材料

准备事务所相关材料的目的是向招标人展示事务所的综合实力。首先，要突出事务所在招标项目中的经验及市场优势，增加招标人的信任，以提升中标概率；其次，必须根据招标要求准备相应的文件。注意要点如下：

（1）事务所介绍：内容尽量全面、详实，业务能力介绍多采用数字/图表形式。

（2）事务所人员名册：凸显专业人才和律所规模优势。

（3）事务所荣誉：相关领域/含金量高的荣誉可放在前。

（4）同类服务经验及业主评价：以表格形式列举。

（5）类似项目业绩一览表：建模板，尽量全面，展示相关经验和市场优势。

（6）供应商资格声明函：准确填写项目编号和时间及项目名称。

（7）供应商情况表：最好能够在一页内展示，不可超过三页。

（8）在准备事务所材料时，需要将所有的资质文件及荣誉证书等文件扫描成图片格式，然后以图片形式插入 Word 文档，以便于连续编制页码和自动生成目录。

3. 撰写谈判响应函

谈判响应函一般在招标文件中有固定的格式，只需在空格处将信息补充完整即可。一般需要填写的内容为采购代理机构名称、项目编号、响应文件的有效期、磋商保证金数额、投标人的联系方式等信息。

4. 准备证件材料

准备招标文件中要求事务所提供的相应资质的文件，并核对文件的有效期，如文件不在有效期内，需提供新的文件。注意要点：

提供的律所执业许可证副本，需要提供最近一期年检页。

所有材料需扫描成图片后插入投标文件，保证扫描件清晰完整。

5. 制作磋商响应报价表

一般情况下，响应报价低于或等于预算价格的，为有效响应报价。超出此范围的响应报价为无效响应报价。无效响应报价的响应文件不进行评审，也不得中标。因此，投标和响应报价时应当注意以下几点：

第一，能否中标，不仅取决于投标人的经济实力和专业水平，而且还取决于竞争策略是否正确和投标报价的技巧运用是否得当。[1]

第二，考虑报价时，应坚持"既能中标，又有利可图"的原则，综合各方面的因素，根据评标的商务、技术和价格所占的分值，慎重确定投标策略，做出合适的报价。

第三，相关人员必须严格保守商业秘密，不得将价格透露给项目组以外的任何人。

6. 制作项目工作组织实施方案

项目工作组织实施方案的编写，须依据招标文件的要求进行。招标文件中提到的要求，必须一一响应，并且以标题的形式突出展现，以便于评委打分时快速找到评分项。一般而言，实施方案包含以下几个方面：

（1）服务人员名单及简介。

（2）律师选用条件。

（3）工作安排及要求。

（4）团队协作制度。

（5）特别事项报告制度。

（6）集体讨论制度。

（7）监督管理制度。

（8）考核评价制度。

（9）保密制度文件及应急方案。

（10）可视化的工作方式。

（11）标准化的工作流程。

（12）卷宗及时装订制度。

（13）矛盾纠纷处置方案。

（14）投诉处理规定。

7. 撰写承诺函

投标承诺函是整个投标文件得分点的汇总，撰写承诺函须达到让评委快速找到得分点的目的。注意事项有以下几点：

（1）承诺必须与招标文件要求相吻合。

（2）承诺内容与投标书其他有关内容一致。

（3）承诺内容需涵盖招标文件的所有内容，实质响应招标文件的全部内容及招标单位的意图。

（4）投标人制定的优惠措施一并在承诺书中体现。

（5）招标文件要求逐条承诺的内容需要逐条承诺，承诺内容不允许有保留或留有其他余地。

（6）承诺函需加盖律师事务所公章。

8. 明确保障措施

再完美的方案落地执行时，都需要相应的保障措施。保障措施是否完备，决定了服务方案是否能够得到不折不扣地执行。因此，保障措施应紧扣服务方案，进行全方位的支持。

9. 明确相关制度标准

根据招标文件要求，结合律师服务的经验积累，进行制度完善和展示。展示相应成文的服务规范，以体现律师的专业性及团队协作。

（三）投标文件审核

投标文件初步成稿后，需要从内容和形式两方面对投标文件进行审核和校订。对于内容的审查，应主要针对投标文件是否对招标文件要求逐条作出响应，如未作出全面响应，可能将被视作有偏差或不响应导致扣分，严重的还将导致废标。

为了保证投标方案具有竞争力，在审核时需要重点对服务方案和报价方案进行再次确认，再次确认的原因是在制作投标文件的过程中，投标人已经对自己的综合服务能力与项目的匹配度有了进一步的判断，同时对自己潜在的竞争对手也有了预判，再次确认服务方案和报价方案，是为了将服务方案和报价方案调整得更加具有竞争力。

1. 审查投标文件形式

（1）审查语言表述：标书内容描述用语是否符合行业专业语言，是否有错别字。

（2）审查项目编号与名称：投标文件整篇项目编号与名称是否一致。

（3）审查招标人名称：与执业许可证、资质证书及其他材料是否一致。

（4）审查目录内容、格式：从顺序到文字表述是否与招标文件要求一致。

（5）审查目录编号、页码、标题：是否与内容编号、页码（内容首页）、标题一致。

（6）确认目录是否更新：目录所指页码是否与文件内容页码相符合。

（7）审查投标书日期：日期是否正确，是否与封面所示吻合。

（8）审查排版：是否统一美观；投标文件的纸张大小、页面设置、页边距、页眉、页脚、字体、字号、字形等是否按规定统一；页眉标识是否与本页内容相符；投标文件是否有缺页、重页、装倒、涂改等错误。

2. 审查投标文件内容

根据招标文件的要求，审查文件是否齐备。需要至少三名参与项目的人员进行三轮审查，以避免出现错误。最终，由非项目参与人员进行最终的审查，保证投标文件完整无误。审查要点如下：

（1）对照招标文件中"投标文件的组成"检查文件的完整性。

（2）审查投标文件是否对招标要求一一响应。

（3）对文件的落款日期进行核对，避免日期早于招标前或晚于开标时。

（4）对价格、有效期、项目周期、数量等数字进行逐一核对。

3. 确认报价方案

通过制作投标文件的过程，可以更深刻理解招标人的意愿及希望达到的目的。随着对项目整体把握的进一步加强和标书编制及各项服务措施的制定，反观报价方案是否需要调整。

可以根据评标的商务、技术和价格所占的分值来参考投标总价。招标文件如有限价，必须低于分项和总价的限价。

4. 确认服务方案

法律服务方案，是投标文件的核心内容，也是招标人最为关注的问题。方案编辑完成后，应再次确认是否有更好的替代方案，是否有需要再次完善的地方，听取事务所其他成员的意见，进行相应的补充。最终，与项目负责人或律所主任确认服务方案。

5. 核对资质证件

投标人应该在开标现场向评标委员会提供原件进行核对，否则将作无效投标处理。因此，证件的核对至关重要。主要资质证件清单与注意事项如下：

（1）执业许可证、税务登记证、负责人身份证明齐全并满足招标文件要求。

（2）各项荣誉证书须齐全并准备好原件。

（3）财务状况表、近年财务决算表及审计报告齐全，数字准确、清晰。

（4）主要负责人员证件齐全。

（四）投标文件封装及签章

投标文件封装及签章是最后一个阶段的工作，包括定稿、胶装、签章、封装、份数检查、原件核对等。

1. 投标文件定稿

投标文件定稿时，要确保文件正文无排版错乱、格式不统一、目录页码未更新等情况，保证附件资料齐全，扫描件清晰，并且要再次谨慎确认，在内容上不存在废标的情形。注意事项如下：

（1）附件资料齐全，扫描件要清晰、不得涂改。

（2）投标文件定稿前，需要将 Word 文件转化为 PDF 格式，在电脑上进行校对。

（3）经过三轮校对无误后，将文件正反面打印，交三人审稿。

（4）三人进行文字、格式、内容的校对修改，确认无误后定稿。

（5）将修改后的文件转化为 PDF 格式并交付指定的打印社打印。

（6）再次确认不存在会废标的情况。

2. 投标文件胶装

招标文件有打印和装订要求的，按要求进行装订。

招标文件没有打印和装订要求的，按如下方式进行打印装订：

——封面：彩色打印，白色，铜版纸，塑膜；

——内页：彩色，双面打印，A4 大小，80g 纸；

——装订方式：胶装；

——装订份数：正本几本，副本几本。

图文公司联系方式：

——公司名称；

——公司地址；

——联系电话；

——传送文件用 QQ；

——传送文件用微信。

传送文件时注意事项：

——传送 PDF 格式文件；

——传送前电话确认联系方式；

——传送时明确打印、装订要求及份数；

——QQ 或微信明确告知：机密材料，注意保密，打印后请将文件销毁，切勿外泄；

——明确材料取回时间。

现场核对文件是否符合要求及是否美观：

——对于投标文件的签章，要按照招标文件的规定，加盖单位公章并由律师事务所负责人或授权代理人签署，确保公章、小签齐全，位置准确；

——对于投标文件的密封，许多招标文件有明确的要求，要严格按照要求密封。没有按招标文件要求进行密封的投标文件，可能被作为废标处理，应高度重视。

3. 投标文件签章

投标文件要按照文件规定加盖单位公章，并由律师事务所负责人或授权代理人签署，确保公章、小签齐全，位置准确，注意事项列举如下：

（1）负责人签字。

（2）授权代表签字。

（3）原则上于每页文件顶部外边缘的文字处加盖公章，每页必须盖章，不得遗漏。

（4）有委托人签字时公章盖在签字上。

（5）有事务所名称作为落款时公章盖在事务所名称上。

4. 投标文件封装

根据招标文件的要求对投标文件进行密封，对加盖印章有要求的，一定要按招标文件要求加盖有关印章。招标文件要求投标文件商务标部分与技术标分别装订、分别密封，并规定了技术标使用的字号、行距、字体、纸张型号等要求的，投标人在制作、装订和密封投标文件时，要加倍小心。

5. 投标文件份数检查

投标文件有正本和副本之分。正本为签字、盖章原件，副本是正本的复印件。在制作的时候要确保正本全部完成，检查无误，再在胶装前开始复印副本。不具备自行装订条件、委托打印公司装订时，可以直接将要求装订的份数告知打印公司，注意封面区分正副本。

一般招标文件会注明正本和副本不一致时，以正本为准。装订正副本时，至少多装订一份正本，留作备用。装订后在正本和副本上签字和盖章。

6. 所需原件核对封装

开标时不带原件会导致废标，因此一定要逐一核对招标文件中要求携带的原件。原件包括资质原件、荣誉证书原件、相关工作业绩证明原件、事务所授权委托书原件、被授权人身份证原件、磋商保证金原件等。

7. 填写投标文件审查表

行政、实习律师、律师根据审查表审查三遍。每人审查后给出书面审查意见，并在审查表上签字，让工作过程有记录可查；同时确认付款凭证、投标保证金。

8. 结语

制作投标文件的过程，是一个集思广益、团队协作的过程，同时也是锻炼队伍、践行团队文化、提升团队凝聚力、丰富团队知识管理的过程。

工欲善其事，必先利其器。借助 Alpha 项目管理工具，我们将这份经验进行了项目化的落地，形成了一套包含 4 个任务组、30 个任务和 42 个任务附件的投标文件制作项目模板，指导团队进行投标文件的制作。

此外，Alpha 用户可定期关注行业雷达，它会及时推送招投标信息，聚合市场交易机会，直击法律服务需求。以苏州市为例，选中地区后，即可查看该地区全部法律服务招标公告以及中标公示。

公告信息左侧有划分招标类型、金额以及发布时间三个维度，帮助大家按需检索。而且招标单位及招标内容等信息一键可见，招标文件也可以直接点击查看原文进一步了解和校验，帮助大家更方便地获取招标信息。

三、起草合同

（一）起草合同的原则

1. 促成交易，便捷交易原则

起草合同前，必须了解交易的背景、合同的目的和已商定的商业条款。除了合伙人及资深律师交代的背景之外，初级律师需要在起草合同时有意识地搜集所有与合同起草相关的来往邮件和文件。

如果起草合同所必需的信息不完整，应当准备一份合同必须明确的事项的清单与客户沟通，寻求其确认，这些需要确认的事项包括：当事人及合同结构；合同标的（交易事项）、数量、价款、质量；履行程序（时间、地点和方式）；违约责任/救济手段；法律适用/争议解决/合同语言；与该交易相关的特别的风险点以及解决方案；其他（交易背景：目的/合同当事人特点/时间的重要性等）。

合同起草的原则包括以下几方面：①合法有效；②条款具体明确、有可操作性；③合同标书简洁明了。

合作起草的最终目的应当是促成交易，帮客户做出决定，分担决策成本。

2. 合法原则

合同起草应当合法合规，通常来说律师审查修改或起草合同的首要原则是合法合规，这是合同得以生效、履行、受法律保护的前提。但是务必注意结合上文所述促进缔约、满足客户需求的根本目的。故在某些特殊情况下，依照客户需要，律师给予客户的合同，并不一定是有效合同，或者某些条款不一定生效。如约定能让对方接受但过高的违约金和利息条款，本是成立后暂不生效却写上立即生效的条款等。

如果是常见的合同类型且合同交易比较典型，可能不一定需要特别的法律研究。当然，对于初学者而言，对合同涉及的基本法律法规，比如《民法典》的合同编和总则编，都应当比较熟悉。

但是对于特别的交易涉及特别的合同架构，需要根据交易的情况先定位这个方面的法律规定。一定要自己先了解后，再开始动笔，比如说许可协议，应当查询有关许可合同、备案、登记、技术进出口等方面的规定。这些可能不是特定问题的法律研究，而是框架问题的研究，比如需不需要政府部门审批，有没有评估程序等，对这些大致内容有所了解后才去起草合同。

3. 选择合适的合同范本

合同条款主要分为商业条款和法律条款两种类型。商业条款一般是客户根据经营需求自行商定的，律师在起草的时候一般不作修改。而法律条款则是需要特别起草的合同中的重点。

对于刚刚入行的律师来说，起草合同时会有诸多疑问，合同字数是否有标准？合同的页码、样式是否有要求？其实，对于合同内容来说，不在于长短，只要能够写明主要内容及此种类型合同的要点即可，并且要预见不同情况带来的法律后果。现实中的情况可能是无穷无尽的，法律也难免有滞后性，更何况是合同。

因此在刚开始起草合同的时候，选择合适的范本是非常重要的。这要求年轻律师在日常工作中注意合同模板的积累。当然还需要提醒年轻律师的是，一定要仔细审阅和斟酌原合同范本，一定要检查是否存在不适用本交易的情形，是不是有条款意思表达不准确或存在歧义、内容缺乏逻辑性。

一份完整的合同，应当兼具周延性、可操作性和倾向性。

合同周延性是指律师在起草或审查修改合同时应尽可能考虑周全，如合同结构的完整性，内容上尽可能纳入所有可能发生的情况等。可操作性指律师在起草合同中的交易及履行条款时应结合自身的社会经验，联想合同的实际履行情形及具体步骤，确保合同履行的可行性。切忌使用过多"促进""加强"等典型缺乏操作性的口号词句。倾向性则对应上文所述的律师立场问题。律师拟出或审查修改的合同须将客户的利益最大化，而非固守对等或平等原则。如对客户一方不利的条款应谨慎罗列。

同时应当简洁优美，这是合同外观的基本需求。合同篇幅及复杂程度同交易难度、客户需求挂钩。若客户重金聘请律师起草或审查修改合同以完成重要交易，那律师交给客户的合同应尽量完整美观；若客户急需一份合同迅速盖章完成小额交易，则律师交给客户的合同应短小精悍。

4. 与合同目的、主要权利义务相匹配

一份合同中双方当事人的权利义务都应当相互对照。合同中切忌出现某条款约定一方享有某项权利，对方却无相应义务；或者一方需承担某项义务，对方却无相应权利。

（二）起草合同的方法

在起草合同之前一定要先明确合同的主体以及法律关系，合同的命名应当简单明了。同时要学会积累资料，保存材料，制成电子文档。在正式起草之前，应当查找类似的合同，找到此前保留的过去的交易记录或者类似的合同。起草的时候要区分通用条款和商业条款，要注意区分实体条款和程序条款。合同通用条款，是各类合同中经常出现的基本条款。合同商业条款，是针对特定交易出现的条款。从篇幅上来看，一份合同中，通用条款大致能占五分之二的内容。因此，提前把最全面的通用条款的表述背得滚瓜烂熟，审核合同时，要重点关注商业条款。不同合同文本，通用条款的起草质量不一样，应当根据客户及交易复杂程度，决定通用条款的全面性。

常见的通用条款包括当事人基本信息、鉴于条款、陈述与保证、保密条款、责任限制条款、违约责任、通知条款、知识产权保护条款、不可抗力、合同生效条款、合同变更解除、可分割性、合同份数、合同语言、双方关系、合同期限、完整协议、法律适用、争议解决、独立缔约条款等。

要注意积累全面的通用条款的范本，见到好的条款表述，单独摘出存储下来。一般来说，英美外资所起草的中英文对照的大型交易合同，比如并购协议、商标或专利许可使用协议等，通用条款比较详细，表述也比较好。就举不可抗力条款而言，详细的不可抗力会包括：不可抗力本身的定义；范围举例，特别是国家政策的变动是否属于列举情形，比如美国对中国某产品征收反倾销税，在进出口合同中，卖方是否可以据此主张是不可抗力等；不可抗力的举证；不可抗力的通知；不可抗力的消除；不可抗力对合同履行及责任的影响等。笔者也见过最简单的不可抗力条款，就一句话，发生不可抗力情形，双方互不承担责任。

商业条款，要与客户多沟通，了解客户需求，特别是客户方不同层级人员对商业条款的判断和授权。商业条款，也要了解行业一般规律，否则，客户老总会询问律师意见，比如，房地产企业的融资成本问题、商铺租赁合同中标的商铺周围的市场价格等。

合同审核时，注意区分实体条款和程序条款。正如法律包括实体法和程序法一样，合同条款也可作如此区分。程序条款是为了保证实体的进行。程序条款是否详尽细致，直接决定了合同的实操性。日本企业的合同条款，相当细致，也十分注重程序性和实操性，很多条款会从时间、地点和方式上，落实具体的义务。

程序条款，是否详尽，要取决于客户的要求以及交易的性质，如果客户作为商铺租赁合同的承租方，商铺租赁合同规定得过于详细，往往会造成客户动不动就发生违约的情形，而员工遵守规则的意识不强，容易造成公司被动。特别是交易对方，可能会因为别的事情，故意从另外一个合同找茬挑刺，以达到一个合同服务于另一个合同的目的。

年轻律师应当注意合同范本的学习和积累，但也要避免过度依赖。过于依赖范本而忽视独立审查，就容易出现忘记替换页眉或者页脚、忘记修改律所名称等错误，长此以往，还会丧失独立制作能力。学习、研究优秀的合同范本，内化为自己的东西，就是站在巨人的肩膀上前进。但不要过度依赖合同范本，可以参考合同条款的范本，并进行横向比较，整合、剪裁、完善。[2]

没有合同范本，也不用担忧。因为任何类型的合同，总有第一个起草者，先根据交易的商业流程或者模式，搭建合同结构和要点（小标题），再根据小标题要点来找范本条款，然后注意条款的衔接。

心中没有范本，但能够起草各类各种语言版本的合同，长短不限，才是最高境界。

（三）合同结构

1. 合同首页

合同名称；合同当事人；合同签订时间；合同编号；合同期限、有效期。

2. 合同首部

合同名称；合同当事人及具体信息；合同的签署地；鉴于条款；合同宗旨。

3. 合同正文

专用、特殊条款：以房屋租赁合同为例：押金、限制转租、房屋使用、装修装饰、维护与维修、费用负担……

通用、一般条款：定义、法律适用、争议解决、通知送达、合同变更、权利义务转让、保密、不可抗力、合同的签订与生效、合同的份数及保存、合同的附件效力……

4. 合同签署页

合同正文之后，可单独设置合同签署页。设置合同签署页的，该页首应注明"本页为签署页"。相应的，合同正文结束行之次行，应注明"此后无正文"。

较为简单的合同可不单独设置合同签署页。合同正文结束行之次行，应注明"此后无正文"。

合同签署时间、通信方式，应在合同签署页注明，尤其是在合同首页、首部处未写明的。

5. 合同附件

合同附件应附在合同签署页之后。

合同正文之后，签署页之前，应列明全部合同附件的序号及名称（即附件清单），或在合同正文中专设"合同附件"条款。

对证明性合同附件，可在附件清单后注明。上述合同附件已经由各方当事人与原件核对无误。

（四）合同条款

1. 主体条款

合同主体即合同的相对方，这部分往往会被忽略。但是合同的主体条款非常重要。签订合同的主体是否符合法律要求，即是否适格。在起草合同的时候，一定要先明确合同主体，明确合同约束的各方。

2. 鉴于条款

一般合同中较少出现单独一部分作为双方确认的基本事实，也较少考虑到这一点的重要性，一般建议在审查合同时，将双方确认基本的、没有争议的事实单独作为一个部分列在合同中，只要这一部分内容与合同履行相关，就有必要列明，尤其是在一些双方都要求合同内容比较精简的合同上，更加有必要列明双方无争议的既定事实。

3. 法律依据/法律关系

在起草合同的时候，应当明确合同对应的法律关系。不同的法律关系适用的条款会有所不同。如果判定错了法律关系，会导致合同条款整体错位。在起草合同时，明确法律关系，可以避免日后因法律关系判定错误导致的法律风险。

4. 标的条款

对于合同来说，明确标的也非常重要。我们要明确合同对应的标的到底是什么。很多合同，在约定的时候，没有对标的进行明确，这样会导致后续履行合同的时候产生歧义，给当事人造成麻烦。

5. 担保/保证条款

如果客户的业务需要对方提供担保或者保证，在与相关客户签署担保/保证合同时请务必表述由保证人为债务的履行提供保证担保的明确意思，避免使用由对方"负责解决""负责协调"等含义模糊的表述，否则法院将无法认定保证合同成立。对于担保条款，要明确是一般保证还是连带保证，担保是否有瑕疵。对于担保合同，要核实担保物是否有瑕疵。

6. 定金条款

签订合同时可能为了确保合同履行而要求对方交付定金，由于"定金"具有特定法律含义，请务必注明"定金"字样。如果使用了"订金""保证金"等字样并且在合同中没有明确表述一旦对方违约将不予返还、一旦己方违约将双倍返还的内容，法院将无法将其作为定金看待。

7. 支付条款

当确定付款方式时，无论是付款方还是收款方，除了金额较小的交易外，请尽量通过银行结算，现金结算涉及经办人签收，签收效力上可能会给您带来不必要的麻烦。

8. 知识产权条款

如合同的履行中涉及知识产权问题，则须在合同中嵌入知识产权条款，目的是解决各方当事人在合同履行过程中因知识产权引起的纠纷，主要包括商业秘密条款、知识产权权属条款、知识产权保证条款、知识产权侵权责任承担条款等。

9. 验收条款

对于买卖合同、承揽合同等一定要注意验收条款。当事人往往会约定验收成功后，出卖人或者承揽人就不再承担责任，所以，在合同中要明确约定验收条款，约定验收时间、验收标准等。

10. 保密条款

对于涉及商业秘密、交易秘密等的合同，一定要约定保密条款。并且约定违反保密条款的违约责任。

11. 违约条款

违约条款的约定要综合考虑违约的行为形态，违约责任与瑕疵履行区别。还要明确违约责任的承担形式，是要求继续履行，还是要求解除合同，承担赔偿责任。

12. 解除条款

合同解除是起草合同时候最应重视的问题。很多当事人都自以为有解除权，但是法定解除权法律有相关规定，约定解除对于合同解除来说是非常重要的一个环节，如果没有相关的约定解除权，也并不构成法定解除权，那么很可能出现合同触及一方重大利益，却无法解除的情形。

13. 不可抗力条款

并非只要出现不可抗力的情形，合同就必然可以中止或者解除。因此，要根据合同的性质，考虑不可抗力条款的约定。还要考虑不可抗力事件发生后，不可抗力条款的行使方式。

14. 免责条款

有一些合同，会约定一定的免责条款。对于免责条款要约定适用的情形、行使的条件等。

15. 通知送达

很多合同不约定通知送达条款，在合同履行出现争议的时候，没有有效的地址，无法进行合法有效的送达。在后续的合同履行中，会造成困难。因此应进行通知送达的约定。

16. 争议解决

这里提到的有两个问题，一个是究竟选定仲裁还是诉讼；另一个是诉讼的管辖法院。在不同的法院或者仲裁机构起诉，必然会在距离上和经济成本上有不同。因此，要根据合同的性质、当事人的需求，约定好争议解决方式。

17. 合同修改及补充

一般在起草合同的时候，会约定合同可以修改和补充，或者合同不得修改或补充，以及修改补充的形式，等等。因此，在合同起草的时候，应当注意此类条款。

18. 合同生效及效力

合同的生效、效力问题是最容易在审查起草合同中被忽略的问题。多数律师起草合同，都在关注合同的条款是否对己方有利，违约责任的约定是否清楚等，但往往没有考虑到合同的效力。因此，在起草合同的时候，要注意合同的成立、生效的条件。

四、审查合同

（一）审查合同的原则

在审查合同时，应树立以合同履行为中心的理念。

合同主体是否适格，合同是否有效，这是合同能否得以履行的前提；合同当事人的资信状况，直接和其履约能力相关联；合同义务，也是合同履行的具体内容；违约责任，也是规制合同无法正确、全面履行时的后果；合同担保，也是为了督促双方履行合同以及无法履行时寻找替代责任；合同解除或权利义务终止，也是为了不继续履行合同或者将已经履行的部分恢复至订约前的状态。[3]

在审查合同时，应当认清自己的立场。

律师获得需要审查修改的合同或者草拟一份合同前，除了厘清合同所调整的各方法律关系，关键是思考自己究竟站在哪一方的立场上审查该合同。实践中某些年轻律师不注意或没有询问审查合同修改的立场问题，仅凭自己的理解进行审查合同或修改，这容易使工作方向偏离，无法全面回应客户的需求。

在审查合同时，要理解客户对合同的目的和期待。

律师接到合同拟订及审查任务后务必认清客户希望通过合同达到的目的和效果，尤其是具备一定程度法律知识的客户和律师对接时可能会直接点名律师为其起草一份特定类型的合同。如虽然客户直接给律师下令拟定一份借款合同，但是客户的真实目的可能为借贷实为股权转让，此时以股权转让合同的形式拟定合同更能实现客户的目的。因此律师在审查及草拟合同之前应理解思考客户真实的商业需求，而不是简单地对客户言听计从。

审查合同时，应树立促进便捷交易的思维方式。作为律师，审查或者拟定一份合同，并非要将合同写得完美，关键是能够及时将合同放上双方的谈判桌，提高合同双方交易意愿，促使合同缔约完成并履行。这与公司法务有所不同，法务的工作是列出合同交易中所有的风险点以供老板决策参考。作为律师，虽应看出合同交易风险点并适当向客户列明或告知，但如果将所有风险点全盘托出，容易打击合同双方缔约意愿，交易就可能难以完成。

同时，应注意区分商业风险和法律风险。一份商业合同中通常同时兼具商业风险和法律风险。商业风险是指该商业交易的失败概率和交易成本；法律风险是指合同依据的法律规定无效而无法履行，或者因履行不当等原因引起的违约风险。律师作为法律专业人士常常聚焦于法律风险，但切忌忽略合同中的商业风险。若合同交易本身的商业风险颇高，即使法律风险规避得再完善，对于商业交易本身的成功及成本的节约也是杯水车薪。因此律师审查修改合同时须分别考虑合同的法律风险和商业风险并告知客户。

最后，经过上述促进合同缔约、告知风险的程序后，律师应该对合同及其所指向的商业交易做一个大致的利害判断，即该商业活动的利润、成本、成败几率、风险等。律师可以就此向客户提供建议，减少客户的决策成本。

（二）审查合同的方法

1. 准备材料

在合同起草或审查修改之前，律师还需要整理一些素材作为后续正式工作的基础。首先是认清客户通过合同进行的交易模式，再转化成准确的法律关系。该法律关系是审查修改或起草合同的核心起点。其次是思考合同结构，确定每部分的内容。再次是根据法律关系和合同结构去构思该合同的核心条款或关键条款。最后是合同语言，通常的合同语言是中文，但少数合同需要中英文对照，以及考虑合同的篇幅长短和用语复杂程度等。

2. 审核要点

合同审核具体过程中，最关键的是找准审核要点，如何寻找审核要点呢？

首先可以通过网络搜索审核要点。在互联网检索该类型的审核要点，这些都是律师和法务人员在实践的基础上总结出来的。比如，审核商铺租赁合同时，使用百度网页、搜狗、微信搜索，输入下述关键词，（商铺、房屋）租赁合同审核要点、审查要点、如何审核、审核注意事项、（商铺、房屋）合同法律风险点，不断替换类似关键词，然后把相关文章汇总，归纳审核要点。

其次通过裁判文书的争议焦点寻找审核要点。审核某类合同时，寻找此类合同的民事诉讼案由，然后查询一定数量的判决书，查看争议焦点以及法官评议内容，从诉讼角度，提前预防合同纠纷的产生。

最后可以通过合同范本对比，来寻找要点。较为规范的合同，大多有条款主题，修改某类合同时，找几个归纳完整的合同范本，最好是真实使用过的合同版本，然后不断对比，看审核对象与其他合同版本的差异在哪里，有没有其他范本的条款可以借鉴。

3. 合同审核的快与慢

快的角度。要梳理我方最关心的问题、双方最关心的问题；如何实现我方合同目的；合同存在哪些风险和陷阱；双方卷入本合同诉讼的概率等。[4]

慢的角度。像起草合同一样去修改，从格式排版到内容措辞，精雕细琢。合同格式，有西式、中式以及混合模式。

4. 合同审核的技术

受高中英语短文改错的启发，本书归纳出了审查合同的三种技术，在审核合同中，时刻反问：是否有不利条款需要删除？是否有不利的表述或不正确的表述需要修改？是否有重大事项遗漏了需要添加？

5. 合同审核的反馈方式

不同客户，对此要求不一样，有些客户直接在原文修订批注就可以，有些客户要求律师出具合同审核意见书，在后者的情形下，律师需要特别注意意见书的行文表述，对重大风险要做出重要提示，否则客户可能追究律师的责任。

另外，与客户反馈时，要注意标注合同版本，注意邮件主文和附件内容的挂钩，否则，如果合同多次修改，又涉及群发，客户方面（特别是大国企）层层转发邮件，容易发生错误，如果不知道错误在哪个环节，有可能会出现法务人员因为他自己的失误，在无法向其主管领导交差时，将责任推给律师的情形。

修改合同要注意签订合同的法律依据是否运用准确。

修改合同要注意合同格式是否正确，是否有错别字。

Word 文件对于要修改的部分，点击"工具"项下的"修订"修改即可。对于所改动的部分，在文件右侧，会有体现，在修改处，要注明修改的原因。

6. 审查合同的具体问题

在一份具体的审查合同中，应当以如下顺序进行检索：

第一，应当审查合同结构，包括合同首页、合同首部、合同正文、合同签署页和合同附件五部分。

合同的首页通常包括合同名称、合同当事人、签订时间、合同编号四项内容。但是合同首页不是每一份合同的必备内容，例如合同篇幅只占数页，内容本身较少，那就不必特地加上首页。

合同首部与合同首页不同。一般来说，合同正文中"甲乙双方经过友好协商，根据相应法律法规……就……约定如下"的类似文字之前的内容便是首部。首部通常包括合同名称、合同当事人、签署地、鉴于条款、合同宗旨。注意首部的概念阐释应当准确。

在合同正文中，要注意对于条款的审查，包括专用特殊条款和通用一般条款。

专用特殊条款主要指合同本身所涉及领域的专用条款，比如《民法典》合同编中对各类典型合同的特殊规定。通用一般条款指大多数合同中都可能包含的部分条款，如定义、法律适用、合同的签订与生效、争议解决、保密、不可抗力、通知送达、合同变更、合同的份数及保存、合同的附件效力。

合同正文结束行之次行，应注明"此后无正文"。合同还可单独设置合同签署页。设置合同签署页的，该页首应注明"本页为签署页"。较为简单的合同可不单独设置合同签署页。合同签署时间、通信方式，应在合同签署页注明，尤其是在合同首页、首部处未写明的。此外合同签署页应带有部分正文，以免被替换。

合同附件应附在合同签署页之前，"此后无正文"之后。附件页应列明全部合同附件的序号及名称（即附件清单），或在合同正文中专设"合同附件"条款。对证明性合同附件，可在附件清单后注明：上述合同附件已经由各方当事人与原件核对无误。

此外合同的日期（年月日）不宜同双方签名附在右下角，而是放在正中间以确定日期的唯一性。

第一，应当审查交易主体是否合格。在交易中，如果企业自己不具备应有的交易主体资格，很容易导致合同无效并需要承担过错责任或成为对方违约的借口。即使合同最终仍被认为有效，也有可能因违反行政法规而受到行政主管部门的处罚。如果交易相对方主体资格不符，则有可能并不完全具备签订及履行合同的合法资格及实际履行能力，影响交易目的的实现及交易安全。因此，主体合格是企业从事长期、稳定的正常生产经营活动所不可逾越的界限，不具备完全合法的主体资格，企业随时处于法律风险的严重威胁之下，并随时有可能由于法律风险事件而引发不利后果。

合同主体资格是否合法的问题涉及许多方面，如法人资格、经营资格、经营资质、生产及经营许可等，有时还要涉及当事人是否有权处分标的物、签订及履行合同是否有违上级企业的管理制度、代理人是否完全有权代理、实际执行合同人员是否具备相应资质等问题。[5]

虽然合同主体问题是企业经营过程中无法回避的问题，但在某些特定的交易中，可以通过一定的方案设计来回避相关法律风险，使经营行为合法化。如果某些交易无法实现主体的完全合法但又不得不进行，则必须将法律风险控制在可以承受或可以控制的范围之内。

第二，应当审查合同内容是否合法。即使合同主体完全合法，在某些情况下也会存在内容是否合法的问题，这是影响交易合法性的另一重要问题。这是因为合同的签订及履行不仅要遵守《民法典》合同编的规定，还应该遵守与交易标的相关的一系列法律规范的要求，甚至是必须先遵守相关法律规范的要求，然后才遵守《民法典》合同编的规定。如果某些单行法律对相关合同有更为具体的规定，还要优先执行相关的单行法律。

例如，《商标法》《专利法》《著作权法》《担保法》《保险法》等单行法律中，分别对商标许可使用、专利权转让、著作权许可使用、担保、保险合同作了较为具体的规定，相关合同必须首先适用这些单行法律，这些单行法律没有规定部分才适用《民法典》合同编的相关规定。

除此之外，还要看合同中是否存在着在法律上足以认定合同无效、免责条款无效、可申请变更或撤销的情况，或者违反相关法律规定自行设定合同生效条件，以及合同中所用的法律术语、技术术语、合同名称等是否标准。此外，对于某些标的还要注意其质量标准是否符合法律的明确规定以及强制性标准。所有这些合法性问题都是为了使合同内容没有法律上的瑕疵，以顺利实现交易目的并充分利用法律所赋予的权利。[6]

第三，要审查基本功能是否完备。虽然合同条款千变万化，但合同的所有条款都可归入锁定交易平台、锁定交易内容、锁定交易方式、锁定问题处理四大基本功能，缺少任何一种功能都会给合同的履行结果带来极大的不确定性。如果合同履行中的所有事项都被这四大功能锁定而无其他可能，则合同的基本功能已经完备。否则都有可能出现法律没有规定而合同也没有约定的情况，从而缺乏共同认可的解决方案。合同的四个基本功能分散在合同不同层级、不同主题的合同条款中，交易越是复杂则合同涉及内容越多、相互关系越复杂。

如果从四个基本功能角度去分析比较抽象，可以借助于《民法典》合同编所规定的合同基本条款及买卖合同的基本条款，只是这些条款也同样可以归入合同四大基本功能。而判断基本功能是否完备的思路及目标，主要包括合同各组成部分之间是否存在功能缺失或重叠、各组成部分是否具备了完整的应有功能等。从基本功能的角度去理解合同虽然有些抽象，但可以通过这一方法判断合同是否存在功能缺失的现象，从合同之外以系统的眼光去审视合同的结构和功能，避免来自结构或系统问题的重大失误。

第四，要审查约定条款是否实用。合同条款的实用价值并不在于约定了标的是什么，以及数量、金额等交易所必需的内容，而在于审时度势约定"个性化"条款以避免不利后果的发生。当事人的不同、标的的不同、交易背景的不同、交易条件的不同，都会使只具备基本条款的合同无法有效地确保交易的安全性和交易利益的实现，只有针对具体交易中的具体风险有针对性地设置应对措施，才能完成这些使命。为此而增设的这些针对性的条款，则正是条款实用性之所在。

要提高约定条款的实用性可以从许多方面考虑问题，例如从交易标的的特点、交易方式的选择、交易所涉及的行业特点、同类交易中的常见争议类型、交易相对人的特点、争议管辖地的确定、违约的识别标准及违约责任设置等，结合交易目的去考虑这些问题，就能设置出能够充分提高交易安全性及实现合同利益最大化的实用性条款，使合同摆脱泛泛而谈、具体事项约定不清的缺陷。而在比较极端的情况下，正是由于缺乏实用性条款而套用那些不痛不痒的基础性文本，使得某些合同从其条款来看根本无法实现目的。

第五，要审查逻辑思维是否严谨。

（1）要注意整体审查逻辑。审查合同要秉持三个维度：宏观上审查合同交易结构，中观上审查合同篇章结构，微观上聚焦具体条款的风险点应对。

审查合同亦要分为四个步骤：一是了解合同的法律关系、客户的真实需求、交易背景、大致条款；二是纵观合同全貌，梳理篇章结构；三是修订合同的具体条款；四是再次检查合同的整体结构和关键条款。

（2）要注意主要条款的排列逻辑。一是要注意双方的权利义务要互相扣合。律师起草及审查合同时，若想让合同履行时尽量减少同时履行抗辩权的发生，以及双方当事人对合同约定权利义务不明的争议，使得合同结构清晰，可以采取以下两种除首尾外主要条款顺序排列。假设 a 和 b 是合同双方当事人：

第一种顺序排列。首先约定 a 的义务 A1，其次 b 再相应履行义务 B1，再次 a 又履行义务 A2，最后 b 再相应履行义务 B2⋯⋯如此 a 和 b 交替履行合同的具体步骤，同时让其权利和义务相互扣合。如：甲投入 A–乙投入 B–甲投入 C–乙投入 D–合同履行完毕。典型的例子比如分期付款的货物买卖合同，可以约定预付款、到货款、尾款。

如果合同标的操作起来比较复杂，可以在前述顺序基础上，每一方完成某项事件时再规定一个成就条件。如：甲投入 A–乙确认–甲投入 B–乙确认–甲投入 C–乙确认–甲投入 D–乙确认–合同履行完毕。

第二种顺序排列。首先列明 a 和 b 的一系列权利，再列明 a 和 b 的一系列义务。如：甲投入 A–甲投入 B–甲投入 C–乙投入 D–乙投入 E–乙投入 F–合同履行完毕。

上述两种方法都应注意时间节奏，a 和 b 每完成一项权利或义务的时间务必错峰紧凑，避免中途有重合及中断，否则容易产生同时履行抗辩权。

一是要注意权利义务与违约责任互相扣合。上文所列举的合同双方的义务，都应在合同内一一对应其违约责任。简单明了的方法是在每一项义务下都对应一项违约责任，因有许多项违约责任的内容是相同的，其弊端是容易使合同内容变得臃肿。更精炼的写法是将相同或相似的违约责任进行适当汇总。

审查及拟定违约责任条款时切忌在合同中出现一项履行义务却没有规定相应的违约责任。若出现此情况，该义务的违约责任转向寻找成文法内的法定违约责任，加大了合同解释难度和争议成本。

二是要明确具体概念的准确内涵及外延。合同中所涉及的主体、事件、行动等概念性词汇务必明确其内涵与外延，减少日后的争议。可以采取以下步骤明确概念：①这是什么，要做什么——正说、概括；②这包括什么，特别是什么——正说、列举；③这不是什么，不能做什么——反说、概括；④这不包括什么——反说、列举。

构建合同架构及条款的逻辑思维是否严谨与条款内容的明确性有关，但侧重于通过逻辑推理的方式解决架构及条款内容如何才能"滴水不漏"的问题。条款功能完备的合同仍有可能不够严谨，而要使整个合同的逻辑思维严谨，就要考虑条款的上、下层级配合及前后条款的配合，并要考虑在不同的履行阶段中各项权利如何变化以及在这些变化下如何改进，以促进合同文本质量的提高。

合同条款的设定原理，除了通过细节的安排千方百计让合同的交易内容、交易方式明确无误外，对于交易平台、问题处理两个功能的设定其实都是从逻辑角度进行一系列的假设，并根据假设的结果设定具体的应对条款。要使合同严谨，就必须首先保证假设的严谨，也就是假设出各种可能发生的情况或可能存在的漏洞，才能使合同条款丝丝入扣、滴水不漏。尤其是当需要对某些事项的前提或适用对象进行列举时，必须注重所要实现的目标与列举内容之间的关系，恰如其分地设定列举内容，并通过这些内容的列举促进目标的实现、杜绝可能被人利用的漏洞。

而在更为细节的层面，还要考虑条款之间的配合是否严谨、得当，避免因严谨性问题而导致的条款间关系不明、缺乏配合、相互冲突等情况。例如，术语或关键词是否前后统一、禁止的行为是否设定了相应的违约责任、合同篇幅过长是否引起概念内涵及外延的变化等。

第六，要审查权利义务是否明确。权利义务是否明确方面所要讨论的，是指双方当事人在交易中的各项权利义务边界是否清楚，能否凭借条款清楚地判断是否违约及违约应当承担的责任，但泛泛而谈的条款无法依照交易目的的需要而锁定权利义务，会使履行面临不确定性。在理想状态下，一份严谨的合同应当包括合同履行中可能出现的各种情况，并约定了相应的解决方法。如果合同履行中出现了某种情况，只需按合同约定解决即可。但事实上这种境况只有那些重大的投资项目及长期合作的项目中才有可能出现，一般的交易很少能使合同细化到这种境地。

当合同条款严谨到只能在法律及条款允许的范围内履行，任何影响交易目的实现的违约行为都会明白无误地被识别出来，并对相关的违约责任有着明白无误的约定时，是非曲直已经无需多谈，争议的解决也就变得非常简单。要实现这一点，就要使权利义务的范围可识别、权利义务履行的标准可识别、违约的标准及责任可识别等。如果每种情况都有约定并有了处置方案，就可以避免在争议发生后由第三方按是否"合理"来解释某项权利义务的归属，避免无谓的争议并使违约行为付出足以补偿另一方损失的应有代价。

第七，要审查语言表达是否精确。任何合同条款都需要通过语言表达以文字的形式加以固化，语言文字也是合同最为基本的组成单位，失之毫厘则谬以千里。要完善一份合同需要诸多的努力，而要毁掉一份合同，一个关键字甚至一个标点符号也已经足够。相对来说，合同中存在的表述问题比比皆是，出现的概率远远超过法律问题。而且对于文字表述功底如何，并不需要多少语言文字知识就能发现和判断。因此合同语言文字的精确性问题，不仅仅影响着企业的对外形象、律师的对外形象，也会由于精确性不足而直接影响权利义务的意思表示、影响交易目标的实现。

在合同表述问题中，对合同权利义务影响最大的莫过于语言歧义现象。存在这种现象的合同，由于某些语句中的句子成分可以使用不同的语法规则作出不同的解释，因而影响了权利义务的唯一性。语言歧义现象的种类很多，大致有词汇歧义、语法歧义、语义歧义、语用歧义等类，只有熟悉与语言歧义有关的语法知识后，才有可能在设计条款时通过变换句式等方法加以避免。

在细节方面的表述精确性问题则更多，需要在合同中采用标准的术语、称谓并确保语句中的权利义务主体、内容、对象清晰无误。此外，还要保持特定事物表述用语的前后一致性，以及各项内容在理解上的唯一性，而且还要特别注意不同标点符号对于语言精确性的影响、序号及页码编排对于权利义务的影响等，确保表述精确无误。

7. 合同条款审查的具体问题

审查合同应当以合同条款为审查核心，以下逐项阐述条款审查的具体事项。

（1）违约责任条款。

关于违约行为形态，具体的违约行为形态可分为预期违约和实际违约。前者指在合同履行期限到来之前，一方虽无正当理由但明确表示其在履行期到来后将不履行合同，或者其行为表明在履行期到来后将不可能履行合同。后者指合同履行期限到来以后，当事人不履行或不完全履行合同义务的行为。

预期违约又可分为明示违约和默示违约。实践中遇到的大多数违约形态是明示的，但也有一些"视为违约"的默示形态，默示违约的具体行为可以在合同中约定。实际违约指完全不履行合同的行为和瑕疵履行、部分履行等履行不符合约定的行为以及迟延履行、延迟领受等迟延履行行为。

若合同篇幅足够长或需求内容要求足够多，律师在审查及起草合同时可尝试将预期违约、实际违约、明示违约、默示违约、完全履行、不完全履行等各类违约行为形态展开叙述，一一对应相应义务。但是务必注意一个经验和规律：合同的条款越多，内容越细；篇幅越长，结构的逻辑性越不够紧密。比如某项义务分成数个行为，再对应数个违约责任，那么某个行为及违约责任的具体概念与其他行为及违约责任的关系可能不够明晰，甚至可能产生重叠争议。

了解上述各种违约行为形态的意义在于快速识别遗漏的违约形态，看到合同中应载明而未载明的信息，跳出文本本身的局限，这是达到审查合同较高境界的表现之一。

违约行为与瑕疵履行。违约行为和瑕疵履行是两个容易混淆的概念，瑕疵履行是众多违约行为中的一类具体形态。其是指合同一方虽然履行，但其履行存在瑕疵，不符合规定或约定的条件，以致减少或丧失履行的价值或效用的情形。但是违约行为除了瑕疵履行以外，还有根本违约等其他形态。

违约责任的承担形式包括要求继续履行、采取补救措施、赔偿损失、支付违约金和定金等，不同的违约行为形态，应该承担不同的违约责任。需要在违约行为和违约责任之间建立恰当的映射关系，从而拟定恰当的违约条款。

要求继续履行是指违约方根据对方当事人的请求继续履行合同规定的违约责任承担形式。继续履行合同在违约责任承担形式中排位第一，体现了促进合同交易的商业价值。实践中律师应提醒客户根据救济效果考虑是否要求对方继续履行，即在对方违约之后该份合同是否仍存在履行价值。另外律师还应告知客户不能要求继续履行的情形，如法律上或事实上不能履行、不适于强制履行或履行费用过高、债权人在合理期限内未要求履行等。

采取补救措施指矫正合同不适当履行，使履行缺陷得以消除的具体措施，如修理、更换、重作。

赔偿损失是指违约方以支付金钱的方式弥补受害方因违约行为所造成的财产或者利益减少的一种责任形式。请求赔偿损失的违约承担方式需遵循以下原则：

第一，完全赔偿原则。在法律没有特别规定和当事人没有另行约定的情况下，赔偿全部损失，包括违约所造成的损失和合同履行后可以获得的利益。

第二，合理预见原则。赔偿损失的额度不得超过违反合同一方订立合同时预见到或者应当预见到的因违反合同可能造成的损失。

第三，减轻损失原则。当事人一方违约后，对方应当采取适当措施防止损失的扩大；没有采取适当措施致使损失扩大的，不得就扩大的损失要求赔偿。当事人因防止损失扩大而支出的合理费用，由违约方承担。

第四，损益相抵原则。请求赔偿权利人基于损害发生的同一赔偿原因获得利益时，应将所受利益从所受损害中扣除以确定损害赔偿范围。

第五，过失相抵原则。就损害的发生或者扩大，请求赔偿的权利人有过失时，可以减轻或者免除违约方的赔偿责任。

律师应注意赔偿损失的关键点：损失界定方式和计算方法。

违约金是指合同双方可以约定在不履行合同义务时，违约方必须给付对方一定数额的金钱，以承担自己违反合同的责任。

定金是指当事人双方为了保证债务的履行，约定由当事人方先行支付给对方一定数额的货币作为担保，定金的数额由当事人约定，但不得超过主合同标的额的20%。给付定金的一方不履行约定债务的，无权要求返还定金；收受定金的一方不履行约定的债务的，应当双倍返还定金。

违约金与定金一般不得并用，但根据违约金的性质和定金的性质的具体情况，定金不足以弥补一方违约造成的损失的，对方可以请求赔偿超过定金数额的损失。在某些情况下也可以同时主张违约金和定金。

违约责任承担形式亦可以并用，列举如下：

继续履行与采取补救措施可以并用。两者在效果上不冲突，采取补救措施通常针对瑕疵履行，通过采取补救措施来修复瑕疵，合同得以继续履行。

继续履行与赔偿损失可以并用。《民法典》第 577 条规定：当事人一方不履行合同义务或者履行合同义务不符合约定的，应当承担继续履行、采取补救措施或者赔偿损失等违约责任。

继续履行与违约金中，迟延履行违约金与继续履行可以并用，当事人就迟延履行约定违约金的，违约方支付违约金后，还应当履行债务。

瑕疵履行违约金与继续履行不可并用。瑕疵履行的违约金，是以支付违约金的方式弥补了瑕疵，如果再就瑕疵事项本身继续履行，则使得守约方双重获益，故针对特定瑕疵事项，继续履行与瑕疵履行违约金不可并行。但双方可以继续履行合同其他事项。

不履行违约金与继续履行不可并用，当事人特别约定的除外。不履行违约金的应有之义，就是违约方因为不履行合同义务，而支付的对价，用以弥补守约方原本可得的利益，则自然无须再继续履行。

此处需要指出的是，通常认为，现行中国法中的违约金的性质为以赔偿性违约金为原则，惩罚性违约金为例外。但法律并未禁止自由约定惩罚性违约金，照此，当事人有权约定一方不履行义务则须承担惩罚性违约金且须继续履行合同。但依据通用的赔偿性违约金原则，不履行违约金与继续履行不可并行，特别约定的除外。

继续履行与定金不可并用。定金的功能在于对债务的担保，其适用条件是"不履行"，即合同目的不能实现，主债务履行后，定金应当抵作价款或者收回。定金的担保功能，决定了定金的存在价值是保障债权得到实现，定金罚则的适用条件是债权得不到实现，其适用的目的是保障债权人获得合同利益，而不是获得超出主合同约定的额外利益。在没有定金的情况下，债权人享有主债权和定金担保权，在债务人有根本违约情形时，债权人可以选择要求债务人继续履行主债务，或要求行使定金担保权。但如果选择要求继续履行主债务，而最终债务得到履行，则合同的履行情况由"不履行"变为"履行"，定金罚则的适用条件已不具备，不可以再要求适用定金罚则。如果选择要求适用定金罚则，那么就相当于债权人接受了合同目的不能实现的事实，放弃了要求债务人继续履行债务的权利，免除了债务人继续履行的责任。因此继续履行与定金不可并用。

采取补救措施与违约金法律未作明确规定，整体结论是不可并用，特别约定为惩罚性违约金的除外。

其中采取补救措施与不履行违约金不可并用。采取补救措施的前提是合同履行有瑕疵，如果合同违约方因不履行支付了违约金，则谈不上瑕疵履行，也谈不上采取补救措施，所以两者不并用。

采取补救措施与瑕疵履行违约金、迟延履行违约金不可并用。瑕疵履行或迟延履行的违约金，是以支付违约金的方式弥补了瑕疵，如果再就瑕疵事项采取补救措施，则使得守约方双重获益，因此应不可并行。合同当事人特别约定为惩罚性违约金的，则可并用。

采取补救措施与定金不可并用同前述继续履行与定金的关系。

法律未明确规定赔偿损失与违约金可以并用，但规定了违约金相对于损失过高或过低的调整规则。但是值得争议的是，违约金制度的目的，在于避免举证困难，预先限定责任。如果发生争议后，即通过比对损失而调整，则事实上削弱了违约金制度的意义。背后的原因，在于立法对公平和意思自治的权衡。从合同起草与审查的视角，则必须明白，尽管合同中对同一违约行为可以约定违约金和赔偿责任，但不能认为将一定获得二者叠加的违约效果。司法实践中，将优先考虑违约金，并结合实际损失情况，考虑赔偿损失的约定。

赔偿损失与定金可以并用。法律没有禁止二者并用，但是效果上，约定定金后继续要求赔偿损失的，若两者之和大于实际损失，则可能不被支持。

违约金与定金一般不可并用。《民法典》第588条规定：当事人既约定违约金，又约定定金的，一方违约时，对方可以选择适用违约金或者定金条款。定金不足以弥补一方违约造成的损失的，对方可以请求赔偿超过定金数额的损失。

（2）解除条款。

合同成立并生效就给签订合同各方套上了一个紧箍咒，在依据合同享受权利的同时，也要按照合同的义务约定履行合同义务，这是法律关系的进入机制。相应地，合同各方也要有相应的法律关系退出机制，除了法律中明确规定的合同正常终止情形外，合同的非正常履行就需要非正常解除的方式。特别是标的额较大、法律关系较复杂、合同期限较长的合同类型，退出机制的设置显得尤为重要。这也就是《民法典》合同编中规定的合同解除条款，在具备何种条件时，合同的参与者可以行使合同解除权，退出合同法律关系，及时止损。合同解除条款不仅要解决何种情形下能够解除合同的问题，还要约定解除后的责任分担，以便处理后事。在合同法律审查中，在对合同解除条款进行法律审查时，因涉及合同各方权利义务的终止及责任承担，应做到格外谨慎，合法合理。

并非所有的合同都需要设置合同解除条款，是否设置需要综合合同标的额大小、法律关系复杂程度、合作期限长短、对己方权益影响程度等因素进行评判。绝大部分合同解除条件的成就都是由于违约责任引起的，合同解除可以说是违约责任发展到极端的表现。一些简单的合同在权利义务条款或者违约责任条款中所涉及的合同解除内容便足以约束双方。因此，律师在合同起草审查时应综合权衡考察合同是否需要单独添加合同解除条款，必要时可以询问客户该合同的可能履行情况。

关于合同解除权，《民法典》合同编规定了两大类：约定解除和法定解除。合同当事人可以自由约定合同解除的情形，只要意思表示一致，则应尊重意思自治，这也为订立合同时加入解除条款提供了法律依据。合同解除的法定情形指只要具备了法律规定的五大情形之一，守约方就可以行使单方合同解除权，终止双方法律关系。五大情形包括：因不可抗力致使不能实现合同目的；在履行期限届满之前，当事人一方明确表示或者以自己的行为表明不履行主要债务；[7]当事人一方迟延履行主要债务，经催告后在合理期限内仍未履行；当事人一方迟延履行债务或者有其他违约行为致使不能实现合同目的；法律规定的其他情形。

合同约定解除情形的设置，不是千篇一律，立足点应在于送审合同的个性层面，据实拟定和审查。虽然不一而足，但这些解除情形在设置和审查时，是有据可循的，包括但不限于下面几个注意点，可供参考：

以熟悉送审合同业务领域为基础。设置合同解除情形首先需要熟悉合同所属领域的业务。律师在审查或修改合同之前，本身应当熟悉或者通过自我学习来熟悉合同所涉领域知识。必要情况下，律师可以向客户或者该领域的专家学者请教，以保证解除条款的设置和修改合理、专业，防止出现无效条款，流于形式。

以己方利益和及时止损为核心。己方有权行使合同解除权的基础一般是对方存在违约行为，[8]为防止对方违约给己方造成的损失继续扩大，及时止损很有必要，止损的最佳路径是赋予己方立即终止双方法律关系的决定权，至于是否行使该权利取决于己方的利益考量。这是律师审查或修改合同时应始终秉持的立场。

边界清晰且有可操作性。合同解除情形的设置还应当具有实际可操作性，即合同各方对解除情形的出现心知肚明，所依据的事实清晰明了、客观公正、没有分歧。如分批买卖合同中约定卖方向买方分五次供货，如果有任何一批货物迟延供货，买方即可解除合同，此约定就清晰明了，五次供货日期对应，一批逾期即可解除，不会产生争议。

紧密关联违约责任。对方违约是己方行使合同解除权的基础，这是解除合同条款设置的合理性要求，试想如果双方都不存在违约情况，就为己方设置了启动单方解除合同的权利，明显属于合同双方权利义务不对等（不包括特殊情况下的特殊合同解除），难免会落入被对方诉诸格式条款、霸王条款的窘境。因此律师在审查和修改合同时应注意解除条款和违约条款的比对照应。

出现了合同约定的解除情形，享有合同解除权的一方如何行权，《民法典》第565条规定："当事人一方依法主张解除合同的，应当通知对方。合同自通知到达对方时解除；通知载明债务人在一定期限内不履行债务则合同自动解除，债务人在该期限内未履行债务的，合同自通知载明的期限届满时解除。对方对解除合同有异议的，任何一方当事人均可以请求人民法院或者仲裁机构确认解除行为的效力。当事人一方未通知对方，直接以提起诉讼或者申请仲裁的方式依法主张解除合同，人民法院或者仲裁机构确认该主张的，合同自起诉状副本或者仲裁申请书副本送达对方时解除。"因此，通知是行权的一项义务，不通知则没有行使合同解除权，这涉及后文的"通知送达条款"。这是律师在审查修改合同时应重点告知客户的注意事项之一。

解除合同的目的是己方止损，当然也要在合同解除后追究对方的责任以弥补损失。解除合同后对方须向己方承担何种责任，承担责任的方式力度如何，合同当事人可以在法律规定的框架内约定。《民法典》第566条第1款规定："合同解除后，尚未履行的，终止履行；已经履行的，根据履行情况和合同性质，当事人可以请求恢复原状或者采取其他补救措施，并有权请求赔偿损失。"此追责条款给合同双方当事人约定合同解除后的责任分担提供了法律依据，特别是"有权请求赔偿损失"的规定。该追责条款在合同中载明的位置一般有两种，一种是在违约责任条款中，附加因违约导致合同解除的，应承担何种责任；另外一种在合同解除条款中，顺带列出合同解除后的责任追究方式，即合同解除会引起责任承担及相应的承担方式。

（3）不可抗力条款。

不可抗力指合同订立时不能预见、不能避免并不能克服的客观情况。不可抗力条款是一项免责条款，是指合同签订后，不是由于合同当事人的过失或疏忽，而是由于发生了合同当事人无法预见、无法预防、无法避免和无法控制的事件，以致不能履行或不能如期履行合同，发生意外事件的一方可以免除履行合同的责任或者推迟履行合同。

不可抗力通常包括战争、动乱、暴乱、武装冲突、罢工、政府行政行为等情形。但是合同双方能否自行约定除此之外的不可抗力情形是一个争议中的问题，自行约定的不可抗力条款不一定能被认定为法律上的不可抗力情形并免责。

（4）通知条款。

合同中的通知送达条款时常会被部分律师和客户所忽略。但是在实务中，通知送达条款可以有效规避合同签约主体间以及司法机关无法送达的问题，督促合同签约主体切实履行通知义务，提高合同履行效率、推进后续争议诉讼进程，节省时间成本。

（5）争议解决条款。

合同争议的解决方式有四种：和解、调解、仲裁和诉讼。其中，和解和调解并非解决合同争议必经的程序，即使合同当事人在合同争议条款中作了相应的规定，当事人也可不经协商和解或调解而直接申请仲裁或提起诉讼。故选择仲裁还是诉讼解决合同争议是订立合同争议条款要解决的一个重要问题。[9]

仲裁指双方当事人根据有效的仲裁协议，将纠纷提交给仲裁机构进行处理的一种争议解决方式。仲裁协议一旦依法成立，当事人不得再就争议事项向法院提起诉讼。同诉讼相比，仲裁具有快速、便捷、高度保密、裁决便于执行、能够充分体现双方当事人的意思自治、有利于维持和发展争议双方之间的商事关系等特点。[10]

诉讼是解决合同争议中使用的最多的纠纷解决方式。它是一种强制管辖，假若合同中没有有效的仲裁条款，也没有另外达成有效的仲裁协议，即使合同中没有约定诉讼，当事人仍有权就该合同争议向人民法院起诉。我国诉讼制度比较仲裁制度而言具有程序严格、公正、对当事人的诉权保障全面、法官审判经验丰富等特点。

选择以仲裁方式解决合同争议应注意以下问题：

根据仲裁法规定：合同当事人将合同争议提请仲裁，必须基于有效的仲裁协议。仲裁协议内容必须具备三个要素：一是要有请求仲裁的意思表示；二是要有仲裁事项；三是要有选定的仲裁委员会。其中对第一项和第三项的规定，合同当事人由于不了解仲裁制度和仲裁机构的设置，往往会在合同争议条款中作出以下几种不规范的仲裁协议：

第一，约定了仲裁地点，但没有约定仲裁机构，或虽然有约定，但约定的仲裁机构名称的方式、术语不规范。如：争议在"合同签订地（履行地）仲裁解决""争议所在地仲裁解决"，争议由"本市仲裁机关仲裁""本市有关部门仲裁""当地仲裁委员会仲裁"，争议由"X市经济合同仲裁委员会仲裁"等。

第二，同时约定两个仲裁机构仲裁。如：争议可提交"A市有关仲裁机构仲裁"或"B市有关仲裁机构仲裁"。

第三，既约定仲裁，又选择诉讼。如：发生争议向"合同履行地（签订的）仲裁机关申请仲裁，也可以直接向人民法院起诉"，争议由"合同履行地仲裁机关仲裁，对仲裁不服，向人民法院起诉"等。

在现实案例中，上述各类不规范的仲裁协议，虽不是一律被认定为无效，但多数会因为无法明确当事人的仲裁意思表示或无法确定仲裁机构而导致无效。

此外，合同当事人如何对仲裁事项进行约定也是应注意的问题。我国仲裁法规定：平等主体的公民、法人和其他组织之间发生的合同纠纷和其他财产权益纠纷，可以仲裁。这项规定不难理解，但在实际操作中合同当事人如何针对自身的情况确定将提请仲裁的事项是一个值得注意的问题。如合同当事人属长期合作关系，双方在前合同尚未履行完毕时又签订了含有仲裁条款的合同，且两合同的履行具有一定的交叉性，这样会导致合同当事人之间的纠纷一部分在仲裁管辖范围内，一部分在诉讼管辖范围内，所以一旦发生合同争议，就会出现合同当事人既要进行仲裁，又要到法院诉讼的情况。故为防止类似问题的产生，合同当事人在约定仲裁协议时，应将对前期没有约定仲裁方式的前合同一并写入新合同争议条款中。

选择以诉讼方式解决合同争议应注意以下问题：

根据我国民事诉讼法的规定，只有因合同发生的纠纷，可以由双方当事人通过订立合同争议条款自由约定由哪个法院来管辖，这便是协议管辖。合同当事人可以通过约定一个对自己有利的法院（往往规定在本地法院）来管辖案件，以节省费用，避免地方保护主义因素产生的不利影响。应注意的是，合同当事人的这种自由选择权是有条件限制的，这些限制主要表现在以下几个方面：

第一，协议管辖不得违反级别管辖与专属管辖。如海事案件只能由海事法院管辖，合同当事人约定由普通法院管辖是无效的。

第二，被选择的法院必须与合同有关联，即只能在被告住所地、合同履行地、合同签订地、原告住所地、标的物所在地的法院中进行选择，而当事人在制订合同争议条款时应做到表述明确，选择的管辖法院是确定、单一的，不能含糊不清，更不能协议选择两个以上管辖法院。如类似"因本合约发生的任何诉讼，双方均可向原告所在地人民法院提起诉讼"的约定，虽在一般情况下不会被认定为约定不明，但若发生合同双方当事人同时提起诉讼的情况，则很容易引起管辖争议，造成诉讼程序的延长、诉讼成本的增加，给当事人带来很多麻烦。约定不明的情况下，视为没有约定管辖法院，而按照法定管辖确定管辖法院。

第三，合同当事人只能就第一审案件决定管辖法院，而不能以协议决定第二审法院。

第四，双方必须以书面方式约定管辖法院，口头约定无效。

可以看出，虽然法律赋予了合同当事人自由选择解决合同争议方式的权利，但如何运用好这项权利，订立适当的合同争议条款，应该引起高度的重视。

（6）生效条款。

依据《民法典》第 502 条的规定，依法成立的合同，自成立时生效，但是法律另有规定或者当事人另有约定的除外。因此即使合同合法合规，也不一定意味着合同成立即生效。合同双方可以在合同中约定签署即生效、某些条件成就后生效、某个时间点生效。此外若法律、行政法规规定合同需办理批准等手续，自法定条件成就后方可生效。

五、律师见证业务

（一）什么是见证业务

律师见证是指律师事务所接受当事人的委托或申请，指派具有律师资格或法律职业资格，并有律师执业证书的律师，以律师事务所和见证律师的名义，就有关的法律行为或法律事实的真实性谨慎审查证明的一种律师非诉讼业务活动。很多人以为见证和公证相同，其实不然，详细对比可见表1。

与公证相比，律师见证程序更为简单，可以适用的范围更为广泛，且除了"见证"服务以外，律师还可以提供其他法律服务，可以为客户披露风险、设计交易结构及方案等，还可以协助起草交易文件等，具有其独特的功能。

表 1

	公证	律师见证
主体性质	国家公证机构代表国家进行	律师事务所的律师进行
行为依据	法律的规定+当事人的申请	当事人的委托+双方的合意
效力	最高	一般，但实践中认为比普通的见证更为严谨
专一性	专门从事公证事宜	否
适用范围	法律明确规定	法无禁止即可为
见证事宜发生的空间和时间限制	时间不限，但公证的受理范围受地域的限制	律师见证的时间应当是被见证的法律行为发生之时；律师见证的空间应当是律师本人在见证时视眼所能见到的范围。
业务内容	不帮助起草文件	可以协助起草文件
延伸服务	可向公证处申请保管相关文件	风险提示、风险规避等，双方合意后可让律师保管文件，但风险较公证处保管大
程序	较复杂	较简易
收费标准	根据国家规定的标准	双方协商，但需遵照法律规定的最高限额
修改便利性	较难	较容易

（二）见证业务的分类

（1）见证某一法律行为或法律事实的真实性。

（2）见证某一法律行为或法律事实的合法性。

从法律属性上看，在我国律师见证仍属于"私证"，依法必须查证属实，才能作为认定事实的根据，不同于公证的证明力，公证书一般可直接作为证据使用。

（三）见证业务工作规则

第一，律师见证首先应严格审查核实当事人的主体资格。见证律师在对合同各方当事人的主体身份进行调查和认证时，应主动去查明当事人的真实身份，仅以当事人自行提供的材料作为认定主体资格的依据远远不够，还要查明自然人或法人的真实身份，其权利能力和行为能力；代理人的代理资格、代理权限；当事人的资信状况、履约能力以及合同履行的可行性。对企业来说，应当调查企业的工商登记、税务登记、外贸许可、特许经营、产品标准、专利商标等，对相关的证据和材料，还应当到有关部门进行必要的调查核实。

第二，律师见证还应勤勉尽责、严格审查核实见证事项的真实性。从律师见证的目的看，见证不仅仅是对行为的见证。如，律师只对合同签字及盖章行为的真实性做见证，并不对双方合同的内容做见证，这样，律师作为法律服务职业的专有属性就不能得到体现，律师见证也就失去了应有的法律意义。律师见证之所以不同于普通公民的作证，主要体现在见证律师负有对见证事项合法性审查的义务。

第三，律师见证的法律文书既要符合法定的实质要件，也要符合法定的形式要件。例如，进行合同见证要查明当事人提交材料的真实性，确定意思表示要真实、明确，无欺诈、胁迫、乘人之危和重大误解的情形。

第四，律师见证应坚持回避原则，不宜以律师执业身份为自己的亲友做见证。

第五，律师见证应坚持自愿、公平、直接和客观的原则。

第六，律师对法定的强制公证事项不得见证。

第七，律师见证业务程序要完备，见证书内容要符合要求。

第八，律师见证必须坚持在法律事实或法律行为发生时亲眼所见的原则。对于已经发生或者将要发生的事情，律师都不能见证，这是律师见证在时间上和空间上区别于公证的限制。

（四）律师见证业务的注意事项

1. 见证前的风险及预防

依据《律师见证业务工作细则》第 12 条可知，律师可以承办的见证业务包括各类经济合同的签订与履行行为；企业章程、董事会决议、转股协议等法律文书；继承、赠与、转让、侵害等民事行为以及各种委托代理关系。

律师见证属于律师业务的重要板块，在提供律师见证服务时，需要谨慎细心，必须遵照法律的规定，规范业务操作，预防律师的风险，也为客户提供更优质的服务。因此，需要重点关注律师见证中存在的风险。

审慎审查见证事务。律师接受见证委托前，应审慎审查见证主体的适格性、见证事务的合法性，以便确认见证主体真实存在、见证主体与见证事务之间存在合法关联、见证事务不存在全部或部分违法事由等。

签订委托见证协议且清晰约定见证范围。进行见证业务前应当签署书面的见证协议；应该注意约定见证文件所依托的其他信息（担保等）是否属于律师应审查的范围，律师的注意义务可能会受此影响。

2. 律师见证过程中的注意事项

与委托人谈话并制作笔录，并在谈话笔录中进行风险提示。《律师见证业务工作细则》规定律师与申请见证的当事人谈话，应当制作笔录，并明确提示风险。除了满足前述工作细则的要求外，笔录的重要作用在于将律师与委托见证人的谈话中关于委托基本情况、风险提示等关键问题固定化，对于律师而言，谈话笔录可以作为一项证据，以表明其已履行风险提示义务，且已针对委托事由进行必要的审查及询问，这在纠纷产生时将发挥重大的作用。如果律师未制作谈话笔录，不仅不符合《律师见证业务工作细则》的要求，且无法有效保障自身权益，即使实践中确实履行风险提示等义务，若无证据支持，将难以被认可，由此将陷入被动。

以《遗嘱公证细则》第12条作为参考依据，则遗嘱见证的谈话笔录的主要记录内容可以为：

（1）遗嘱人的身体状况、精神状况；遗嘱人系老年人、间歇性精神病人、危重伤病人的，还应当记录其对事物的识别、反应能力。

（2）遗嘱人家庭成员情况，包括其配偶、子女、父母及其共同生活人员的基本情况。

（3）遗嘱所处分财产的情况，是否属于遗嘱人个人所有，以前是否曾以遗嘱或者遗赠扶养协议等方式进行过处分，有无已设立担保、已被查封、扣押等限制所有权的情况。

（4）遗嘱人所提供的遗嘱或者遗嘱草稿的形成时间、地点和过程，是自书还是代书，是否本人的真实意愿，有无修改、补充，对遗产的处分是否附有条件；代书人的情况，遗嘱或者遗嘱草稿上的签名、盖章或者手印是否其本人所为。

（5）遗嘱人未提供遗嘱或者遗嘱草稿的，应当详细记录其处分遗产的意思表示。

（6）是否指定遗嘱执行人及遗嘱执行人的基本情况。

（7）公证人员认为应当询问的其他内容。

制作好的谈话笔录要让遗嘱人阅读或者当场向遗嘱人宣读，遗嘱人无异议后，遗嘱人及两名见证律师均应当在笔录上签名。

由两名具有执业资格的律师亲自见证并签名。两名具有执业资格的律师需要在现场见证，并亲自签名，不能为实习律师。律师应参与见证事宜的全过程，且不得委托他人代为见证。以下案例证明律师需要亲自在场见证，但在确定律师事务所的责任时仍需要考虑当事人的损失与律所的过错的因果关系。

见证书载明的见证律师是黄律，但黄律并未实际参与涉案见证事务，而是由其同事代为办理见证事务。

法院意见：

首先，律师见证是指律师应客户的申请，根据见证律师本人亲身所见，以律师事务所的名义依法对具体的法律事实或法律行为的真实性、合法性进行证明的一种活动。本案中，见证书载明的见证律师是黄律，但根据其本人陈述，其并未实际参与涉案见证事务，而是由其同事代为办理见证事务，本院认为，黄律师的见证事务并不符合律师见证事务中关于见证律师本人亲身所见的实质要件，故香山律师所应对黄律未尽到本人审查及核实义务承担责任。

其次，涉案见证过程中，梁某贤与郭某萍都是本人到香山律师所签订协议书，且同意签订该协议书以及协议书的具体内容均是梁某贤当时的真实意思表示，而该协议书的内容并不存在损害他人利益的情形，亦不存在其他形式上导致合同无效的情形，可见，该《协议书》在双方签订时已具备形式上的真实性、合法性，故香山律师所进行见证时对该《协议书》的合法性已尽到审查义务。

再次，梁某贤在对郭某萍提供的土地使用证件进行保管期间亦未发现该证件系伪造，可见该证件具有使常人难以及时发现系伪造的特征，而律师作为法律专业人士，其并不具有专业的证件真伪鉴别能力，故本院对梁某贤以香山律师所未发现证件系伪造为由主张香山律师所未尽到审查义务的主张不予采纳。

最后，从郭某萍的诈骗过程及梁某贤的陈述来看，梁某贤与郭某萍在前往香山律师所办理见证业务前，双方已经达成了转让协议并支付了部分款项，且从根本上讲，梁某贤并非基于对香山律师所见证活动的信任而向郭某萍支付涉案转让款，而主要是基于对郭某萍的盲目信任支付转让款，香山律师所的见证并非梁某贤受骗的主要原因或直接原因。

审查见证事宜的合法性及有效性要件。见证前，律师应对所见证的事由的合法性及有效性要件进行熟悉及归纳，在见证时重点关注见证事由的合法性及有效性要件是否满足，如有瑕疵应当进行提示，在当事人同意时，可以提供相关法律建议。

审查证明材料是否存在缺陷或瑕疵。《律师见证业务工作细则》规定律师应审查客户提供的证明材料和其他文件是否具有真实性、合法性、完整性和有效性。譬如遗嘱中所涉及的房产，律师应要求遗嘱人提供相应的房产证、购买合同等材料，所涉及的车辆，应当要求遗嘱人提供相应的汽车行驶证、购买合同等材料。为了防范风险，律师还可以要求客户提供所涉财产有无质押、抵押的证明或者在谈话笔录中记录相关事宜。

由前述案例可知，在见证时：

（1）见证律师需要先行制作谈话笔录，向委托人披露此次见证的风险。

（2）应由两名执业律师当场亲眼见证事由全过程，必要时可以采用录音录像的方式。

（3）需要对委托事由的合法性要件进行审核，以便在委托事由存在瑕疵时及时提醒委托人。与公证不同，公证机构在公证事由存在瑕疵时，仅通知委托人相关情况，但一般不会提供相关的法律建议或法律服务。但是律师见证则可以在发现问题后，由律师提供相关建议。

（4）需要针对委托人及合作另一方提供的文件材料的真实性及完整性等进行审核，法院目前的判例对于律师的注意义务存在些许差异，但是对于律师通过形式审查即可知晓的合法性或真实性问题，律师应尽到合理的注意义务；对于非律师专业范围内的事宜，则仅要求律师尽到一般的注意义务。当然，律师的过错程度与当事人的损失之间需要存在因果关系，所以在律师存在过错时，并不当然导致合同无效，只是为了谨慎起见，不可存在侥幸心理。

3. 出具见证书中的风险点及建议

见证书应涵盖见证事务的必要内容及风险提示，在见证过程中，律师不仅需要向委托人进行风险提示，而且需要将风险提示进行书面化，即在出具见证书时明确载明其中的风险。除此以外，律师应明确告知"见证事务中，律师仅进行形式审查"并提示其中的潜在风险。律师在出具见证书时，应避免出现肯定的、担保性的语言表述。

当事人及律师应亲笔签字，使用姓名章存在风险，《民法典》继承编规定代书遗嘱应由代书人、其他见证人和遗嘱人签名。《律师见证业务工作细则》规定见证律师应在见证书上签字，并由律师事务所盖章。现在有很多律师或当事人有刻有自己名字的文书专用章，虽然专用章使用起来省时省事，但是文书专用章并不具有法律意义上本人亲笔签字的效力，不一定符合法律或规范的要求，故在律师见证书上，律师及当事人应当亲笔签字。

律师见证的过程中需要注意的事项很多，律师在见证过程中谨慎履行责任的同时，应在见证文书中将见证中的核查行为、风险提示行为等进行书面确认，否则即使谨慎履责，却无证据予以支持，将在纠纷发生时处于被动地位。

律师见证需要对当事人的身份及证明文件的真实性、合法性进行必要的审查，虽集中于形式审查，但是需要在见证文书中明确提示当事人律师进行的审查仅为形式审查，而非实质审查，当事人在做决策的时候需要综合其他材料进行判断，而不能仅依靠律师的形式审查。此项提示应该体现在谈话笔录、见证过程、见证文书之中。

律师见证的内容之一是当事人签字的真实性及意志自由。因此应该避免姓名章的使用，应当要求当事人当场亲自签字，且签字所使用的笔应该是黑色签字笔，避免因笔的质量问题导致字迹由于时间关系而淡化。另外，应要求当事人亲自拿指印，指印应该清晰可辨，避免因油墨太重而无法分辨指印。

律师见证需要专业化、规范化的服务，因此在履责过程中应当谨慎处理。

法律索引：

《律师见证业务工作细则》

第 19 条 承办律师按前条规定审查无误后，应填写《律师见证书审批表》，由业务主管审批后，出具《律师见证书》。

第 20 条 《律师见证书》主要内容包括：

1. 客户委托见证事项；

2. 律师见证的过程；

3. 律师见证的法律依据；

4. 律师见证的结论；

5. 见证律师的签字，并由律师事务所盖章；

6. 律师见证的时间。

第 21 条 《律师见证书》的份数可按客户的需要进行制作，并可增发若干副本。

4. 律师见证在遗嘱中的适用

律师见证遗嘱的性质倾向于认定为代书遗嘱，代书遗嘱的有效性要件为：

（1）有两个以上的见证人且均与继承人不存在任何利害关系。

（2）见证人必须在遗嘱订立的现场并见证遗嘱订立的全过程。

（3）由见证人之一作为代书人。

（4）遗嘱上须标明年、月、日（存在多份真实的遗嘱时，遗嘱的落款时间至关重要）。

（5）代书人、其他见证人和遗嘱人签名。应由当事人亲自签字并捺印，签字的时间必须是订立遗嘱的当场当时，如果律师于事后补签，则难以证明其参与见证的全过程。因此律师见证书的出具时间应该保证在见证当天当场制作完成。

但律师见证遗嘱和代书遗嘱存在以下区别：

表 2

比较内容	律师见证的遗嘱	代书遗嘱
性质	并非法定遗嘱形式	法定遗嘱形式
主要内容	仅作为律师办理见证业务；或 作为见证人办理代书遗嘱业务；或 杂糅前述两种情形。	见证人之一代书遗嘱； 见证人共同见证遗嘱订立并在遗嘱上签字。
收费标准	较高	较低或免费
延伸服务	个性化、较为全面的法律服务	无
律师见证的遗嘱中可能包含代书遗嘱。		

利害关系人的认定：继承人、受遗赠人的债权人、债务人、共同经营的合伙人，也应当视为与继承人、受遗赠人有利害关系，不能作为遗嘱的见证人。律师与委托人之间存在常年法律服务关系并不当然影响律师作为见证人。

律师见证遗嘱存在两种情况：

（1）律师对整个代书遗嘱的过程进行见证，律师之外仍存在两个无利害关系的见证人。在此情形下，律师对见证人的资格、见证人是否见证全过程、代书遗嘱是否存在瑕疵等都需要特别关注。

（2）律师对整个代书遗嘱的过程进行见证，并参与到代书遗嘱的制作过程中，即律师之外不存在其他见证人，两位律师之一作为代书人。在此情形下，律师的注意义务更高，需要满足《民法典》继承编中关于代书遗嘱的合法性要件，且必须注意要在遗嘱上作为见证人签字，而非仅仅在《律师见证书》中签字，否则可能会影响遗嘱的效力。

在特殊情况下，普通见证存在瑕疵时，律师见证可补足其效力。律师见证过程中需要对见证事由的合法性要件进行审核，但是在见证事由的合法性要件存在瑕疵时（实际属于律师见证过程中的疏忽，应避免），因为律师见证的存在，可能可以将该项瑕疵予以补足，遗嘱不至于被直接认定为无效。

第一，该见证遗嘱的确存在写明的见证地点不准确、缺少谈话笔录材料等问题。

第二，根据案卷里现存的材料，可以佐证该遗嘱是经过见证人与被继承人多次接触、沟通后，在两位律师见证之下由律师代书订立的，见证人对立遗嘱的过程以律师事务所的名义出具了见证书。该见证遗嘱除存在上述瑕疵之外，符合代书遗嘱的法定形式要件，能够体现立遗嘱人的真实意思表示。

《律师见证书》中的律师签字不同于见证人签字。律师见证书中应当明确记载代书遗嘱的全过程，应当记载遗嘱制作的方式、制作人、签字人签字的过程等。如代书遗嘱上缺少代书人、见证人的签字，该代书遗嘱不符合法律规定的合法性要件，律师在《律师见证书》而非遗嘱上签字的行为并不能认定为律师作为遗嘱的见证人，因此存在遗嘱被认定为无效的风险。

5. 小结

律师见证在代书遗嘱中的适用存在诸多需要注意的要点，前述仅对关键性部分进行了提示。律师见证可以应用于诸多方面，遗嘱见证是较为常见的类型。本书作为律师见证业务阶段性总结的一个结点，仅展现了律师见证适用领域的冰山一角，在今后的分享中，将在合适的时间就律师见证业务问题展开更深入的探讨。

第二节　非诉业务

"非诉业务"是律师提供"非诉讼法律服务"的简称，顾名思义，这是与"诉讼法律业务"相对应的业务领域。传统印象中律师的形象通常是在法院、仲裁委员会等裁判机构作为当事人的代理人，在庭上唇枪舌剑，解决各种诉讼、仲裁纠纷。但现实中，律师应公民、法人或者其他组织的委托，也有大量不与法院、仲裁委员会发生关联的法律事务。

非诉法律业务有以下特点：一是业务范围广。其利用排除法将诉讼之外的法律业务都包含在内，主要有对客户行为性质的法律定性、法律风险分析评价，指导目标客户建立科学的内部管理制度，对合同订立、履行及内部人事劳动制度的建立进行具体辅导和审查，以及为市场主体的创设、变更、兼并、终止清算、破产事务等提供专业意见、方案及询证等服务，指导客户的商事行为。二是主要战场不同。非诉业务基本无须出庭，主要在办公室和会议室参加各种会议讨论和研究、核查各种资料，进行各种文书修改。三是客户类型主要为公司法人。公司法人的非诉业务需求量大，相对稳定，容易形成持久客户，且因非诉业务决策程序比较规范，结果可预期性较强。四是业务流程化和模块化操作特色明显。如市场主体的创设、变更、兼并、终止清算、破产事务，在境内外的合资、合作项目，进入境内外资本市场等非诉业务都有一套复杂但相对规范的流程。[11]

下文将介绍几种常见的非诉业务，具体有撰写和发送律师函、出具法律意见书、法律尽职调查、担任公司法律顾问、婚姻家庭法律业务、建设工程合同法律业务、物业管理法律服务、交通事故法律业务、劳动人事法律业务等。

一、律师函

(一) 律师函的含义

律师函 (Lawyer's letter) 是指律师接受客户的委托就有关事实或法律问题进行披露、评价, 进而提出要求以达到一定效果而制作、发送的专业法律文书。律师用律师函对某一事实进行法律评价和风险评估, 其目的在于以法律尺度和律师的判断, 对送达对象晓之以法律事实, 动之以利弊得失, 让送达对象得出自己的 "法律评价", 即 "传法达意"。发送律师函本质上是一种代理当事人进行意思表示的法律行为, 对于当事人维护自身合法权益具有重要的作用。

(二) 律师函的分类

根据律师函的功能不同, 主要分为:

(1) 律师催告 (敦促) 函。这种律师函是当前最常使用的一种。即将委托人的意志告知收函人, 催促收函人做什么或者不做什么。

(2) 律师询问函。主要用于了解、询问有关法律事项。

(3) 律师答复函。是律师接受委托对特定的质询进行答复的函。

(4) 其他律师函。

(三) 律师函的作用

在司法实践中, 律师函一般具有如下作用:

1. 收集证据

在实务中, 经常出现当事人准备起诉却证据不足的情况, 而一旦仓促提起了诉讼, 往往又不能从对方当事人处获得相关的证据, 在这种情况下, 有时可以通过制发律师函的方式来解决。这种方式如同会计师事务所的询证函, 通过这种方式取得对方当事人的证据及对争议事实的态度、观点, 将对方当事人的回函作为书面证据使用。

2. 中断诉讼时效

律师发出律师函是受当事人的委托, 体现当事人的意志。在所发生的纠纷没有提起诉讼与仲裁之前, 如有证据证明发出了律师函, 可以起到中断诉讼时效的法律效果。

3. 达成庭外和解协议

当事人之间发生了争议，由于解决时间过长、容易失去客户、影响企业形象等原因，诉讼并非最佳解决方式，如果通过制发律师函的方式向对方阐明相关事实、分析利弊、告知后果、提出问题的严重性，对方可能将会考虑通过诉讼方式解决对其不利的后果，有可能达成庭外和解协议，以达到顺利解决纠纷的效果。

4. 通知解除合同

《民法典》合同编第562、563、565条规定了合同当事人基于对方的违约行为而行使合同解除权的权利及相关程序，通过制发律师函可以告知对方合同自通知到达时解除，对方有异议的，可以请求人民法院或者仲裁机构确认解除合同的效力。

5. 制止不法的侵权行为

对有的不良企业或人员的诋毁企业商誉、造谣中伤有关人员等不法行为，可以用制发律师函的方式告诫其停止违法侵权行为。

6. 用律师函履行其他法律告知义务

用律师函还可以履行许多其他法律告知义务，如通知追认无权代理人的代理行为、不安抗辩权的行使、同时履行抗辩权的行使、先诉抗辩权的行使、通知合同无效、撤销权的行使等，凡是当事人具有的告知权利，都可以通过律师函来完成。[12]

（四）出具律师函的要点

律师函具备其自身的特点，相较于其他文书来说，其内容更多的是阐述一件事情，或催促对方履行某项义务，或就某一件事情进行答复，所以只需要将事情叙述清晰。律师函的法律服务具体分为以下几个程序：

1. 接受客户委托

按照《中华人民共和国律师法》的相关规定，律师不得私自接受委托，所以律师得以律师事务所的名义接受委托。这里必须强调的是，律师出具律师函必须要跟委托人签订书面的委托代理协议。如果客户单独委托出具律师函业务，需要和客户签订专门的委托代理合同，以明确双方的权利和义务。实务中，很多时候出具律师函无需签订专门的委托代理合同，常见的如客户已经委托律师代理诉讼或仲裁案件，并且已经签订了委托代理合同，在诉讼或仲裁过程中出具律师函时，就无需再签订专门的委托代理合同。再如顾问单位在服务过程中出具律师函，一般也无需签订专门的委托代理合同，具体还得看顾问合同是如何约定的，律师采取的是何种计费方式。

2. 为起草律师函做好准备工作

首先，应听取客户就委托事项前因后果的表述。通过听取客户的陈述找出问题的关键点，再做一些针对性的询问。客户能够自圆其说不代表其所说的就是事实，还需要对客户提出的证据进行审查。

其次，根据委托事项的具体情况，以及客户提供的线索，做必要的调查取证工作。为了起草律师函不太可能做深入的调查取证或法律研究，因为很多时候律师函只是解决纠纷的手段之一，往往会配合其他途径实现目的。

最后，准备工作做好之后，可以着手起草律师函了。根据客户提供的信息以及自己的分析论证，可根据客户的实际需求，起草律师函。这里需要注意的是，律师函的内容起草过后需要跟客户进行沟通，得到客户的确认后再发送。如果客户有异议，需要进行沟通，直至双方达成一致意见。

律师函的寄送并非简单寄出。一般来说，律师函会由律师亲自寄送，一般选择邮局特快专递（EMS）方式。这里要注意将快递底单填写完整，尤其是收件人信息、文件内容、日期等信息。如遇无法送达或拒收情形，需要留存好相应证据。必要的时候，除了邮寄之外，还可以采用邮件或传真等多种方式发送律师函。

发送律师函往往是达成目的的一种手段，因此律师函并非寄出送达就已经完成了相应的工作。律师需要积极与对方沟通，落实实际问题的解决途径。如果律师函没有达到预期的效果，还需要跟客户沟通是否采取其他的途径解决问题。

3. 常见律师函的格式与内容构成

律师函可以笼统地分为首部、正文和尾部三大组成部分：

（1）律师函的首部。律师函的首部一般由三个部分组成：标题、函号和送达对象。

标题：一个完整、规范的律师函标题一般由律师函的主旨及律师函的字样组成。一般为：关于某某事项的律师函。标题最基本的要求就是能够表达律师函的主旨，要让阅读者通过标题就能够清楚地知道发函人想要收函人做什么。

函号：律师函函号的基本结构为"（年号）+发函律师事务所简称+法律文书的性质"，即律师函的简称+字第×号，如，（20××）×所律函字第×号。关于第×号一般有两种表达方式：一种是按照律师事务所或发函律师的发函总份数来编写。如，本年度的第50封律师函就可以表述成第50号。另一种是按照发函的日期来编写，如，2013年1月4日发的函可以表述成第20130104号。但第二种表述方式存在一个的问题，如果同一天发了多封律师函，这样的表述方式会不再适用。另一方面，律师函的最后落款本身就有成函时间，无需用函号来记录。一般律所会根据律所的管理要求及工作习惯，统一函号的表述规则。

送达对象：送达对象即接受律师函的机关、单位、个人等主体。为了表示对送达对象的尊重，要用送达对象的全称，不可省略或用不规范的简称。当送达对象为个人时，需在姓名后加先生或女士等尊称。如果遇到一个函需要向多个对象送达的情况，可以在送达对象处一并列出。

（2）律师函的正文。律师函的正文一般由四个部分组成：委托声明、事实简述、法律评论和律师意见。

委托声明：委托声明由委托来源及委托事项两部分组成。委托声明主要是向送达对象表明律师得到了出具律师函的合法授权，以及委托人的委托事项，即委托人想让律师做什么或不做什么。这里需要注意的是，接受委托的应当是律师事务所而非律师个人，因此委托声明的规范表述应该为：律师事务所（以下简称"本所"）依法接受×××（以下简称"×××"）的委托，特指派本所×律师（以下简称"×律师"）就×事宜出具本律师函。或者根据个人的表达习惯，把委托事项放在前面表述。

事实简述：一封好的律师函，应该在委托人提交的材料及委托人陈述的基础上，有组织、有逻辑性地对案件事实进行叙述，使送达对象相信所列举事实的合理性及真实性，并促使其做出对自己有利的行为。事实简述部分要简明扼要，律师函在对事实部分进行叙述时不需要像法律意见书那样详备，只需要根据委托人提供的材料，简明扼要地将事实与双方争议的焦点总结出来即可。

法律评论：在上一部分对事实进行简述之后，就得以事实为依据对对方的违约或违法行为进行法律评论。法律评论由法律引用（包括合同条款的引用）和法律分析两部分组成。法律引用（包括合同条款的引用）是为了说明对方的违法或违约行为是有明确的法律规定或合同条款约定的。法律分析就是通过对法律或合同条款的引用说明对方的行为是违法或违约的。为了增强律师函的说服力，最好的方法当然是拿法律来说事，以法服人。通过明确指出对方行为违法或违约的地方，再加上律师的法律分析，就更能使对方相信你的主张是可信的、站得住脚的。

律师意见：律师意见由需要送达对象做什么及不这样做的后果两部分组成。这部分就是"合法警示部分"。对对方需要承担责任的事实原因和法律原因进行分析之后，就应明确向对方提出我方的具体要求。这一部分是律师以专业语气告知对方，要求其在规定期限内完成规定事项，否则将承担不利后果。为了达到最大的效果，应该在最后期限上加上制裁。如果对方不遵守最后期限，要坚定我方的立场让制裁予以执行。特别是在向非律师发送律师函时，除非明确指出将要实施某种制裁，否则对方可能根本就不知道不采取行动的后果。制裁部分要达到最好的效果就得全方位、多角度地表达，包括法律责任角度、商业利益角度、商业信用角度等。如，可以向对方明示：如果我们不能在最后期限内得到您的回复，我们将以适当的法律程序解决此问题。一旦提起诉讼你方将因此遭受损失，不但需要支付本应支付的费用，还需要承担违约金、诉讼费，商业信誉也将受损，甚至还需要承担律师费等。一旦对方意识到如果不能按照你的要求行动，将会遭受更大的损失时，就会采取更为积极的行动。律师函正文最后须另起一段写上"特此函告"。

（3）律师函的尾部。律师函的尾部一般由四个部分组成：律师函的寄送方式、附件、落款和联系方式。实务中也会根据实际情况选择仅留律师的联系方式或者仅留委托人的联系方式。

（五）律师函的注意事项

律师函作为日常常用的法律文件，有些细节经常容易被忽视，在出具律师函时，有如下注意事项：

1. 律师函需要在客户的明确委托下出具

按照相关的法律法规、行业规范的要求，律师事务所和律师在出具律师函的时候，必须有客户的书面委托，否则不得出具。因为律师函这类文书日常比较常见，而且没有法律意见书要求得那样严格，这一点经常被律师忽略掉。因此，出具律师函的时候需要特别注意委托手续的完整性。

2. 律师函与其他法律文书的区别

律师函和法律意见书作为常用的法律文书，看似结构相似，实则有所区别。首先，法律文书送达的对象不同。法律意见书一般是出具给客户供客户使用的，而律师函大多是送达给对方当事人的。因此两种法律文件的行文风格和要点会有所区别。其次，法律文书目的不同。法律意见书往往有促成交易、提供决策依据的作用，而律师函大多是要求对方做或者不做什么行为，履行什么义务等。因此法律意见书更注重法律分析，律师函更注重不履行相应义务的结果。最后，法律文书使用范围不同。法律意见书往往是针对特定的主体出具，供特定的人群参考使用，一般会明确该文书仅限参考使用，不作为诉讼、仲裁等证明使用。而律师函作为解决问题的手段之一，如果后续产生诉讼、仲裁等情况，有可能被作为证据提交。因此律师函的性质相对公开，在撰写上需要注意此特点。

综上所述，律师函作为日常常用的法律文书之一，掌握其写法和送达技巧是每一位律师必备的基本技能。一份格式规范、内容严谨的律师函是体现律师的基本素养的标志。

二、法律意见书

（一）法律意见书的含义

法律意见书是律所就客户咨询的某项问题或某个具体纠纷案件，基于事实和法律，提出律所意见的法律文件。就律师处理的各项文件的种类和重要程度来说，法律意见书非常重要，可以说是律所最高级别、最应受到重视的文件种类。律所需要对自己出具的法律意见书承担法律责任。

（二）法律意见书的分类

法律意见书根据其出具的目的不同，有如下分类：

1. 法律法规要求出具的法律意见书

法律法规要求出具的法律意见书中，比较常见的是律师为上市项目出具该类文书。比如国内 A 股首次公开上市发行、国内公司香港公开发行并上市、国内公司在美国上市等。该类法律意见书的意义大多在于券商会依赖律师的法律意见做出他们对拟上市公司的判断，其重要性可见一斑。在实践中，该类法律意见书的形式比较类似，会由律师对一些法律事实发表意见，并出具正式的法律意见书。

2. 政府主管部门要求出具的法律意见书

在实践中，政府主管部门对具体交易涉及的技术或法律问题很难做出准确判断。这个时候就会需要律师对其无法判断的内容出具法律意见书，根据法律意见书进行决策。这份法律意见书将同时是对其自身决策的保护。有些政府主管部门会就批准某事项或者某一项具体的审批要求律师出具法律意见书，实践中我们也遇到过不提交法律意见书就不进行审批的实例。因其通常没有合适的范本，往往也缺乏特别明确的法律依据，所以起草这类法律意见书需要反复与政府部门沟通，以确认法律意见书的最终内容。

3. 具体交易需要的法律意见书

有时候，为了某项具体的交易，也会需要律师出具法律意见书。比如私募、国际融资贷款、兼并收购交易等。除上市项目外，最大量的法律意见书出自这种具体交易中。律师需要在解除项目之前，对该项目有预期和判断，在加强与客户沟通的同时，做好出具法律意见书的准备。

4. 客户需要的法律意见书

该种意见书可能涉及的类别会非常多，但实际上可能不会与某项具体要求或者某项具体交易有关。比如，一些外商对中国法律不是特别熟悉，会就某一具体问题要求律师出具法律意见书。再比如，公司对某一具体事件需要法律意见的时候，也会要求律师就某一事件提出法律意见书。该种法律意见书没有固定的格式，涵盖内容也比较繁杂，需要律师就不同的事实进行法律分析，出具不同的法律意见书。

（三）出具法律意见书的要点

法律意见书具备其自身的特点，因此我们在书写法律意见书的时候，要注意法律意见书作为结论性的法律文书，一般不需要推理论证。但是当某个具体问题没有明确的结论时，则需要有一些分析在里面。客户需要依据法律意见书进行决策，因此法律意见书中需要一个明确的结论。也正因为如此，法律意见书需要律所承担巨大的法律责任，如果律所出具的法律意见书的结论是错误的，则可能面临着高额的赔偿。

法律意见书的出具，一般有以下几个要点：

1. 基础工作

事实是法律意见书的基础。律师在出具法律意见书之前，可以通过尽职调查、审查文件、与客户沟通等方式尽可能全面地了解事实。很多时候，在出具法律意见书之前，律师需要进行尽职调查。一般来说，律师会通过审阅公司的基本文件等形式进行尽职调查。无论采取哪种方式，律师必须充分了解事实后，才可以出具法律意见书。

2. 法律研究

了解事实后，需要做的就是法律研究了。如何做到全面、深入、细致、准确地进行法律研究，更多的是靠个人经验的积累。在中国现有的法律体系下，律师不仅需要查阅大量的法律法规，还需要查阅某部门通知、意见等，做到全面地进行法律研究具备现实的困难，这更要求律师要有耐心对一个具体问题进行深入研究。在做研究的时候，首先要提炼相关联的法律法规及管理部门规定、意见等，然后有方向性地去筛选相关规定，进而深入地探索研究，最后得出准确的结果。

3. 起草和修改

在完成基础工作和法律研究之后，法律意见书的框架和基本内容都将具备。但是仅仅如此还不够。实践中，任何企业和个人都不会是完美无瑕的，往往会出现缺少批文、合同中某条规定无效等情况。在这样的情况下，为了促成交易，律师往往需要给客户提供相应问题的解决办法，比如向有关部门索要正式文件，或者建议企业去补办手续、补办批文。如果解决办法得到客户的认可，将隐患问题解决，就可以形成法律意见书的正文。

出具法律意见书，律师是需要承担风险的，又不可能就所有的问题都给出否定的答案，因此律师需要找到自己的底线，在不超越底线的前提下，尽可能地促成交易，这就是考验律师能力的部分了。

4. 常见法律意见书的格式与内容构成

法律意见书的引言属于格式文本，用以说明律师接受谁的委托依据什么法律就什么事项进行审查并出具意见等。具体表述可以参考以下例子。

根据北京某某有限责任公司（以下简称"某某公司"）提供的某材料，依据某条法律法规，现就某问题提供如下意见，供某某公司决策时参考。

法律意见书中很重要的一部分是假设。律师需要假设文件是真实的，假设其签字、盖章都是真实的，假设其原件都是真实的。实践中，很多律师无法保证客户提供的文件都是真实的、一致的和完整的，因此需要进行假设，基于假设的前提进行论证分析，这同时也是对律师自身的一种保护。

根据不同的分类以及出具法律意见书的目的不同，每一份法律意见书的正文都会不同。具体的内容需要依据具体的需求确定。这部分内容要求律师平时要多进行累积，多看多写不同种类的法律意见书，经过不断的积累练习，才能得心应手地应对不同种类的法律意见书。

法律意见书的结尾一般也属于格式文本。一般来说法律意见书是针对某项具体的事件或为了特定的交易目的，通常不公开，而且不能进行扩大解释，也不可在其他公开文件中引用。该法律意见书的内容仅适用于明确提及的交易方及交易事项，因此在法律意见书的最后，会作出声明并对该法律意见书的使用进行限制。具体表述可以参考以下例子。

本法律意见书仅为某某公司的利益而出具，仅限于某某事件时参考之用，不得用于诉讼、仲裁、谈判、证明之用途。除非经本律师同意，不得向除贵司之外的其他任何第三方出具。超出上述使用方式及范围，本律师不承担任何法律责任，特此说明。

5. 特定法律意见书的法定格式

对于某些特定的法律意见书，某些法律法规、政府部门会给出特定的格式，尤其是针对上市等业务，具体内容这里不做赘述。

（四）法律意见书的注意事项

法律意见书具有极大的风险性，需要律师慎重对待，因此，在出具法律意见书时有一些需要特别注意的事项：

1. 律师需要在法律有要求和客户有明确委托的情况下出具

任何法律意见书都必须在法律有要求而且客户有明确委托的情况下出具，因为法律意见书需要承担很大的责任，所以没有以上两个条件，严禁律师出具法律意见书。这里需要注意的是，客户有些时候需要的可能不是真正意义上的法律意见书，而是某个具体问题的回复，这需要律师根据实际情况灵活掌握。

2. 律师需要有进行自我保护的限制和假设

如果律师的依据是不真实的，这种情况下出具的法律意见书，就会得出错误的结论。为了规避错误结论的风险，避免律师承担事实失真的责任，在出具法律意见书时做好自我保护的假设显得至关重要。在实践中，当无法进行假设的时候，律师需要根据实际情况对事实进行限制，比如表述为：根据某某文件的某某条款，得出某某结论。这样，律师就不必承担因文件不真实导致结论错误的责任了。

这里值得说明的是，律师对于法律意见书的假设和限制也不是万能的。实践中，对一些文件的书面审查或许不能仅仅通过假设就推出结论，需要进一步进行实质审查，比如合同是否有效，再比如在一些特定场合下，需要向文件签署人核实签名是否真实等。

3. 律师需要时刻注意控制风险

有些客户会要求律师在法律意见书上写明：某某公司没有任何诉讼问题、某某公司没有潜在诉讼等。这些事情由于客观条件的限制根本无法核实。因此，对于此类问题，律师需要给出解决问题的方法，比如建议上市公司进行披露，对已披露的风险，律师可以不再发表意见。

法律意见书不同于其他的法律文件，当法律意见书出现瑕疵的时候，律师可能面临的不光是对该份文件不尽责的批评惩罚，而且可能要对实践交易中给他人带来的损失承担连带赔偿责任。比如《中华人民共和国证券法》第 163 条规定：证券服务机构为证券的发行、上市、交易等证券业务活动制作、出具审计报告及其他鉴证报告、资产评估报告、财务顾问报告、资信评级报告或者法律意见书等文件，应当勤勉尽责，对所依据的文件资料内容的真实性、准确性、完整性进行核查和验证。其制作、出具的文件有虚假记载、误导性陈述或者重大遗漏，给他人造成损失的，应当与委托人承担连带赔偿责任，但是能够证明自己没有过错的除外。

由此可见，法律意见书的风险控制值得我们格外重视。

4. 律师需要时刻注意法律法规的变化

法律意见书是基于事实基础进行法律分析论证，最终得出结论的过程，那么所依据的法律必须是现行有效的。律师需要时刻注意法律法规的变化，确保客户的法律意见书是依据有效法律出具的。

三、法律尽职调查

（一）什么是法律尽职调查

法律尽职调查，是指律师接受当事人的委托，对当事人指定的有业务关系的企业的规模、资产负债、信用状况、社会评价、出资人情况等进行调查并出具专业报告书的一项法律服务。

法律尽职调查的首要目的在于为客户评价目标公司有关项目的法律资格以及相关项目的各种事项是否符合法律规定，最终目的则在于防范风险，避免无谓的失误和损失。律师完成尽职调查后，要给当事人一个真实可靠的结论，不能掺杂任何水分，因为律师进行尽职调查是为了提示与防范风险，而不是为了极力促成交易，故律师要充分地向当事人揭示法律风险。

（二）法律尽职调查的种类

1. 根据尽职调查的内容划分

业务（客户/投资银行）；财务税务（会计师）；法律（律师事务所）；其他领域（包括但不限于环境保护、劳动人事、工程等方面）。

是否有必要开展特定的其他领域的尽职调查，需要根据目标公司所处的行业或者客户的要求来判断。例如，目标公司涉及工程问题，则客户可能需要聘请特定的工程技术机构做工程尽职调查；而如果目标公司为大型国有企业，企业员工数量庞大，关系复杂，客户则可能需要聘请专业的独立劳动人事机构就公司的劳动人事问题进行尽职调查。

2. 根据客户拟定的交易类型划分

兼并收购；证券首次发行；金融机构贷款；企业重组、重大资产转让等方面。

针对不同类型的交易，客户对法律尽职调查的要求也可能不同。了解拟交易的类型有利于律师明确法律尽职调查的方向和范围。

3. 根据客户的类型划分

投资人（或贷款人）对目标公司（或借款人）的尽职调查；目标公司对投资人的尽职调查；买受人执行的尽职调查和出卖人执行的尽职调查。

（三）如何进行法律尽职调查

1. 法律尽职调查的一般范围与主要内容

法律尽职调查的范围主要包括以下几部分：

一是公司的基本情况，包括目标公司的设立与发展情况、股权结构、公司经营模式、对外投资概况，以及是否具有相应的资质许可等。

二是公司的资产情况，包括目标公司资产的权属情况是否存在瑕疵或争议，是否存在查封、扣押、担保或涉及其他第三人权益的情形，以及有关资产取得、租赁的相关协议。

三是公司重大合同情况，主要为目标公司所签订的主要和重大业务的合同，根据企业不同而有所不同。

四是劳动管理制度，包括目标公司的劳动合同、雇佣合同、员工保密合同，存在的劳动争议等。

五是环境保护相关资质问题，包括是否取得环境影响评价文件及文件的内容，是否取得相关许可证等。

六是目标公司的税务问题。

七是与目标公司相关的未决的诉讼与仲裁。[13]

2. 法律尽职调查前的准备工作

准备工作主要包括：了解交易类型和客户的商业目的，确定法律尽职调查的范围，明确法律尽职调查所处的阶段和进行法律尽职调查的方式。

3. 法律尽职调查的不同阶段

竞标阶段的尽职调查。一些尽职调查报告需要在竞标阶段展开。买方需要依据尽职调查报告的结果决定是否继续进行交易以及交易的价格。在竞标阶段，目标公司有可能要求投资人/买方作出一些承诺。例如某外国咨询公司入股中国某咨询公司的项目，目标公司就明确以国外咨询机构作出排他性的不竞争承诺为前提，否则将会拒绝接受其进行投资。这样的情况下，投标人必须在表述中加入相关内容。当律师在此情况下进行法律尽职调查时，作为外国咨询企业的律师就需要考虑客户应该在什么范围内作出排他的不竞争承诺。

投资意向书/谅解备忘录签订后的尽职调查。投资意向书或谅解备忘录签订时价格往往已经初步确定，该阶段的法律尽职调查需要重点考虑影响交易价格的因素是否发生变化，重大资产的权属是否合法取得，是否存在权利瑕疵。如某项知识产权是否共有等。之后，基于法律尽职调查的结果，律师应当向客户提示目标公司现存及潜在的法律风险并为其提供相应的解决方案，告知其因此所承担的经济和时间成本。

4. 法律尽职调查的方式

依照不同的划分标准，法律尽职调查可以分为以下几种方式：

一是审阅资料室文件。目标公司提供相应的文件，然后律师进行集中审阅。

二是现场调查。除了审阅资料室文件外，通过进入目标公司进行访谈，与相关负责人进行沟通以发现重大问题之所在。这对于律师的法律功底和判断力要求相对较高。

三是全面调查或有限调查，即在客户要求的范围之外，有调查之必要所进行的法律调查。

5. 审查目标公司提供的文件的方法

公司基本文件概述。公司基本文件包括营业执照、章程、验资报告、年检报告、其他设立证照、内部规章制度等。此外，应当注意针对不同业务所需要审查的证照的侧重程度不同。

营业执照的审查。营业执照的内容需要摘录，需要带着法律问题对其他文件进行审查，如从注册资本判断规模想到出资是否实缴等问题。

章程的审查。对于章程的摘抄不能过分重视报告模板，需要认识到模板中可能没有涵盖的问题，比如股东大会与董事会如何分权等。此外，初年级律师在审查章程的时候应当将实体性规定与程序性规定并重。

审查公司治理方面的文件。该方面通常包括公司内部组织结构图、公司三会文件（议事规则、工作规程、会议决议、会议记录）、职工代表大会文件、工会文件、高管人员组成、关联结构和关联自然人。

审查公司历史沿革文件。一般包括：改制方案与改制批文，政府会议纪要、批文，监管机构批文、登记备案，资产评估报告，资产转让协议和股权转让协议。同时也要关注其中存在的历史遗留问题对于当前交易会带来何种影响。

审查对外投资文件。公司对外投资文件包括集团公司持股图、合资合同、合作协议、股份认购协议、认购意向书或备忘录等文件。

审查合规经营文件。公司合规经营文件涵盖内容较广，主要考虑生产经营该企业的合规性和建设项目的合规性。很多交易中合规出现的问题大多相似，律师需要重点掌握的信息主要有公司经营范围是否过限；审批和验收手续是否齐全；国有资产转让是否符合规定；投资项目是否超越审批权限；土地来源是否有瑕疵；是否受到行政处罚等。

审查重大合同。一般而言，除了因各种特殊行业企业业务的特殊性质所决定的特殊类型的合同外，公司的重大合同也可能包括贷款合同、担保合同、战略合作协议、保密合同等。判断合同是否为公司的主要合同，应当了解公司的经营范围、业务特点，了解公司的经营模式，审阅财务尽职报告和公司审计报告，还要重视关联公司之间签订的合同以及可能会给公司带来重大风险的合同。[14]

确定重大合同的范围之后，要对这些合同进行全面法律分析。一是对合同的基本信息、对价条款、违约责任条款、解除条款、法律适用与争议解决条款等问题做重点摘要并向客户报告；二是判断合同的合法合规性；三是对合同条款的法律影响与实质影响进行分析。

6. 提交尽职调查报告与摘要

法律尽职调查结束时，律师应当向客户提交法律尽职调查报告。其内容应当包括调查中发现的问题、对问题的法律分析、对风险的判断以及向客户提出的建议或对应措施。此外，应当形成报告摘要，将重大法律问题进行概括与总结，突出重点，让客户第一时间掌握最重要的信息。

（四）尽职调查的注意事项

本部分以并购项目的调查为例。

1. 法律尽职调查中律师的作用与职责

并购方律师的职责：并购方律师应当根据实际情况组织成立法律尽职调查团队，充分了解拟议交易或项目的背景与相关法律文件，草拟法律尽职调查清单，认真审查目标公司提供的文件；把握调查的时间与节奏；根据文件的重要性制作文件摘要；与包括客户、目标公司人员、政府部门、中介机构等方面的人员进行及时、有效的沟通，并起草法律尽职调查报告与报告摘要；在调查中及时与客户讨论发现的问题与调查的方向。[15]

2. 目标公司律师的责任

对目标公司在尽职调查期间提供的商业技术秘密等材料予以保密；与并购方磋商协定法律尽职调查的范围和相应的时间安排，协助目标公司收集整理并购方所要求的文件并做好记录；审查交付给并购方的文件是否超出义务范围；协助制定文件资料室的管理规则；协调安排并购方调查人员与目标公司管理层人员的沟通与访谈。

3. 应特别注意的问题

尽职调查应当审慎。一是尽职调查的范围要明确具体，这将有效避免职业风险；二是应当认真仔细审阅相关材料，需要通过多种方式进行交叉验证，对于某些重要文件如执照、许可等必要时应当到相关部门独立调查核实；三是适度借鉴范本，但应当对具体的交易或项目进行针对性的侧重调查，要充分考虑到不同企业类型的法律尽职调查的区别。

重要性原则。在有限的时间内为客户找出重大法律问题是尽职调查的核心任务。因此，在调查中应当明确核心问题，并围绕核心问题优先重点展开。对于不同类别的文件、合同进行分类处理，判断重要性时，应当注意综合多方面因素，不可过于机械。

善于分析法律风险，提出解决方案。作为律师，在尽职调查完成之后，应当帮助客户指出法律风险与法律后果，并分析其将会对目标公司的经营产生何种影响；法律风险是否能够有效防范，防范的措施有哪些，防范的成本如何。此外，在基于上述分析之后，应当协助客户做出决定，包括交易的撤出、重构、接受有关风险、要求交易对方做出补偿或赔偿安排等。

四、公司顾问业务

（一）股东出资不实承担连带责任

企业注册资本的真实与充足不仅有利于保护客户利益，更与企业及股东的切身利益密切相关。企业注册资本虚假，或者在经营过程中被抽逃，将使企业股东丧失有限责任制度的保护而可能被卷入债权人提起的诉讼中。[16]

（二）其他股东出资不实被牵连

与他人共同对外投资设立企业时，务必关注合作伙伴是否履行了投资义务，这不仅关系到所投资的企业的利益，更关系到自身的切身利益。如果合作伙伴没有履行投资义务，在企业对外负债的情况下，可能要就合作伙伴的过错向债权人承担责任，尽管在对外承担责任后可以向合作伙伴追讨，但这无疑将增加风险。

（三）设立公司须真实签名

设立公司时的登记手续较为繁杂，务必亲自签署公司章程等法律文件，否则一旦发生纷争，他人代签名行为会给设立人造成极大麻烦，甚至可能成为影响公司股权归属的不测因素。

（四）隐名股东风险大

隐名投资虽然不被法律完全禁止，但蕴藏较大法律风险，法律对隐名投资人的股东资格认定标准要求非常严格，且隐名股东资格不能对抗第三人，代持人可以处分股权。因此不建议以隐名方式与他人共同设立公司。

（五）收购股权须登记

如果向他人收购公司股权，收购合同生效后请务必尽快办理企业工商登记变更手续，否则将面临无法真正获得股权的风险。未办理变更登记不能对抗第三人，股权可能再次被出让他人。

（六）公司章程慎重签

公司章程是公司最重要的法律文件之一，对公司、股东、董事、监事、高级管理人员具有约束力，一旦发生争议，将成为法院判断各方权利义务关系的主要依据。建议您在参与制定公司章程时务必仔细衡量，慎重签署，不建议使用格式文本。

（七）勤勉义务要遵守

公司的控股股东、董事、监事、高级管理人员对公司负有忠实义务和勤勉义务。请您遵守公司法及其他法律法规的规定。违反这些规定将可能导致向企业承担损害赔偿责任。

（八）中小股东须尊重

经济环境变化形势下，更加需要全体股东同舟共济，齐心协力。中小股东与控股股东同样是企业的投资者，需善待中小股东，尊重他们的参与权、表决权，保障他们的知情权，保护他们的利润分配权等各种股东权。很多公司因为大股东不尊重中小股东造成股东内讧而无法正常经营。公司内部争议容易导致公司治理出现僵局，不仅可能将公司以及股东卷入诉讼，消耗公司的人力、物力，在极端情况下可能导致公司解散。

（九）按照规定程序解决分歧

公司的投资者之间产生分歧十分正常，建议遵循公司章程规定的程序解决争议。召开股东会前，务必按照公司章程规定的期限、方式与内容通知股东，如果没有妥当地履行通知义务，所形成的股东会、董事会决议将可能被法院撤销。建议更多地以磋商的方法化解公司内部分歧。

（十）结束经营要清算

企业投资设立的有限责任公司可能因种种因素需要结束营业，此时务必注意按期履行投资者的清算义务。怠于履行清算义务导致公司财产贬值、流失、毁损或者公司账册、重要文件等灭失，股东将面临直接对债务承担

连带清偿责任的风险。^[17]

五、建设工程合同法律业务

(一) 什么是建设工程合同

《民法典》规定，建设工程合同是指承包人进行工程建设，发包人支付价款的合同。建设工程合同的客体是工程，这里的工程是指土木建筑工程和建筑业范围内的线路、管道，设备安装工程的新建、扩建、改建及大型的建筑装修装饰活动，主要包括房屋、铁路、公路、机场、港口、桥梁、矿井、水库、电站、通信线路等。建设工程的主体是发包人和承包人。发包人，一般为建设工程的建设单位，即投资建设该项工程的单位，通常也称作"业主"。

此外，建设工程实行总承包的，总承包单位经发包人同意，在法律规定的范围内对部分工程项目进行分包的，工程总承包单位即成为分包工程的发包人。建设工程的承包人，即实施建设工程的勘察、设计、施工等业务的单位，包括对建设工程实行总承包的单位和承包分包工程的单位。

(二) 建设工程合同包含哪些部分

《民法典》合同编第 788 条规定，建设工程合同是承包人进行工程建设，发包人支付价款的合同。发包人与承包人应采用书面形式订立勘察、设计、施工或工程总承包等建设工程合同。建设工程实行监理的，发包人还应当与监理人采用书面形式订立委托监理合同。

1. 勘察合同

建设工程勘察合同，是指工程勘察人接受发包人（建设单位或其他有关单位）的委托，根据建设工程的要求，查明、分析、评价建设场地的地质、地理环境特征和岩土工程条件，编制建设工程勘察文件，由发包人支付价款的合同。上述其他有关单位通常是指代建人或者工程总承包人或者勘察总承包人。

2. 设计合同

建设工程设计合同是指设计人接受发包人（建设单位或其他有关单位）的委托，根据经有关政府部门批准的项目规划和设计等建设工程的要求，对建设工程所需的技术、经济、资源、环境等条件进行综合分析、论证，编制工程设计文件，发包人支付价款的合同。上述其他有关单位通常是指代建人、施工人、工程总承包人或者设计总承包人。

3. 施工合同

建设工程施工合同是指施工人作为承包人从事土木工程、建筑工程、线路管道和设备安装工程及装修工程的新建、扩建、改建和拆除等施工作业，发包人（建设单位或其他有关单位）支付价款的合同。上述其他有关单位通常是指代建人、施工总承包人或者工程总承包人。

4. （勘察、设计、施工）总承包合同

工程总承包合同是指从事工程总承包人接收发包人（建设单位或其他有关单位）委托，按照合同约定完成工程项目的勘察、设计、采购、施工、试运行（竣工验收）等全过程或若干阶段实行的承包工作，发包人支付价款的合同。上述其他有关单位通常是指代建人。

5. 监理合同

工程监理合同是指监理人接收发包人（建设单位或其他有关单位）委托并代表其对工程质量、造价、工期、进度、工程款支付等方面进行专业监督、控制并协调施工现场有关各方之间的工作关系，发包人支付报酬的合同。上述其他有关单位通常是指代建人或者工程总承包人。

（三）律师办理建设工程法律业务的基本原则

由于建设工程法律事务疑难复杂，对律师业务能力要求较高，律师办理建设工程法律业务应遵循如下原则：

第一，忠诚守信原则。律师办理建设工程法律业务，应当坚持对委托人忠诚不二。在承发包、总分包或劳务总分包双方之间，信守只接受其中一方当事人委托，并且在办理委托事务过程中不受任何单位及其他组织和个人的非法干涉，依法维护委托人的合法权益和国家有关法律法规的正确实施。[18]

第二，专业负责原则。律师办理建设工程法律业务，应刻苦钻研专业法律问题，熟悉专业的法律规定和熟悉行业特点，为当事人提供准确的、负责的专业服务。

第三，勤勉尽责原则，律师办理建设工程法律业务，应根据当事人的要求并适应业务涉及法律领域多、情况复杂的特点，恪尽职守，勤勉敬业，在委托人要求、承办律师承诺的期限内完成各项具体的法律服务。[19]

（四）建设工程合同法律业务包含哪些部分

1. 建设工程招投标

律师办理建设工程勘察、设计、施工招标投标及其相关的法律服务业务。律师可代理招标人评估工程项目是否应该招标，确定招标方式，制作招标文件，协助开标及资格预审，参与评标，编写建设工程合同，协助招标人与中标人双方协商及签署合同。律师可代理投标人参与投标、制作投标文件，协助中标人商务谈判及签署合同。

2. 建设工程合同的订立

律师在合同订立阶段需要注意以下方面：

合同主体适格性审查。适格的合同当事人的代理人应该取得合同当事人的明确授权，代理人只能在合同当事人的授权范围内代表合同当事人行使合同权利及履行合同义务。虽然法律规定的合同当事人的代理人可以是法人、自然人或其他组织，但在工程实务中，实际履行合同的当事人通常为自然人如发包人项目经理或承包人项目经理、监理工程师。

合同的主要内容。合同的内容主要包括：提交有关基础文件资料和工作的时限、对工作及其成果的质量要求、工作成果的提交形式、工程（工作）费用和其他费用、双方权利和义务、违约责任、争议解决以及其他事项等条款。

3. 建设工程合同的履行

建设工程合同履行的一般原则包括：遵守约定和诚实信用原则，工程质量为中心原则和造价管理有效原则。

合同交底是建设工程合同管理的重要制度，是指施工单位（承包人）的合同管理人员在对合同的主要内容作出解释和说明的基础上，通过组织项目管理人员和各工程小组负责人学习合同条文和合同总体分析结果，使各执行部门和执行人员熟悉合同中的主要内容、各种规定、管理程序，了解施工单位的合同责任和工程范围、各种行为的法律后果等，从而保证施工单位正确履行合同和防范合同风险。它包括合同分析、合同交底、交底的对象提出问题、再分析、再交底的过程。

建设工程工期管理包括如下方面：施工组织和进度计划；施工组织设计的审查程序；开、竣工日期的确定；工期延期及停工期间的确认；逾期竣工的责任；建设工程施工安全管理；工程保险；建设工程签证与索赔管理；工程索赔；工程签证；建设工程款的确认和支付；工程履约保证；建设工程质量管理；建设工程竣工验收；工程备案；工程交付。

4. 建设工程合同的争议解决

实践当中的建设工程合同纠纷一般由合同解除事由及工程质量问题导致。建设工程合同的法定解除：《民法典》第 562 条、第 563 条规定了合同当事人的意定解除权和法定解除权；第 564 条规定了解除权消灭的情形；第 565 条规定了解除权的行使程序；第 566 条规定了合同解除的效力；第 772 条、第 778 条对建设工程合同当事人的法定解除权作了规定。

合同成立以后客观情况发生了当事人在订立合同时无法预见的、非不可抗力造成的、不属于商业风险的重大变化，继续履行合同对于一方当事人明显不公平或者不能实现合同目的，当事人请求人民法院解除合同的，人民法院应当根据公平原则，并结合案件的实际情况确定是否解除。

合同法定解除的法律后果：建设工程施工合同解除后，已经完成且建设工程质量合格的，发包人应当按照约定支付相应的工程价款。

已经完成的建设工程质量不合格的，修复后的建设工程经竣工验收合格，承包人可请求支付工程价款，但承包人应承担修复费用；修复后的建设工程经竣工验收不合格，承包人无权请求支付工程价款。因建设工程不合格造成的损失，发包人有过错的，也应承担相应的民事责任。

建设工程合同纠纷的处理方式包括：①调解。建设工程合同纠纷在进入诉讼或仲裁程序之前，双方可参照本指引的规定在合同中约定或合同签订后共同选择调解人进行调解，以快捷、高效、低成本地解决纠纷。②诉讼。建设工程合同双方均可在发生争议时选择向人民法院提起诉讼。③仲裁和涉及建设工程价款、质量、工期纠纷的司法鉴定。[20]

（五）FIDIC 合同条件的主要内容

1. 工程师机制

国际咨询工程师联合会红皮书规定，工程师可以是自然人，也可以是法人。1999 年版红皮书改变了工程师为"独立的一方""应行为无偏"的角色定位，将其纳入发包人。

首先，工程师是发包人的代理人。代表发包人管理工程，其权利来源于发包人的委托，体现在专用条件以及红皮书通用条件 3.1~3.5 条中。

其次，工程师是证明人。工程师向发包人签发期中付款证书、最终付款证书、接收证书、履约证书等，能够起到一定的证明作用。对发包人而言，工程师一旦被任命，便不得就其权利行使施以干扰；对承包人而言，工程师是其"唯一命令源"，承包人可以抗辩发包人关于施工方面的直接指令和要求。

发包人任命的工程师应当具备相应的资质。由于我国的监理制度与红皮书工程师机制大致相当，因此，工程师的任命应当符合《中华人民共和国建筑法》等关于监理资质等级的要求。

工程师权限远大于我国的监理单位的权限，贯穿于进度控制、质量控制、成本控制、合同管理等各方面。工程师还拥有决定权，即"临时裁判权"。对于某些事项，如果发包人与承包人不能达成一致意见，工程师可以结合实际，依据合同，公平做出"决定"，在提交争端裁决委员会之前，双方均应当遵照"决定"执行。但是，工程师无权"更改"合同。工程师的"任何批准、检查、证书、同意、通知、建议、检验、指令和要求"等不免除承包人的义务。如果工程师的要求和指令等超出合同范围，承包人有权提出索赔。[21]

2. 工程预付款机制

工程动员预付款是发包人向承包人提供的无息借款。该借贷行为虽发生于企业之间，但是，因其不收取利息，不谋取非法利益，未违反法律、行政法规的强制性规定，所以动员预付款条款有效。

3. 合同终止机制

合同终止的情形分为以下几种：

（1）承包人违约，发包人终止合同。

（2）因发包人违约，承包人终止合同。

如果因为不可抗力（自然灾害除外）或发包人行使自由终止合同的权利导致合同终止，则承包人只能按照红皮书第 19.6 条的规定获得成本和直接损失的赔偿。

4. 索赔机制

索赔是指红皮书的履行状态与签订状态不一致时，发包人或承包人享有获取补偿或赔偿权利的制度。索赔分为经济索赔和工期索赔。

5. 争端处理机制

合同履行过程中，如果双方发生争议，工程师根据 3.5 款之规定"决定"处理，如果一方不服决定可提交争端裁决委员会处理。

争端裁决委员会一般由三人组成，双方各提名一位成员，供对方批准，再协商确定第三位，作为主席。如果双方在规定的时间内未能任命争端裁决委员会成员或未能就主席人选达成一致，则由投标书附录中的机构负责任命。争端裁决委员会应于 84 日内作出裁决，如果某一方不认可裁决，则应于 28 日内提出异议，否则视为认可，裁决为终局裁决，对其产生约束力。如果不执行争端裁决委员会终局裁决，另一方可将"不执行该决定事件本身"提交仲裁。

如果争端裁决委员会的裁决未能成为终局裁决，则双方可友好协商解决争端，协商不成，可以依据仲裁条款申请仲裁委员会仲裁或直接向人民法院起诉。争端裁决委员会的裁决不是仲裁或起诉的前置程序。

工程师的决定、争端裁决委员会的裁决或仲裁委员会仲裁不影响双方继续履行合同义务。

（六）工程承包合同业务的注意事项

发包人可以与总承包人订立建设工程合同，也可以分别与勘察人、设计人、施工人订立勘察、设计、施工承包合同。发包人不得将应当由一个承包人完成的建设工程肢解成若干部分发包给几个承包人；总承包人或者勘察、设计、施工承包人经发包人同意，可以将自己承包的部分工作交由第三人完成。第三人就其完成的工作成果与总承包人或者勘察、设计、施工承包人向发包人承担连带责任。承包人不得将其承包的全部建设工程转包给第三人或者将其承包的全部建设工程肢解以后以分包的名义分别转包给第三人。禁止承包人将工程分包给不具备相应资质条件的单位。禁止分包单位将其承包的工程再分包。建设工程主体结构的施工必须由承包人自行完成。[22]

六、物业管理法律业务

（一）主要立法及相关规定

物业管理/物业服务是伴随着房地产行业的发展而产生的，尤其是在大城市中的居民区内业主人数众多，流动性大，社会分工的发展催生了新兴的物业管理行业。与此相比，物业管理的相关法律法规有所滞后，在《民法典》通过之前，仅有《民法典》物权编、《物业管理条例》有所涉及，《民法典》合同编亦未纳入物业服务合同，且全国各地的地方性法规和规范性法律文件各不相同。近年来，《民法典》合同编将物业服务合同作为典型合同加以规范，各地纷纷加大对物业管理的规范，故律师办理物业管理法律业务必须关注法律的最新动态，结合当地的地方性法规和规范性法律文件才能更好地解决问题、处理纠纷。此处的地方立法以北京为例。

1. 中央法律法规

《中华人民共和国民法典》，中华人民共和国第十三届全国人民代表大会第三次会议于 2020 年 5 月 28 日通过，自 2021 年 1 月 1 日起施行。

《物业管理条例》，2003 年 6 月 8 日，中华人民共和国国务院令第 379 号公布，2007 年第一次修订，2016 年第二次修订，2018 年第三次修订，现行有效。

《住房和城乡建设部等部门关于加强和改进住宅物业管理工作的通知》，建房规〔2020〕10 号，2020 年 12 月 25 日发布，2020 年 12 月 25 日实施，现行有效。

《住宅专项维修资金管理办法》，2007 年 10 月 30 日建设部第 142 次常务会议讨论通过，中华人民共和国建设部、中华人民共和国财政部令第 165 号，2007 年 12 月 4 日发布，2008 年 2 月 1 日实施，现行有效。

《前期物业管理招标投标管理暂行办法》，建住房〔2003〕130号，2003年6月26日发布，2003年9月1日实施，现行有效。

《前期物业服务合同（示范文本）》，建住房〔2004〕155号，2004年9月6日发布，2004年9月6日实施，现行有效。

2. 北京市地方性法律法规

《北京市物业管理条例》，北京市人民代表大会常务委员会公告〔十五届〕第24号，2020年3月27日发布，2020年5月1日实施，现行有效。

《北京市住房和城乡建设委员会关于印发〈北京市物业管理委员会组建办法〉的通知》，京建法〔2021〕4号，2021年3月19日发布，2021年3月31日实施，现行有效。

《北京市物业项目交接管理办法》，京建发〔2010〕603号，2010年10月19日发布，2010年12月1日实施，现行有效。

《北京市物业服务收费管理办法（试行）》，京发改〔2005〕2662号，2005年12月19日发布，2006年1月1日实施，现行有效。

《北京市物业服务合同备案程序》，京建发〔2010〕721号，2010年12月6日发布，2010年12月6日实施。

3. 中央及北京市司法解释

《最高人民法院关于适用《中华人民共和国民法典》物权编的解释（一）》法释〔2020〕24号，2020年12月25日最高人民法院审判委员会第1825次会议通过，2021年1月1日实施。

《最高人民法院关于审理物业服务纠纷案件适用法律若干问题的解释》，法释〔2020〕17号，2009年4月20日由最高人民法院审判委员会第1466次会议通过，2020年12月23日最高人民法院审判委员会第1823次会议修正，2021年1月1日实施。

《最高人民法院关于审理建筑物区分所有权纠纷案件适用法律若干问题的解释》，法释〔2020〕17号，2009年3月23日由最高人民法院审判委员会第1464次会议通过，2020年12月23日最高人民法院审判委员会第1823次会议修正，2021年1月1日实施。

《北京市高级人民法院关于审理物业管理纠纷案件的意见（试行）》，

京高法发〔2003〕389 号，北京市高级人民法院审判委员会 2003 年 12 月 15 日第二十四次会议讨论通过，2003 年 12 月 24 日发布，2004 年 1 月 1 日实施。

（二）前期物业管理法津业务

1. 通过招投标选聘前期物业管理公司

物业销售（预售或现售）前，律师可为建设单位选聘前期物业管理公司提供法律服务。具体服务内容为律师向建设单位建议通过招投标的方式选聘具有相应资质的物业管理公司。属住宅及同一物业管理区域非住宅的物业，应通过招投标选聘；其他类型的物业，建议尽量采用招标方式选聘。投标人少于 3 个或者住宅规模较小的，经报物业所在地的区、县人民政府房地产行政主管部门批准，可以采用协议方式选聘具有相应资质的物业服务企业。

提醒招投标时限。通过招投标选聘物业管理公司的，律师应提醒建设单位须在以下时限内完成招投标工作：新建现售商品房项目应在现售前 30 日完成；预售商品房项目应当在取得预售许可证之前完成；非出售的新建物业项目应在交付使用前 90 日完成。

草拟或审查相关法律文件：律师参与草拟或审查上述选聘前期物业管理公司的相关法律文件包括但不限于招标书、前期物业服务合同、临时管理规约。

招标书应包括的内容：招标人及招标项目简介；物业管理服务的内容及要求；对投标人及投标书的要求；评标标准及评标方法；招标活动方案；物业服务合同的签订说明；其他事项的说明及法律法规规定的其他内容。

前期物业服务合同的主要内容：物业的基本情况；服务内容与质量；服务费用；物业的经营与管理；物业的承接与验收；物业的使用与维护；专项维修资金；违约责任；其他约定事项。

业主临时规约的主要内容可参考《业主临时公约（示范文本）》：物业基本情况；物业使用和维修；物业服务费用的缴纳；其他相关事项；违约责任和违约纠纷的解决。制定的临时管理规约不得侵害买受人的合法权益，与物业服务企业签订的前期物业服务合同中涉及业主共同利益的约定，应与临时管理规约一致。

规范前期物业管理招投标程序：律师可按照各地对前期物业管理招投标的相关规定，帮助建设单位规范前期物业管理招投标程序，主要包括招标备案、发出招标公告与预审、招标文件的编制与发出、现场的踏勘与资料提供、开标与评标，确定中标人。

2. 前期物业管理服务期间的业务

与选聘的物业公司订立《前期物业服务合同》。根据《物业管理条例》（2018修订）规定，开发商应当于房屋销售前选聘好物业公司并与其订立《前期物业服务合同》。通常《前期物业服务合同》文本由拟聘请的物业公司提出，但由于前期物业服务主要由开发商负责，前期物业服务的主要内容应当与《商品房买卖合同》中物业服务的相关条款保持一致，物业管理的服务与质量水平，既要能够满足开发商的要求，也要同时保障业主的权益不受侵害，因而需要由开发商参与拟定或审定。

物业服务企业介入房地产项目的建设过程。《前期物业服务合同》签订后，律师应当向建设单位提出建议，让选聘的物业服务企业提前介入房地产项目的建设过程，让其从物业管理的专业角度对规划设计、施工、装修提出相关整改和完善意见，既要使开发建设的物业更合理、更人性化，又要使物业服务企业今后能顺利地管理该物业，减少与业主的矛盾和冲突，并使物业更好地保值增值，有利于开发商品牌实力的塑造与延续。应提示建设单位，如选择聘请专业的公司，对公用设备进行维护，应让专业公司提前介入，以便及早了解小区的管线图及设备情况。

在《房屋买卖合同》中附入前期物业管理文件。《商品房买卖合同》签订时，应建议开发商在《商品房买卖合同》中增加前期物业服务的主要内容，做到购房人购买房屋的同时即购买了前期物业服务。《物业管理条例》规定，《商品房买卖合同》中应当包括《前期物业服务合同》的主要内容，购房人通过与开发商订立《商品房买卖合同》对该物业的前期物业管理（包括选聘的物业公司、物业服务事项与服务质量、物业维护与管理、物业收费等）有基本了解，并以合同的方式对由开发商提供的前期物业服务予以确认。

在房屋销售前拟定好《业主临时规约》并在售房时向购房人公示，以便于购房人在订立《商品房买卖合同》时对遵守《业主临时规约》作出书面承诺。如果说《业主规约》是全体业主对物业行使管理权的"宪法",那么《业主临时规约》在前期物业管理中则起"临时宪法"的作用。由于在前期物业管理中业主大会尚未成立,根据《物业管理条例》的规定,开发商应当负责拟定并向购房人说明和公示《业主临时规约》,并可要求购房人对遵守《业主临时规约》作出书面承诺。承诺作出后,即具有法律约束力。

配置必要的物业管理用房。提示建设单位在物业管理区域内按照规定配置必要的物业管理用房。各地对物业管理用房的配置有面积要求的,应遵照执行。

物业管理费的承担。提示建设单位,前期物业服务合同生效日至出售的房屋交付使用之日的物业管理费由建设单位承担。一般物业管理费是按月计算的,交付当月的物业管理费,一般由建设单位承担。

成立业主大会及业委会。当建筑区划内的入住率等条件达到规定的召开首次业主大会会议的条件时,提示建设单位应按规定办理相关手续,为成立业主大会、选举产生业委会提供资料。

3. 拟订前期物业管理法律文书应当注意的问题

在业主大会成立前,由开发商负责前期物业管理。此间应当制作的法律文书主要有《商品房买卖合同(前期物业服务条款)》《业主临时规约》《前期物业服务合同》及物业管理规章制度。律师可协助开发商在售房前拟制和签署一系列物业管理的法律文书,此时应注意以下问题:

关联性。前期物业管理关系中各方当事人的权利与义务在各法律文书中表现为相互交织、渗透,部分内容互相叠加或涵盖;文书相互独立又互相依存、互为条件,关联性强。因此在拟制法律文书时:一是要做到主要法律文书齐全,形成一个完整的合约体系;二是文书相互之间应当依次衔接,避免因遗漏或错位影响其他文书的法律效力;三是内容上相互叠加或重复的部分内容,应力求表述准确、完整并注重其同一性,避免出现遗漏、矛盾、含糊不清或产生歧义。

规范性。广义地说,规范性包括程序规范和实体规范两个方面。程序规范要求开发商拟制和签署法律文书的过程符合规定要求,该公示的公示,该说明的说明，该备案的备案。实体上规范是指法律文书的内容应当合法、合规或符合行业惯例；对于法无明文规定的情形，当事人可自愿约定，但不得损害他人利益。

前瞻性。前期物业管理中涉及的热点、焦点问题较多，如会所、外立面墙使用权，建筑物冠名权，车库、停车场、商铺及其他配套设施设备的归属权等。对于尚在探讨和研究的、法律或政策并未作出明确规定的问题，应当有预见性地尽可能作出约定，避免在日后的物业管理过程中发生较多的争议。

可操作性。目前物业管理难度较大，合约的履行尤其是物业管理规章制度的落实主要取决于管理措施是否到位。在管理措施方面如何既约束、督促物业使用人履行义务、遵守制度，又不至于以违法或侵权的手段"强制管理"，如以停水、停电的方式胁迫收取物业费、未经法定程序强制拆除搭建物等，既是难点也是重点；另外，根据物业管理纠纷的不同类型，依法、合理、明确地设置各类物业争议的解决程序，综合运用行政主管部门查处、提交仲裁或诉讼的手段保障物业管理的各项措施落到实处也是值得注重的一方面。[23]

4. 前期物业服务合同终止

业主选聘新的物业服务人后，提示物业服务企业其与建设单位签订的前期物业服务合同终止。前期物业服务合同终止后，应将相关资料及物业管理用房等移交业主委员会，并在业主委员会的主持下做好与新的物业服务人员的交接工作。

(三) 正式约期内物业管理法律业务

1. 签订物业服务合同

律师应当为物业服务人员获得选聘进行程序的合法性审查，获选聘的物业服务人应经过专有部分占建筑物总面积过半数的业主且占总人数过半数的业主同意才能与业主委员会签订物业服务合同。

2. 物业服务合同的主要内容

（1）物业服务合同的主要条款包括：

双方当事人的姓名或名称、住所。

服务项目，即管理的房地产名称、坐落位置、面积、四至界限。

服务内容，即具体管理事项，例如：房屋的使用、维修、养护，消防、电梯、机电设备、路灯等公用设施的使用、维修、养护和管理。

服务费用，即物业服务人向业主或使用人收取的管理费。物业管理的收费情况比较复杂，不同的管理事项，收费标准也不同，有的收费项目是规章明确规定的，如季节性的供暖收费；有的收费项目是同业主委员会协商决定的，如停车场的停车费。

双方的权利与义务。

违约责任。

其他事项。双方可以约定其他未尽事项，如风险责任，调解与仲裁，合同的更改、补充、终止等。

（2）业主委员会或业主大会的权利与义务包括：

代表和维护业主的合法权益；经常听取业主的意见和建议，并及时将上述意见和建议反馈给物业服务人。

代表业主大会与物业服务人员签订并执行物业服务合同。

监督业主遵守管理规约及物业共用部位和共用设施设备的使用、公共秩序和环境卫生的维护等方面的管理制度；采取措施督促业主按时交纳物业管理公共服务费用。

审定物业服务人员拟定的物业管理方案。

检查监督物业服务人员管理工作的实施及制度的执行情况。

审定物业服务人员提出的物业服务年度计划、财务预算及决算报告。

审批物业专项维修资金的使用预算，并监督物业共用部位、共用设施设备大中修、更新、改造的竣工验收；审查物业服务人员提供的物业共用部位、共用设施设备大中修、更新、改造的书面报告。

应在本合同约定的期限内，向物业服务人员移交有关资料。

协调、处理本合同生效前发生的管理遗留问题。

负责本物业专项维修资金的筹集，督促业主缴纳物业专项维修资金。

业主委员会有权指定专业审计机构，对本合同约定的物业管理公共服务费收支状况进行审计。

经专有部分占建筑总面积过半数的业主且占总人数过半数的业主同意，有权代表业主大会提前终止本合同。

（3）物业服务公司的权利和义务包括：

根据有关法律法规及本合同的约定，制定物业服务方案。自主开展物业经营管理服务活动。

对业主违反法规、规章的行为，提请有关部门处理。

按本合同的约定，对业主违反临时管理规约或物业规章制度及相关管理规定的行为进行制止和处理。

可以将物业管理区域内的专项服务业务委托给专业性服务企业，但不得将本区域内的全部物业管理一并委托给第三方。

负责编制房屋及其附属建筑物、构筑物、设施、设备、绿化等的年度维修养护计划和保修期满后的大修、中修、更新、改造方案，经业主委员会、物业服务人双方议定后由物业服务人员组织实施。

向业主告知物业使用的有关规定，当业主装修物业时，告知有关注意事项和禁止行为，与业主订立书面约定，并负责监督。

按养护计划和操作规程，对房屋共用部位、共用设施设备状况进行检查，发现安全隐患或险情时及时排除。

负责每半年向全体业主公布一次物业服务费用收支账目和物业专项维修资金使用情况，并将物业服务收费项目和收费标准以及向业主提供专项服务的收费项目和收费标准在本物业管理区域内以书面方式公示。

不得擅自在物业管理区域内从事物业服务以外的经营活动；不得在物业管理活动中侵犯业主的合法权益；应合法、正确使用业主名册，不得泄露业主隐私。[24]

建立、妥善保管和正确使用本物业的管理档案，并负责及时记载有关变更情况。

物业服务人员必须在本合同终止时，向业主委员会移交管理用房及物业管理的全部档案资料。[25]

3. 新旧物业管理公司交接

在新的物业服务公司取代原物业服务公司的情况下，如何顺利交接往往是物业服务合同是否成功操作的关键，前期物业服务人员往往会以各种理由不退出物业服务区域。律师应协助业主委员会、新的物业服务公司与原物业服务公司进行沟通，并可以请求政府有关部门指导、监督。

4. 物业服务费催收

因业主拖欠物业服务费而向物业服务人员提供催收法律服务。一般情况下，律师应告知物业服务人先通过书面形式（如发律师函）向业主催收，对个别业主可以进行诉讼，但诉讼不宜广泛采用，否则会将物业服务人推向业主的对立面。应提醒物业服务人员注意留存相关催收的证据。

5. 纠正建设单位、业主的其他违法行为

律师应当为物业服务人员如何纠正建设单位、业主的其他违法行为提供法律帮助。对开发商许诺没有到位的，物业服务人应协助业主与开发商交涉；对于业主的违法行为，物业服务人应予以劝阻，并向业主委员会和政府主管部门进行报告。[26]

6. 提示物业服务公司履行合同时应注意的风险

（1）物业服务公司不履行或不完全履行合同。《民法典》第 937 条规定："物业服务合同是物业服务人在物业服务区域内，为业主提供建筑物及其附属设施的维修养护、环境卫生和相关秩序的管理维护等物业服务，业主支付物业费的合同。物业服务人包括物业服务企业和其他管理人。"

作为律师应提醒物业公司：对物业管理公司管理不到位的，业主有权提起诉讼。物业管理公司内部的管理制度，包括服务细则、服务承诺等，构成物业管理服务合同的组成部分，所以物业管理应根据自己公司的实际情况来确定自己的管理制度，不能兑现的不宜形成书面的管理制度。但实际上，要求物业服务公司承担任何形式的违约责任，都有一定的难度，因为物业管理合同不同于一般合同的履行，像买卖合同，标的明确具体，任何一方违约都是比较明显的，但物业管理合同所指向的物业管理服务，是复杂而琐碎的，让业主委员会证实物业服务公司服务不到位，有一定的操作难度。

（2）合同到期后不移交资料和不承认事实管理。《民法典》第 949 条规定："物业服务合同终止的，原物业服务人应当在约定期限或者合理期限内退出物业服务区域，将物业服务用房、相关设施、物业服务所必需的相关资料等交还给业主委员会、决定自行管理的业主或者其指定的人，配合新物业服务人做好交接工作，并如实告知物业的使用和管理状况。原物业服务人违反前款规定的，不得请求业主支付物业服务合同终止后的物业费；造成业主损失的，应当赔偿损失。"

对于业主委员会来说，如果有资料显示开发商并未向业主提供《物业管理条例》第 29 条列明的资料，可以将物业公司作为被告，诉讼请求其移交资料。律师应当提醒物业服务公司：在业主委员会终止与物业服务公司的合同后，物业服务企业拒绝退出、移交，并以存在事实上的物业服务关系为由，请求业主支付物业服务合同权利义务终止后的物业费的，人民法院不予支持。物业管理服务实践中，存在两种事实管理的情况：一是物业管理服务合同终止后，业主委员会未更换物业服务公司，物业管理公司也继续提供服务，这种情况下的事实管理物业管理公司可以要求业主支付物业管理费。二是物业管理服务合同终止后，业主委员会重新聘请了物业服务公司，但原物业管理公司拒不退出，并以事实管理为由，要求业主支付物业管理费。对于第二种情况，司法解释明确规定，物业管理公司诉请支付物业管理费，法院可以不予支持。这一条规定可以很大程度上减少老"管家"落聘后拒不退出情况的出现。[27]

（3）物业服务合同无效的情形。实践中免除物业服务企业责任、加重业主委员会或者业主责任、排除业主委员会或者业主主要权利的条款有：

明确公益性收入归物业管理公司所有的条款。按照《民法典》物权法编的规定，小区的停车、广告费等公益性收入为全体业主所有，但有的开发商或物业管理公司往往利用自己的优势地位，或业主委员会法律知识的欠缺，将这块收入约定直接归物业管理公司或开发商所有，实际上这是无效约定。

物业服务企业在履行合同过程中的免责条款。主要有物业管理公司在任何情况下对小区车辆的丢失、业主人身损害赔偿不承担法定补充责任的条款。

加大业主委员会的责任。有的物业公司在合同中约定业主委员会解除本合同的，应向物业公司支付 30 万的违约金，业主支付物业管理费不足的，由公益性收入直接补贴物业公司等。

排除业主委员会权利的条款。主要包括物业服务公司对大额维修基金的使用有决定权、物业公司可以决定涉及全体业主利益的重大事项等。

所以，物业服务公司签订物业服务合同时应注意这些条款。

（4）业主拒交物业管理费。《民法典》第 944 条规定："业主应当按照约定向物业服务人支付物业费。物业服务人已经按照约定和有关规定提供服务的，业主不得以未接受或者无需接受相关物业服务为由拒绝支付物业费。业主违反约定逾期不支付物业费的，物业服务人可以催告其在合理期限内支付；合理期限届满仍不支付的，物业服务人可以提起诉讼或者申请仲裁。"

在物业管理实践中，业主会以各种借口不缴纳物业管理费用。常见的不缴纳物业管理费的理由及对策有：

业主对拆迁安置不满而拒不交纳物业管理费的，由于原拆迁单位与物业服务公司不是同一单位，这种情况应由业主找原拆迁单位解决。[28]

业主搬入新房，认为房屋有质量问题，如漏水、墙皮脱落、裂缝及其他属于房地产开发商负责的问题，应由业主向法院诉请开发商承担责任。

他人在业主的房外堆放杂物，造成妨碍，业主应向法院诉请妨碍人排除妨碍，物业公司只负有提示告知并维护小区环境整洁的义务，如物业服务公司在妨碍过程中无过错或已经尽了自己应尽的义务，则无须承担责任。

业主家中被盗、被抢以及其他刑事犯罪案件，在物业服务公司无过错或已尽了自己应尽义务的情况下无须承担责任。

以放弃共有权利作为抗辩理由的，主要是业主以自己未入住、未享用过小区公建配套为由而不缴纳物业管理费。律师应明确告知物业服务企业，业主的这些抗辩一般是不成立的。

（5）业主在物业管理区域内遭受财产损失。财产被盗窃或抢劫，包括车辆，室内外的大、小物件，晾晒的衣物等。目前的情况看，小区车辆被盗是最为敏感的问题，物业服务企业在这一方面要加强防范。财产被损坏，包括停放的车辆受第三人损坏、公共设施遭第三人破坏、业主的财产被毁坏等。有的小区由于建造的比较早，道路窄小，常发生车辆漆面受到刮划甚至车辆碰撞的情况；有的物业管理的是露天商场，来往人员很多，常会发生公共设施被损害的情形。

以上情况中，只要直接的责任人无法找到或无力赔偿，物业服务企业未按照物业服务合同提供服务，管理上有明显的疏漏，比如说保安脱岗，一般应承担相应的补充责任。

（6）业主在物业管理区域内遭受人身伤害。物业管理区域内发生人身伤害的案件也常见于报端，起因多是由于鸡毛蒜皮的小事而斗嘴打架或业主之间积怨发生质变而大动干戈。当然也不能排除有一些极端的情况，比如说抢劫杀人、聚众斗殴等恶性刑事犯罪发生。以上情况都可能会造成业主或租户的人身伤害甚至致死，当然这种伤害有可能发生在业主之间、业主与非业主之间甚至业主与非进行服务工作时的物业服务人员之间。如果物业防范不力，未适当履行物业合同约定的安全保障义务，行为人又逃逸的，物业要承担相应的民事赔偿责任。

物业服务企业专业分包风险：在物业管理当中，服务分包管理是一种常见的管理模式，物业服务企业往往会将部分服务管理项目分包给专业公司进行相对独立的运作，例如：配电室设备维护、消防检测以及专业的外墙清洗等。物业管理行业重组中的专业技术重组的产生，起初是在技术、资金、人才含量高的专业上发生的，如物业服务企业通常将机电、智能化、消杀等工作交给专业公司打理，而现在的专业化重组几乎涵盖了物业管理的全部专业，如清洁和绿化等。

由于这些专业技术维护的行业准入资格获取比较困难，承接技术维护的分包公司多为设备系统建设方，在行业资质以及专业技术方面存在着技术垄断。物业服务企业在技术监管方面比较吃力，往往会出现双方角色不明确的局面，物业服务企业不能很好地发挥其总体协调、监督管理的作用。作为物业服务公司，要减少专业分包的风险：一是通过详细的合同条款与专业的分包公司明确双方的权利与义务，要求专业公司按照法定的操作规程提供专业的服务，为了保护物业公司和业主的权益，要求专业公司提供的服务无瑕疵，如果服务不到位、不专业，物业公司有权按照合同约定要求专业公司承担责任，直至解除双方的分包合同；二是通过统一着装、统一要求等方式淡化专业分包公司在小区的影响，防止物业服务企业本身被边缘化；三是加强物业服务企业的专业技能培训。目前，物业管理的技能培训主要集中于物业管理实务以及相关技术工种的实际操作培训方面，而涉及其他行业如消防检测、配电管理、电梯保养等专业的技术管理培训往往不被物业管理人员重视，认为这些工作可由分包单位进行管理，忽略了自身管理权利的行使，使得物业公司本身根本不具备对专业公司进行管理和监督的能力。[29]

（四）业主、业主大会及业主委员会法律业务

1. 业主大会的成立和业主委员会的选举

（1）首次业主大会会议：

当建筑区划内入住率等达到规定的召开首次业主大会会议的条件时，律师应提示业主督促建设单位按照规定办理相关手续，提示业主按照相关规定成立首次业主大会会议筹备组，律师可为筹备组提供法律服务。

筹备工作的主要内容为：确定召开首次业主大会会议的形式；确认业主身份；确定首次业主大会会议召开的时间、地点和内容；确定业主委员会委员候选人人数和产生办法，组织业主自荐或推荐产生业主委员会候选人；帮助草拟或审查《业主大会议事规则（草案）》《管理规约（草案）》《业主委员会章程（草案）》等文件；其他召开业主大会会议应准备的事项。

（2）业主大会与业主大会会议：

业主大会是由建筑区划内全体业主参加、依法成立的自治组织，是建筑区划内建筑物及其附属设施的管理机构。

下列事项由业主大会以特别决议通过：筹集和使用建筑物及其附属设施的维修资金；改建、重建建筑物及其附属设施。

（3）业主人数及面积的计算：

业主人数，按照专有部分的数量计算，一个专有部分按一人计算。但建设单位尚未出售和虽已出售但尚未交付的部分，以及同一买受人拥有一个以上专有部分的，按一人计算；总人数，按照前项的统计总和计算。

按照《民法典》物权法编规定，专有部分面积和建筑物总面积可以按

照下列方法认定：专有部分面积，按照不动产登记簿记载的面积计算；尚未进行物权登记的，暂按测绘机构的实测面积计算；尚未进行实测的，暂按房屋买卖合同记载的面积计算；建筑物总面积，按照前项的统计总和计算。[30]

（4）业主委员会：

业主委员会由业主大会从全体业主中选举产生，是业主大会的执行机构，对业主大会负责，受全体业主监督。业主委员会应当自选举产生之日起30日内，向物业所在地的区、县人民政府房地产行政主管部门和街道办事处、乡镇人民政府备案。[31]

业主委员会的职责：召集业主大会会议，报告物业管理的实施情况；代表业主与选聘的物业服务人员签订物业服务合同；及时了解业主、物业使用人的意见和建议，监督和协助物业服务人员履行物业服务合同；监督管理规约的实施；业主大会赋予的其他职责。[32]

（5）破解业主大会召开难的问题：

律师可建议在法律规定的业主大会相关制度内，选择可操作性强的方式、方法召开业主大会，比如说就业主大会的召开形式而言，尽量采用书面征求意见的方式召开业主大会，在大型社区，尽量采用业主代表或业主小组代表人的方式收集业主的意见。在业主大会议事规则中尽量规定一些实用性强的有关业主大会召开的制度。业主大会议事规则是小区业主大会、业主委员会活动的"根本大法"，规定了业主大会的基本制度，将业主大会召开的一些制度写进议事规则，作为首次业主大会以后再召开业主大会的准则，可以有效减少业主大会召开过程中的一些障碍性因素，比如说将在规定时间内"不表态视为同意"写进规则，就可以大大缩短业主大会的召开时间，将通过电子邮件、传真等方式送达业主征求意见表写进规则，也可以及时回收业主的意见等。

通过第三方介入召开业主大会。业主大会一般是由业主委员会召集召开的，在目前的情况下，业主委员会难以做到职业化，业主委员会成员都有固定的工作，不太可能有较多的时间和精力投入小区的公共事务中去，所以通过第三方介入的方式召开业主大会可以大大节省业主委员会成员的时间成本，保障业主大会的顺利召开。通过第三方介入的方式主要有：业主委员会通过其专职秘书来准备组织业主大会召开的文件、征询表的发放与回收等；通过中介机构，包括律师事务所来全程负责业主大会的召开，在一些大城市，已经出现专门为业主委员会服务的中介公司和专业律师。

（6）起草或审查《业主大会议事规则》：

《业主大会议事规则》的性质是建筑区划内业主大会活动的程序规则。

《业主大会议事规则》的主要内容：业主大会的议事方式；业主大会的表决程序；业主委员会的组成及任期；印章的使用与管理；业主委员会活动经费的筹集和使用。

《业主大会议事规则》通过、生效的原则：应经建筑区划内专有部分占建筑物总面积过半数的业主且占总人数过半数的业主同意才能生效。

《业主大会议事规则》制定中应注意的事项：充分考虑建筑区划内业主构成的实际情况，使制定的议事规则具有可操作性。内容不得违反法律、法规的规定，不得侵犯业主的合法权益。

（7）起草或审查《业主管理规约》：

《业主管理规约》的性质是对全体业主具有约束力的、业主参与物业管理的权利义务及活动的行为守则。

《业主管理规约》的主要内容：物业的基本情况；业主使用物业的方式及具体要求；业主参与本建筑区划物业管理的权利及应承担的义务；物业管理活动中各种费用的缴纳及分摊方式；建筑物及其附属设施的费用分摊、收益分配方式管理规约的修改程序、通过、生效的原则；违反规约的责任；业主认为需要约定的其他事项。

《业主管理规约》通过、生效的原则：应经建筑区划内专有部分占建筑物总面积过半数的业主且占总人数过半数的业主同意才能生效。

制定《业主管理规约》应注意的事项：制定的内容不得违反法律、法规的规定，不得超越业主自治权的范围，不得侵害业主的合法权益。条款内容应尽量具体明确，具有可操作性。[33]

2. 业主、业主大会及业主委员会运作中的法律服务

（1）物业服务方式选择：

律师可告知业主可以自行管理建筑物及其附属设施，也可以委托物业

服务企业或者其他管理人管理。业主决定选聘物业服务企业或者其他管理人管理的，律师应帮助草拟或审查招标方案等文件。

（2）选聘物业服务公司：

在选聘新物业公司时，律师应提醒注意以下问题：更换物管公司要半数以上业主通过，且通过业主物业面积也过半数，即"双多数"，才可执行。业主委员会是代表小区产权人、使用人利益，负责监督检查小区物业管理工作的全体业主的执行机构，是解决小区物业管理问题的关键，更换物业管理公司必须由业主委员会组织业主召开业主大会，在保证广大产权人、使用人支持的前提下形成决议，并且要半数以上的产权人通过该决议方可执行。只有这样才能使更换物业公司的行动具备充分的群众基础和法律依据。交接时各方关系一定要理顺。物业服务公司更换是一项极为困难并具有一定风险的工作。在有些小区就出现过原物业公司拒不撤出小区，新的物业公司无法进入的现象。所以在更换前一定要先处理好和相关单位的关系，包括发展商、业主委员会、原物管企业、新物管企业间的关系，使其尽可能取得一致性意见，这对于顺利更换物业服务公司尤为重要。律师可以提供法律支持，请物管顾问、财务顾问提供专业支持，请政府主管部门提供政策支持，取得相应指导、支持也十分重要，不可忽视。另外，业主委员会选聘新的物业服务公司，并不要求通过招投标方式选聘，法规只要求在前期物业管理期间住宅物业开发商要进行招标选择物业公司。

（3）起草或审查物业服务合同：

业主选聘物业服务公司后，律师应帮助起草或审查物业服务合同。合同主要内容可参考上述（五）2. 所述。为尽量避免纠纷产生后的责任承担问题，律师可建议将管理服务的具体承诺、投标书、委托管理的构成明细等作为合同的附件，建议签订补充协议约定服务质量阶段考评、约定后合同义务。

（4）业主自治存在问题：

业主的"散户"状态，是自治管理中的普遍问题。业主普遍对业主自治管理缺乏认识，特别是工作忙、生活节奏紧张的年轻人更无暇顾及，难以通过定期、书面的系统方式进行沟通，给业主自治管理带来了操作上的不便。

业主委员会作为执行机关，自身的问题往往会成为自治管理的障碍。在推行业主自治的过程中，也肯定会有害群之马，怎样规范和监督业主委员会行使业主赋予的执行机构权利，是业主必须面对和思考的问题。

劳动用工制度、税收制度、财务制度也是业主推行自治管理的障碍。就劳动用工制度而言，业主大会、业委会作为社会团体法人的资格没有被明确，也没有组织机构代码证，因而不能直接以自己的名义聘用人员，也无法为员工缴纳社会保险。所以业主要想有效自治，必须明确业委会的法律地位。由于业主委员会的法律地位不明确，有关的税收制度、财务制度也几近空白。

（五）物业管理纠纷

1. 概述

（1）表现形式：

对地下车库、绿地、停车场权属不明而引发的业主、业主委员会与开发商的纠纷；因业主拖欠物业管理费而引发的纠纷；因违法动用维修资金而产生的纠纷；业主之间因相邻权而引发的纠纷；因小区发生被盗、抢劫等行政治安或刑事案件而产生的纠纷等。[34]

（2）分类：

按照纠纷中的基本权利性质和特点的不同，可以将物业管理纠纷划分为以下几类。

物业管理产权类纠纷。主要是物业所有权方面的业主专有权与业主共有权辖属范围的确认纠纷，业主共有权与托付物业服务企业的物业经营管理权行使之间的权限划分和确认纠纷，业主团体共有权与开发经营者的权属纠纷。常见的有个别业主侵占公共区域、业主委员会与开发商的车库之争等。

物业管理债权类纠纷。主要是与物业管理服务有关的合同之债、侵权之争等债权、债务关系纠纷。例如小区的业主拖欠物业管理费、车辆的保管纠纷等。

物业管理行政权类纠纷。主要是物业管理行政主管机关和其他有关行政部门在行使职权的具体行政行为中与行政相对人之间发生的行政权限和行政权行使是否违法、是否得当的争执。目前常见的这类纠纷有行政执法部门对违章建筑的处理，业主对街道、房地产主管部门对业主委员会与物业服务企业指导与监督的不满。

物业管理自治权类纠纷。主要是业主、物业使用权人、业主大会、业主委员会业主团体在民主自治权益方面发生的纠纷。例如业主不执行管理规约的有关规定或不执行业主会议对维修资金的分摊决定而引起的纠纷。

（3）特点：

连续性。从物业管理纠纷产生的原因及表现形式上看，物业管理纠纷与开发商密不可分。比如说房子质量问题、车位之争、配套设施不到位等。特别是在目前的情况下，物业管理公司与开发商之间的关系特殊，一旦发生物业管理纠纷，开发商也有一定的责任。

多样性。物业管理纠纷法律关系非常复杂。既有涉及民事、经济、刑事法律关系的纠纷，又有涉及业主团体经济事务和社会事务民主自治法律关系的纠纷。这种纠纷既有物业管理公司与业主之间、业主与业主之间、物业管理公司与开发商之间、业主与业主委员会之间的平等的民事纠纷，也有因行政主管部门的行政管理行为所引发的纠纷。就民事诉讼来讲，可划分为合同纠纷和侵权纠纷。

合同纠纷。主要有物业服务公司向业主、使用者追索物业管理费纠纷，这类纠纷最常见、数量也最多，大致占物业管理纠纷案件总量的70%～80%；业主要求物业服务公司提高服务质量、履行管理职责的纠纷；业主或业主委员会选聘、解聘物业管理公司产生的纠纷。

侵权纠纷。主要有业主财产损失赔偿纠纷；小区公用设施伤人的赔偿纠纷；建筑物共用部分的权属、管理使用、收益归属的纠纷；业主擅自改变房屋、配套设施的结构、外观，乱搭乱建，随意占用、破坏绿化，污染环境，噪声扰民引起的纠纷等。

易发性和涉众性。在物业管理服务的提供和交易过程中，容易发生对服务质量好坏、满意与否的争执，比如说最常见的业主拖欠物业管理费案件。由于物业管理所执行的事务大多涉及业主团体公共利益甚至社会公共利益，所以一旦发生纠纷，往往是集体争执甚至集体诉讼，通常是物业管理费的缴纳、物业管理质量等涉及小区全体业主利益的共性问题，而业主多处于同一背景，会形成共同的利益圈。在发生纠纷时，业主对纠纷达成一定共识，会通过群体性行为的方式进行诉讼。[35]

2. 纠纷处理

（1）处理原则包括：

及时原则。无论是民事争议还是行政争议，由于物业管理纠纷涉及面广，行政机关和司法机关在处理这一类纠纷时应当及时，不宜让矛盾长期存在，日益激化。

合法原则。在处理物业管理纠纷时，要注意法律的正确适用，特别是物业管理有关的法律、法规变化较快，处理物业管理纠纷不能与新的法律、法规相悖。

公平合理原则。在处理物业管理纠纷时，要分清是非和责任，要使责任的承担适当，使责任人心服口服。

（2）处理方式：

处理物业管理纠纷的方式有协商、调解、仲裁、诉讼四种。

3. 主要违法行为及其法律责任

（1）业主：

违法行为：擅自改变小区内土地用途的；擅自改变房屋、配套设施的用途、结构、外观，毁损设备、设施，危及房屋安全的；私搭乱建，乱停放车辆，在房屋共用部位乱堆乱放，随意占用、破坏绿化，污染环境，影响住宅小区景观，噪声扰民的；不照章缴纳各种费用包括物业管理费的等。

主要法律责任：业主的违法、违约行为，一般由业主委员会和物业服务企业予以制止、批评教育、责令限期改正，依照法律和管理规约，提请有关部门处理，如果造成损失，违法业主应当赔偿损失。对拖欠物业管理费的，物业服务人员有权通过诉讼方式收回拖欠费用并收取滞纳金。[36]

（2）业主自治机构：

业主大会、业主代表大会只是议事机构，并不能直接承担法律责任，其法律责任一般应由业主分摊。对于个别业主委员会成员未经业主大会或业主的授权，实施有损于业主利益行为的，该业主委员会成员应当负相应的法律责任。

（3）物业服务企业：

主要违法行为：非法经营行为。指不具备从事物业服务资质和能力的企业，以物业服务企业的名义从事物业服务活动。擅自作为行为。指物业服务企业在实施物业服务的过程中，违反物业管理法规的禁为规范或者违反物业委托服务合同中的禁为约定，而擅自做出的犯禁行为，如擅自将绿地改为停车场。不履行或不忠实履行受托管理义务的行为。指物业服务人员不履行物业服务合同规定义务或者违反忠实义务，不尽心尽力履行管理义务，管理混乱，损害了业主的合法权益。

主要法律责任：无物业管理资质进行物业管理活动的，房地产行政主管部门可对其予以警告、责令限期改正、赔偿损失，并可处以罚款；对于擅自作为的，业主可要求其停止侵害、排除危险、返还财产、恢复原状；对不履行或不积极履行物业服务合同的，应根据合同的约定承担违约责任。[37]

（4）建设单位：

主要违法行为：公共设施不到位，擅自改变规划等；不履行物业移交法定义务的行为；未向业主委员会、物业服务企业移交有关资料及物业管理用房；不依法申报成立业主大会和业主委员会，委托无资质的物业服务企业进行管理。

主要法律责任：未履行房屋销售合同义务的，应履行到位并承担相应的违约责任；不履行移交义务的，及时进行移交，并承担由于不依法移交而产生的法律后果。[38]

4. 律师代理时应注意的事项

（1）业主委员会的诉权：

《民法典》第286条第2款规定："业主大会和业主委员会，对任意弃置垃圾、排放污染物或者噪声、违反规定饲养动物、违章搭建、侵占通道、拒付物业费等损害他人合法权益的行为，有权依照法律、法规以及管理规约，请求行为人停止侵害、排除妨碍、消除危险、恢复原状、赔偿损失。"[39]这里法律明确了业委会作为民事法律主体进行民事行为的权利，在实体法中规定业委会在管理小区方面的一些权利，无疑是对物权保护的延续。这是为减少个别小区违章搭建、侵占通道、排放污染的行为，从程序上赋予利害关系业主的权利，鼓励业主利用法律手段保护自己的合法权益。

（2）司法实践操作中，业主委员会可就下列事项代表全体业主进行诉讼：[40]

房地产开发企业未向业主委员会移交住宅区规划图等资料，未提供配套公用设施、公用设施专项费、公共部分维护费及物业管理用房、商业用房引起的纠纷。

全体业主与物业管理企业之间因住宅小区物业服务合同履行、终止或者解除而引起的纠纷。

因维护、修缮共用部分或设置管线，必须进入或使用业主的专有部分，业主无正当理由拒绝而引起的纠纷。

业主对专有部分的利用，妨碍建筑物的正常使用及侵害个别业主或部分业主的共同权益而引起的纠纷。

业主或物业管理企业擅自变更共用部分的构造、颜色、使用目的，设置广告物、安装大型空调机组等设备或者其他类似行为而引起的纠纷。

业主或物业管理企业因在楼梯间、共同走廊、消防设备及防空设施等地堆放杂物、设置栅栏，或私设路障、停车位，侵占通道、妨碍出入而引起的纠纷。

其他涉及全体业主共同权益的事项而引起的纠纷。[41]

（3）业主大会的诉权：

从目前的司法实践看，业主大会作为诉讼主体进行诉讼的情况较少，主要原因有二。一是很多地方高院已经明确，业委会可以在1/2以上业主授权后，代表业主大会进行诉讼，所以各地大部分是以业委会代表业主进行诉讼为主；二是业主大会不是常设性机构，本身没有固定的机构人员，其主要的工作形式是召开业主大会，决定小区的重要事项，难以顺利行使和承担诉讼中涉及的复杂的权利与义务。

（4）业主的诉权：

在一些开发商违反售房合同案件中，比如说更改小区的规划、延期交房等，根据合同的相对性原则，一般诉讼的主体是个体业主，主要的证据是开发商的售楼广告和合同，开发商未兑现承诺是对业主的违约。开发商与购房人即业主签订的房屋买卖合同，对双方有约束力，是开发商和购房人执守的合同。

《民法典》第 280 条规定："业主大会或者业主委员会的决定，对业主具有法律约束力。业主大会或者业主委员会作出的决定侵害业主合法权益的，受侵害的业主可以请求人民法院予以撤销。"这一条规定明确了业主大会可以作为民事诉讼法意义上的被告，业主可以对业主大会的决定行使撤销权。[42]

七、交通事故法律业务

如今交通道路的发展满足了人们对交通运输的实际需求，给予了人们生活极大的便利，但同时也带来令人难以忘记的"回忆"——一件件难以回避的交通事故。道路交通事故的发生虽然难以回避，却不是不可预防并尽量避免的。

（一）交通事故是什么

交通事故也就是平时我们俗称的道路交通事故。在学理上，不同的国家对道路交通事故的定义有不同的解读。美国学者对道路交通事故的解释为：道路交通事故是发生在道路上的，无法预料的与交通有关的事件，发生道路交通事故的原因包括"不安全的行动"或"不安全的因素"，或者是两者都有，而且可能有多个因素的存在，道路交通事故的形成原因是复杂的。日本的学者将道路交通事故解释为：车辆在道路交通活动中造成的人员伤亡或财产损失，就是道路交通法中所指的道路交通事故。我国以立法的形式对道路交通事故作出了定义。1991 年《道路交通事故处理办法》第 2 条规定，本法所称道路交通事故，是指车辆驾驶人员、行人、乘车人以及其他在道路上进行与交通有关活动的人员，因违反《中华人民共和国道路交通管理条例》和其他道路交通管理法规、规章的行为，过失造成人身伤亡或者财产损失的事故。此后，我国颁布的《中华人民共和国道路交通安全法》第 119 条对其作出了新的定义："交通事故"是指车辆在道路上因过错或者意外造成的人身伤亡或者财产损失的事件。此外，该法条对其他相关用语的含义也作出了具体的规定，包括"道路""车辆""机动车""非机动车"。

（二）交通事故构成要素包括哪些

交通事故并不是单一要素就可以构成的，必须具备以下几个要素：

第一，必须是车辆造成的。车辆包括机动车和非机动车，没有车辆就不能构成交通事故，例如行人与行人在行进中发生的碰撞就不构成交通事故。

第二，是在道路上发生的。道路是指公路、城市道路和虽在单位管辖范围但允许社会机动车通行的地方，包括广场、公共停车场等用于公众通行的场所。

第三，在运动中发生。是指车辆在行驶或停放过程中发生的事件，若车辆处于完全停止状态，行人主动去碰撞车辆或乘车人上下车的过程中发生的挤、摔、伤亡的事故，则不属于交通事故。

第四，有事态发生。是指有碰撞、碾压、刮擦、翻车、坠车、爆炸、失火等其中一种现象发生。

第五，造成事态的原因是人为的。是指发生事态是由于事故当事者（肇事者）的过错或者意外行为所致。如果是由于人无法抗拒的各种自然灾害造成，均不属于交通事故。

第六，必须有损害后果的发生。损害后果仅指直接的损害后果，且是物质损失，包括人身伤亡和财产损失。

以上任何要素都不可以缺少，一旦其中缺少某一个要素，就无法构成交通事故。

（三）交通事故的发生有哪些原因

道路交通事故的发生离不开六大要素，从六大要素中，我们可以得知，交通事故是在特定的交通环境影响下，由于人、车、路、环境诸要素配合失调偶然发生的。因此，分析交通事故成因最主要的是分析人、车、路、环境对交通事故造成的影响。

人的因素。人是影响交通安全最活跃的因素。在人—车—路—交通环境构成的体系中，车辆由人驾驶，道路由人使用，交通环境要有人的管理。随着我国经济的迅速发展、人民生活水平的迅速提高，不仅单位汽车拥有量不断增加，而且汽车进入家庭已成为现实；相应的情况就是非职业机动车驾驶员队伍迅速扩大，使机动车驾驶员的整体素质更加参差不齐。那些驾驶能力较差、不遵守交通法律、法规意识淡薄、出事较多的机动车驾驶员被誉为"马路杀手"。根据有关资料统计分析，一般的交通事故中，由于车和路本身的原因造成的，占比不到5%；而95%以上是由于人的违章行为造成的。[43]人作为道路交通参与者中最积极的因素，其违反法律法规的行为（俗称违章行为）主要表现有很多种，详见《中华人民共和国道路交通安全法》《中华人民共和国道路交通安全法实施条例》《最高人民法院关于审理道路交通事故损害赔偿案件适用法律若干问题的解释（2020修正）》等。低素质的机动车驾驶员在参与道路交通运行中对人们正常的生活造成的伤害是很严重的，因此，应当重视研究影响交通安全的人为因素。

车辆因素。车辆是现代道路交通的主要运行工具。车辆技术性能的好坏，是影响道路交通安全的重要因素。车辆本身的问题是酿成交通事故的不安全因素。

道路因素。道路交通的安全取决于交通过程中人、车、路、环境之间是否能够保持协调。我国道路逐渐完善，但在机动车道与非机动车道的区分上还比较混乱。车辆逐年增加，道路超负荷承载，致使交通事故逐年增加。道路容量严重不足。因此，除了前面两个因素以外，道路本身的技术等级、设施条件以及交通环境作为构成道路交通的基本要素，它们对交通安全的影响也是不容忽视的。

环境因素。交通环境主要是指天气状况、道路安全设施、噪声污染以及道路交通参与者之间的相互影响等。驾驶车辆不仅受道路条件的影响，而且还受到道路交通环境的影响。[44]交通环境的影响主要包括四个方面：交通量的影响；交通混杂程度与行车速度的影响，尤其是我国机动车和非机动车的差异巨大，混合式的交通环境最易发生交通事故；交通信息特征的影响；恶劣天气的影响，即雨、雪、雾等恶劣天气条件容易导致交通事故的发生。

（四）交通事故如何认定

一旦发生交通事故，就需要有关部门对事故进行认定。科学地分析事故发生的原因，还原道路交通事故的法律事实。要正确地理解道路交通事故的认定，就必须认识到以下几点：

公安机关交通管理部门是道路交通事故认定的唯一主体。道路交通事故认定是我国法律赋予公安机关交通管理部门的职权，其直接影响着各方当事人的人身和财产权益。在刑事诉讼中，道路交通事故认定直接影响当事人刑事责任的承担；在民事诉讼中，道路交通事故认定直接影响当事人损害赔偿责任的大小；除此之外，公安机关交通管理部门履行法定职责，追究事故当事人的行政责任，也以道路交通事故认定为依据。

道路交通事故认定的主要内容包括事故基本事实、形成原因和对事故当事人责任的判断。首先，道路交通事故的基本事实是道路交通事故认定的基本内容，一份道路交通事故认定书应当包含对道路交通事故基本事实的描述，基本事实即发生道路交通事故的具体时间地点以及过程和结果。其次，形成的原因是办案人员根据现场收集到的证据作出的判断，但是由于交通事故的特殊性，原因是多方面的（下文会具体介绍原因）。最后，对事故当事人责任的判断是基于公安机关交管部门在道路交通事故现场收集到的各种证据。只有依据这些证据才能对事故当事人的责任作出科学的判断。

（五）交通事故法律业务主要涉及哪些法律法规

我国处理交通事故时主要根据交通事故的性质、事故等相关因素来选择适用法律。实践中，律师可能常用到的法律法规如下：

第一，《中华人民共和国道路交通安全法》。这是处理交通事故的主要法律依据，该法对道路交通事故的现场处理的责任认定、罚款、调解、损害赔偿等作了较为详尽的规定。同时，这也是道路交通事故处理中的最高位阶的法律依据。例如第76条第一款第二项规定：机动车与非机动车驾驶人、行人之间发生交通事故，非机动车驾驶人、行人没有过错的，由机动车一方承担赔偿责任；有证据证明非机动车驾驶人、行人有过错的，根据过错程度适当减轻机动车一方的赔偿责任；机动车一方没有过错的，承担不超过百分之十的赔偿责任。

第二，《中华人民共和国道路交通安全法实施条例》。这是公安机关交管部门在发生交通事故后，判断道路交通事故成因、认定道路交通事故责任的主要法律依据。该条例规定了机动车、非机动车、行为应该遵守的交通法规，是对《中华人民共和国道路交通安全法》的细化。例如第 91 条规定：公安机关交通管理部门应当根据交通事故当事人的行为对发生交通事故所起的作用以及过错的严重程度，确定当事人的责任。

第三，《道路交通事故处理程序规定（2017 修订）》。这是处理道路交通事故程序方面的依据，由公安部发布，地位低于前两部法律法规，但该规定对交通事故处理的管辖、现场处置、责任认定、处罚、赔偿调解、简易程序等作了详尽的规定，具有非常强的可操作性。例如第 60 条的规定，公安机关交通管理部门应当根据当事人的行为对发生道路交通事故所起的作用以及过错的严重程度，确定当事人的责任。[45] ①因一方当事人的过错导致道路交通事故的，承担全部责任；②因两方或者两方以上当事人的过错发生道路交通事故的，根据其行为对事故发生的作用以及过错的严重程度，分别承担主要责任、同等责任和次要责任；③各方均无导致道路交通事故的过错，属于交通意外事故的，各方均无责任。一方当事人故意造成道路交通事故的，他方无责任。

第四，其他法律法规。比如《刑法》和《最高人民法院关于审理交通肇事刑事案件具体应用法律若干问题的解释》，对构成交通肇事罪如何进行定罪量刑作了详尽的规定。《最高人民法院关于审理道路交通事故损害赔偿案件适用法律若干问题的解释》以及《最高人民法院关于审理人身损害赔偿案件适用法律若干问题的解释》（2022 年修正），对于发生交通事故后的责任划分、赔偿项目、计算方式等作了详细的规定，具有非常强的可操作性。具体举例来说，《刑法》第 133 条对交通肇事罪和危险驾驶罪作出具体规定：违反交通运输管理法规，因而发生重大事故，致人重伤、死亡或者使公私财产遭受重大损失的，处 3 年以下有期徒刑或者拘役；交通运输肇事后逃逸或者有其他特别恶劣情节的，处 3 年以上 7 年以下有期徒刑；因逃逸致人死亡的，处 7 年以上有期徒刑。第 133 条之一规定，在道路上驾驶机动车，有下列情形之一的，处拘役，并处罚金：①追逐竞驶，情节恶劣的；②醉酒驾驶机动车的；③从事校车业务或者旅客运输，严重超过额定乘员载客，或者严重超过规定时速行驶的；④违反危险化学品安全管理规定运输危险化学品，危及公共安全的。机动车所有人、管理人对前款第 3 项、第 4 项行为负有直接责任的，依照前款的规定处罚。有前两款行为，同时构成其他犯罪的，依照处罚较重的规定定罪处罚。

同时，《刑法》第 134 条对重大责任事故罪和强令违章冒险作业罪作出了具体规定：在生产、作业中违反有关安全管理的规定，因而发生重大伤亡事故或者造成其他严重后果的，处 3 年以下有期徒刑或者拘役；情节特别恶劣的，处 3 年以上 7 年以下有期徒刑。强令他人违章冒险作业，或者明知存在重大事故隐患而不排除，仍冒险组织作业，因而发生重大伤亡事故或者造成其他严重后果的，处 5 年以下有期徒刑或者拘役；情节特别恶劣的，处 5 年以上有期徒刑。

《最高人民法院关于审理交通肇事刑事案件具体应用法律若干问题的解释》第 1 条至第 9 条对交通事故、交通肇事以及有关交通肇事逃逸和具体的赔偿作出详细的解释：

第 1 条　从事交通运输人员或者非交通运输人员，违反交通运输管理法规发生重大交通事故，在分清事故责任的基础上，对于构成犯罪的，依照刑法第 133 条的规定定罪处罚。

第 2 条　交通肇事具有下列情形之一的，处 3 年以下有期徒刑或者拘役：

（一）死亡 1 人或者重伤 3 人以上，负事故全部或者主要责任的；

（二）死亡 3 人以上，负事故同等责任的；

（三）造成公共财产或者他人财产直接损失，负事故全部或者主要责任，无能力赔偿数额在 30 万元以上的。

交通肇事致 1 人以上重伤，负事故全部或者主要责任，并具有下列情形之一的，以交通肇事罪定罪处罚：

（一）酒后、吸食毒品后驾驶机动车辆的；

（二）无驾驶资格驾驶机动车辆的；

（三）明知是安全装置不全或者安全机件失灵的机动车辆而驾驶的；

（四）明知是无牌证或者已报废的机动车辆而驾驶的；

（五）严重超载驾驶的；

（六）为逃避法律追究逃离事故现场的。

第3条　"交通运输肇事后逃逸"，是指行为人具有本解释第2条第1款规定和第2款第（一）至（五）项规定的情形之一，在发生交通事故后，为逃避法律追究而逃跑的行为。

第4条　交通肇事具有下列情形之一的，属于"有其他特别恶劣情节"，处3年以上7年以下有期徒刑：

（一）死亡2人以上或者重伤5人以上，负事故全部或者主要责任的；

（二）死亡6人以上，负事故同等责任的；

（三）造成公共财产或者他人财产直接损失，负事故全部或者主要责任，无能力赔偿数额在60万元以上的。

第5条　"因逃逸致人死亡"，是指行为人在交通肇事后为逃避法律追究而逃跑，致使被害人因得不到救助而死亡的情形。

交通肇事后，单位主管人员、机动车辆所有人、承包人或者乘车人指使肇事人逃逸，致使被害人因得不到救助而死亡的，以交通肇事罪的共犯论处。

第6条　行为人在交通肇事后为逃避法律追究，将被害人带离事故现场后隐藏或者遗弃，致使被害人无法得到救助而死亡或者严重残疾的，应当分别依照刑法第232条、第234条第2款的规定，以故意杀人罪或者故意伤害罪定罪处罚。

第7条　单位主管人员、机动车辆所有人或者机动车辆承包人指使、强令他人违章驾驶造成重大交通事故，具有本解释第2条规定情形之一的，以交通肇事罪定罪处罚。

第8条　在实行公共交通管理的范围内发生重大交通事故的，依照刑法第133条和本解释的有关规定办理。

在公共交通管理的范围外，驾驶机动车辆或者使用其他交通工具致人伤亡或者致使公共财产或者他人财产遭受重大损失，构成犯罪的，分别依照刑法第134条、第135条、第233条等规定定罪处罚。

第9条　各省、自治区、直辖市高级人民法院可以根据本地实际情况，在30万元至60万元、60万元至100万元的幅度内，确定本地区执行本解释第2条第1款第（三）项、第4条第（三）项的起点数额标准，并报最高人民法院备案。

《人身损害赔偿解释》可赔偿项目规定包括：医疗费、误工费、护理费、交通费、住宿费、住院伙食补助、营养费、死亡赔偿金或伤残赔偿金、丧葬费、精神抚慰金、被抚养人生活费、后续治疗费、辅助器材、器具等费用、鉴定费。

（六）律师在办理交通事故业务时需注意哪些方面

1. 认真倾听当事人的陈述，从中提取有用的信息

当事人基本信息及其他当事人情况，与各方在事故中所处的地位；道路交通事故发生情况；交警部门处理情况，有无交通事故认定书；是否涉及交通肇事刑事犯罪；事故造成的人身伤亡情况，造成的财产损失项目；肇事车辆基本信息、肇事机动车保险情况；当事人对事故处理的心理预期。

2. 认真询问当事人，掌握关键信息

（1）道路交通事故案件中，如系乘客、行人、非机动车一方当事人前来咨询，律师应了解以下信息：

当事人姓名、年龄、户口所在地、婚否、亲属关系等情况；了解当事人有无受伤及治疗情况、有无伤残。如系当事人亲属前来咨询，则应了解其与受害人关系。

了解肇事机动车驾驶员、名义车主、实际使用人、挂靠单位等车辆信息，有无投保机动车交通事故责任强制保险，肇事车辆是否有商业险。

　　了解事故有无经过交警部门处理，有无交通事故认定书。通过当事人提供的交通事故认定书，了解交警部门认定当事人是无责、次要责任、同等责任、主要责任抑或是负全责；初步分析事故原因及交警部门认定责任的依据。如当事人对交通事故认定书中的责任认定不服，则需要进一步了解与事故发生、责任认定有关的详细情况；了解当事人能否提供足以推翻交通事故认定书的证据。

　　当事人如有住院治疗，则进一步了解详细治疗情况，涉及的救治医院、具体治疗项目及治疗费用，结合当事人提供的病历、住院病程记录等资料，了解当事人住院天数、住院期间有无护理人员、误工时间、就医实际发生的交通费用、住宿费用等。

　　如有伤残，则询问有无经过司法鉴定机构进行伤残鉴定；如无，则视情形决定是否需要建议当事人尽快到司法鉴定机构做伤残鉴定或询问当事人是否需要律师提供此项法律帮助，以确定伤残等级；如已做伤残鉴定，则要了解鉴定机构是否合法，当事人伤残等级，出院后是否仍需继续受护理，是否需要配制残疾辅助器具等。

　　了解在同一事故中有无其他受损人及受损情况。

　　咨询中应注意：当事人的情绪反应，尤其是死亡受害人的家属前来咨询的情况，接待律师应当对当事人表现出足够的同情与耐心，同时还要保持客观冷静，注意当事人的情绪波动。律师在回答或是询问的时候，语气尽量柔和，多用中性语词，避免使用会刺激当事人情绪的字眼，更不能在当事人情绪激动的时候施以诱导或刺激，而应通过抚慰性或劝慰性言辞让当事人尽可能保持平静。

　　（2）交通事故中机动车一方前来咨询的，律师应了解以下几方面：

　　了解当事人是否为肇事机动车车主或者机动车实际控制人，了解其与机动车车主之间关系：雇佣关系、劳动关系、借用关系抑或其他。

　　了解当事人驾驶证取得时间，准驾车型；所驾驶的机动车型号、车牌号码、有无年检、保险标志；核对事故发生时当事人所持驾驶证与有权机关核发驾驶证是否相符；肇事时所驾驶机动车与驾驶证注明的准驾车型是否相符。

了解当事人有无违反《道路交通安全法》《道路交通安全法实施条例》及相关法律，是否存在以下情形：酒后、吸食毒品后驾驶机动车辆的；无驾驶资格驾驶机动车辆的；明知是安全装置不全或者安全机件失灵的机动车辆而驾驶的；明知是无牌证或者已报废的机动车辆而驾驶的；严重超载驾驶的；为逃避法律追究逃离事故现场的。

通过当事人提供的交警部门制作的交通事故认定书，了解当事人对事故发生所起作用、责任划分；了解当事人承担全部、主要、同等、次要责任或者无责；倾听当事人对事故的看法、对事故认定书的意见。如当事人对认定不服，律师应进一步了解当事人能否提供对其有利的证据。

了解机动车投保情况，有无投保交强险、商业保险及保险金额。

了解当事人在事故中有无过错、过错程度，当事人有无可以依法减轻赔偿额的情形。

了解事故中人员伤亡、财产损失情况。

八、企业劳动人事法律业务

（一）避免大幅度裁员

在经济环境变化形势下，企业生产经营遭遇困难十分正常。笔者认为在此种情况下用人单位不要轻易进行大幅度裁员，这不仅是企业需要承担的一种社会责任，而且有利于企业规避因裁员较多所带来的法律风险、避免伤害留用员工的企业归属感。

（二）规章制度讨论公示

企业规章制度的制定、修改必须遵循《中华人民共和国劳动合同法》的民主程序，必须向劳动者公示，内容必须符合法律规定。如果企业忽略这一点，规章制度将不能作为企业用工管理的依据，企业还会面临职工随时要求解除劳动合同并提出经济补偿的风险。

（三）先订合同后用工

企业、用人单位等务必树立先订合同后用工的理念，务必在实际用工之日起一个月内订立劳动合同；劳动合同终止后劳动者仍在用人单位继续工作的，也应当在一个月内订立合同。劳动者拒不签订劳动合同的，企业应当保留向劳动者送达要求签订合同的通知书等相关证据，以免劳动者不愿与企业签订书面劳动合同事后又要求企业支付双倍工资。

（四）员工意愿签订固定期时保留证据

劳动者符合订立无固定期限劳动合同情形的，请尊重劳动者的选择，按其意愿订立无固定期限劳动合同。在订立合同时可书面征询劳动者意见，若其要求订立固定期限劳动合同，用人单位应保留劳动者同意的书面证据，避免事后劳动者反悔，以应订而未订无固定期限劳动合同为由要求用人单位支付两倍工资。

（五）服务期协议要留费用凭证

企业对劳动者进行专业技术培训，特别是出国研修，应当签订专项培训合同，明确双方权利和义务，减少人才流失对企业的影响；同时，注意保留培训费用方面的相关证据，以避免发生争议时的举证困难。

（六）合理使用竞业限制保护

高级管理人员、高级技术人员和其他负有保密义务的人员是企业的宝贵财富。为了避免他们在离职后到其他用人单位或自己开办公司从事竞业限制业务，造成损失，可以与其约定保守商业秘密和与知识产权相关的保密事项，并同时签订竞业限制条款，明确竞业限制的范围、地域和期限。但请务必注意竞业限制期限不得超过两年，同时在解除或终止劳动合同后，在竞业限制期限内应按月给予劳动者经济补偿。

（七）善用综合计时和不定时

企业安排劳动者加班加点工作的，应支付加班工资。对由于工作性质、工作岗位的特点需要实行不定时工作制和综合计算工时工作制的劳动者，建议及时申请劳动行政部门依法审批。同时注意保留经劳动者确认的考勤记录，以免在对加班事实发生争议时出现举证困难。

（八）放弃年休留凭证

安排职工年休假是企业的义务。如果企业安排职工休年休假，但职工不愿休假，建议以书面形式通知职工休假，并要求职工以书面方式对是否休假、何时休假予以确认，以避免发生争议时举证不能。

（九）警惕员工提"被迫解除"

依法及时为劳动者缴纳社会保险费是企业的义务，请务必遵守。否则企业将可能面临劳动者以此为由要求解除劳动合同并要求经济补偿的更大风险和成本。

（十）单方调整必须慎重

企业与劳动者变更劳动合同约定的工作岗位、工资报酬等内容时，务必通过书面劳动合同、工资单、岗位变化通知书等书面形式将变更内容予以文字记载，并经劳动者确认，以免发生纠纷时举证困难。

（十一）规章设定调岗调薪条件

企业可以依据规章制度的规定或与劳动者的约定调整其工作岗位或薪酬。建议在企业的规章制度或劳动合同中，对工作岗位、劳动报酬变更的情形作出规定或约定，以便发生争议时对调整劳动者工作岗位和工资报酬的合法性和合理性能承担举证责任。

（十二）明确界定录用条件

企业在试用期内对劳动者有单方解除权，为确保企业正确行使权利，建议把好招聘关，明确界定录用条件并通过发送聘用函、在劳动合同中约定、在规章制度中规定等方式向劳动者公示录用条件。在试用期内做好考核工作，对不符合录用条件的劳动者及时解除合同，否则过了试用期将需要支付较高的辞退成本。

（十三）明确严重违纪、量化重大损害情形

企业在劳动者严重违反规章制度等情况下有单方解除权，为确保企业正确行使权利，建议在企业的规章制度或员工手册中对严重违纪、重大损害等情形作出明确量化的规定，同时注意保留职工严重违纪、对企业造成重大损害、严重影响的事实依据，以便发生争议时举证。

（十四）解雇需有法定理由

企业与劳动者解除劳动合同或者劳动合同终止时，应按照法律规定的情形及程序解除或终止，并应当依法及时向劳动者支付经济补偿，务必注意遵守该项义务，否则将面临加付50%～100%甚至两倍经济补偿金的惩罚的风险。

（十五）员工辞职可规范

劳动者单方解除劳动合同是法律赋予的权利，企业应依法保障其辞职自由，但也应注意规范其辞职行为。应注意保留劳动者提交的辞职书等书面证据，以证明劳动者是否依法行使了合同解除权。对劳动者违反诚实信用原则，在劳动合同约定期限届满前或约定工作任务完成前解除劳动合同，给企业造成损失的，可以主张劳动者赔偿直接经济损失。

第三节　诉讼业务

民事诉讼历史悠久，无论是史书中还是出土的竹简上，都有关于诉讼的记载。虽然民事纠纷和相关诉讼一直存在，但直到 20 世纪 80 年代初，中国才恢复了律师制度。

在人们的心目中，一提到律师，马上就会联想到代理诉讼。这种印象虽然有些片面，却也反映出律师最主要的业务内容便是诉讼，其中民事诉讼是我国律师最基础的业务。本节突出律师在诉讼进程中的基本技能，按律师的工作规程进行编写，并着重阐述律师在诉讼进程中的工作内容。本节介绍的是基本技能，更高的法律文书制作水平、更好的证据调查收集手段、更强的法庭辩论技巧，需要以扎实的法学知识为基础，通过代理案件的实践，逐步加以总结提高。

一、民事诉讼

（一）"准备就是一切"的信念

对案件的充分准备是取得胜利最基本的先决条件。适当介绍案情是必不可少的，因此必须尽可能全面地掌握事实。从一般规律看，事实是案件的基础，而法律是基于事实而适用的。法庭审理总是要在国家法律的框架内尽可能地达到公平，因此，查明事实并提供相应的证据予以支持就成为十分重要的因素，在大多数案件中具有决定性意义。一般来说，民事诉讼 80% 的工作在开庭之前都已经完成了，如果在庭审过程中，法官提出的问题中 30% 是律师提前做好应对准备的，那么对于这一案件的准备就比较充分。

律师应该设定正常的诉讼目标，不要奢望通过法庭辩论扭转案件局面，要知道出奇制胜永远是个别案件。

（二）诉讼准备

1. 主办律师与协办律师之间的配合

主办律师对民事案件诉讼代理工作全面负责，负责指导协办律师完成开庭前后的各项诉讼代理辅助工作。要充分理解民事诉讼的优势证据与刑事辩护的排除合理怀疑的区别以及商事审判思维、民事审判思维、家事审判思维、劳动人事审判思维之间的细微差别。协办律师应按照本书指引的操作规程，在主办律师的指导下，协助主办律师完成诉讼准备工作，承担各项辅助工作，并向主办律师负责。主办律师和协办律师分工遵循的基本原则是：主办律师负责法律观点和应诉方案的确定，最终的诉讼文件定稿及出庭应诉；协办律师负责各项法律文件的草稿准备，法律论证分析以及各项程序性准备工作。协办律师的定位：在工作安排上，协办律师应及时与主办律师沟通、请示，按照主办律师的工作节奏，合理安排自己的工作时间；在案件准备过程中，应以"自己就是主办律师"的心态，全局、细致、主动地开展案件准备工作，避免出现完全等待主办律师工作指示的"一步一动"的方式；对于案件观点与主办律师不统一时，应直接表达自己观点，在充分沟通的前提下，按照主办律师确定的意见执行。

2. 受案审查

当事人诉讼主体资格的审查；利益冲突的查询。

3. 研究与诉讼有关的期限、管辖问题

研究与诉讼有关的期限，律师往往要在一个时间段内同时承办多个案件，这就要求律师对每个案件的期限有一个精细的把控，比如案件的诉讼时效、举证期限、答辩期、异议期等，要对每个案件涉及的期限知之甚详，避免出现因为错过期限而丧失权利的情形发生。

很多案件会采用公告送达的方式，我们要定时查询案件的公告，做一个公告记录表，最重要的是知道案件的进展以及关键时间点，做到不遗漏。

研究管辖问题，诉讼管辖分为级别管辖和地域管辖。级别管辖，是指各级法院之间受理第一审民商事案件、知识产权案件以及其他各类案件之间的职权范围和具体分工。地域管辖、专属管辖、协议管辖均不得违反级别管辖的规定。地域管辖又称"区域管辖""土地管辖"，是指同级人民法院之间，按照各自辖区对第一审民商事案件、知识产权案件以及其他各类案件审理的分工。地域管辖是在级别管辖基础上，从横向的方面来确定案件由哪个法院来受理。

地域管辖与级别管辖不同。级别管辖纵向划分上下级人民法院之间受理第一审民事案件的权限和分工，解决某一民事案件应由哪一级人民法院管辖的问题；而地域管辖从横向划分同级人民法院之间受理第一审民事案件的权限和分工，解决某一民事案件应由哪一个人民法院管辖的问题。

律师接受案件时应当对案件的管辖法院有准确的预估，是本地法院还是外地法院，是基层法院还是中院、高院等，这些都将切实关系到诉讼的进程及诉讼成本。

4. 办理委托代理手续

根据主办律师的意见，准备《委托代理协议》《授权委托书》《所函》。

准备《法定代表人身份证明》、《企业法人营业执照（副本）》（复印件）、《企业法定代表人身份证》（复印件）、《律师证》（复印件）。

注意事项：对于需要当事人提供的上述手续，应当专门列明具体的份数、盖章原件等要求。

根据案件争议标的计算诉讼（仲裁）受理费、保全费用（如需）及律师代理费等。

制作工作安排表，建立网上共享文档：①按照《工作安排表》，逐项填写需完成的工作、已完成的工作，并在办案过程中不断更新。②使用有关网络云协作等软件，建立线上文档共享。

（三）起草起诉状

1. 撰写起诉状的准备工作

写起诉状之前，要明确原告、被告、第三人的当事人信息、联系方式；确定本案的案由；诉讼请求；管辖法院；基本案情等。书写中要注意当事人的基本信息要准确，尽量全面，这是法庭审理确定当事人身份的重要根据，更是向被告人送达文书的信息来源，如果当事人的信息不完整甚至错误，将可能导致起诉状无法送达，那么诉讼将不能开始。

起诉状通常由双方当事人的基本信息、案由、诉讼请求、事实与理由几个主要部分组成。

可以在中国裁判文书网找到相似的判决，根据判决书来写起诉状。判决书的判项就是起诉状的诉讼请求；判决书中的本院查明部分就是起诉状的事实部分应当写的内容；判决书中的本院认为部分就是起诉状的理由部分应当写的内容（对本案件的法律观点）。我们可以根据上述的一一对应关系，参照判决书起草起诉状。

2. 关于诉讼请求

要列举的项目一定要齐全。例如，借款合同审查或者借款合同纠纷案件，一般都会有本金、利息、违约金或者滞纳金，还有的叫逾期利息，有约定律师费的，不要忘记律师费。

再比如，租赁合同案件，有拖欠的租金，拖欠租金的利息或者滞纳金，违约金。如果合同已经解除，房屋没有腾空交房，租期届满或者解除之后的部分叫"占用费"，占用费的标准与租金持平。

当然，在起草订立租赁合同的时候，可以约定占用费为租赁合同约定的租金标准的 N 倍，以制裁到期或者合同解除拒不交房的行为。

不能直接得出数额的，一定要附有计算方法。所有的货款，房款等都应一一核对数字，计算清楚，有计算依据的，要一一列明计算依据。不管利息、滞纳金、租金、占用费等都应该如此。

为方便裁判人员计算核对，可以写明标准，列出公式。

3. 起诉状撰写的 7 大误区

（1）诉讼请求含混笼统。诉讼请求是民事诉状中的"牛鼻子"，是法院审理、判决的重要对象之一，举证期限届满后一般不可以随意变更，民事判决的结果最终也无非是全部支持、部分支持或驳回诉讼请求。

我国《民事诉讼法》第 122 条第 3 项规定，起诉必须有具体的诉讼请求和事实、理由。但与此相反，实践中存在很多诉讼请求含混不清、过于笼统的情形。比如，笼统写明要求被告给付多少金额、返还多少金额、赔偿多少金额，在本诉与反诉请求具有完全对立性的情形下，仅要求二审法院撤销原判、支持反诉请求等。

诉讼请求含混、不具体，将直接导致法官审理难度增大，法官必须先行释明，将诉讼请求明确化、具体化。如此，法官对律师的专业水平判断可想而知，律师说服法官的可能性也不会太高。

确认之诉或形成之诉的诉讼请求相对容易明确、具体。诉讼请求含混笼统的情形，大多发生在给付之诉中，关键在于律师对案涉法律关系把握不清。比如，未能在侵权责任和违约责任竞合时明确选择相应的法律关系提出相应的诉讼请求，未能在可能涉及的几种债权债务关系中明确选择一种提出相应的诉讼请求，未能在本诉与反诉具有完全对立关系的前提下提出相应的上诉请求，或者未能在诉讼请求中明确表明诉讼请求背后所依托的法律关系。

律师在分析案情时囫囵吞枣，很可能在提出相应诉讼请求时也抓不住要点。当然，实践中有些律师出于诉讼策略考虑，将诉讼请求不具体的难题留给法院，希望法院查明事实后来决定，但随着法官职业化的提升，这种方法越来越难奏效。

首先，在案情分析和诉讼策略选择时，如果涉及侵权责任和违约责任竞合，则必须明确选择以侵权还是违约进行诉讼，进而提出相应的诉讼请求。对原告来讲，侵权和违约的举证责任和难度是不一样的，最终得到的赔偿数额也可能不一样，律师需要综合考虑相应法律风险后向委托人披露，然后根据委托人的需求来决定诉讼策略，选择何种法律关系进行诉讼。

其次，在可能涉及多种债权债务关系时必须选择其中一种进而提出诉讼请求，比如借贷还是不当得利最终都是要求对方返还一定款项，但举证责任和法律风险是不一样的，诉讼请求也应当不一样，借贷关系的诉讼请求是要求对方返还借款多少金额，而不当得利的诉讼请求应当表述为要求对方返还不当得利多少金额。

再次，在本诉与反诉具有完全对立性，不可能同时存在的情况下，比如违约，要么违约要么不违约，上诉请求要求支持反诉请求时必须要请求驳回本诉请求，否则就是笼统不明确。

最后，诉讼请求可以通过特定的关键词表明其背后所依托的法律关系，比如"返还借款""返还不当得利""赔偿侵权造成的损失""赔偿违约造成的损失"等，这样不管是立案还是审理都会方便法官审查，也体现了律师对整个案情的精准把握。

（2）陈述事实繁简不当。民事诉状必须有具体的事实，但具体到什么程度法律并没有规定。律师撰写诉状虽不像没有受过法律专业训练的当事人那样抓不住重点，但现实中诉状所陈述的事实也存在繁简不当，影响立案甚至在法庭审理中处于被动的情况。比如，有的将案件涉及的全部事实面面俱到在诉状中陈述，有的过于简单未能将诉讼请求背后法律关系的事实构成要件勾勒出来，甚至双方约定管辖的事实都未描述清楚等。

民事诉状事实过于复杂，立案法官审查起来比较麻烦，不容易抓住重点，而且言多必失，可能为将来对方答辩反驳提供素材。民事诉状事实过于简单，虽然有时不会影响立案，但会影响之后的庭审进程，因为开庭后提出新的事实，必然要提出新的证据予以支撑，而提出新的证据予以支撑，对方一般会要求延长举证期，对于新的证据予以质证。诉讼时间的人为拖延有时会降低委托人的服务体验，从而影响到委托人对律师服务质量的整体评价。

民事诉状撰写繁简不当的关键原因在于律师对于民事诉状在民事诉讼中的作用认识不清。民事诉状不但有发起一审或二审民事诉讼程序的功能，而且属于当事人的陈述，具有证据资料的功能。

对于这两个功能理解的任何一方的偏重都会影响民事诉状的效果甚至将来的民事诉讼结果。如偏重于发起民事诉讼程序功能，可能会陈述事实过于繁杂，为了法官能够立案或者将来审理法官能偏向己方，事实面面俱到，"尽力"说服法官。如偏重于证据资料功能，可能会陈述事实过于简单，生怕法官或对方从中抓住对自己不利的陈述，越简单越好。

在法官处理单个案件时间有限的情况下，民事诉状陈述事实过于繁杂或简单都会影响法官处理案件的效率和效果，进而影响到律师服务质量。

民事诉状中陈述的事实应当与诉讼请求直接相关，对于诉讼请求起到证明和支撑作用。具体来说，民事诉状中陈述事实的繁简程度，应当在诉讼请求的统领下平衡民事诉状发动诉讼程序的功能与证据资料功能，尽量用精练的语言对诉讼请求背后法律关系的事实构成要件作出精确的陈述，以达到支撑诉讼请求的目的。

对于与诉讼请求背后法律关系的事实构成要件无关的事实，尽量简写或不写。因为，法官在审理案件时，也是重点审查案件法律关系的事实构成要件，从而判断诉讼请求能否成立，或者能在多大范围上成立。

另外，对于与管辖连接点相关的事实或约定也必须在民事诉状事实陈述中明确写明，比如接受货币一方所在地、经常居住地、主要财产所在地、管辖约定条款等，以便于法院审查其有无管辖权。

（3）自认对己不利的事实。如前所述，民事诉状具有证据资料功能。根据禁反言原则，民事诉状中陈述的事实系当事人陈述，其对当事人在整个诉讼活动中具有很强的制约作用。然而，有些律师并没有意识到这一点，在民事诉状中陈述一些明显对自己不利的事实，形成"不打自招"的被动局面，但其自身还浑然不知。比如，在房屋买卖合同诉状中陈述原告与其丈夫"假离婚"后与被告签订了系争房屋买卖合同，要求被告继续履行房屋买卖合同等。显然，通过假离婚规避房屋限购政策是严重违反地方性法规的行为，法院根本不可能支持这种行为，在民事诉状中毫无掩饰地阐明该种观点不但不会得到法院的同情和支持，反而将委托人的利益置于危险的境地。

还有一些自认对自己不利的事实，表面上看其并没有什么过错，陈述的也是客观事实，但却成为对方攻击自己的理由。民事诉状中自认对己不利的事实，根本在于缺乏逆向思维。棋局对弈中，每下一子都需要考虑对方可能的反制措施，自己接下来将如何应对等。诉讼对垒亦是如此。

律师代理原告或上诉人，撰写民事诉状作为下的"第一子"，不但要站在己方的立场思考问题，而且要站在对方的立场思考民事诉状的问题所在，存在哪些漏洞和可攻击点，在接下来的诉讼过程中，对方可能提出哪些抗辩，民事诉状中陈述的事实是否会被对方所用等。

如缺乏逆向思维，仅是站在委托人的角度思考问题，民事诉状的撰写哪怕是如实陈述事实，也可能被对方抓住漏洞，最终导致对己不利的诉讼结果。当然，缺乏逆向思维也说明对民事诉状证据资料功能的警惕性不太高，觉得民事诉状就是启动民事诉讼和说服法官的工具，而对将来的诉讼走向和风险对民事诉状的要求的考虑显然不足。要杜绝民事诉状中陈述的对己不利事实的发生，需要运用逆向思维，站在对方当事人律师的角度或者让律师同行对民事诉状进行"挑刺"。

首先绝对排除可能违反法律、法规和地方性法规等的事实，哪怕其真的是客观事实，比如夫妻假离婚以规避限购政策而买房的事实。这需要律师对法律、法规和政策的禁止性规定保持非常强的敏感性，并经常使用"归谬法"对民事诉状中陈述的事实进行检验，如果法院全部支持，会不会产生明显违反常识的后果。

另外，对于民事诉状中必须加以陈述的事实，也需要反复推敲，基于对方可能提出的抗辩理由考虑该事实写到什么程度为佳，不能"只见树木不见森林"，一定要为将来的陈述和抗辩保留足够的回旋余地。

（4）分析说理过于展开。一般来说，民事诉状中的理由部分不会写得很详细。但对于有些新类型的案件或者法律上没有明确规定导致法官自由裁量权偏大的案件，再加上代理律师比较"自信"，也容易在这类民事诉状中对于分析说理过于展开，将每一点支撑理由都予以详细阐述，以充分展示自己对该问题的理解，从而引起主审法官的"重视"，最终作出对己方有利的判决。

然而，事实是法官不一定会重视，在法官处理案件单位时间有限的情况下，不少案件法官庭前都没有阅卷，直接让原告或上诉人在开庭时陈述事实和理由。相反，对方当事人和律师收到民事诉状后会认真研究民事诉状中提出的理由，提前查找相关资料，寻找相反理由。

这样庭审效果肯定不会特别有利于己方，委托人及参与旁听人员感受的庭审效果也不会特别理想，最终影响委托人的法律服务质量体验。

民事诉状中分析说理过于展开，系对民事诉状功能的认识不清及对民事诉讼对抗性的理解不足。一方面，不管是从民事诉状发动民事诉讼程序的功能还是从证据资料功能看，民事诉状中理由的过于展开并不会对民事诉状的以上功能有任何好处，毕竟庭审中当事人还有辩论的权利，律师也可以通过代理词详尽地阐述支持诉讼请求的理由。实际上，在民诉状中充分展示说理，是将民事诉状当成代理词，是对民事诉状功能的错误定位。另一方面，民事诉讼案件的对抗性非常强，庭审中反应迟钝、表达不到位或理解错误，有时就可以决定一个案件的成败。民事诉状中过多阐述理由无疑会给对方更多的准备时间来对抗，从而增加诉讼难度，最终可能得不到己方想要的诉讼结果。

民事诉状中的说理不能省略但应当简化。民事诉状中的理由是用来支撑诉讼请求的，故应当围绕诉讼请求为何能够成立来撰写。主要内容有两个方面，要么主要阐述法条依据，要么阐述双方约定的合同条款依据，然后分别将民事诉状中陈述的事实归入上述法条依据或双方约定的合同条款依据，这样法官即能大概了解为什么要提出前面的诉讼请求。

而将事实归入法条依据或双方约定的合同条款的过程则不需要详细阐述，实际上，在民事诉状中详细阐述归入过程没有必要，且也不一定准确。因为诉讼过程中可能会发生相应的自认、免予举证等事实，有时甚至代理思路都会发生变化。有些复杂的案件，律师刚开始接手案件时候的思路，会随着代理过程的深入和双方披露事实的增多而变化，贸然在诉状中过多阐述理由风险相当大。即使再有自信的律师，也要引而不发，这样民事诉状才可能作为射向对方的一支"利箭"，达到最佳的效果。

（5）法律观点自相矛盾。民事诉状中陈述的事实和理由均为支持诉讼请求而生，应具有内在的一致性。但有些民事诉状会阐述一些似是而非，甚至是自相矛盾的法律观点，企图浑水摸鱼。比如，当事人在上诉状中一边阐述其与雇员是一起为发包人打工，一边又阐述其是将装修劳务发包给雇员，以达到将法律责任分别往发包人和雇员两边推卸的目的。

但不管一审认定他们之间的关系能否成立，当事人在上诉状中如此阐述三方之间的法律关系，已经构成了自相矛盾，因为当事人不可能在将装修劳务发包给雇员时，还能与雇员一起受雇于发包人。如此自相矛盾的法律观点，显然不会起到支撑上诉请求的目的。

民事诉状中自相矛盾法律观点的出现，主要是由于某些案件法律关系的复杂性，律师一味迎合当事人的需求或两者兼而有之，导致自身观点不能自圆其说。当案件法律关系比较复杂时，如不能扎扎实实地将涉及的法律关系分析清楚，不能自己说服自己，则表达的法律观点很有可能是自相矛盾的，很容易被对手抓住把柄；若当事人比较固执，而律师又一味迎合、满足当事人的需求，缺乏自己对案件的法律专业分析，提出的法律观点难免捉襟见肘，破绽百出。

上面提到的上诉状中自相矛盾观点的例子，其二审中的观点与当事人自己在一审中的观点一模一样，律师在二审接案后显然没有综合全案分析各种上诉理由背后的相应风险，最终导致上诉很容易地就被驳回。

要避免民事诉状中自相矛盾的法律观点，首先，律师要坚持自己作为法律专业人士的身份，不能为了接下案子而迎合当事人必然不成立的需求和理由，应在专业分析的基础上，向当事人充分披露其观点可能存在的法律风险，并做好书面记录，即使以后败诉当事人也不能因此投诉律师不尽责。

其次，对于复杂案件法律关系的分析，要做充分的起诉前准备，自己能够说服自己是最基本的要求，有必要时还可以向该方面擅长的同事请教，因为有时受自己法律实务经验的限制和自我思维循环的影响，想跳出来并不那么容易。

最后，对法律关系分析的观点分别进行推理，假设其成立然后可以得出什么观点，然后又可以得出什么观点，最终可以得出一些与已知案件事实或生活常理等一致或相悖的观点，以此检验民事诉状中全部法律观点是否相一致。如存在自相矛盾，则需回头审视最开始的法律关系分析观点，并做出相应调整。

（6）请求权基础缺失化。一般情况下，法官必须依据法律规范而不得依照法律原则作出判决。诉讼实践中，法官也经常问律师，我为什么支持你们呢？法官也会经常问自己，用哪一条或哪几条法律规范作出判决。

显然，请求权基础（法律规范）是民事诉讼请求的直接法律依据，但现实中民事诉状对于据以支持诉讼请求的请求权基础很多都不写明，仅是笼统陈述根据法律相关规定，或者根据合同法、侵权责任法、民法总则等的相关规定，请求法院判决支持相应诉讼请求。

有的律师也认为，适用法律是法院职责所在，应当由法院去判断和取舍。但这种请求权基础的模糊和缺失,一定程度上削弱了对诉讼请求的支持力度,也给法官审理带来了一定的困难,因此有时法官会让律师明确案件的请求权基础。

普通当事人撰写诉状一般不会写明请求权基础,是由于其缺乏相应的法律知识。但专业律师撰写诉状不写明请求权基础的原因则是多方面的,有主观方面的因素,也有客观方面的因素。

主观方面,是对请求权基础不重视,认为到底适用哪条法律规范是法院的职责,其只要提供粗略地适用哪部法律就可以,而不需要精确地提供具体法律规范。有时为了防止出错或没有把握,律师也故意不写明请求权基础。

客观方面,是民事诉讼法仅规定必须有具体的理由,但没有明确规定民事诉状中必须有请求权基础,因为我国没有实行律师强制代理制度,要求普通当事人都提出请求权基础也是不现实的。

虽然适用法律是法院的权利和义务,当事人不指出请求权基础,法院也应当依法适用法律,作出相应的裁判。但律师作为法律专业人士,撰写民事诉状时应尽量指明诉讼请求依据的主要请求权基础。

可以通过法律关系分析法或请求权基础分析法,对案件涉及的主要请求权基础进行分析和搜寻。简单来说,法律关系分析法主要是按照时间顺序,对案件事实涉及的法律关系进行分析和推理,导出最终的结果和诉讼请求,从而相应的请求权基础也就明朗了。

而请求权基础分析法主要是按照时间倒叙的方式,先从提出的诉讼请求出发,寻找诉讼请求如果成立需要哪些法律规范支持,然后再逐个分析涉及的这些法律规范是否与案件事实相契合,最终选择出合适的请求权基础。

实际上,寻找主要请求权基础的过程,也是律师对案件法律关系进行精确分析的过程,也是减轻法官工作量的过程,如此律师才能更好地说服法官,不断提升法律服务质量。

(7)遣词造句情绪浓厚。法律是理性的产物,诉讼是通过理性的方式解决社会矛盾,民事诉状也应该是通过讲事实、摆道理的方式提出合法合理的诉讼请求。但有些民事诉状充满了个人感情色彩和情绪宣泄，侮辱讽刺对方当事人，甚至在极个别案件中当事人因在上诉状中辱骂法官不公正而遭到法院处罚。这些不理性的表达方式，往往容易激化双方之间的矛盾，不利于案件纠纷的化解。

律师虽然一般比较理性，但在涉及双方矛盾易激化的案件，比如婚姻家庭等涉及人身关系的案件中，有时也会受到当事人情绪的影响，撰写民事诉状时过多的涉及情绪化的字样。这虽然可能迎合了当事人的心理需求，但对方当事人收到民事诉状后，很可能会迁怒于律师。毕竟"清官难断家务事"，感情的事往往一言难尽，也没有绝对的对与错之分。

律师在撰写民事诉状时出现情绪化的用语，主要可能有三种原因：

首先，青年律师社会阅历和法律实务经验不足，对社会和人性的复杂性认识不够。有些语句对当事人的刺激是非常大的，甚至因为一句话案件可能就不能调解或和解，俗话说"良言一句三冬暖，恶语伤人六月寒"。

其次，律师可能对司法程序的定位认识不清。任何法官都希望双方当事人心平气和地坐下来谈纠纷的解决方案，都不希望处理的案件出现矛盾激化，而情绪化的用语只会给法官处理案件增加难度，法官是非常不认可的。律师认不清这一点，就会与法官背向而行。

最后，律师对自己在案件中的地位和作用理解不准确。律师过于情绪化往往是受到案件代理利益的牵制或者是将自己不自觉地置于"当事人"的地位，从而受到当事人思维和感情的过分影响。

一方面，将民事诉状中感情色彩浓厚或情绪宣泄式的用语去除，或者转换成比较平和的表达方式，以充分展现一个理性的法律专业人士对于案涉事实和法律问题的意见，也会赢得法官和对方当事人的尊重。另一方面，一定牢记自己仅是代理人的诉讼地位，而不是"当事人"。牢记诉讼代理人的地位，会使自己始终保持法律人应有的冷静和应有的独立性，有时哪怕是风险代理，也并不会使自己过于陷入当事人的纷争之中而不能自拔。

当然，维护委托人的合法权益是律师的天职，内心保持一定的独立性并不会阻碍维护委托人合法权益职责的履行，有时反而更容易得到委托人甚至法官的信任和尊重，提高律师的个人服务口碑。

（四）起草答辩状

1. 什么是答辩状

答辩状是被告（人）、被反诉人、被上诉人、被申请（诉）人针对起诉状、反诉状、上诉状、再审申请（诉）书的内容，在法定期限内根据事实和法律进行回答和辩驳的文书，是诉状中使用频率最高的文种之一。答辩状有利于保护被告（人）的正当合法权益；有利于人民法院在全面了解案情的基础上，判明是非，作出正确的判决，因此应该对答辩权给予足够重视，积极以答辩状的形式提出答辩。写作答辩状的目的是回答、反驳对方诉状的诉讼请求，以减免答辩人的责任。答辩状的写作目的与起诉状、反诉状、上诉状、再审申请（诉）书的写作目的是针锋相对的。

民事答辩状在两种情况下提出：一是原告向第一审人民法院起诉后，被告就诉状（起诉状）提出答辩状。二是案件经第一审人民法院审理判决后，一方当事人不服，提起上诉，被上诉人就上诉状提出答辩状。

2. 答辩状包含的要素

（1）双方当事人情况。

（2）案由部分，写明答辩人因何案的起诉状或上诉状提出答辩。行文中必须写明双方当事人是谁，以及对方起诉的案由是什么。

（3）正文：答辩理由和答辩请求。即针对原告诉讼请求的答复或反驳，包括事实依据、有关证据、法律依据。

答辩状篇幅不必长，但必须抓住重点，特别要抓住起诉状中那些与事实不符、证据不足、缺少法律依据的内容，进行系统辩驳，以利于法院在审理时判明原告诉讼请求是否符合事实，是否有法律依据，从而作出正确的裁判。

（五）证据材料

1. 学会列证据清单

一个法律事务有很多材料，看上去很芜杂，让人抓不住头绪。最好的办法就是按照一定的属性予以罗列。比如按照时间排列，合同协议类、谈话记录类、来往函件类、通知催告类、结算报告类、签证记录、其他合同履行的材料等。

可根据不同的法律事务、不同的目的，区分不同属性，将材料予以排列，让其体现出一定的规律性和系统性，方便找出规律，把握事实，拿出法律方案。

2. 学会做摘抄、做笔记

在研究材料时，材料少的还容易处理，材料多的，我们需要的观点来自不同的地方，我们针对这一个事情还有不同的观点，我们一个观点的论据来自不同的材料。自己尚能理出脉络，但向别人讲述时，往往会缺少章法，显得过于凌乱。所以，一定要在将材料列出清单之后，再将材料中的关键字句予以摘抄、整理。这种摘抄与笔记可以与清单相融合。

3. 罗列有利、不利两方面观点

在整理材料，并对材料的关键观点、字句予以整理之后，就可以做观点罗列。观点后面要有论据支持。这些论据可以是证据材料本身，也可以是材料中的一个字句一个表述，当然也可以是不同材料之间事实、论点的互相补充、相互支持与相互加强。

列举的时候，要列举对我方有利的观点，也要列举对我方不利的观点，有利的列出论据，不利的要预设如何反驳，或者思考从哪个角度去寻找反证。

4. 材料要自洽，要自己会说话

有不少人无法对自己的材料写作水平作出准确的评价。我觉得一个很重要的指标就是，别人在查看你的材料时不需要借助于其他材料就可以看懂，除非是想验证一下。

这就要求我们写材料的时候得有条理，也就是要讲逻辑。一层大主题下面有几层小主题，一层小主题下面还有几个要点，可以用不同的序号标得清清楚楚，毫厘不爽。

5. 关于证据突袭

（1）充分注意法院确定的举证期限，在举证期限内利用自己的专业知识和经验，尽可能完备地搜集并提交证据。

（2）如果在期限内提供证据确有困难的，应在限定期限前向法院申请延长举证期限。

（3）由于律师并非当事人本人，虽然律师在会见当事人时会尽可能全面地了解案件的情况，但是不可避免很多时候当事人自己会忽略甚至遗忘某些重要案件事实和证据。或者当事人出于商业秘密或个人隐私等原因不愿意在举证期限内提供证据。面临这样的情况，律师发现时虽然已经逾期，但若不将证据提出，将会导致当事人的权益受到极大的损害。对于类似确需逾期提供证据的，律师应提前主动与法院沟通，并书面说明理由，搜集、保留逾期提供原因的证据，以便必要时提交。

（4）如果对方当事人逾期提供证据，应依法提出异议。

（5）如果出现我方当事人因故意或者重大过失逾期提供证据的情况，应尽量向法院说明与案件基本事实有关，争取被采纳，当然也应同时告知当事人不被采纳的风险，以及即便被采纳也可能会遭到训诫、罚款。

6. 证据目录制作指引

第一，制作证据目录的基本要求。

（1）律师代理民事诉讼、仲裁案件，均应遵循本指引的相关要求。

（2）律师接受客户委托并获得相关主要证据材料之后，应及时对客户提供的证据进行梳理。如主要证据不完备，应口头或书面要求客户进一步补充提供相关证据，并配合客户及时完成相关证据的收集。如主要证据已经具备，应在 48 小时内编制完成证据目录，并在法庭指定的举证期限内提交法庭。

（3）律师收集证据时，应口头或书面告知客户提供证据的范围、形式、种类、时限、方式。对于客户自行提供的证据，律师应重点对其合法性、关联性及证明目的进行仔细审查。对客户无法提供的证据，应当及时自行收集、申请调查令或申请法院调取。

（4）律师向法庭或仲裁庭提交的证据，应当与案件事实、争议焦点密切相关，并且有利于客户。为此，在审查客户提供证据的同时，应研究并时刻关注对方当事人或第三人所提交的证据材料，以使提交的证据材料有关联性和针对性。

（5）律师向法庭或仲裁庭提交的证据应按本指引编制目录，证据目录中的证据应该形成完整的证据锁链，能够证明己方诉讼请求、答辩观点的正确性，或者证明对方当事人诉讼请求、答辩观点的错误性。

（6）证据目录应围绕案件事实及案件争议焦点分组编制，多份证据关联性很强，无法拆分的，应当合并编为一个证据组。编制证据组时还应兼顾证据形成的时间先后顺序。

（7）律师原则上不应保管证据原件。律师应当将代理过程中获取的证据原件、原物交由客户保管，确因开庭需要的，应请客户派员自行带往法庭或仲裁庭。特殊情况下，律师确需自带的，应当报主管合伙人同意。庭审结束后，律师应在48小时内将原件退还客户，并取回原在客户处出具的领条/借条（如有），或请客户出具收条存档。

（8）律师立案时，无论证据份数多少，均应按本指引装订成册。庭审过程中分次补充提供的，也应装订并编号编册，不可散乱提交。律师在网上立案时，应按人民法院要求，扫描上传与诉请相关的证据或证明材料。

（9）律师应在举证期限届满前将证据装订成册，按规则提交要求的份数给法庭或仲裁庭。

（10）律师在涉外民事诉讼案件中，应按要求准备下列证据：①当事人提供的公文书证系在我国领域外形成的，要求当事人将该证据经所在国公证机关证明，或者履行我国与该所在国订立的有关条约中规定的证明手续。②当事人在我国领域外形成的涉及身份关系的证据，要求当事人经所在国公证机关证明并经我国驻该国使领馆认证，或者履行我国与该所在国订立的有关条约中规定的证明手续。③对于发生在香港地区的有法律意义的事件和文书，要求当事人须先经司法部认可的具有委托公证人资格的香港律师进行公证，然后加盖中国法律服务公司的转递章。对于发生在澳门地区的有法律意义的事件和文书，要求当事人须经过中国法律服务（澳门地区）有限公司或者澳门司法事务室下属的民事登记局出具公证证明。对于发生在台湾地区的有法律意义的事件和文书，要求当事人须先经过台湾地区的公证机关予以公证，然后由台湾海基会根据《两岸公证书使用查证协议》，提供有关证明材料。

（11）证据为非中文的外语文本的，应自行或聘请专业机构翻译为中文，相关费用由客户承担。

（12）当事人提供电子证据的，应当采用截图、拍照或录音、录像等方式对内容进行固定，并将相应图片的纸质打印件和音频、视频的储存载体（U盘、光盘）编号后提交法院，其中：①提供微信、支付宝、QQ通信记录作为证据的，应当对用户个人信息界面进行截图固定。②证据中包含音频的，应当提交与音频内容一致的文字文本。③证据中包含视频的，应当提交备份视频后的储存载体。④证据中包含图片、文本文件的，应当提交图片、文本文件的打印件。⑤证据的内容或者固定过程已经公证机关公证的，应当提供公证书。

（13）律师宜将所有证据扫描备份，在归档时，可将电子档案连同纸质档案一起交客户部保管。

第二，调查和收集证据。

（1）证据的收集范围。律师应全面客观了解案情，及时、深入、细致地收集并及时固定相关证据。收集证据范围包括：能证明我方诉讼请求或答辩请求正确的证据，以及能证明对方诉讼请求或答辩请求错误的所有各类证据。律师在组织相关证据时，应提醒客户防止被对方当事人提取、固定对我方不利之证据，如录音、录像或其他相关书面材料等。律师不能及时收集证据的，应在举证期限届满前书面申请法院或仲裁庭延长举证期限。

（2）证人调查和收集证据。①律师向证人调查，应当由两名律师（其中一名律师需持有律师执业证）进行并制作调查笔录。调查笔录应当载明被调查人、调查时间、调查地点、调查内容、调查笔录制作人等基本情况。应当记明律师身份，律师要求被调查人如实作证，作伪证的法律责任等内容，以及调查事项发生的时间、地点、人物、经过、结果。调查笔录应全面、准确地记录谈话内容，并交由被调查人签字、盖章或按指纹确认。必要时，征得被调查人同意可同步录音或录像。②律师应根据案情决定申请证人出庭是否有利，或者聘请公证处公证取证过程，进行证据公证。③需要证人出庭作证的，律师应编制证人名单，并说明拟证明的事实，并在举证期限届满前提出申请。每一证人应附上相关材料，包括证人的基本身份情况、联系方式、证明事项、证明目的等。

（3）律师收集书证应调取原件，物证应调取原物。收集原件、原物有困难的，可复制、照相或收集副本、节录本，但应请相关保管机构签字或盖章证明与原件原物一致并附说明，必要时予以公证。视听材料的收集，应明确其来源，并应将其整理为书面文字同时提交给法庭或仲裁庭参考。

（4）申请法院调查和收集证据。律师因客观原因不能自行收集的证据，应在举证期限届满前向法院递交书面申请调查令，或申请法院直接调取，并协助调查收集。

（5）证据保全。在证据可能灭失或日后难以取得的情形下，律师应在征得委托人同意后，代理其向人民法院申请保全证据。诉讼或仲裁过程中，申请证据保全不得迟于举证期限届满前；若需在诉前或仲裁前采取证据保全的，依照法律规定、司法解释及仲裁规则等规定办理。

（6）证据的审查和整理。律师对调查、收集的证据应从以下几个方面进行审查，确定真伪及证明力：①证据的来源及种类。②证据的形成和制作。③证据形成的时间、地点和周围环境。④证据的内容和形式。⑤证据要证明的事实及其与本案的关联性。⑥证据间的关系。⑦证据提供者与本案或本案当事人的关系。⑧证据的合法性和客观性。⑨证据的证明力。

第三，编制证据目录。

（1）证据目录的要素。编制证据目录应符合《民事诉讼法》《最高人民法院关于民事诉讼证据的若干规定》，以及相关仲裁机构对证据及证据目录的要求，完整地包含证据名称、证据来源、主要内容及证明对象四个要素。

编制证据目录时，应紧密围绕案件事实、案件争议焦点对证据进行分组，原则上每组证据对应一项案件事实或一个争议焦点。编制完成后，应装订成册并对证据目录和证据进行编号。

（2）格式与内容。

其一，证据目录封面。封面是证据目录装订成册时的首页，应包含如下要点：各方当事人；诉讼或仲裁阶段；审理法院或仲裁机构；案由；案号；委托人；代理人及联系方式；证据目录及证据总页码；提交人及提交时间。

其二，证据目录内容。

一是证据的名称。证据名称系指证据首页注明的完整名称，或者在未注明名称时对该证据本身的简要描述，不得随意精简或任意描述。例如《商品房买卖合同》《会议纪要》以及"事故现场照片"（未注明名称）等。

二是证据的来源。证据的来源是指证据产生的源头，说明证据的来源主要是便于裁判机构判断证据的合法性及可信度。

归纳证据来源非简单表明该份证据由谁提供，律师不得将证据来源简单归纳为"原告提供""被告提供"。证据来源应表明该份证据从何而来，例如"《企业法人营业执照》系 XX 市场监督管理局颁发""《商品房买卖合同》系由原、被告双方签订""《建设工程规划许可证》系在 XX 规划局查询所得"等。

三是证据是否为原件。如果提交的证据有的是原件，有的是复印件，可单独列明。

四是证据的主要内容。主要内容应归纳该证据包含的与案件事实、争议焦点相关的主要事实，并进行简要描述。例如在商品房买卖合同（逾期交房）纠纷中，通常商品房买卖合同、付款凭证、房屋交接书分别作为证据提交，其主要内容分别归纳为：①原、被告双方签订了《商品房买卖合同》，约定购房款 XX 元，交房时间 XX 年 XX 月 XX 日，逾期交房违约责任 XX。②原告已按合同约定支付了购房款 XX 元。③被告实际交房时间为 XX 年 XX 月 XX 日，比约定时间逾期 XX 天。

主要内容的描述应当简明扼要，不描述与案件事实及争议焦点无关的事实。

证明对象是指该证据能够证明的某一法律事实。证明对象与主要内容既相似又有区别，二者都是对事实的描述，但主要内容侧重于对证据体现的表面事实进行描述，而证明对象侧重于根据主要内容归纳出能够直接产生法律意义的事实。

仍以上述商品房买卖合同（逾期交房）纠纷为例，其证明对象应分别归纳为：双方自愿签订的合同合法有效，原告已履行了付款义务。被告逾期交房的行为违反了合同约定，应承担向原告支付违约金 XX 元的违约责任。

（3）证据目录及编码。律师应对证据目录及证据进行编码，便于对应查阅。编码时应使用打码器，并在证据右上角空白处打码，不得手写。

（4）证据封面及装订。证据目录及证据材料应使用 A4 纸打印或复印并装订成册，封面应使用事务所胶装机专用的封面用纸，并用胶装机装订后方可提交。

当证据材料较多，需装订多本证据时，应对多本证据进行合理分析并注明每本的顺序，既不打乱证据的连贯性和逻辑性，也需保持多本证据的厚度基本一致。

（六）庭前

1. 庭前讨论会及制定庭审策略

《孙子·谋攻篇》云："知己知彼，百战不殆。"诉讼律师办案，提前"知彼"，了解主审法官，能让律师在处理案件的过程中更加游刃有余。

律师在获知其代理案件的承办法官姓名及所属审判庭后，最好能通过案例检索系统查询一下该法官之前审判的同类案件的判决书，了解法官的观点和倾向，并进行有针对性的准备。

此外，通过互联网搜索引擎还可以试着检索该法官的背景信息，包括教育背景、工作履历、工作年限等，了解这些细节对于律师与法官的后续沟通都是有帮助的。例如，有些法官可能是复转军人，面对这类法官，建议律师不要在开庭发表意见时或在诉讼文书中引经据典，大谈法学理论和"XX 知名教授、专家认为"，言简意赅地讲清楚事实、观点和适用法律更能博得法官的好感。

而面对一些学术性法官（硕士或博士研究生毕业，经常在人民法院报发表文章甚或著书立说的法官），律师可以与法官多讨论一些法理问题，但要注意提前了解其观点倾向，如果在代理意见中引用了其不认同的学术观点，这个案子多半会失利。

2. 庭前需要对庭审中进行的准备工作

（1）进行庭审预演。

（2）准备庭审中的发言大纲。

（3）准备庭审中的提问大纲。

（4）与当事人核对证据原件。

（5）与法官沟通确认证据交付，对方是否提供了新证据，是否有变更诉讼请求或反诉等情况。

（6）提醒开庭时间。

（7）诉讼材料的分装。

3. 针对庭审中可能遇到的问题进行重点解读

（1）庭审模式。普通法系是当事人主义，大陆法系是职权主义，我国采取的庭审模式均非其二中之一，而是吸收了当事人对抗主义，以职权主义为主的庭审模式。这种模式的建立与一位叫王怀安的老人密切相关。他曾任最高人民法院的副院长、延安法庭的推事及庭长，中国法制史上的著名人物马锡五曾是他的助手。共产党成立的第一个中级人民法院——哈尔滨中院，他曾任院长。他的一生都与法庭结缘，也是他推动了中国民事审判方式的改革，让中国的庭审更多从纠问式、衙门式的方式变成了加入部分对抗的模式，更多地吸收了一些当事人主义的要素，法官越来越居中裁判，不偏不倚。在 20 世纪，在任建新院长和王怀安老副院长的亲自领导下，经过肖扬院长、周强院长几代领导人的不断推动和努力，才有了我们现在这样一个公开的、规范的、吸收了当事人对抗主义的、职权主义为主的庭审模式。庭审，是整个诉讼环节的核心。90%的案件，在法官走出法庭时已有结论。

（2）法庭角色。法庭是一个生动的舞台，舞台上面有四大角色：法官、当事人、对手、律师。法庭审理需要遵守直接言词、亲历性原则。最高法院二巡庭长审委会专员贺小荣表示，传统的审判模式因强调内部层层审批，违反直接言词原则和亲历性原则，进而导致审判权责不清，遭到社会各界近乎一致的批评。

第一，法官。了解法官，先要了解人性。受感情支配是人的天性，尽管是无意识的。一种无法抗拒的人性倾向就是对他人的偏见。我们对他人作出带有感情色彩的定论就要寻觅理性的证据来证实这些定论是合情合理的，以使获得信息与我们的印象相符合。马克斯·韦伯曾批评道："现代的法官是自动售货机，民众投进去的是诉状和诉讼费，吐出来的是判决和从法典上抄下来的理由。"法官不是机器，而是拥有感情和好恶的常人，不可避免地会受到偏见等因素的影响，有学者的实证研究甚至证实了用餐时间会影响法官的裁判。去法院办立案时，若涉及保全等会给法官造成负担的事情，尽量避开中午十一点到十一点半的时间段，这个期间接近午休时间，法官不会立刻去立案、开展新的工作。同理，尽量避免下班时间、周五下午、午休时间等去立案，可以提升效率。

法官对待案件的态度与律师是不同的，律师能够从所承办的案件中获益，对于法官而言却只是日常工作的一部分。我们研读最高法院的指导性判例，拿到类案后希望法院给出相似的裁判，这种思想有道理也有欠缺，每一个案件都不一样，给法官呈现的力度、精彩程度不一样，引起法官的注意程度也不一样。

每个法官都是不同的。每个法官都是常人，都有自己价值观的判断、行为方式的习惯。民事法官更重视公平正义，保护弱势群体；商事法官更重视意思自治，保护交易安全。美国著名法官、学者理查德·波斯纳在专著《法官如何思考》中提到："学界出身的法官对于出庭律师更苛刻，对期限及其他程序规则的执行更严格；律师出身的法官，更洞悉时间、金钱以及当事人给律师的压力。"不同层级法官，基层法院到最高法院，法院会越来越重视裁判的指引作用，而非仅仅解决个案纠纷。

法官都有前见。人民都钟爱自己想出来的东西，每个人都容易产生偏见或先入为主的想法，公正无私的法官是司法的理想。大多数法官并非被动地采纳证据，而是会看这些想法与他们已有的生活理念有几分契合、与脑海中已构建的案件事实有几分一致。苏力在《经验地理解法官的思维和行为——波斯纳〈法官如何思考〉译后》一文中提到，"尽管常规（大多数）司法决定看上去都是法条主义驱动的，但法官绝不是仅适用已有规则或有什么独特的法律推理模式的法条主义者；法官的政治偏好或法律以外的其他个人性因素，例如法官个人特点以及生平阅历和职业经验，会塑造他的司法前见（preconception），进而直接塑造他对案件的回应。"

了解法官的方法和渠道。通过法官的文章、演讲、书籍、裁判文书来了解其立场和倾向。观看法官过去的相关庭审录播来了解其审判风格，将庭审情况与裁判文书进行对照，看看这位法官在开庭的时候是不是愿意倾听，开庭时候的一些观点是不是很好地在其所作的裁判中得到确认、认定或论证，还是说开庭时的观点与判决中存在较大出入。或许你的人际关系也是了解法官的一个窗口，比如通过与你身边的老律师、同学、师兄进行交流，可能会更了解某一法官的背景和思考模式。了解了法官就可以更好地预判一个法官对于我们眼下案件考虑的出发点、关心的问题、可能归纳的争议焦点。

第二，当事人。以后会有越来越多的当事人出现在法庭上，2019年底最高法院出台的证据新规中便有类似的规定，法官可以传唤当事人到庭陈述，且法官更相信案件亲历者的陈述。当事人的形象很重要，同一个人不同的衣着、打扮所传递的形象并不一致，在法庭上当事人的形象非常重要。开庭前，可以让委托人穿着预备出庭的衣服来办公室，以便如果不妥可以有时间及时进行调整。在法庭附近不要抽烟、不要嚼口香糖；法官进来和出去的时候要起立；在开庭前和当事人充分沟通，尽量避免开庭时当事人与律师窃窃私语；提醒当事人不要在旁听席上插话或递纸条。当事人尽量不要佩戴珠宝，避免在某类案件中给法官造成有钱不还的印象。必要时可以让当事人或合适的职员出庭，比如涉及十分复杂的保单保利类的案件，有些当事人看上去诚恳正直，可以取得法官深刻的信任。

第三，律师的角色。法庭具有艺术性，让人痴迷往返。在法庭过程中，有许许多多的角色。而我们作为律师，首先需要明确律师在法庭中应该塑造什么样的角色。我们作为当事人的委托代理人，应该坚持这样的想法：我很诚实而且熟识法律；法官应该相信我；我认为我的委托人的主张是正确的；法院应该作出有利于我的委托人的裁判。秉持这样的理念，我认为就是一个合格的律师。

从具体层面来讲，首先，律师应该建立个人形象。你的形象正在告诉人们关于你的一切。你穿的不仅是衣服，而是关乎你的价值；你化的不仅是妆，而是关乎你的品质；你整理的不仅是发型，而是关乎你的品位。任何一种显性因素的外在表现，都会最终显现隐性因素中的一些特质。但其中最为重要的是你的内心。我们内心应该是真诚、自信、可靠、高效的，而应该避免巴结、狡诈、世故、油腻。

其次，律师应该具备专业性。专业是信任的基础。没有专业就没有信任，更谈不上自信。要在法官和律师群体中赢得专业、严谨和诚实的名声，而这些名声是价值连城的。如何加强律师的专业性呢？实质上专业和艺术都来自反复学习，加强团队内训。学习是一件很快乐的事情，腹有诗书气自华。律师的职业气质会在知识的拓宽和经验的积累过程中得以不断提升。相得益彰，何乐而不为。律师学习的最佳方案应当是博闻强记、日积月累，处处留意、时时请教，充分汲取各方面的营养，不断充实自我、完善自我。同时，我们要加强律师团队内的培训与合作。律师团队是一个团队，不能单枪匹马，否则与律师行业发展的趋势相悖。

再次，律师应该树立信念感。这就是说，无论何时何地，律师都要相信你的案件。从更深层含义来说，律师必须努力将自己的信念输入到法官的心灵深处。律师要用自己的激情去感染法官。法官不可能一一记住所有的案件，这时我们律师应当坚信自己的信念，相信自己的案子，用自己的激情去感染法官。

最后，律师应该保持健康和活力。无论做什么行业，我们都要有健康的身体，积极乐观的心态。在法庭中，案件的审理是在对抗、高压下持续进行的，这是对我们律师体力和意志力的严峻考验。整个庭审中，我们一定要保持健康的身体、积极心态和高度的注意力。当然在很多庭审中，很多律师会在庭审后期注意力分散、反应迟钝、几欲先走。这样给法官的印象不好，甚至对你的案子非常不利。

因此，在庭审中，律师的角色是非常重要的，我们不能忽视这细微之处。上文说，法庭是一门艺术。从艺术视角看待诉讼，通过诸多古代典型、真实的案例，体现出法律"好玩""可亲""艺术"的一面，揭示出法律生活中的"诉讼智慧"。那为什么说法庭是艺术呢？

其一，在法庭中，我们要学会讲故事。故事比单纯的法律更深入，人类通过故事更容易去了解世界。当然，一个好的故事就像一个打磨得很好的笑话，简洁有力、朗朗上口，容易给人以深刻的印象。因此在法庭中应该学会讲故事。如何讲好故事，那就需要在团队内部将基本案情反复介绍。我们每个人的理解不同，对案件的认知也不同。因此，最重要的是在我们自己团队中讲述不同的故事，也就是将基本案情反复介绍。

其二，聚光灯效应。这是季洛维奇和佐夫斯基在 1999 年提出的心理学名词。有时候我们总是不经意地把自己的问题放到无限大，当我们出丑时总以为别人会注意到，其实并不是这样的，别人或许当时会注意到，可是事后马上就忘了。没有人会像你自己那样关注自己的。法庭上打开成功之锁的钥匙，就是把法官的注意力从头到尾都集中在你的案件的关键点上。为了达成这一目标，就必须挑出案件的基调、主线或主题，也就是将自己的案件浓缩为精华，突出重点。

其三，保持激情。这里所说的激情主要有三点：对我方最有利的点；对方难以立足或难以辩驳之处；难以自圆其说的漏洞点。在整个庭审过程中，我们要紧紧抓住对我方有利之处，打击对方的痛处，找出其中的漏洞之处，赢得案件的胜利。

其四，斟酌措辞。律师应该是最擅长文字语言的大师，斟酌推敲文字十分重要，正确的措辞可以创造出一种视觉形象，从而影响法官思考问题方向。良好的文字功底是律师行业的基本功，这是一个不争的事实。无论诉讼行业还是非诉行业，斟酌法律文书措辞都是非常重要的。律师在诉讼案件过程中，与法官接触的时间比较短，如何短时间内引起法官的注意力，影响法官思考问题的方向，那就需要依靠法律文书中的字词语句。

其五，重复重点内容。没有任何法律禁止重复。信息传递效果与信息传递的次数成正比例，重复可以加强对方对信息的接受力。在短短的庭审过程中，只有不断地重复我们的观点，才能对法官产生深刻的影响。事实证明，一个人接触信息传递的次数越多，信息劝诱的影响就会越大，我们也就更易认同这种信息。

其六，合理安排顺序。这就要运用这两大"效应"——最初效应和近期效应。最初效应是指最初接触到的信息所形成的印象对我们以后的行为活动的影响。也就是我们说的第一印象。我们在生活中，往往带着第一印象去看待人和事务。当然，在庭审中，亦是如此。因此，法庭中的第一印象非常重要。近因效应是指最近一次的记忆会促进人对你印象的变化，经常出现在熟人之间。二者是对应的。在第一印象中给人留下好的印象，就需要运用第二效应，让法官对你产生近因效应。

其七，给故事贴上标签。在庭审中，主题和标签是你希望法官接受和采纳的心理战术。一旦你形成对案件的看法，你就需要将它浓缩成为主题和标签。使用形象化的语言，要对着眼睛说话，使用的词语要能让人们听见你说的内容。

其八，合理运用比喻。比喻是到达理解的最短路径。当我们去了解一个陌生的案件时，我们会花费很长时间去熟悉，但是如果运用比喻手法，将陌生的案件转化为熟悉的事物，法官更容易通过熟悉的事物来理解复杂的案情。

介绍完毕法庭为什么是一门艺术，我们接下来看看出庭前需要做哪些准备。需要特别强调的是准备是一切的一切。充分准备的过程是不断探索的过程，它是参与庭审最重要的部分。其他的庭审特征，比如即席演说、奔放的热情、丰富的想象、巧妙的措辞、灵活的表情等，都是围绕核心的卫星。那么在出庭前，我们需要具体准备什么呢？主要从以下方面来考虑：

其一，证据。事实不会从窗口飞进来。事实需要律师靠自己的努力，寻找证据，完善证据。有些赢面很大的官司可能败诉，有些赢面很小的官司也可能胜诉。造成这样的结果，往往证据是关键。官司的成败，有时候在于法官接收到的刺激，这些刺激就来源于他接收到的证据。

律师在搜集证据的时候，应该与当事人充分沟通，了解事实，搜集证据。在处理案件的时候，不要过早地给案件定性，要保持可能性与想象力。律师不能偷懒，要有基本的责任心，当面对大量的证据的时候，要分层次、有侧重、有取舍。律师在使用证据的时候应该注意避免矛盾，要注意避免出师不利的证据。律师在使用证据的时候，要特别注意前后冲突的矛盾证据。律师在提交证据之前，需要与当事人反复核对。

对于证据呈现的形式，尽量做到证据可视化。原则上以便于法官观看，便于法官理解。这里需要强调的是，没有什么比律师不断翻找东西更能削弱法官的信任感的。

其二，阅卷。很多律师，尤其是年轻律师，会觉得阅卷很枯燥。但是事实上，阅卷是大有文章的。通过翻看一审的庭审笔录、询问笔录、答辩意见、代理意见、质证意见等，尤其是在注意到法官标记、折角的重点时，会有助于我们预判庭审中法官会重点关注的问题。对于二审案件，找出一审自认的事实，往往是事半功倍的。

其三，法律检索。法律检索是每一位律师的基本业务技能。除了选择合适、常用的检索工具，明确法律检索的注意事项外，核心难点在于选择合适的关键词。这就要靠日常的积累了，特别要注意学习有经验的律师的检索方法。法律检索后，要完成检索报告。将自己检索到的法律规定与案情结合起来，检索报告要简要、重点要突出。

其四，备忘录。很多律师没有制作备忘录的习惯，这导致的结果往往就是，律师在开庭的时候手忙脚乱，对于法官、对方律师提出的问题无法应对。因此，一定做好备忘录。俗话说，好记性不如烂笔头。庭审中，信息运动的顺序不是从律师的嘴到法官的耳朵，而是从律师的头脑转移到备忘录上，组织、整理、润色，然后传递给法官。带着充分的备忘录，在法庭上会赢得更多的信任。

庭审是一门艺术，参与庭审便是在自己的舞台上展示自己。熟悉自己的舞台当然是必不可少的。要提示律师，特别是年轻律师的是，提前到达、不要迟到会让你更加自信，更加从容。希望每一位律师都能在庭审中享受主场的感觉。

（七）庭审

庭审中主要注意以下几点：

（1）合议庭成员、书记员。

（2）对方代理人及单位。

（3）各方诉讼主张，包括诉讼请求、答辩意见、质证意见、辩论观点等。其中特别需要记明的事项：对方针对我方证据的真实性质证意见；法庭要求我方补充的材料；法庭要求的相关时间期限。

（4）庭审中随时注意法官/仲裁员的态度及提出的问题。

（5）庭审发言的语速尽量慢一些。

开庭发言时吐字清晰、讲普通话。这一点虽然看似基础，但也很重要，方言口音比较重的律师建议平日里多练习普通话，避免庭前准备得很充分但开庭时对方律师和法官听不懂你的方言的情形出现。语速适中，方便书记员记录，尤其在讲到关键部分时，不妨稍微慢一点，让书记员能够完整记录下来；同时与法官要有眼神交流，不要只是一味低头念稿，要注意法官是不是在认真倾听。

这部分很考验出庭律师察言观色的能力，有时律师喋喋不休，书记员明显跟不上，眉头皱起来脸色也沉下来，或者律师完全照着已提交法庭的诉讼文书全文朗读，法官脸上已露出不耐烦的表情或者开始自己翻阅案卷等。

这个时候律师就要注意了，你的输出很明显没有得到法官的有效输入，你们之间已经不再是一个有效的沟通，此时最好能及时调整策略，放缓语速，挑重点说，并适时观察法官和书记员的神态，做出进一步调整和反馈，从而确保沟通的有效性。

（6）遇到对方突然袭击型的事实问题不要轻易答复。

（7）庭审时间有限，抓住重点。

（8）充分利用起诉方/答辩方开庭陈述、质证、回答问题等机会陈述自己的辩论意见。

（9）庭审中的几条重点原则：

第一，不要试图去说服对方，你说服的对象是法官。

第二，"保密到最后一刻"。不得不承认这很"有用"，在某些特殊案件里，最后一刻提交庭审文书（答辩及/或代理词）确实能起到"出其不意"的效果。但是从司法资源、司法效率以及个人诚信的角度而言，这一做法并不可取。

不妨换一个角度思考，如果正义和道理确实在己方，那么提前提交庭审文书又何妨？如果本就没有赢面，即使在这一审级通过"突袭"侥幸获得胜诉，也难保不会被下一审级"拨乱反正"。笔者在此倡议，律师同行之间形成开诚布公的习惯，减少司法资源的浪费。

站在法官的角度思考，在一个诉讼案件中，律师的目标只有一个：打赢官司，维护己方当事人的利益。而法官则需要考虑到社会效果、能否案结事了、能否在审限内顺利结案、今年的结案数量是否达到了法院的考核标准等。因此，如果律师在与法官沟通过程中能够适当地站在法官的角度思考问题，帮助双方提高效率，法官自然也会对该律师颇有好感，如此，方能提高双方沟通的效率，增强沟通的效果。

第三，"越通俗易懂越好"——不要写成白话文，注意语言风格。这也是一种古老朴素的观点，认为案件意见要通俗易懂，如果过于理论化或者过于复杂拗口，会增加主审法官的理解难度，反而不利于论证案件。上述观点在过去几十年中确实非常流行，这也与我国司法队伍建设从无到有的历史进程有关。过去，由于不少司法队伍的人员并不是法学专业出身，理论功底不算扎实，但时下司法队伍的人员的专业素养已经大大提高，这一倾向，也应当去旧换新，不再适用。

尤其重要的是，我国目前的商事案件，主要采用二审终审加再审的审理程序（例外在本章节中不讨论）。也就是说，一个最普通的商业案件，从穷尽救济的角度，也存有一审区县人民法院、二审地市中级人民法院、再审省高级人民法院的三级人民法院经手该案的可能。因此，在个案中，以最终可能交由再审省一级高级人民法院审理的角度，确保每一个案件适用法理、引用法律、论证逻辑的正确和准确，就非常必要了。

第四，并不是"要把能想到的全部写上"——案件意见要有针对性。有一种比较古老的观点认为，说服法庭的论证过程，是量变到质变的过程，从多个方面进行堆积，就像向一个容器中注入水一般，总会达到成立的标准（过线）。这种观点流传甚久，"毒害"颇大。

商事案件具有争议点清晰、集中、针对性强的特点。因此，有别于刑事与其他类型的民事案件，商事案件论证更多在于"质"，而不在于"量"。这是因为商事案件发生在商主体之间，因此，基本都是基于契约自由而形成的争议，其中既没有刑事案件中诸多的定罪量刑的情节因素，也较少能适用其他类型的民事案件的公序良俗、社会公益。换言之，商事主体的争议，其需要考评的内容本身就较少，仅仅是有无法律规定、个案之中又存有何种约定罢了。

此外，对于存在较大争议的案件（即排除了依约讨债这类简单的案件）的审理，本身就是对法律的边缘问题的审理。这些边缘问题，有别于基础、简单、清晰的法律核心问题，存在复杂、疑难、模糊的特点。所以没有必要过多地重复与案件无关的"正义""感情"等观点，否则不但与审理争议无关，而且还容易模糊焦点，得不偿失，不足为取。所以，在文书中一定要具备针对性，破一将而降全军，才是行军王道。

（10）我们来到法庭怎么去展开我们生动的表演？具体分为以下几个阶段：

第一，开庭陈述。

开庭前，双方的律师对这个案件都进行了深入的研究，跟当事人也有深入地沟通。经过充分的庭前的准备，两方的律师都带着充足的弹药来到了法庭。所以其实每一位律师来到法庭之后，都希望通过充足的庭前准备使诉讼结果有利于己方，但这实际上并不容易。

某种意义上来说，我们要跟对手竞争，争取法官的认可，这才是我们根本的目的，但是认识到这一点还不够，要想真正做到，其实更难。法庭上是需要直接言辞的，需要表演，但是表演可不是无限制的。它受到时间的限制，法庭规则的限制，更受到法官的认知习惯的限制。每一个法官都有自己的审判的惯性思维。更重要的是，法官只是一个普通人，并不是一个人工智能的机器，其注意力、辨别力、判断力乃至记忆力都是有限的。实际上，没有任何案件可以在法庭上能够得到100%的呈现，我们要意识到这一点。我们三方都处在信息不对称当中，我们要想得到一个好的结果，一定要跟对方竞争，尽可能地让法官能够相信、理解，并且顺着我们描绘的画面，推进这个案件。这一点非常的重要，具体怎么做呢？

首先，我们可以试着把开庭陈述分成两个阶段：

第一个阶段，拿出一分钟的时间来进行陈述，这一分钟的时间，我们重点来讲这个案件大概的全景是什么？它的性质是什么？责任在哪些？我的诉求是什么？简单来说，在营销学上，有一个叫作麦肯锡的电梯理论，就说一个推销员，要想进行商业合作的话，那么理论来说就需要在电梯上下不超过30秒的时间里，迅速地把商业计划描绘清楚，推销出去。用一分钟的时间快速总结案情，把最生动的、具有画面感的语言"推销"给法官，让他快速地抓住这个案件的全貌、性质、责任。这一点还是很重要的。

第二个阶段，开庭陈述除了第 1 分钟或者是 30 秒，给法官一个强烈的清晰的认识之外，最主要的是打好地基，给后面的庭审画一条清晰的路径，尽可能地让法官后面的审判沿着这条路径展开。不要太过拘泥细节，让大家看不到全貌。要突出案件的核心以及重点。

除此之外，法庭表达也是极为关键的。在法庭上，表达时首先要注意逻辑结构，尽量选择平行逻辑来展开。这样的话，更便于大家，尤其是法官抓取到我们的信息点。

其次，在表达时尽量说短句。我们可以来举一个例子，现在有两句话，第一句话：原审法院以诉争款项由甲方存入证券公司之目的和用途，并非进行委托理财，而该资金已按照甲方的真实意思予以划转为由，认定乙方无需承担责任。第二句话：原审法院认定乙方无需承担责任的原因有两个：首先，甲方存入款项的目的不是为了委托理财。其次，该款项也已经按照甲方的真实意思划出了。我们先后的两个表述，其实是不一样的，可以明显能感觉到短句的表述切割出来，会让人更好地理解。那么，我们在传递信息的效率上就会更高。

最后，表达时要注意法言法语，但是在法庭上也不要太过于被正确性所束缚。不要被正确引述，不要刻意地追求在法庭上表达的每一个名词、动词的准确性。有些律师在法庭上特别担心自己出错，特别在每次开口前，每一个词、每一个名词、每一个动词，他都非常地认真进行斟酌。而有些律师会很照顾书记员的记录，会故意放慢语速，放慢到完全脱离了自然表达的环节，只是希望把所有的语言都能够转化成书面记录，让书记员记下来。这样的行为，一方面限制了自己的想象力，不太能够自然地表达，更重要的一方面是，有时候在法庭上说话，越追求正确，某种程度上也会带给他方压力，法官需时刻集中注意力来判断他所使用的语句是否正确。在法庭上，这样的表达对于表达这一方其实很不利。

所以在法庭上的表达虽然要注意法言法语，但也不要太过苛求。还是要稍微自然一点，不要过于追求自己的表达的准确性。在直接言辞原则下，表达时的顺畅与彼此的理解应当放在首位，比如怎么样能够讲话抓住重点，让法官能够听明白，抓住重点，以他接受的方式来进行推进，不至于双方不在一个轨道上运行。

第二，法庭调查。

首先，很重要的一点就是要让法官能够看明白我们的证据。中国人有一个很强烈的认识和习惯：事实胜于雄辩。这句话没有错，但是从法律的角度，从庭审的角度，我们还要理解，事实胜于雄辩，但事实也需要雄辩。不经过辩论，不经过呈现的事实，是空想的事实。

在许多案件中，我们会提前做大量的准备和研究工作。但是你别忘了，还需要用合适的方式和充分的证据将事实呈现出来。事实如果没有经过很好的证据呈现，不见得你脑子里面的事实就一定是法官心目当中的事实，这一点很重要。

所以我们在呈现自己的证据的时候，要把自己提交的证据进行分类、编号。写明证据的来源、证明的对象、证明目的、签章注明日期。要按照对方当事人的人数提供相应的副本等，准备复印件的时候，要保持足够的清晰，有些很多的合同内容当中的重要条款，有利于我们的诉讼请求中的一些条款，我们用荧光笔把它标注出来，在证据目录当中也加以重点地说明。在证据目录当中一定要写清楚。尤其是关键证据、直接证据，保证证据呈现清晰、重点突出，不让法官阅读起来感觉到费劲。有一些复杂、特别专业化的证据，尽量想办法，让它能够可视化、通俗化一些，让法官能够理解。

其次，就是证据的三性。大家都非常了解。在进行法庭质证时，法庭通常会要求针对证据的三性发表意见：真实性、关联性、合法性。那么这个问题看上去最简单，但实际上它是最复杂的问题。

其一，真实性。其实对于一个证据的真实性发表意见，逻辑上对于其内涵和外延都不会做太过严格的要求，因为理论上来说，《最高人民法院关于民事诉讼证据的若干规定》（2019年修正）第87条的规定，法官要审核复印件和原件是否相符，从这个角度来看，真实性应该是指形式真实，但同时，也是第87条第4款规定，法官需要查看证据所反映的事实是否真实，显然这里是指实质真实，形式真实和实质真实二者有很大的不同，现有的法律规定对于证据的真实性存在指代不清的情形。客观上讲，法庭会更希望尽快地把法庭调查推进下去，所以要求提供证据一方先对证据的真实性发表意见，且主要还是针对形式上的真实性。

其二，关联性主要分两种：形式关联和实质关联。形式关联指跟案件有没有必然的联系，有没有最低限度的联系。实质关联是指证明力的问题，不是证据资格。

其三，合法性。首先，要从证据的来源判断是否合法，比如说鉴定机构出具的一些鉴定结论，需要判断鉴定机构是否具有相应的资质。其次，要从证据的形式来判断是否合法，也就是说证据的来源是不是符合民事诉讼法所规定的八个证据形式。

证据的三性是最简单也是最复杂的。在质证环节，法官会让律师对证据的真实性、关联性、合法性发表意见，证据三性既简单又复杂。所谓证据的"三性"简单。一是客观真实性，这是指诉讼证据必须是能证明案件真实的、不依赖于主观意识而存在的客观事实；二是证据的关联性，这是指作为证据的事实不仅是一种客观存在，而且它必须与案件所要查明的事实存在逻辑上的联系，从而能够说明案件事实；三是证据的合法性，这是指证据必须由当事人按照法定程序提供，或由法定机关、法定人员按照法定的程序调查、收集和审查。

证据的真实性复杂在于，为了推进法庭调查的顺利进行，律师在发表质证意见时往往仅针对形式真实表示认同，而非证据的实质真实。证据的关联性是一个永远都无法完全界定清楚的概念，关联性也分为形式关联和实质关联，形式关联指，证据和案件之间是否有必要的联系，是否有最低限度的联系；实质关联其实指的是证明力的问题，而二者在表达上并没有很明确的界定。律师在讨论一个证据是否具有合法性时，关注的重点往往是该证据来源的合法性，比如做出鉴定结论的鉴定机构以及鉴定人员是否具有相关资质；法官调查取证时，是否由两人以上参加调查活动等。

发表质证意见时可以从以下角度切入：①合同标注的时间、地点、账户信息、印章、格式、位置、骑缝章是否相连，字号和行距是否与原件一致，是否拆分装订过等；②视听资料的来源、版本、形成的原因和条件、载体等；③证人与当事人的关系、证人是否参与过旁听、证人的作证能力等；④不同证据之间是否存在矛盾。

敢于挑战所谓的鉴定意见。鉴定意见必须用于解决案件审理当中不得不查明但是无法通过法官心证查明的专业性问题，多用于建筑工程合同纠纷、产品质量纠纷案件中。最高法院江必新院长曾说过，鉴定人故意做虚假鉴定的行为，在一定程度上普遍存在。在现实当中，有些法院的确存在以鉴代审的情况，严格来说鉴定意见只是专家意见，并非免证事实。鉴定资质并不是专业性和权威性的代名词，在法庭中遇到不严谨的甚至错误的鉴定意见时，要敢于对鉴定结论提出挑战，对鉴定机构的资质、鉴定范围是否超出法院委托等问题大胆地提出质疑，提出书面的异议。如果法院不采纳，律师可以要求鉴定机构对质疑作出回复，可以申请鉴定人出庭接受质询。

卡尔·拉伦茨说过，事实及法律问题如此地接近，以致两者不可能再截然划分，如案件事实只能以本身已包含法律评价的用语来描述时，此时的事实认定本身就是法律判断。律师在发表质证意见的时候，法官会提出：建议在辩论环节发表。等到辩论时，可些法官会认为律师在质证环节已经发表过该质证意见，打断其发言，让律师无所适从。在庭审中，如果无法判断一个事实具体在质证阶段、辩论阶段，还是在最后陈述表达更为合适，那么不妨早一点提出，原因之一是防止在之后的环节没有机会表达，原因之二是让大家更早地理解律师的观点。因此，律师可以尽早地将自己的理由、观点呈现给法官。

采用灵活的方式重复观点，有些观点需要反复强调的，律师可采取更为灵活的方式，比如从证据的角度、从事实描绘的角度、从法律适用基础的角度、从辩论的角度。

第三，法庭辩论。

其一，法庭的辩论之道在于它的破与立。亚里士多德曾提出：人脑不太可能同时接受两种相反的意见。将这一概念代入到法庭中的话，即后发表意见的一方想要推翻先发表证据的一方，首先要驳倒其主张，然后将对自己不利的观点，转变为法官对己有利的心证。律师在辩论时并非为了变而变，打倒对方律师、让其难堪不是最终目的，而是要有破有立。破只是手段，立才是目的，最重要的是充分论证，让法官从心里接受我方的观点。

其二，争议焦点是通往判决的十字路口。法庭辩论环节中非常重要的内容之一就是总结争议焦点。如果将争议焦点比喻为通往判决的十字路口，那么走过数个十字路口会通往最终的判决。

律师要有基本的预判，总结争议焦点要适当聚焦，总结的范围过大或过小，都会模糊争议焦点的内容。过于聚焦会使得案件全貌难以分辨，过于宽泛的话会忽略案件细节，使真正的重点无法突出。因此，争议焦点的确定，很可能会影响诉讼的结果。

其三，关键时刻要及时补充。法官也许会问：各方当事人对于本庭总结的争议焦点是否认可、是否补充？对于这一提问要谨慎回答。如果说法官总结的争议焦点和律师自己准备的争议焦点差距过大，那么建议适当补充，否则律师在之后的环节中将难以按照自己思路进行辩论，打乱计划。在补充的同时，要充分尊重法官，尽量使用建议将 XX 明确为 XX 的句式。

其四，不要和法官辩论。我们都知道在赛场上激怒裁判是不明智的，同理，在法庭中不要与法官进行辩论。法官可能会站在反方的角度试探性地对律师进行发问，不要过度执着于问题本身，要知道法官的提问并不代表最终的判决，但激烈的辩论会影响他的意见，你的对手是对方，而不是法官。当然，也不能完全地迁就法官的看法，律师可尝试将法官的提问替换为对方的主张，这样会减弱冲突性。

其五，法条是最有力的说服工具。法条的运用非常重要，律师要背法条、学法条，善用法条，学会在法庭上使用法条来"推销"自己的观点。

其六，了解并提防这些辩论方法。谨防偷换概念。偷换概念就是把一件事物的本来意义用狡辩的手法换成另外一种看起来也能成立的解释，混淆是非，把假的搞成了真的，从而转移对方的注意力，以达到某种目的。

同理反抽。意思就是"根据对方的逻辑得出对方不对的结论"，比如说，我们很常见的那句"认真，你就输了"。听到这句话，你可以淡然一笑，对对方说：啊？我们只是在讨论问题而已，不要认真计较输赢？根据对方"认真就输"的推理，显然对方更认真，更会输，

除此之外，还有滑坡理论、诉诸怜悯、逻辑设限、虚假前提等辩论方

法，学会并熟练掌握不仅对我方更有利，也能起到提防对方的作用。

其七，以简打繁和以繁打简。律师基于不同的立场和诉求，在诉讼当中可以选择把所有的法律关系问题都呈现给法官，也可以进行高度的提炼，优先强调主张我方主张的事实。

第四，最后陈述。

庭审是一个高度对抗、高度压力的过程，到最后陈述的时候三方都会比较疲劳。导致大部分的律师在最后陈述部分都会使用比较简单的表述方式，表示坚持原先主张或者请求全部驳回原告的诉讼请求。这种情况当然可以理解，但是从方法的角度看，建议还是抓住最后陈述的部分，因为这部分很重要。主要的作用有：①总结陈词，突出重点；②查缺补漏，及时修正；③案件的升华或延伸（风险、困难、社会影响、类案处理、规则影响）。通过近因相应，强化记忆、争取法官最后的印象。

第五，笔录环节。

一定要认真校对笔录。笔录十分的重要，很多情况下我们的证据并不充分，但是庭审过程中当事人对有关事实有相应的承认，这时庭审笔录就会记录当事人的自认。

（八）庭后

第一，准备"代理意见"大纲。

写材料写文书，是一种表达，很多时候是为了说服别人，你得让看材料的人能看懂。所以除非特别必要，否则不要把大段的法律法规抄在文书里，也不要写过度冗长的句子，拖慢阅读速度，降低阅读兴趣。

再比如，律师在起草提交给法院的诉讼文书时，最好能写到这样一种程度，即法官可以直接将你的文书内容复制粘贴到判决书里。

要做到这一点，除了平日里加强基本功训练，多读判决书多练笔外，还要注意所起草文书的格式宜与法院判决书的统一格式保持一致（仿宋字体、三号字号、1.5倍行距等），并在庭审结束后向书记员提供电子版文书。

第二，及时跟你的客户反馈案件进展。

（九）收取交付文件资料

第一，收材料要记录收到日期，尤其是判决书之类。收到客户、法院、检察院的各种文书，都要记录收到日期。因为这非常重要，关系到时效等问题。

第二，记录日期有技巧。记录日期的时候，强烈建议用铅笔。因为铅笔可以分辨出来原件复印件，况且，如果复印的时候不需要这个日期可以比较容易地擦除。

第三，收材料别忘了自己要留一份。收取客户交来的材料时，一定要按照多一份收取，除了转交之外，自己一定要留一份，并注明转交日期。实在没有多余的，也要复印一份存档。否则，时间一久容易忘记寄送过什么材料。

第四，材料送出去要有记录。将材料交付客户，或者行政机关、司法机关的时候，一定在自留的那份材料上，或者用事务记录表，注明何时送给哪个机关的哪一位工作人员。

第五，制作材料目录。一套文件资料如果超过两份，就一定要考虑制作一个目录来明确文件的数量。其实一份材料也值得制作目录，因为需要你对材料作出说明，包括出处、制作时间、可以说明的问题等。

（十）与委托人的沟通

第一，对于败诉面大的案子，要向委托人充分阐释法律风险，降低其对结果不切实际的心理预期。可以制作书面的诉讼风险告知书，让委托人签字。

第二，不论是特别授权代理还是普通的一般代理，律师在处分委托人的实体权利前，一定要征求委托人的许可。对于重大案件，还要取得书面许可。

第三，随时向委托人汇报法律程序的进展情况，切不可超过一周不和自己的委托人联系。

第四，注意沟通的方式和细节。例如法院通知下周开庭，我会先编辑短信告诉委托人开庭的时间和地点，如果委托人未回复该短信，则需要直接电话通知。如果委托人在电话中说未收到短信，则电话通知后再发一遍短信。因为短信可以保留在委托人的手机内以方便其查阅。另外，在开庭的前一天，上述沟通方式要再重复一遍，以防止委托人遗忘，并且要告知委托人法院的地址和法庭的位置。同样，律师收到委托人的短信后一定要及时回复收到。

第五，在代理工作结束前，尽量和委托人，特别是首次合作的委托人保持一定距离，不要将工作和生活混为一谈。

第六，要告知委托人在接到法院的任何通知后及时通知自己，因为委托人往往认为法院会既通知自己又通知律师，其实法院只会通知其中一方。所以，律师要在自己提交给法院的出庭函、授权委托书中注明自己的联系方式，包括电话和地址邮编。有的律师在诉状或者答辩状中干脆将当事人的联系方式直接写成自己的手机号码，是不错的方式。

第七，在代理工作结束后，可制作结案报告并让委托人签收，律师可以此证明双方的委托代理关系终止，协议履行完毕。

第八，在给委托人的每份书面文件（包括面呈和发传真、电子邮件）中均注明自己的联系方式。

第九，在开庭前一天，不仅要再次提醒委托人开庭时间，而且要尽量约见或者至少电话沟通一下庭审注意事项，以打消委托人出庭的紧张感，同时还要和委托人沟通一下庭审对策。我的经验告诉我此次沟通特别能让当事人对律师有好感。

第十，和委托人见面，特别是出庭时一定要比委托人先到。

第十一，在法院等候开庭和委托人闲聊时，千万不要谈论案情，因为也许对方或者对方的代理人就在你身边。

（十一）民事诉讼中的注意事项

1. 切记：不要替客户保存证据原件

一定要让客户自己保存、携带原件，哪怕是去法院立案。开庭时候的原件也要客户本人带着去。

2. 资料拍照只可以做研究，不可以用作证据提交

在与客户初步接触时，客户给的证据是照片，这个可以作为初步的材料。但等办理了委托手续之后，需要客户复印所有的证据，替换掉原来的照片。原来的材料可以作为洽谈材料保存。提交给法院、自行保存的证据等材料，均应保存复印件。

3. 要在材料的副本上勾画

客户给我们的材料，我们需要研究、需要在材料上勾勾画画，要注意在勾画之前，先复印一份，在复制件上勾画。避免将来需要起诉的时候，还要再向客户要一份证据材料的复印件。

有些人喜欢在案卷上批注或划线，其实，这是非常不好的习惯。这不仅影响了案卷的美观，而且还可能会改变证据的原貌，尤其是证据原件，你的标注痕迹将可能使它失去证据资格，产生灾难性后果。因此，请保持案卷的整洁。

注意在提交起诉状和答辩状时一定要当事人签字或者盖章；尽量将同一案卷的所有材料装在同一档案袋中，以免疏漏授权委托书和律师事务所的公函；自己必须理出案情时间表，以对整个案件有全面了解；不要轻易对当事人或其家属作出某种承诺；不要完全相信当事人的话，要看证据；交法院的资料及与当事人进行联络的信函应有备份，建立完整档案；授权委托书最好叫当事人多签一份，以备开庭冲突时更换代理人；不要轻易告诉当事人你的收费。

与当事人见面，不要因当事人想急着了解聘请律师的价格而轻易告诉他这个案子你的收费，而是要当事人先将他的所有案卷资料交给你，说要研究几天才能答复，然后下一次再约当事人谈，先谈整个案件的情况，主要是疑难点，让当事人知道你已经熟悉并进入了这个角色，然后在当事人频频点头时，话锋一转："经研究，我们对你这个案件的收费是……"这样能更好地对案件进行报价。

二、婚姻家庭法律业务

（一）什么是婚姻家庭法律业务

婚姻家庭法律业务是指协助解决在婚姻家庭关系的基础上，产生的包括代理婚约财产纠纷、离婚纠纷、婚姻效力及撤销婚姻纠纷、离婚损害赔偿纠纷、夫妻财产约定纠纷、离婚后财产纠纷、同居关系析产纠纷、夫妻扶养纠纷、子女抚养纠纷、监护权纠纷、探望权纠纷、分家析产纠纷等因婚姻家庭关系产生的纠纷。律师办理婚姻家庭法律业务的过程中，应当以构建和谐家庭及和谐社会为指导思想，充分发挥律师的积极作用。

（二）婚姻家庭纠纷案件的特点

1. 自然人委托

婚姻家庭类业务的委托人主要为自然人。婚姻家庭案件是与人身关系密切联系的案件，案件性质决定了委托人大多数情况下为自然人，在极少数情况下委托人可能会是组织机构。

2. 代理权受限

婚姻家庭纠纷具有人身关系属性，某些情况下需要委托人本人的直接明确的意思表示。例如离婚诉讼案件，当事人本人除不能表达意思的以外，仍应出庭。故建议代理律师通常情况下只接受一般授权代理。

3. 当事人感情因素影响业务

婚姻家庭案件纠纷涉及当事人甚至其他家庭成员的感情因素较多。因此，要求律师在办理案件中，需要特别注意当事人心理状态和情绪表现的变化，冷静处理家庭纠纷。综合运用法学的技能与心理学、社会学知识来办理法律业务。

4. 调解的普遍适用

婚姻家庭纠纷案件的当事人均有特殊的亲属伦理关系，因此在解决这类案件的时候，多可以采用调解的手段。例如离婚纠纷，调解就是必要的程序。故律师从事相关法律服务时需要特别注意调解技巧的运用。

（三）常见的婚姻家庭纠纷案件案由

1. 与婚姻家庭相关的纠纷

（1）婚约财产纠纷。

（2）离婚纠纷。

（3）离婚后财产纠纷。

（4）离婚后损害责任纠纷。

（5）婚姻无效纠纷。

（6）撤销婚姻纠纷。

（7）夫妻财产约定纠纷。

（8）婚内夫妻财产分割纠纷。

（9）同居关系纠纷。

2. 与抚养、扶养、赡养相关的纠纷

（1）抚养纠纷。

（2）扶养纠纷。

（3）赡养纠纷。

（4）收养关系纠纷。

（5）监护权纠纷。

（6）探望权纠纷。

（7）分家析产纠纷。

3. 与继承相关的纠纷

（1）法定继承纠纷。

（2）遗嘱继承纠纷。

（3）被继承人债务清偿纠纷。

（4）遗赠纠纷。

（5）遗赠扶养协议纠纷。

4. 与婚姻家庭业务相关联的诉讼代理

（1）物权确认纠纷。

（2）不动产登记纠纷。

（3）股权转让纠纷。

（4）婚姻家庭业务中的夫妻人身侵权纠纷。

（5）律师承办重婚罪案件法律业务。

（6）婚姻家庭业务中涉及的返还财物纠纷。

（四）代理离婚纠纷案件的一般流程

1. 口头法律咨询

律师在接待当事人咨询前应当确认是否具有利益冲突并明确告知当事人收费标准，签订咨询合同。在咨询过程中，应当积极回答当事人的问题，提供可能解决问题的途径，告知诉讼风险等。

2. 委托代理

婚姻家庭类纠纷除满足一般代理的要求外，应当特别注意以下几点：

第一，对于已经发生法律效力的婚姻解除关系判决，不得接受委托人申请再审的委托。第二，委托人委托律师代理申请承认外国法院离婚判决事项的，应告知委托人中国法院只能承认离婚判决中离婚的效力，不承认离婚判决中的财产分割、生活费的承担及子女抚养方面的内容。第三，对于委托人曾提起过离婚诉讼且距上一次诉讼终结未满六个月的，应告知委托人待六个月期间满后再起诉。发现新情况、新证据的，可以接受离婚诉讼的委托，并告知当事人诉讼风险。第四，属于第一次提起离婚诉讼且一方当事人答辩坚决不同意离婚的，可提醒委托人此类案件法院判决不离婚的可能性较大并提示诉讼风险。

3. 收费

律师应按照相应标准收取代理费，委托代理协议中可以明确委托事项，约定如遇管辖异议、财产保全、反诉等工作是否另行收费等。律师需要特别注意的是，婚姻类案件不允许实行风险代理收费。

4. 立案的准备工作

确定管辖，婚姻家庭案件一审一般由基层人民法院管辖。离婚纠纷适用一般地域管辖，即被告住所地人民法院管辖。被告住所地与经常居住地不一致的，由经常居住地人民法院管辖。夫妻双方离开住所地一年的离婚案件，由被告经常居住地人民法院管辖，没有经常居住地的，由原告起诉时居住地人民法院管辖。其他具体的管辖情况，详见《最高人民法院关于适用〈中华人民共和国民事诉讼法〉的解释》第12条至第17条关于婚姻案件管辖的规定。

（1）材料准备及证据收集：律师应当充分了解案情，并根据案情草拟相关法律文书。律师代理离婚案件了解案情和收集办案证据可围绕以下几个方面开展：

第一，婚姻基础方面。包括婚前相识方式，恋爱情况及结婚登记情况，双方婚史情况。

第二，夫妻感情方面。包括婚前感情基础，婚后夫妻感情发展状况，夫妻矛盾产生过程，感情破裂原因，是否已经经过调解，离婚协商情况，有无和好可能。

第三，子女抚养方面。包括子女过去主要由哪一方照顾抚养，子女现居住状况，子女本人的倾向，夫妻双方抚养意见及抚养能力，一方或双方还有无其他亲生子女、继子女、养子女或非婚生子女，双方当事人有利于和不利于抚养子女的各种因素。

第四，财产方面。夫妻一方个人财产及债权债务情况，夫妻共同财产及债权债务情况，是否有夫妻财产约定，财产占有、使用、掌管现状，当事人有无隐匿、转移共同财产的情况。

第五，双方当事人对离婚的态度。

（2）程序事项：一方或双方是否提起过诉讼、法院判决结果等。

第一，调解。婚姻家庭案件的调解可分为人民调解委员会的调解、诉前调解、庭审调解、庭下调解、律师可以建议委托人进行调解，以缩短争议解决时间，减少诉累。

离婚案件的诉讼过程中，人民法院应当进行调解。律师应当提前告知委托人婚姻家庭类案件具有庭审调解程序，同意调解结案的，可以选择法院出具民事调解书或双方签订调解协议书。

第二，出庭应诉。婚姻家庭类案件，律师应当防止委托人和对方当事人之间发生情绪冲突，防止相互指责、打骂事件的发生。同时提醒委托人控制情绪，避免委托人情绪失控。必要时，可申请法官休庭。

第三，代理无争议的离婚程序。无争议诉讼离婚是指夫妻二人对离婚及财产分割、子女抚养达成一致意见后，通过法院出具民事调解书的方式办理离婚手续的情形。

为了加快诉讼进度，律师在帮助委托人立案时，可以提前拟好《离婚协议书》，呈交法庭。北京市各区县法院审理无争议调解案件有着不同的内部操作流程，建议律师提前到法院了解相关程序，进行预约。

第四，结案后的工作。案件结束后，律师应及时将证据原件材料归还给当事人，结算代理费及垫付费用，并做好案卷归档工作。

（五）婚姻家庭业务的注意事项

1. 保护当事人隐私

婚姻家庭纠纷案件往往涉及个人隐私，律师在处理此类案件的时候若要安排其他律师助理或工作人员协助，应注意主动征求当事人的意见。同时，在案件办理过程中，应当注重保护当事人的隐私。

2. 把握当事人情绪对案件的影响

婚姻家庭纠纷案件，因纠纷各方有伦理关系，往往有各种感情基础。该类案件，当事人的情绪对案件影响较大。一些案件中，当事人对于是否离婚、离婚后财产分割并无明确想法，在案件办理中，纠纷各方的其他行为很有可能导致案件结果的不同。因此，律师在承办此类案件的过程中，要特别注意当事人的情绪，充分了解当事人的真实意愿。

三、刑事辩护业务

任何人在遭遇司法机关追究刑事责任时，都可能导致人身自由被限制甚至剥夺生命的危机。一般刑事案件分为侦查（公安）、审查起诉（检察）、审判（法院）三个阶段，但在实际案件中，很多刑事案件委托人认为到了法院开庭审判时再委托律师即可，这种心态和想法很容易导致被告人错过案件过程中重要的时机（取保候审、重罪名更改为轻罪名、犯罪数额降低、数个罪名案件中罪名减少、检察院不起诉等），导致被告人身陷囹圄，遭受不必要的牢狱之灾，本章节给大家详细介绍刑事辩护律师业务。

（一）概述

1. 刑事诉讼律师制度历史沿革

相比西方国家，我国的律师制度起步较晚。同时，由于中国几千年来纠问式的刑事诉讼模式，律师制度在建立和完善的过程中遇到了一定阻力。我国刑事诉讼律师制度的发展经历了三个阶段：清末初创阶段，在西方国家的影响下产生了律师制度的萌芽；民国发展阶段，逐渐形成了较为完整的律师制度；新中国重建与发展阶段，本着保护当事人合法权益的目的，结合我国社会发展的实际情况，建立起符合我国国情的律师制度。

2. 刑事诉讼律师的法律地位和职责

根据我国《律师法》第 2 条规定，律师是指"依法取得律师执业证书，接受委托或者指定，为当事人提供法律服务的执业人员"。在刑事诉讼过程中，律师接受委托人的委托，成为当事人的辩护人或者诉讼代理人，为其提供法律帮助，对保护当事人的合法权益，进而准确认定案件、保障司法程序公平，从而维护法律正确实施具有重要意义。

我国刑事诉讼呈现出控审分离、控辩对抗和审判中立的模式：法院中立审判，不承担也不能承担侦查、控诉、辩护等职能；提起公诉的检察院和提起自诉的自诉人履行控诉职能，提出认定被告人有罪的证据；被告人享有辩护权，有权自己或者委托辩护人为自己提供辩护，提出自己无罪、罪轻或者可以减轻、免除刑事责任的材料和意见。律师以不同的角色参与刑事诉讼，具有不同的法律地位。在我国现行诉讼模式下，律师主要以辩护人和诉讼代理人的角色参与刑事诉讼。

辩护人角色。当律师受犯罪嫌疑人、被告人及其亲属的委托，担任犯罪嫌疑人、被告人的辩护人时，律师的法定身份是"辩护律师"。辩护律师在刑事诉讼中属于法律规定的诉讼参与人，具有独立的法律地位；同时由于其参与刑事诉讼是基于犯罪嫌疑人、被告人的委托，所以又具有一定的依附性；此外，由于其职业性和专业性，法律赋予了辩护律师更多的诉讼权利而使其具有特殊的诉讼地位。①独立地位，辩护律师在刑事诉讼中依法履行辩护职责，根据事实和法律独立提出自己的辩护意见，不受任何机关、团体和个人的非法干预和约束，具有一定的独立性。②依附地位，辩护律师在刑事诉讼中具有独立地位，但对于犯罪嫌疑人、被告人而言，这种独立性是相对的，辩护律师可以完全独立于司法机关和承办人员，可以完全独立于案外人，但唯独不能完全独立于犯罪嫌疑人、被告人。

诉讼代理人角色。当律师受被害人、自诉人和附带民事诉讼当事人及其法定代理人和近亲属的委托，为被害人、自诉人以及附带民事诉讼当事人提供法律服务时，律师的法定身份是"诉讼代理人"。根据刑事诉讼法的规定，诉讼代理人也是刑事诉讼参与人之一，具有独立的诉讼地位，但一般认为，由于法律中将诉讼代理人规定为"代为参加诉讼的人"，其在参与刑事诉讼的过程中应当充分尊重当事人的意见，在当事人意见的基础上利用自己的专业技能为其提供法律服务，不能超越委托人的代理权限，因此其独立性低于辩护人。

律师执业的过程就是维护委托人合法权利、实现委托人合法利益的过程。律师无论是作为辩护人还是诉讼代理人，其基本职责都是利用自己的法律技能为委托人提供法律咨询和法律帮助，保护当事人的合法权益。《联合国关于律师作用的基本原则》第 15 条明确指出："律师应始终尊重其委托人的利益"。律师在刑事诉讼中的角色不同，其职责的体现也就不同。

作为辩护人，根据我国《刑事诉讼法》第 37 条的规定，辩护人的责任是根据事实和法律，提出犯罪嫌疑人、被告人无罪、罪轻或者减轻、免除其刑事责任的材料和意见，维护犯罪嫌疑人、被告人的诉讼权利和其他合法权益。

根据我国刑事诉讼法的规定，诉讼代理人有权根据事实和法律，维护被害人、自诉人或者附带民事诉讼当事人的诉讼权利和其他合法权益。可见，律师担任诉讼代理人，核心也是维护诉讼权利和其他合法权益，维护权益的对象是被害人、自诉人或者附带民事诉讼当事人，且必须根据事实和法律，而不是违背事实和法律通过非法手段帮助当事人取得不正当或者非法利益。因此，律师担任诉讼代理人的职责与担任辩护人的职责大同小异，只是服务对象不同，在此不作赘述。

3. 刑事诉讼中律师应当具备的基本素质

（1）良好的业务能力。律师办理刑事案件要具备完备的法律知识体系。作为参与刑事诉讼的律师，理解和掌握的法律和知识既要突出重点，又要系统全面。首先，熟练掌握刑法、刑事诉讼法、司法解释，律师还应当掌握相关的刑事政策，掌握、了解最高人民法院发布的指导性案例对办理刑事案件也有很大的帮助作用。其次，掌握、了解其他部门法，由于刑法是其他法律贯彻实施的保证，是法律体系中的最后一道屏障，因而它调整的社会关系最为广泛，包括政治、经济、人身、财产、文化、婚姻家庭、社会管理等各方各面。一般说来，刑法所规制的犯罪行为往往也违反了其他部门法的规定，如知识产权犯罪，必然也违反了商标法、专利法或者著作权法；生产、销售伪劣产品罪必然也违反了产品质量法；证券犯罪必然也违反了证券法；重婚罪必然也违反了婚姻法等。如果不了解、掌握其他部门法的规定，律师很难把握犯罪的构成要件，也很难找准案件的切入要点。由此可见，律师参与刑事诉讼过程，仅仅掌握刑事法律是远远不够的，还应当同时掌握和了解包括宪法、行政法、民法、商法、经济法、环境法、劳动法等各项法律在内的其他部门法，以应对各种各类的犯罪案件。

（2）良好的语言运用能力。首先，书面语言的运用能力，如法律意见书、辩护词，还有各式各样的申请书。律师书写法律文书，论点要明确，论证要充分，做到有理有据，行文应当尽量简洁明了、措辞严谨、逻辑严密，最好做到一针见血。其次，口头语言的运用能力，无论是在与当事人的日常交往中，还是在与司法工作人员的业务沟通和交流中，都要求律师具备良好的与人沟通的能力和语言表达能力。

（3）良好的职业控制能力。第一，律师应具有法律信仰和职业尊严。律师在刑事诉讼过程中应当严格遵守以事实为依据、以法律为准绳的原则，以自己的实际行动，坚守对法律的信仰，维护法律的尊严和权威，捍卫律师的职业荣誉和尊严。第二，律师应具有良好的心理素质。面对复杂的案件，律师要善于控制自己的情绪和行为，做到处变不惊、机敏果断，从而对所办案件的进程作出正确的判断，制定出合理、合法的应对策略。同时，复杂案件的诉讼过程时间跨度可能比较大，在实践中还可能存在司法机关处理案件久拖不决的现象，这就要求律师在参与诉讼的过程中有耐心，始终保持清醒的认识，对事态发展作出准确判断。第三，律师应具有良好的沟通能力。具备良好的沟通能力，能够更快地抓住客户的心，获得优质的客户和案源；具备良好的沟通能力，能够更快地打动司法人员的心，让他们更愿意倾听律师的意见和建议，获得好的案件结果。

（4）良好的职业形象。律师职业是与人交往的职业，给人留下良好的形象是十分重要的。律师，尤其是在刑事诉讼程序中的律师，应当以专业、沉稳的形象示人，这对年轻律师提出了不低的要求。律师如何给当事人一个好的职业形象呢？通常有以下几个方面的表现：适当的热情；自信、沉稳、机智的性格；丰富的阅历和干练严谨的作风。

（5）良好的政治素养。律师虽然是接受委托或者指定为当事人提供法律服务的执业人员，但也应具备良好的政治素养，除了应当维护当事人的合法权益，也应当维护法律的正确实施，维护社会的公平和正义。为此，律师的执业还应当接受国家、社会和当事人的监督。这些都是政治素养的体现。

4. 刑事诉讼中律师职业道德和执业纪律

在刑事诉讼中，律师的职业道德包括：守法忠职、守信尽责、敬业勤业、重视声誉、保守秘密、尊重同行等。

律师的执业纪律是指律师在执行职务过程中所应遵守的行为规则。刑事诉讼中律师的执业纪律包括：在执业机构中的纪律、在刑事诉讼活动中的纪律、与当事人交往的纪律、与同行交往的纪律等。

（二）接收客户

1. 接待客户

接收案件是律师开展刑事诉讼业务的第一步，而接待客户则是接收案件的首要环节，是律师取得委托人信任并确认委托辩护或代理关系的重要步骤。律师应当做好接待委托人的工作，无论是犯罪嫌疑人、被告人本人，还是其近亲属、法定代理人，律师都应当认真接待。律师对于接待情况最好形成文字记录，必要时可要求委托人签字，并对委托人提供的与本案相关的资料出具收据。律师在接待客户的过程中，应了解如下情况：犯罪嫌疑人、被告人的基本情况、身体情况、主要简历、主要社会关系，简要案情、本案的主要诉讼过程及目前所处的诉讼阶段、司法机关对犯罪嫌疑人、被告人是否采取了强制措施、是否有与案件相关的资料、是否有调查取证的对象或线索等。律师应对本所、本人作简要介绍，同时要说明辩护律师的工作程序、执业纪律、收费标准、双方权利义务等。

（1）接待客户的目标。接待客户是接收案件的前期工作。在这一阶段，律师应当本着专业、真诚的态度进行，设身处地地为委托人着想，充分理解委托人的心情，一方面解答委托人的各种咨询、疑问和问题，展现律师的专业水平和能力；另一方面尽量争取促成正式的委托，深入开展法律服务。

（2）接待客户的地点。律师接待客户，尤其是第一次会见客户时，应当尽量安排在工作时间在律师事务所的接待室或会议室里进行，既表现出对客户的尊重，又反映了律师工作的严肃性。当然，如果时间紧迫或者客户提出特殊要求而来不及安排到律师事务所进行会面的，也应当尽量让会面正式化、规范化，维护律师的职业形象。

（3）厘清客户身份。律师接待客户时，还应当厘清客户的身份，因为在来访的客户中，有的可能是未被羁押的犯罪嫌疑人、被告人，有的可能是犯罪嫌疑人、被告人的近亲属或者其他亲属，有的可能是犯罪嫌疑人、被告人的朋友或者特殊关系人，如情夫、情妇，有的可能是犯罪嫌疑人、被告人的利害关系人，如债权人、债务人或者共同犯罪中的其他当事人，还有的甚至是尚未被侦查机关发觉的其他涉案人员或者冒充当事人近亲属的人。这些人员都有可能以客户的身份出现在律师面前。由于他们的利益和出发点各不相同，有的是关心当事人的安危，有的是关心自身的安危和财产，因而律师在接待客户时应当辨别每个人的身份，确定他们与当事人之间的关系，在解答咨询和问题时应当根据不同的对象进行选择性回答。确定正式委托关系后，应当留下委托人的身份证复印件及能证明亲属关系的证明。

（4）接待客户时的交流。包括：①听取客户的陈述，客户的陈述是律师进行法律分析和判断的基础，律师在接待客户时应当认真、全面地听取客户的陈述，不要轻易打断对方的陈述，让其能自由陈述案件情况和真实想法。对于客户遗漏的地方，律师可以进行补充发问。但同时也应当注意，如果客户不是犯罪嫌疑人、被告人本人，没有亲身经历案件的过程，其陈述的情况不一定是客观真实的，所以律师应当保持理性中立的思维，对案件存在的多种可能性做出独立的分析和判断。②回答客户的问题，认真全面地听取完客户的陈述后，律师应当针对案件情况和客户的疑问作出全面的解答，减少客户的不安和疑虑。

（5）会面结束后的沟通。与委托人的会面结束后，无论是否已经签订了委托合同，都不意味着律师与客户之间交流的结束。客户在律师解答后可能会产生新的疑问，或者根据案件进展需要对案件事实进行补充陈述并产生新的问题，这都会产生新的沟通需求。因此，在律师与客户会面之后，还可以通过电话、信函等方式进行进一步的沟通。

第一，电话沟通。在进行电话沟通之前，律师应当对沟通事项的严肃性、重要性、复杂性作充分的评估，判断该事项是否适合电话交谈。在事项重大复杂，或者有其他不适宜电话交流的情况时，应当尽量安排当面交流以保证交流的效果。

第二，书面沟通。律师可以在起草写作的过程中梳理思路，可以从容地选择恰当的词句，可以反复修改而尽量使文件达到完美的程度。律师书面交流的信函文件应当是严谨和周密的。如果是手写信函文件，应当做到工整、清楚，表现出律师对工作的认真态度，潦草的字体既妨碍交流的顺畅，也会影响客户对律师的印象。

2. 办理委托手续

律师接待客户，达成委托意向，商定律师费并确定委托关系之后，客户应当与律师事务所办理委托手续。

（1）签订委托协议。律师与客户确定委托关系后，律师应当以律师事务所的名义与客户签订委托协议，明确双方的权利和义务，商定的律师费既可以单独签订法律服务收费合同，也可以以收费条款规定在委托协议中。一般说来，委托协议包括以下内容：①委托人和受托方的名称（或姓名）及住所。②委托事项：即委托人委托律师提供法律服务的目标。③受托的权限范围。④委托期限。⑤双方的权利和义务。⑥收费标准。⑦违约责任。⑧协议纠纷解决方式。⑨其他约定事项。

（2）签署委托书。律师事务所与委托人签订委托协议之后，律师还应当让委托人签署相关阶段的委托书，签署委托书一般是一式三份，一份交委托人，一份交律师事务所存档，一份交相应的办案机关。律师接受刑事案件，可以在侦查、审查起诉、一审、二审、再审、死刑复核各阶段分别办理签订委托协议，或者选择其中的几个阶段进行委托，甚至还可以一次性签订委托协议，为了备不时之需，建议办理委托手续时让委托人多签署几份。

（3）办理其他委托手续。包括：①留存委托人的身份证明复印件和其与当事人的关系证明复印件，包括身份证、结婚证、户口本、派出所证明等。②委托人向律师事务所支付律师费之后，律师事务所应向委托人出具收费凭证，律师最好能够复印收费凭证，并让委托人在复印件上签字确认已经签收原件。

3. 法律援助案件的接收

在司法实践中，律师事务所接受刑事案件并指派律师办理共有两大类案件，一类是接受委托人的委托办理的案件，另一类是接受法律援助机构指派办理的案件。律师在办理这两类案件的过程中提供法律服务的方法、内容并无差异，只是在服务对象、办理手续等方面有些差别，本节将对这些特殊情况进行简单介绍。

（三）侦查阶段的律师辩护实务

1. 前期准备

委托是律师介入侦查阶段的首要环节，实务中聘请律师的可能是犯罪嫌疑人本人，可能是犯罪嫌疑人的监护人或者近亲属，也可能是单位或者单位的人员，还可能是朋友或者其他关系的人员。这些人员虽然可以作为当事人一方与律师事务所签署委托协议，支付律师费，但不一定都能作为签署委托书的委托人，因为法律对委托人的范围是有限制规定的。根据《刑事诉讼法》第 34 条及其他相关法律规定，在侦查阶段，有权委托辩护人的有两类人员，一是犯罪嫌疑人本人；二是犯罪嫌疑人的监护人、近亲属。

《刑事诉讼法》第 34 条规定，"犯罪嫌疑人自被侦查机关第一次讯问或者采取强制措施之日起，有权委托辩护人；在侦查期间，只能委托律师作为辩护人"。由此可见犯罪嫌疑人尚未被讯问或者尚未被采取强制措施时，无权委托辩护人。当然，侦查机关在第一次讯问犯罪嫌疑人或者对犯罪嫌疑人采取强制措施的时候，应当告知犯罪嫌疑人有权委托辩护人。犯罪嫌疑人在押期间要求委托辩护人的，侦查机关也应当及时转达其要求。

要积极与公安机关取得联系，及时告知公安机关已与犯罪嫌疑人建立委托关系，同时递交委托材料；向公安机关了解案件基本情况，申请安排会见。

2. 会见与通信

（1）会见时的工作内容：①确认委托关系。②向犯罪嫌疑人了解以下内容：询问犯罪嫌疑人的自然情况，如年龄、精神状况等；询问犯罪嫌疑人涉嫌的罪名以及是否参与、怎样参与涉嫌的案件；询问犯罪嫌疑人是否认罪，不认罪的，认真听取其无罪的辩解；询问犯罪嫌疑人是否接受过讯问，讯问时的供述和辩解情况；了解与案件定罪、量刑可能相关的其他情况，如有无坦白、自首、立功表现，在共同犯罪中的作用等；询问强制措施的决定、执行情况，确定程序是否合法；询问被采取强制措施后其人身权利及诉讼权利是否受到侵犯；其他需要了解的情况。③提供法律咨询。

（2）会见结束后的工作：①办理犯罪嫌疑人交接手续。律师会见在押的犯罪嫌疑人后，不能直接离开羁押场所，而应当遵守相关规定，与羁押场所办理完犯罪嫌疑人的交接手续后，方可离开。②与犯罪嫌疑人的家属交流。律师应当理解家属的心情，告知犯罪嫌疑人的身体状况、精神状态，犯罪嫌疑人需要什么生活用品，以便家属及时提供；解答家属提出的法律问题，帮助家属分析法律关系。但是对于会见时了解到的案件情况，律师应当保持足够的谨慎，避免因告诉家属而影响甚至妨碍侦查工作的进行。

（3）会见应注意：①不得为犯罪嫌疑人传递物品、信函，不得将通信工具借给其使用；②不得帮助犯罪嫌疑人隐匿、毁灭、伪造证据或者串供，不得进行妨碍司法机关诉讼活动的行为；③不得暗示、指使、诱导犯罪嫌疑人及其家属行贿；④不得泄露当事人的隐私或者知悉的其他情况或信息。

当然，辩护律师如果在会见过程中知悉委托人或者其他人，准备或者正在实施危害国家安全、公共安全以及严重危害他人人身安全的犯罪的，则应当及时告知司法机关，这是法律规定的辩护人的告知义务，但这里所涉及的犯罪仅限于危害国家安全、公共安全以及严重危害他人人身安全的犯罪，其他犯罪不在告知的义务范围之内。

（4）通信权：通信是会见以外的律师与犯罪嫌疑人直接沟通交流的一项重要途径，律师可以通过通信的方式向犯罪嫌疑人了解案件的情况，了解犯罪嫌疑人对案件的意见，了解犯罪嫌疑人的目的、动机、手段和犯罪前后的思想变动和表现，了解犯罪嫌疑人的状态和需要的关怀，也可以通过通信的方式为犯罪嫌疑人解答法律问题，提供法律咨询。

（5）通信应注意：①不得向犯罪嫌疑人提供妨碍侦查的内容。②对与犯罪嫌疑人的通信信息予以保密。③对与犯罪嫌疑人的通信信件予以保留并附卷备查。④与犯罪嫌疑人通信的措辞应当更加严谨慎重。

3. 证据的收集和申请

《刑事诉讼法》第 42 条规定："辩护人收集的有关犯罪嫌疑人不在犯罪现场、未达到刑事责任年龄、属于依法不负刑事责任的精神病人的证据，应当及时告知公安机关、人民检察院。"

申请调取无罪和罪轻的证据。申请调取的时间：侦查阶段律师申请调取证据的时间是在案件移送审查逮捕之后。申请调取的内容：公安机关在侦查阶段收集的证明犯罪嫌疑人无罪或者罪轻的证据材料，而且该证据材料未提交。申请调取的对象：律师应向人民检察院申请，申请人民检察院向公安机关调取。申请调取的后果：经审查，认为辩护人申请调取的证据已收集并且与案件事实有联系的，应当予以调取；认为辩护人申请调取的证据未收集或者与案件事实没有联系的，应当决定不予调取并向辩护人说明理由。公安机关移送相关证据材料的，人民检察院应当在 3 日以内告知辩护人。

4. 参与审查逮捕

人民检察院审查批准逮捕，可以询问证人等诉讼参与人，听取辩护律师的意见；辩护律师提出要求的，应当听取辩护律师的意见。

5. 申请羁押必要性审查

犯罪嫌疑人、被告人被逮捕后，人民检察院仍应当对羁押的必要性进行审查。对不需要继续羁押的，应当建议予以释放或者变更强制措施。有关机关应当在十日以内将处理情况通知人民检察院。律师如果要在侦查阶段申请羁押必要性审查，应当在犯罪嫌疑人被逮捕一个月后进行，以免连立案程序都进入不了。

6. 申请变更、解除强制措施

在侦查阶段，侦查机关根据案件情况，对犯罪嫌疑人可以采取拘传、拘留、逮捕、取保候审或者监视居住等强制措施，刑事诉讼法对每一种强制措施都明确规定了适用的条件，侦查机关应当依法适用，对犯罪嫌疑人采取强制措施不当的，律师有权申请变更强制措施。

7. 提出法律意见

辩护人的责任就是根据事实和法律，提出犯罪嫌疑人、被告人无罪、罪轻或者减轻、免除其刑事责任的材料和意见，维护犯罪嫌疑人、被告人的诉讼权利和其他合法权益，故而，针对事实和法律提出自己的意见是辩护律师的职责所在，也是辩护工作的集中体现。

8. 其他法律服务

代理申诉控告，申请回避，要求检察院讯问犯罪嫌疑人。

（四）审查起诉阶段律师的辩护业务

1. 前期准备

委托的主体同侦查阶段，为犯罪嫌疑人或其近亲属。

犯罪嫌疑人或者其监护人、近亲属可以随时委托辩护人，而且人民检察院自收到移送审查起诉的案件材料之日起 3 日以内，也有告知犯罪嫌疑人有权委托辩护人的义务。如果犯罪嫌疑人在押期间要求委托辩护人，人民检察院应当及时转达其要求。

在审查起诉阶段，律师可以查阅、摘抄、复制案卷的案卷材料。应及时与检察机关联系阅卷，由检察机关的案件管理部门及时安排，由公诉部门提供案卷材料。

2. 查阅案卷材料

阅卷是律师在审查起诉阶段的一项法定权利，无须向人民检察院提交阅卷申请，也无须经得人民检察院的许可。因此，律师向人民检察院递交委托手续后，可以直接与检察院相关部门协调阅卷，无须就阅卷事项再递交申请或者其他手续。

3. 会见

向犯罪嫌疑人核实有关证据。在审查起诉阶段，辩护律师在阅卷后，在会见犯罪嫌疑人时可以向其核实有关证据，如犯罪嫌疑人讯问笔录反映出的供述和辩解是否真实、对犯罪嫌疑人取证的程序是否合法、对鉴定结论是否有异议等。通过向犯罪嫌疑人核实证据，找到证据中存在的问题，以确定是否启动非法证据排除程序，为辩护意见的形成打好基础。向犯罪嫌疑人了解取证的线索。辩护律师在审查起诉阶段享有调查取证的权利，这是没有争议的。但律师如何调查取证，向谁调查取证，调查收集什么证据，这些除了在查阅案卷中发现线索外，更多的线索还在于会见时向犯罪嫌疑人本人了解，因为犯罪嫌疑人是当事人，最清楚最了解事情发生的经过和过程，所以要通过会见了解需要调查和取证的方向和线索。

4. 调查取证

调查取证的方式分为自行调查取证和申请法院调取证据，调查内容分为实体问题和程序问题，实体问题包含：①犯罪嫌疑人的年龄；②犯罪嫌疑人的精神和身体状况；③犯罪嫌疑人的身份；④犯罪嫌疑人是否具有出罪事由；⑤犯罪嫌疑人是否属于从犯或者胁从犯；⑥犯罪嫌疑人是否具有未完成罪等犯罪情节；⑦犯罪嫌疑人是否具有自首、立功、坦白等量刑情节；⑧能够证明犯罪嫌疑人无罪、罪轻的其他证据。

程序问题包括：①非法采取强制措施、超期采取强制措施；②非法取证的行为；③其他侵犯犯罪嫌疑人合法权益的行为。

调查取证应注意：①不单独进行调查取证，最好同时进行录音或者录像；②避免犯罪嫌疑人及其家属在场；③询问证人应当个别进行；④不得隐匿、毁灭、伪造证据；⑤不得妨害作证；⑥严守保密义务和妥善保管义务。

5. 提出辩护意见

辩护意见的种类包括：①要求检察机关作出不起诉决定的辩护意见；②罪轻的辩护意见；③改变定性的辩护意见。

辩护意见的内容包括：①对案件定性的意见和建议；②是否具备罪轻情节；③是否具备需要调查的事项；④对案件处理的意见和建议；⑤程序上有无违法；⑥侦查活动有无违法；⑦其他需要反映的事项。

（五）审判阶段的律师辩护实务

1. 审判阶段律师可以做什么

在案件被检察机关向人民法院提起公诉之后、法庭审理辩论结束之前的任何阶段，犯罪嫌疑人或者其亲友、所在单位均可聘请律师为其提供刑事辩护及相关法律服务。这一期间律师的主要服务内容有：①会见被告人；②查阅、摘抄、复制案件有关材料及证据材料；③调查取证，申请鉴定；④出席法庭对检察机关所举控诉证据进行质证，提出相反的证据；⑤申请调取新的证据或重新勘验、鉴定，通知新的证人出庭作证；⑥针对公诉人对案件发表的公诉意见，就案件性质、情节、事实、证据及量刑与公诉人进行辩论，提出被告人无罪、罪轻，或者从轻、减轻处罚的证据和意见，为被告人辩护，维护其合法权利。

在一审判决之后聘请律师，主要服务内容为：审查一审判决认定的事实、情节、性质是否符合实际事实与法律规定，量刑是否适当；对不服一审判决提出上诉的，代为起草上诉书，参加二审审判活动，出庭为上诉人进行辩护，维护上诉人的合法权利。

2. 庭前准备工作

辩护律师在开庭前，应当根据可以发问的对象的到庭情况和辩护思路，拟定详细的发问提纲。发问应当遵循以下规则：发问的内容应当与本案事实有关；不得以可能影响陈述或者证言客观真实的诱导方式或者其他不当方式发问；不得威胁被告人、被害人、附带民事诉讼原告、证人、鉴定人、有专门知识的人；不得损害被告人、被害人、附带民事诉讼原告、证人、鉴定人、有专门知识的人格尊严。因此，辩护律师在拟定发问提纲时就应当注意以上规则。

在开庭审理前，辩护律师应当根据掌握的案件情况和证据材料，在与被告人进行充分交流的基础上，确定辩护框架，拟定辩护意见。辩护意见一般分为以下几个类型：

第一，事实上的无罪辩护。事实上的无罪辩护，是指控辩双方在案件的基本事实上存在很大的争议，被告人、辩护人认为控方针对被告人所指控的案件事实根本不存在或者事实不清、证据不足而提出的无罪辩护。事实上的无罪辩护重点在于"事实"，因此辩护律师应最大限度地了解和把握案件基本事实以及相关证据，挖掘案件事实及证据存在的问题。具体而言，进行事实上的无罪辩护存在以下两种辩护策略：①起诉书指控的犯罪事实并非由被告人实施；②起诉书指控的犯罪事实不清、证据不足。

第二，法律上的无罪辩护。与事实上的无罪辩护相对应，是指被告人及其辩护人对起诉书指控的案件事实并不存在异议，但是对起诉书中针对该事实适用的法律存在争议。法律上的无罪辩护可以区分为以下几种情况：①起诉书中所指控的案件事实，法律上不认为是犯罪的；②起诉书中所指控的犯罪，法律上不追究刑事责任的；③起诉书中指控的案件事实不满足犯罪构成的全部要件的。

3. 刑事审判的法庭辩论程序

合议庭认为本案事实已经调查清楚，应当由审判长宣布法庭调查结束，开始就全案事实、证据、适用法律等问题进行法庭辩论。

法庭辩论，是在法庭调查的基础上，控诉方与辩护方就被告人的行为是否构成犯罪、犯罪的性质、罪责轻重、证据是否确实充分，以及如何适用刑法等问题，进行互相争论的一个重要环节。通过控辩双方的辩论，将进一步揭示案情，明确如何适用法律，为案件的正确裁判奠定基础。

4. 二审程序律师事务

第一审裁判宣告以后，可能存在被告人上诉或者人民检察院抗诉从而启动第二审程序的情形。第二审程序既以第一审程序为基础，又以第一审法院的裁判为检验对象，通过二审，可以有效地避免裁判错误，纠正量刑不公。同时在我国二审终审的背景下，律师在第二审程序中的辩护工作也显得非常重要和必要，通过指出一审裁判在事实认定、法律适用以及程序上存在的问题，最大限度地维护当事人的合法权益。

案件进入第二审程序后，前期准备工作与第一审程序基本相同：律师应当在与符合法定条件的委托人签订委托协议及委托书，取得符合法律规定的授权后，及时与二审法院进行联系，递交有关手续并协调阅卷工作。这些工作的方法、流程与注意事项与第一审程序并无实质区别。在法庭辩论阶段，二审开庭审理中的法庭辩论阶段的工作内容与一审开庭审理大致相同，重点要注意发言的顺序。

如果是上诉案件，先由上诉人、辩护人发言，后由检察员、诉讼代理人发言；如果是抗诉案件，先由检察员、诉讼代理人发言，后由上诉人、辩护人发言；如果是既有上诉又有抗诉的案件，则先由检察员、诉讼代理人发言，后由上诉人、辩护人发言。辩护人在法庭辩护阶段应当发表支持上诉或者维持原判的意见，对于检察员、被害人、诉讼代理人、其他原审被告人及其辩护人提出的观点，认为需要答辩的，应当在法庭上进行答辩。答辩应当抓住重点，主次分明，针对与案件有关的和新提出的观点进行。

对与案件无关或者已经辩论过的观点和内容，不再答辩。

（六）死刑复核律师事务

被判处死刑的被告人有权委托辩护律师参与死刑复核程序，但在实践中，被判处死刑的被告人实施的多为暴力案件，有的被告人经济较为困难，无力委托辩护律师，考虑到死刑案件的特殊性，最高人民法院《关于适用中华人民共和国刑事诉讼法的解释》第 47 条明确规定，高级人民法院复核死刑案件，被告人没有委托辩护人的，应当通知法律援助机构指派律师为其提供辩护。这为辩护律师介入死刑复核程序提供了法律保障，有利于保护被判处死刑的被告人的合法权益。

辩护律师如何反映和提交意见，也应当从事实认定、法律适用和程序合法等角度入手，但与侦查、审查起诉、一审和二审程序不同的是，在死刑复核程序反映和提交意见的终极目标是"不被核准死刑"，对于死刑立即执行案件，终极目标则是"不被判决立即执行"。

在具体案件中，被告人可能存在一些在刑法条文中没有明文规定，但根据刑事立法精神和有关刑事政策，根据司法机关的一般经验，一般不予判处死刑的情节。这时，律师应当将这些细节明确、清晰地列明，请求法院在复核时予以考虑，例如犯罪事出有因，并非不可饶恕，再如被告人基于义愤、大义灭亲、不堪虐待、遭受迫害、受害人存在过错等原因杀人，往往可以认为是事出有因，司法机关对这类案件一般也不适用死刑。而因邻里、债务等矛盾激化引起斗殴而造成死亡的案件，由于犯罪人改造的难度相对较小，一般不适用死刑立即执行，在必要时可以考虑适用死缓。

犯罪前一贯表现好、犯罪后又真诚悔罪，偶尔失足的犯罪人，主观恶性弱，再犯可能性小，改造难度小，对于这类犯罪人，司法机关一般会尽量避免适用死刑立即执行。如果存在犯罪后积极采取措施抢救受害人、挽回损失，协助司法机关侦破案件等情形的，更应当在量刑时予以考虑。对于存在这些情节的案件，辩护律师应当向法官提供相关的材料、证据，争取最好的辩护结果。

积极退赃或积极赔偿被害人的经济损失，例如在财产性、贪污受贿类犯罪案件中，被告人能积极退出大部分赃款，减小其犯罪给社会造成的经济损失；或者在暴力类犯罪案件中，被告人能赔偿被害人的经济损失，取得被害人的谅解，一般应当认为被告人的认罪态度较好，改造可能性较大，司法机关一般也会慎重适用死刑，尤其慎重适用死刑立即执行。

从程序上入手，诉讼程序正当合法是正确裁判的重要保障，如果辩护律师发现在死刑复核的案件中存在以下情形，也应当提出相应的意见，请求法院不予核准死刑：严重违反法律规定的诉讼程序，可能影响公正审判的；司法工作人员在办理案件时，有贪污受贿、徇私舞弊、枉法裁判等行为的；其他诉讼程序存在问题的。

（七）刑事代理律师事务

1. 会见被害人

在有被害人且被害人尚未死亡或者尚未丧失诉讼行为能力的公诉案件中，由于被害人亲身经历了整个犯罪过程，对于案件有着直观的了解，因而代理律师应当及时会见被害人，就案件情况与其进行交流，了解被害人对案件的态度和意见，以便根据事实和法律，维护被害人的诉讼权利和合法权益。当然，律师分析案件情况时，不应只以被害人的陈述为准，还需结合其他证据，尤其是其他实物证据，防止因偏听偏信而无法对案件形成客观、真实、全面的认识。

相对于犯罪嫌疑人和被告人，被害人的人身比较自由，代理律师会见被害人相对容易。但由于被害人的身体、物质和精神可能因犯罪行为而受到创伤，代理律师在会见时应当根据被害人的具体情况，采取恰当的方式。此外，被害人的陈述属于证据种类之一，因此代理律师在会见时不得威胁、引诱被害人作伪证以及进行其他干扰司法机关诉讼活动的行为。

代理律师应当尽量避免使用刺激性语言，注意安抚被害人的情绪。对于特殊案件中的受害者，代理律师不仅要通过会见了解案情，还要尽量对被害人进行人文关怀。对于涉及隐私的案件，代理律师应当注意保密。

2. 开庭注意事项

在法庭调查中，代理人只要将以上各项有关工作准备充分、认真完成，就能基本保证委托人在诉讼中的各项权利。

被害人陈述，是被害人基于自己对案件具体情况的了解，就案件事实如实地向法庭所作的陈述。对案件定罪量刑有重要影响的细节，代理律师可以通过发文或者其他方式协助被害人回忆、叙述清楚，比如案件发生的时间、地点、案发时的环境、被害人的生理特征、被告人的生理特征、被告人如何实施的犯罪行为、被害人有无反抗、被告人事后进行了施救还是逃跑，等等。代理律师协助被害人进行陈述应当注意不能放任或者引诱被害人夸大其词，虚构事实。

在庭审过程中，可以向被告人、证人、鉴定人发问。发问时应围绕案件事实，不得引诱也不得威胁，尤其是对被告人的发问，应当尽量帮助被害人控制情绪，以保障庭审的顺利进行。在发问的过程中，代理律师应当注意被告人或者其辩护人向被害人发问是否使用了威胁性、诱导性方式或者其发问内容与本案无关，当出现这种情况的时候，代理律师应当提出异议，及时申请审判长制止。

在代理意见与公诉意见不一致的情况下，要从维护被害人的合法权益出发，对证据发表独立的质证意见。代理律师在举证前应当对证据进行充分的评估和考量，看手中掌握的证据是否能够在庭审过程中出示，对于新的证人和新的证据，应当提前做好准备。

在法庭辩论阶段，代理律师应与公诉人、检察员互相配合，依法行使控诉职能，与被告人及其辩护人展开辩论。但如果代理意见与公诉意见不一致，如重罪定性为轻罪，或者量刑建议过轻的，代理律师还应当从维护被害人的合法权益出发，独立发表代理意见，并可与公诉人展开辩论。

（八）刑事辩护的缺陷

中国修订后的刑事诉讼法在一定程度上强化了辩护人的诉讼权利，使辩护人无论在诉讼权利的行使范围上还是在诉讼的介入时间上都有所改进，但这只是一种立法上的努力，静态的立法成果并不一定和动态的司法实践一一对应。目前我国的刑事辩护人的诉讼权利行使状况并不乐观：一方面，辩护人的大量权利得不到落实；另一方面，辩护人本人的人身权利也经常面临威胁。中国的律师辩护依然具有一定的困难。

1. 会见难

根据《刑事诉讼法》第 34 条和第 39 条规定，犯罪嫌疑人在被侦查机关第一次讯问后或者采取强制措施之日起可以聘请律师，受委托的律师可以会见在押的犯罪嫌疑人。"两院三部一委"发布的《关于实施刑事诉讼法若干问题的规定》进一步要求"辩护律师要求会见在押的犯罪嫌疑人、被告人的，看守所应当及时安排会见，保证辩护律师在四十八小时以内见到在押的犯罪嫌疑人、被告人"，对于组织、领导、参加不法组织罪、毒品犯罪、贪污贿赂犯罪等重大复杂的两人以上的共同犯罪案件，应当在5日内安排会见。这里的"应当"是要求办案机关必须在48小时或5日以内作出安排。然而，在司法实践中这一规定尚未得到认真地落实，具体表现在：一是办案机关以种种借口无限拖延；二是非涉密案件还要层层审批；三是不允许单个律师会见；四是以本案涉及国家机密为由不准会见；五是在会见场所秘密安装摄录设备；六是限定会见时间和次数，控制问话内容等，使律师在行使法律赋予的会见权时步履维艰，会见制度形同虚设。

2. 调查取证难

律师要进行有理有据的辩护必须占有确实充分的证据，因此，是否赋予律师调查取证权，以及律师如何调查取证成为保护当事人合法权益，确保案件质量，实现司法民主、公正的原则性问题。但就中国的实际情况来看，辩护律师进行调查取证的现状并不乐观，据统计新刑事诉讼实施以来，全国已有200余名律师因调查取证被冠以伪证罪而遭受拘留和逮捕，最后绝大多数又以无罪予以释放。这一反常现象造成辩护律师的恐慌心理，不敢大胆从事调查取证活动，甚至多数律师接受委托后，干脆不做任何调查，导致辩护质量下降，刑事案件的辩护率也降低。

3. 阅卷难

在辩护活动中，律师查阅案卷材料，了解案情，是行使辩护权的关键和核心，只有全面了解案中的证据材料，才能有针对性地提出辩护或代理意见。世界各国的立法和司法工作，都十分重视这一环节，为实现律师的知情权建立了证据开示制度，为查阅案卷材料提供充分的机会和条件，但刑事诉讼从立法到实务，辩护律师的该项权利都没有得到有效落实，即使是《刑事诉讼法》第40条规定的"可以查阅、摘抄、复制本案的案卷材料"，在司法实践中也是限制有加。

4. 采纳正确辩护意见难

就刑事案件实际状况而言，律师介入刑事案件进行辩护的比率并不高，高水平的律师更是不愿参与刑事诉讼，其根本原因在于律师正确的辩护意见难以被采纳。

5. 维护律师在诉讼中的合法权益难

《联合国关于律师作用的基本原则》规定：各国政府应确保能够履行其所有职责而不受到恫吓、妨碍或不适当的干涉；不会由于其按照公认的专业职责、准则和道德规范所采取的任何行动而受到或者被威胁会受到起诉或行政、经济或其他制裁。这些要求已经被世界多数国家的立法所吸纳。但在我国还有待进一步加强，如《刑法》第306条关于辩护人、诉讼代理人伪造证据罪等的规定，在世界各国的刑事立法中较为少见。

四、仲裁业务

（一）劳动仲裁

1. 收案范围

《劳动法》第79条规定，劳动争议发生后，当事人可以向本单位劳动争议调解委员会申请调解；调解不成，当事人一方要求仲裁的，可以向劳动争议仲裁委员会申请仲裁。当事人一方也可以直接向劳动争议仲裁委员会申请仲裁。对仲裁裁决不服的，可以向人民法院提起诉讼。

《劳动争议调解仲裁法》第2条规定，中华人民共和国境内的用人单位与劳动者发生的下列劳动争议，适用本法：①因确认劳动关系发生的争议；②因订立、履行、变更、解除和终止劳动合同发生的争议；③因除名、辞退和辞职、离职发生的争议；④因工作时间、休息休假、社会保险、福利、培训以及劳动保护发生的争议；⑤因劳动报酬、工伤医疗费、经济补偿或者赔偿金等发生的争议；⑥法律、法规规定的其他劳动争议。

2. 立案材料的准备

劳动仲裁立案时需要提交以下材料：仲裁申请书、劳动者身份证复印件、公司企业信息（北京市企业信用信息网 http://qyxy. scjgj. beijing. gov. cn/或国家企业信用信息公示系统 http://www. gsxt. gov. cn/index. html）、送达地址确认书。

3. 去劳动仲裁委立案

首先，要根据公司营业执照注册地来确定劳动仲裁的管辖。根据《北京市劳动争议仲裁委员会、北京市劳动争议仲裁办案规范（试行）》第8条："市仲裁委员会受理本市行政区域内下列劳动争议案件：①位于城、近郊区的中央和市属中外合资企业、中外合作企业及外商独资企业与劳动者发生的劳动争议案件；②外省、市中外合资企业、中外合作企业及外商独资企业驻京办事机构或分支机构与劳动者发生的劳动争议案件；③在全市有重大影响的劳动争议案件；④市仲裁委员会认为应当由本委受理的其他劳动争议案件。"若公司营业执照注册地有上述情况存在，则劳动者应去北京市劳动仲裁委会申请劳动仲裁。

其次，公司营业执照注册地或者劳动合同履行地不同。根据《北京市劳动争议仲裁委员会、北京市劳动争议仲裁办案规范（试行）》第11条的规定，"发生劳动争议的用人单位工商登记注册地与其主要营业地不在同一仲裁委员会管辖地区的，由用人单位一方工商登记注册地仲裁委员会管辖。"若公司营业执照注册地或者劳动合同履行地不同，则劳动者应到公司营业执照注册地仲裁委员会申请劳动仲裁。

4. 交换证据阶段

仲裁立案后，仲裁委会送达受理通知书、举证通知书、开庭通知书。证据交换一般是指仲裁委通知申请人和被申请人一起去仲裁委，相互交换证据。劳动者一般要举证证明基础的劳动关系，该类证据主要有：劳动合同，还可以佐以工资流水、考勤记录、工牌工服、工作记录、社保记录等证据。其他证据就根据劳动者的仲裁请求来提交证据，比如若主张了加班费，即要证明确有加班事实，可以用考勤、聊天记录、公司审批表等来证明。

5. 仲裁开庭

开庭时，申请人举证证明其主张之仲裁请求，被申请人根据申请人的请求提出答辩意见，由仲裁员居中审查相应事实。

6. 仲裁裁决

开完庭后，仲裁员会根据双方提供的证据、开庭情况，并结合相应的法律作出裁决。

7. 调解

在仲裁流程中，有调解的环节，可在仲裁前调解亦可在仲裁中调解，这个环节伴随着仲裁程序的始末，在仲裁员作出裁决之前双方都可以进行调解。

（二）商事仲裁

1. 申请仲裁应当符合哪些条件

根据《仲裁法》第 21 条的规定，当事人申请仲裁应当符合下列条件：①有仲裁协议；②有具体的仲裁请求和事实、理由；③属于仲裁委员会的受理范围。

2. 商事仲裁的事项范围

（1）发生纠纷的双方应当属于平等主体的当事人。

（2）仲裁的事项应当是当事人有权处分的财产权益。

（3）仲裁的范围限定为合同纠纷和其他财产权益纠纷。

3. 如何选择商事仲裁机构

仲裁当事人可以在仲裁协议或仲裁条款中自行选择仲裁机构，应当考虑以下几个因素：

（1）选择仲裁成本低的商事仲裁机构。

（2）选择大城市的商事仲裁机构。

（3）选择就近的商事仲裁机构。

（4）选择信誉较好的知名商事仲裁机构。

（5）仲裁协议或条款中明确列明所选商事仲裁机构，例如"因本合同发生的一切争议，提交×仲裁委员会按其规则进行仲裁"。

4. 如何选择仲裁员

（1）选择熟悉相关专业知识的仲裁员。

（2）应避免选择符合法定回避条件的仲裁员。

（3）必须在规定的时间内选择仲裁员。

5. 商事仲裁需要提交的材料

（1）仲裁协议。

（2）仲裁申请书及副本。

（3）申请人、被申请人的身份证明。申请人、被申请人为自然人的，应提交身份证复印件或其他身份证明材料；申请人、被申请人是法人的，应提交营业执照复印件或者工商注册登记资料、申请人法定代表人证明书；申请人、被申请人是其他组织的，应提交有关部门关于该组织成立的批准文件或者能够证明其主体资格的材料。

（4）委托代理人的授权委托书。

（5）有关证据材料等。

6. 仲裁费用

仲裁费用是指当事人向仲裁委员会申请仲裁，依法应当交纳的一定费用。包括案件受理费及案件处理费。

仲裁庭在仲裁裁决中或在案件结案时，有权对仲裁费用的最后承担作出决定。仲裁费用原则上由败诉方承担；当事人部分胜诉、部分败诉的，由仲裁庭根据当事人各方责任大小确定其各自应当承担的仲裁费用的比例。当事人自行和解或者经仲裁庭调解结案的，当事人可以协商确定各自承担仲裁费用的比例。

（三）劳动仲裁与商事仲裁的区别

1. 机构设置不同

根据《劳动争议调解仲裁法》第 17 条的规定，劳动争议仲裁委员会按照统筹规划、合理布局和适应实际需要的原则设立。省、自治区人民政府可以决定在市、县设立；直辖市人民政府可以决定在区、县设立。直辖市、设区的市也可以设立一个或者若干个劳动争议仲裁委员会。劳动争议仲裁委员会不按行政区划层层设立。

根据《仲裁法》第 10 条的规定，仲裁委员会可以在直辖市和省、自治区人民政府所在地的市设立，也可以根据需要在其他设区的市设立，不按行政区划层层设立。仲裁委员会由前款规定的市人民政府组织有关部门和商会统一组建。

因此，在实践中，解决劳动争议的劳动争议仲裁委员会在各个县、区一般都有设立。然而，解决商事纠纷的仲裁委员会只在直辖市、省会、设区的市设立，且各地仲裁委员会相互没有隶属关系，比如，成都仲裁委员会是成都市人民政府依据《仲裁法》，于1997年组建的成都地区唯一的经济纠纷仲裁机构。

2. 受理案件不同

根据《劳动争议调解仲裁法》第2条的规定，中华人民共和国境内的用人单位与劳动者发生的下列劳动争议，适用本法：①因确认劳动关系发生的争议；②因订立、履行、变更、解除和终止劳动合同发生的争议；③因除名、辞退和辞职、离职发生的争议；④因工作时间、休息休假、社会保险、福利、培训以及劳动保护发生的争议；⑤因劳动报酬、工伤医疗费、经济补偿或者赔偿金等发生的争议；⑥法律、法规规定的其他劳动争议。

根据《仲裁法》第2条的规定，平等主体的公民、法人和其他组织之间发生的合同纠纷和其他财产权益纠纷，可以仲裁。第3条规定，以下纠纷不能仲裁：①婚姻、收养、监护、扶养、继承纠纷；②依法应当由行政机关处理的行政争议。

因此，劳动仲裁解决的是用人单位与劳动者发生的劳动争议，而商事仲裁解决的是平等主体的公民、法人和其他组织之间发生的合同纠纷和其他财产权益纠纷，即经济类纠纷，但不包括与身份有关的纠纷、劳动争议、农村集体经济组织内部的农村承包合同纠纷以及行政争议。

3. 法律适用不同

因受理的案件不同，劳动争议仲裁委员会与仲裁委员会在解决纠纷时主要适用的法律规范亦不相同。劳动争议仲裁委员会解决的是用人单位与劳动者之间的劳动争议，主要适用《劳动法》《劳动合同法》《劳动合同法实施条例》等法律、法规及司法解释；仲裁委员会解决的是平等主体之间的经济纠纷，主要适用《民法典》《公司法》等法律、法规及司法解释。

4. 管辖方式不同

《劳动争议调解仲裁法》第5条规定，发生劳动争议，当事人不愿协商、协商不成或者达成和解协议后不履行的，可以向调解组织申请调解；不愿调解、调解不成或者达成调解协议后不履行的，可以向劳动争议仲裁委员会申请仲裁；对仲裁裁决不服的，除本法另有规定的外，可以向人民法院提起诉讼。

《仲裁法》第 4 条规定，当事人采用仲裁方式解决纠纷，应当双方自愿，达成仲裁协议。没有仲裁协议，一方申请仲裁的，仲裁委员会不予受理。

因此，劳动仲裁是劳动争议当事人向人民法院提起诉讼的必经程序，即劳动仲裁为前置程序；商事仲裁必须以有效的仲裁协议为前提，仲裁委员会才具有案件管辖权，并排斥人民法院的管辖。

5. 裁决效力不同

《劳动争议调解仲裁法》第 50 条规定，当事人对《劳动争议调解仲裁法》第 47 条规定以外的其他劳动争议案件的仲裁裁决不服的，可以自收到仲裁裁决书之日起 15 日内向人民法院提起诉讼；期满不起诉的，裁决书发生法律效力。

《仲裁法》第 57 条规定，裁决书自作出之日起发生法律效力。

因此，对于劳动仲裁的裁决，除小额案件外，当事人对仲裁裁决不服的，可以向人民法院提起诉讼；对于商事仲裁的裁决，实行一裁终局制度，自裁决书作出之日起发生法律效力，不可再向人民法院提起诉讼。

五、执行业务

（一）申请执行的依据

《仲裁法》第 62 条规定，事人应当履行裁决，一方当事人不履行的，另一方当事人可以依照民事诉讼法的有关规定向人民法院申请执行，受申请的人民法院应当执行。《民事诉讼法》第 244 条规定，对依法设立的仲裁机构的裁决，一方当事人不履行的，对方当事人可以向有管辖权的人民法院申请执行。受申请的人民法院应当执行。

对于涉外仲裁裁决的执行，《仲裁法》第 72 条规定，涉外仲裁委员会作出的发生法律效力的仲裁裁决，当事人请求执行的，如果被执行人或者其财产不在中华人民共和国领域内，应当由当事人直接向有管辖权的外国法院申请承认和执行。

《民事诉讼法》第 243 条规定，发生法律效力的民事判决、裁定，当事人必须履行，一方拒绝履行的，对方当事人可以向人民法院申请执行，也可以由审判员移送执行员执行。

（二）申请执行的步骤

1. 申请执行

撰写执行申请书：撰写执行申请书是律师代理当事人申请执行事务一项基础性的工作。执行申请书应当包括以下内容：

一是首部，包括写明文书名称、申请人和被申请人的基本情况。申请人是生效法律文书确认的实体权利人或其权利承受人，被申请人则是应对申请权利人履行义务的人。双方当事人的基本情况与其他申请书的要求相同。

二是正文，正文应当写明申请执行的请求事项、事实与理由。请求事项应写明申请强制执行的生效法律文书的案由、制作机关、日期、案件编号以及申请法院强制执行的要求。事实与理由应当写明执行根据的基本内容，生效法律文书确认的申请人的权利和被申请人的义务，写明被申请人拒不履行法律文书所确认的义务的具体情况。最后是申请人向人民法院提出申请强制执行的具体事项，写明申请人要求人民法院强制被申请人履行义务的种类、范围、数量等。

三是尾部，包括执行人民法院的名称、申请执行人签名或盖章、申请日期及附件。附件主要是生效的法律文书副本或复印件，证明被申请执行不履行判决的证明材料及被申请执行人的财产状况。

示例：

执行申请书

申请执行人：

被申请执行人：

申请执行依据：

如（200x）xx 法民终（初）字第 x 号民事判决书。

请求执行事项：

要求强制被申请人 XXX 向申请人 XXX 履行（200x）xx 法民终（初）字第 x 号民事判决书确定的义务。

事实和理由：

申请人 XXX 与被申请人 XXX _____ 纠纷一案，_____ 人民法院于 xx 年 xx 月 xx 日作出 200x）xx 法民终（初）字第 x 号民事判决书，已发生法律效力。但被申请人至今拒不履行判决。为维护申请人的合法权益，特向贵院提出申请，要求强制被申请人执行民事判决书确定的义务。

此致

_____ 人民法院

申请人×××

年_月_日

附：

1. （200x）xx 法民终（初）字第 x 号民事判决书
2. 被申请人的银行账号
3. 财产状况
4. 证明被申请人不履行生效法律文书的材料

在申请执行时，需要注意以下几点：

（1）执行法院的选择。根据《民事诉讼法》的规定，申请人可以根据执行财产的状况和案件的实际情况，选择执行法院，所以，律师接受委托申请执行时，应从有利于申请人迅速实现生效法律文书确定的权利出发，为委托人找准申请执行的法院，并做好被申请人提出执行管辖异议的准备工作，以便被申请人提出管辖异议后，迅速为受理的人民法院作出裁决提供依据，提高效率。

（2）收集法律文书已生效和被申请人拒不履行的依据，供法院受理时使用。研究案情细节，看是否需要变更被申请人或追加被申请人，一般情况下，被申请人就是生效法律文书确定的义务人，但如果案件中出现了一些特别情形，需要由被申请人以外的人执行该生效法律文书，根据《民事诉讼法》的规定应当提出变更或追加被申请人。如果有这些情形，就需尽快收集变更或追加被申请人的依据和相关人员的身份及资产状况的有关证据材料。

2. 收集适用执行措施的信息资料

第一，收集被执行人有能力履行义务的信息资料和线索。《民事诉讼法》第261条规定，债权人发现被执行人有其他财产的，可以随时请求人民法院执行。所以申请执行人应当注意收集可供执行的财产信息，包括被执行人可供执行的动产、不动产状况，需要执行的标的物的数量、所在地等及被执行人行踪、被执行人隐藏财产线索、被执行人收入和存款线索、被执行人到期债权线索等。

第二，申请限制出境的依据。

第三，收集隐藏、转移、变卖、毁损财产的材料。

第四，收集抗辩案外人执行异议的证据。

第五，收集对被申请人申报财产异议的证据。在执行过程中，被申请人向人民法院递交的财产报告可能有虚假。所以，申请人应当积极配合法院，揭发被申请人提供的虚假报告，便于准确掌握被申请人的财产，及时、准确查明被执行人的财产状况，提高执行效率。

3. 在执行中提交各种申请或异议

在执行程序中，申请执行人除提交执行申请书以外，根据案件的情况，可能还要提交如下申请或异议：一是对违法执行行为提出异议。二是特定情况下向上一级人民法院申请执行。三是恢复执行申请，根据《民事诉讼法》第237条的规定，当事人执行和解后，一方当事人不履行和解协议的，人民法院可以根据双方当事人的申请，恢复对原生效法律文书的执行。四是申请变更或追加被申请人。《民事诉讼法》第239条规定："作为被执行人的公民死亡的，以其遗产偿还债务。作为被执行人的法人或者其他组织终止的，由其权利义务承受人履行义务。"五是对执行管辖异议的裁定不服，申请复议，根据《最高人民法院关于适用〈中华人民共和国民事诉讼〉

执行程序若干问题的解释》第 3 条第 2 款的规定，当事人对执行管辖异议的裁定不服的，可以向上一级人民法院申请复议。六是申请限制出境，《最高人民法院关于适用〈中华人民共和国民事诉讼法〉执行程序若干问题的解释》规定，对被执行人限制出境的，应当由申请执行人向执行法院提出书面申请。七是申请公布"老赖"。《最高人民法院关于适用〈中华人民共和国民事诉讼法〉执行程序若干问题的解释》第 26 条规定，执行法院可以依职权或者依申请执行人的申请，将被执行人不服从法律文书确定义务的信息，通过报纸、广播、电视、互联网等媒体公布。八是发现被申请人其他财产的，随时提出申请。根据《民事诉讼法》第 261 条的规定：债权人发现被执行人有其他财产的，可以随时请求人民法院执行。

4. 对案外人或被申请人的执行异议提出抗辩

第一，案外人对执行标的提出书面异议。《最高人民法院关于适用〈中华人民共和国民事诉提法〉执行程序若干问题的解释》第 14 条规定：案外人对执行标的主张所有权或者有其他足以阻止执行标的转让、交付的实体权利的，可以依照《民事诉讼法》第 227 条的规定，向执行法院提出异议。

第二，执行管辖权异议。《最高人民法院关于适用〈中华人民共和国民事诉讼法〉执行程序若干问题的解释》第 3 条第 1 款规定：人民法院受理执行申请后，当事人对管辖权有异议的，应当自收到执行通知书之日起 10 日内提出。

5. 参加执行程序中发生的诉讼

第一，参加案外人对执行异议的诉讼。《民事诉讼法》第 234 条规定：案外人、当事人对裁定不服，认为原判决、裁定错误的，依照审判监督程序办理；与原判决、裁定无关的，可以自裁定送达之日起 15 日内向人民法院提起诉讼。根据《最高人民法院关于适用〈中华人民共和国民事诉讼法〉执行程序若干问题的解释》的规定，该诉讼由执行法院管辖，且应当以申请执行人为被告；被执行人反对案外人对执行标的所主张的实体权利的，应当以申请执行人和被执行人为共同被告。

第二，参加由申请执行人提起的诉讼。根据《最高人民法院关于适用〈中华人民共和国民事诉讼法〉执行程序若干问题的解释》的规定，申请执行人依照《民事诉讼法》第 227 条（现 234 条）的规定提起诉讼的，执行法院应当依照诉讼程序审理。

第三，对分配方案提起异议诉讼。《最高人民法院关于适用〈中华人民共和国民事诉讼法〉执行程序若干问题的解释》第 18 条规定，债权人或者被执行人对分配方案提出书面异议的，执行法院应当通知未提出异议的债权人或被执行人。未提出异议的债权人、被执行人收到通知之日起 15 日内未提出反对意见的，执行法院依异议人的意见对分配方案审查修正后进行分配；提出反对意见的，应当通知异议人。异议人可以自收到通知之日起 15 日内，以提出反对意见的债权人、被执行人为被告，向执行法院提起诉讼；异议人逾期未提起诉讼的，执行法院依原分配方案进行分配。

第五章

进阶篇

　　从抽象层面来看，若想要在律师行业崭露头角，从一名青年律师进阶到合伙人，除了需要掌握法律知识以外，还需要具备较强的人际交往能力，故年轻律师在刚入行的时候，一定要多学、多听、多看，巧学技能；比如从客户接待到人脉资源的建立，从完成诉讼文书到庭审表达，可以在这个过程中搭建自己的声誉，比如获取当事人的信任、获得法官的尊敬等。

第一节　如何成为一名优秀律师

　　"世界上没有两片相同的树叶"，律师也一样，每位律师都有自己的风格与特点。进一步讲，律师职业可以细分为不同的领域，比如诉讼律师、非诉律师；诉讼律师又包括民商法、刑法等领域。每个律师都有自己的处事风格，有的律师睿智、高深、亲和，有的律师凌厉、尖锐、严肃。那么如何成为一名"优秀"的律师，一般而言，需要具备以下几个方面的能力。

一、关于客户

客户开发三部曲：建立合作，激发需求，产生收益。

（一）开拓客户

开拓客户的过程实际上是一个和不同的人交往，取得客户认同和信任的过程，律师开拓客户的第一步是向你的同事，特别是级别比你高的同事（包括合伙人）推销自己。业务开拓的过程也是人际关系积累和拓展的过程。

1. 与客户约定会谈

约定会谈这个细节，极能体现律师的形象及严谨的态度。客户在与律师会谈前，通常会先以电话的方式与律师进行初次接触，如果律师约定会谈的时间、地点等信息不明确，会给客户留下不好的印象。因此，在约定过程中，务必要将会谈的时间、地点等信息全面、明确、清楚地告知客户，如具体时间、地点及路线，相关信息可预先通过短信或微信等通信方式一并告知客户。

2. 会谈前的准备工作

在与客户会谈前，应做好充分的准备工作。律师在与客户正式接触前，掌握的案件信息还不充分，此时律师需要提前浏览客户发来的案件材料，初步了解客户的基本信息、明确咨询的要点及预期目标，针对性地做好准备工作。比如：检索对案件有利的相关案例和法律、法规；提前了解客户相关公司的背景、是否涉诉、信用情况，可以通过企业信息网、企查查、最高人民法院被执行人信息网、百度客户及公司的相关新闻、中国裁判文书网等多种途径查询；提前获知客户主要想解决的问题，对于谈判内容有一定预期，查询可能涉及的法律问题等。此外，在客户到所前，提前准备好投影仪、律师名片、茶水等。

对于第一次见面的公司客户或其他大客户，提前准备装订版的律所介绍，并且律所介绍应根据客户的需求制作，比如若客户是银行类客户，需要处理不良资产等方面的业务，律师就要准备与此相对应的金融版律所介绍。

3. 会谈时的沟通与初步判断

见客户时，在穿着上应当正式，让客户从外表上相信你是一个专业律师，能为他解决问题。律师在与客户当面会谈时，不仅要倾听当事人，更要接受当事人，这样才能达到感情上的共鸣。听客户讲述案件情况是律师了解案情的关键节点，也是律师赢得客户认可的重要环节。具体而言，应当做好倾听、引导及记录三方面的工作。首先，要耐心倾听客户的叙述，清楚客户的问题。其次，做好关于客户的需求分析，在承办业务的过程中要始终关注客户的目的和意图。最后，对于律师而言，办案不仅要求专业水平，还需要具备良好的沟通协调能力。关于现有客户的开拓，关键是要关注现有客户的潜在"需求"。在沟通中，律师要了解客户对于案件的预期，针对客户预期进行系统性、逻辑性的梳理，同时结合案件本身的材料，进行专业分析并做出预期的判断，尽可能用最简短的语言给予客户意见和结论。

4. 每次谈判都有一个主办律师，由主办律师向客户进行讲解

协办律师在会谈过程中应当尽量避免中途插话，打乱会谈的节奏，这样会使客户感觉没有条理、认为律师不专业。协办律师、律师助理要认真做好会谈记录，方便之后做谈论分析。

5. 在谈判过程中，要有自己的思考点

其一，在谈判过程中，要有独立的思考，比如有什么疑问、还需要向客户了解什么、猜想客户说的是不是全部事实，事件真正的样子是什么等。

其二，要积极地、有技巧地发问。应当学习和使用一定的发问技巧，避免让客户怀疑律师的专业性和严谨性。就事实部分，可以先根据现有文件材料归纳汇总或者询问客户或合伙人；专业术语部分不可询问客户，这会显得很不专业。法律部分笔者认为，在发问之前一定要自己先进行初步的法律研究，包括背景知识的研究，然后再针对相对不确定的问题去询问。当然，如果合伙人本身交代的问题就十分不明确，可以采用复述的方式去询问。此外，还可以询问团队其他资深律师，如基本的法律法规的范畴等问题，或者也可以去百度检索一些文章，都有助于发现问题。问题的发现与检索的进行，是一个不断修正与调整的过程。

6. 实质性谈判

换位思考能够促进良好的局面，要学会替客户着想，进一步思考是否还有客户未曾想到的问题。

客户与律师不同，律师也许一天同时考虑若干件案子，但客户委托给律师的案件对他来说就是头等的大事。律师与客户之间应该换位思考，律

师作为专业人士负有更大的责任帮助客户确定合理、务实的期望值，客户应给予受托律师充分的信任，相信律师的专业。

同样，律师也应该通过贴心的分析与温暖的沟通，让客户鼓足勇气，积极地面对案件。不同的心境会有不同的结果，或许客户在积极的心态下，会给律师提供新的信息与证据线索，从而让案件成功大逆转。

律者仁心，律师是个既专业又理性的职业，会谨慎地分析案情，即使有把握也不会轻易做出"绝对"的承诺。案件的胜诉是一个动态的过程，一位好的律师不会承诺包赢官司。虽然律师不能做出承诺，但律师可以根据自己的专业水平、办案经验对案件进行适当的预测，从维护当事人最大的合法利益出发，通过自己的专业技能、诉讼策略最大限度地影响案件的结果。

引导客户适时调整期望值，对于客户而言，委托律师是一个贯穿于委托服务始终的过程，在这个过程中，双方相互配合、协作，最终一起见证目标的实现。律师可以对类似案例、相关法律进行深入研究和判断，通过简单明了的表格将数据可视化，以便客户做决定。受托律师有义务引导客户适时调整期望值，促进理想局面的实现。

7. 会谈结束

会后及时反馈案件进程，受人所托，忠人之事，重托所系，义不容疏。律师有责任在整个服务过程中及时向客户通报案件进展。同时，律师也可以与客户共同制定目标方案，如超预期目标、理想预期目标、可接受预期目标以及应对最坏结果的不同预案，使客户充分感受到委托律师并提供专业服务的价值。

谈判结束后，要及时与主办律师沟通，了解主办律师对于此案的看法，从而找到自己没有思考到的问题，提高自身能力。

（二）维护客户

1. 要有责任心

要培养和提高敬业精神，对客户负责，树立正确的工作态度。要有认真负责的工作态度，不懈怠消极；对待业务要用心，多角度思考；回答客户问题时，法律分析要到位，尽量满足客户的合法合理要求；要重视客户关注的重点，把握正确方向；要为客户解决实际问题，提供精准的法律服务；多与客户做工作以外的必要交流，维系良好关系；在与客户的交往中，时时刻刻都要讲究专业精神；注意业务水平的拓展与提高；脚踏实地而不要急于求成。

客户管理有一些忌讳，不要过度关注客户的商业利益；不要参与客户内部的人事与政治斗争；始终牢记保密的责任和义务；在和客户的交往中不可收受客户的贿赂或向客户索要任何好处。

牢记一个能给予客户清晰思路、干练印象、适宜方案的律师，更胜于律师本身的职务以及所谓的"光环"。毕竟，如何能帮助客户取得利益才是客户最关心的，而清晰思路、干练印象、适宜方案需要积累和沉淀。

2. 有效沟通

第一，及时进行回复。意即在工作日收到的邮件或者电话，任何情况下不能超过 24 小时回复。对于紧急的事项，必须尽快地回复。然而在客户的立场上，所有的事项都是紧急事项，此时要视不同的情况进行区别化回复。

第二，像首席执行官那样写邮件。根据一位范德堡大学的教授经多年研究超过三万封邮件后总结出来的经验，公司里的首席执行官、首席财务官等写邮件的特点是简明扼要，而且不会带有拼写错误或语法错误；公司里中等职位的职员写邮件的特点是长，带有分析、辩论的性质居多，同时充满了对各种行业术语和对简单问题的过度阐释；而低等职位的职员则经常用工作邮件发一些笑话、贺卡和使用表情符号。

第三，注意沟通的有效性。如果律师已经就某一个问题和客户往来邮件超过三轮，还未就该问题向客户解释清楚或者达成解决方案，应该致电或面谈进行交流。

3. 遵守职业规则

第一，遵守职业底线。所有人都想赢，参与诉讼的律师想赢得诉讼，参与交易的律师想赢得谈判。但是为了达到目的，也不能不惜一切手段。在追求赢的同时，也需要注意诚信。注意职业伦理和职业道德，注意底线，不得越界。

第二，维护自身信誉。对于律师来说，言行和名誉是最重要的资产。不遵守职业伦理和道德、不负责任地为客户服务的律师是无法获得成功的。律师不能对客户提出超出实际情况的许诺，一旦许诺，必须做到。

第三，懂得适当拒绝。要学会拒绝，尤其是拒绝不尊重律师智力劳动的朋友和客户。

4. 告别"无效社交"

社交是当今职场人士的必选项。大量研究证实，职业人际网络能带来更多工作和商业机会，拓展知识的广度和深度，提升创新能力，让你更快得到职业提升，获得更高的地位和权威。建立和培养职场人际关系，也可以提升工作质量和工作满意度。

然而，职场上的"无效社交"，引发了网友激烈的讨论。"递了一圈名片，加了一堆微信，转身不知道谁是谁"。要懂得告别无效社交，无效交际往往令人身心俱疲。如果说，极简主义的生活方式让很多人卸下了物质包袱，那么社交界的"断舍离"，就是一种减轻精神包袱的决心。告别"无效社交"，看似过于自我，实则是对更高层次人生境界的追求。

你可以选择以哪种思维方式看待社交。关注积极方面，如拓展工作中需要的知识和技能，社交活动就会显得更有意义。

美国西北大学的布莱恩·乌齐（BrianUzzi）称之为"共同活动原则"。他说，"强有力的人际网络不是通过随意交流，而是通过你与多人共同参与的重要活动形成的。"[1]多项社会心理学研究显示，在多人共同参与的任务中建立合作关系，协作程度最高，也最为持久。因为这种合作中所需的相互依靠，是职业关系中最大的积极能量来源。如果经过认真研究，你发现与对方有实质性的共同利益，那么和对方建立关系的努力就会显得更真实、更有意义，也更有可能带来真实、有意义的职业关系。

即便和对方没有共同利益，你也有机会通过创新思考带来价值。这有时很不容易。我们发现那些由于在组织中资历较浅等原因感到无力的人，常常认为自己能带给他人的东西太少，因此最不愿意参与社交，即便他们可能从人际网络中受益最大。

但即使层级较低、力量较弱的人，能给予的东西也比他们意识到的多。

在《非权威的影响力》中大卫·布莱福德（David Bradford）指出，大多数人思维过于狭窄，未能意识到自己拥有对他人有价值的资源。人们过于看重金钱、社会关系、技术、信息等显性资源，却忽略了感恩、认可和声誉等隐性利益。因此，相比从他人那里得到什么，不如想想能给别人带来什么。这样一来，社交就不会太像自我推销或显得自私，也就值得你付出时间。例如，导师一般都助人为乐，但如果别人感谢他们的帮助，他们会更开心。

二、了解你的对手

（一）你的对手

了解对手的重要性不言而喻，但对大多数律师而言，从哪些方面了解对手却成为一个困扰。为此，我们梳理总结了此前代理案件的经验和心得，并汇总成文，通过以案示理的方式与各位读者共同探讨如何做到真正的"知己知彼"。

1. 从准备上，充分了解你的对手

在前期的准备中，最重要的是调查关于对手的相关信息。大多数诉讼律师都有一个共同的感受，有时候诉讼案件需要考虑的因素不仅限于案件本身的事实和法律问题。最常见的情况是，我们的诉讼策略会根据对手方财产情况予以调整。为保证胜诉后的最终清偿，我们在一开始制定诉讼策略时，就要考虑将谁作为被告更为有利。其实这个时候我们已经在研究对手了。

当然，了解对手方的财产信息，仅是了解对手方的一个小环节。根据不同的案件情况，对对手方不同方面信息的调查，均有助于案件获得最终胜诉。我们认为，对对手方调查，可以从以下四个角度开展：

（1）对手的财产情况。如前所述，对对手方财产的调查，是诉讼律师选择最多的调查角度。尤其是在给付之诉中，调查对手方财产的情况是非常有必要的。目前经济形势下行，在获得胜诉判决后，对手方却无财产可供执行的情况屡见不鲜。因此，在庭前准备阶段，我们需充分了解对手方的财务状况。这不仅关系到是否同步进行财产保全的问题，也关系到诉讼策略的制定问题。

律师的目标是为当事人争取利益最大化，但获得胜诉并不一定就达到了当事人利益最大化的目标。有时候即使取得胜诉，却因债务人没有清偿能力，使得债权人难以得到实际清偿。因此，我们在制定诉讼策略时，要先调查对手方的财产情况，充分了解对手方的清偿能力，综合考虑当事人利益的最终实现问题，从而制定最优的诉讼策略。

（2）对手方的涉诉情况。通常情况下，如果不是系列案件，我们很难将目光投向其他案件，从中探索其他案件对本案的影响。但根据我们代理案件的经验，有时候跳出本案，了解一下对手方其他涉诉案件，会有意想不到的收获。经验告诉我们，对手方以往的涉诉信息，不仅能够帮助我们判断对手方对于争议解决的风格和经验，更为重要的是，能够对某些案件的实体法律关系的认定产生影响。

如在民间借贷案件中，最高人民法院《全国法院民商事审判工作会议纪要》（法〔2019〕254号）第53条规定："未依法取得放贷资格的以民间借贷为业的法人，以及以民间借贷为业的非法人组织或者自然人从事的民间借贷行为，应当依法认定无效。同一出借人在一定期间内多次反复从事有偿民间借贷行为的，一般可以认定为是职业放贷人。"

可见，出借人是否能够被认定为职业放贷人，对于认定民间借贷合同的效力至关重要。因此，在这种特殊类型的案件中，我们可以通过调查对手方的涉诉情况，扭转案件的走向。

（3）对手方的关联关系。在有多个对手方时，不要忽视各个对手方之间千丝万缕的关系。对手方之间最常见的关联关系是持股关系，因此，我们通常的做法是，在涉及多个对手方时，先通过公开信息查找各对手方的股权结构，看各个对手方之间是否存在关联关系。了解对手方之间的关联关系，有助于我们了解交易背后的逻辑。如A为B承担担保责任，有可能A与B系母子公司。

因此，在涉及多个当事人的案件中，须注意对各当事人之间的关联关系进行调查，尤其注意查找各对手方之间股权结构上的关系。

（4）对手方律师。"靠近你的朋友，更要靠近你的敌人"，这是电影

《教父》中的一句非常经典的台词。对我们律师而言，也非常具有启发性。

庭审中，与其说我们的"敌人"是对方当事人，不如说是对方律师。因为庭审中的斗智斗勇，更多的是体现在双方律师的唇枪舌剑中。庭前调查你的对手，靠近你的对手，做到心中有数，才能在庭审中应对自如。

对对手方律师的调查，主要集中在对对手方律师业务经验方面的调查。通过调查对手方律师代理的案件类型，可以初步了解其在代理本案的争议类型方面是否具有丰富的经验。

如对手方律师曾代理多起与本案类似的争议类型，我们应该认真阅读对手方律师代理类似案件的判决书。因为判决书中记录的双方当事人主张中，可能隐藏着对手方律师代理类似案件的思路。通过阅读判决研究对手方律师代理类似争议类型的思路，可以预判对手方律师在本案中的"出牌"策略，我们进行有针对性的准备，可以增加庭审胜诉的概率。

2. 从思维上，超脱于你的对手

第一，不要顺着对方的思路进行辩论，双方都是对立方，永远不可能说服对方。遇到和对方无法沟通的情况，可以尝试转移谈话对象。

第二，要尝试抓住对方的漏洞，这样才能掌握谈判的主动权。

3. 从心态上，尊重、警惕你的对手

绝不能在心态上轻视对方。试着用他们的思维方式来思考，设想他们面对案件的辩驳思路。如果他们有些许优点，那么在法庭辩论或调查取证的过程中就会显现出来。

（二）你的另一个对手

当事人将自己的案件委托给某位律师，最关心的莫过于己方能否胜诉。对于哪些因素影响当事人能否胜诉，或者说什么影响法官裁判。这里我们主要说一说司法体系内的影响因素。

1. 法官的个人因素

虽然合议庭是最基本的审判组织，但在实践中，一般都是"一人办案、多人签名"。庭前其他成员一般不了解案情，开庭勉强凑够三人，庭后一般是承办人拿出主导意见交其他成员通过，和而不议。因此，承办法官个人影响非常重要。

要清楚承办法官个人类型化的裁判思维。即由于反复处理同一类案件而形成的，对该类案件较为固定的处理模式，如阅卷、询问、基本责任分配等。例如民事和商事案件中，法官往往有不同价值取向，民事案件追求公平（利益衡平），商事案件追求效率（商事外观、价值增值）。

法官的知识结构。例如年长的法官更注重事情的解决，关注生活层面；而年轻的法官更注重法律的适用，关注规则层面。不同的生活、工作、教育经历也影响知识结构，知识结构影响裁判者对新问题的处理。

法官个人好恶、亲疏远近也是不得不考虑的因素。传统文学艺术作品中，法官是脸谱化的，铁面无私、刚正不阿，无任何个人好恶或偏见。但在现实中，法官的个人感情难免会对裁判结果产生影响。

2. 审级对裁判的影响

由于审级不同，法官的视野与肩负功能和需要处理的利益不同，这对裁判结果有影响。

（1）再审。从再审制度的纠错功能及实践中较低的再审改判率来看，一个案件在再审阶段很难取得和原审不同的效果。从概率上看，大错可能改判，小错肯定维持。

（2）二审。民事诉讼法修改后，再审案件集中在中级以上法院，再加上原来的一审、二审案件，中级以上法院负担更重。此背景下，加上改判后可能承担的责任，二审法院愈加倾向于维持一审，如无特别理由，法院难以花精力考虑改判。此外，现实中有的一审法院下判前，会向上级法院请示并取得一致，使得二审更倾向于维持原判。

（3）一审。民商事案件裁判结果不统一的案件，多数发生在基层法院。一审法院特点是，发展情况不平衡明显，办案压力大。

总之，审级不同会对裁判结果造成影响。仅从概率上看，一审服判率在不断提高，二审改判率各地均不高，裁定再审的比例及再审改判率则更低。不同审级有不同的利益或关系需要平衡，不能单纯地以为驳倒了原审的裁判理由，就会当然地取得胜诉效果。

3. 法院运行机制的影响

具体地讲，监督机制、合议庭制度、考核制度等都对裁判结果有客观而重要的影响。

（1）监督制度。监督主要有三种形式：人大监督、检察院监督以及新闻监督。

人大监督，其对裁判产生影响源于两方面：一方面是人大常委会可给院长任免投票；另一方面是人大代表可给法院工作报告投票。当事人往往会争取人大代表的关注，以推动案件进展。

检察院监督，在某些法定情形下，当事人可向检察院申请检察建议或者抗诉。

新闻监督，媒体或舆论监督通常会促使某些有影响的案件公正裁判，但有时也会矫枉过正。在实践中，媒体关注往往能引起法院足够重视，有时还出现舆论判案的情形。

（2）合议庭制度。实践中，院长、庭长批案件的做法对案件处理影响很大。很多时候，领导不同意，判决就盖不了公章。另外，在合议庭多数意见和审委会意见不一致时，也要按审委会意见作出判决，并由合议庭成员署名，但需注明本案经本院审委会讨论决定。这就造成审者不判，判者不审，先定后审等情形。

（3）审判的考核机制。错案追究制度对法官判案影响很多，由于改判可能承担责任，法官不敢轻易改判，遇到稍微疑难的问题就向上请示。此外，结案率、调解率等问题上的奖惩制度，也对裁判有影响。

三、关于逻辑

（一）语言的逻辑

律师最基本的技能是良好的表达能力，从古到今人们眼里的"大状"均是舌灿莲花。身为一名律师小白，更应该提高自己的语言表达能力，要珍惜每一次与客户、主办律师、同事的沟通。首先，要勇于表达自己的观点；其次，在说话之前要有一定的法律逻辑，争取在说清楚案件基本情况、法律依据的基础上，增强条理性、逻辑性；最后，要"好好说话"，增加有效沟通。所以，为了增加有效沟通，我们在向主办律师或客户进行汇报时，要思考主办律师或客户想要了解什么问题，想得到什么结论，也就是带着目的性思维进行沟通，这样才能事半功倍。有效沟通的程度可以分为以下六个阶段：

1. 因人废言

当我们忽略对方论据本身的真实性以及逻辑规则，基于我们对对方的厌恶程度，或者对方的道德品质进行反驳和否定，我们便陷入"因人废言"的谬误中。律师在谈案以及庭审中，因人废言会降低律师的专业性以及受信赖程度。举例来说，司法实践中不会采纳辩护方以复旦投毒案中的"罪犯林某某在平日里具有良好的品格，便不可能对黄某进行投毒"这样的论证方式。

2. 无由反对

所谓无由反对，是指若我认为你的观点或主张不正确，尽管没有任何依据，我仍然可以反对。这种现象在生活中也被称为抬杠，其根本原因是固化思维。我心中的许多"结构化认知"已经根深蒂固，只要你的观点或主张与我的习惯认知相悖，我便认为是不正确的，并加以反对。

倘若因人废言是"回避问题"，那么无由反对就是"排斥问题"。如果你遇到这样的人，你应当意识到，问题很可能源于他习惯的"结构化认知"。如果不破除他的认知习惯，便无法进行下一步沟通。

3. 简单立论

相比前两种沟通阶段，简单立论不仅包括反驳，还兼顾立论。但它的立论主张是粗糙的，通常是基于提出者自身的"结构化认知"形成的偏见，所以它的论据也经不起推敲，甚至在严格意义上讲都不属于论据，而是一种情绪。提出者往往通过编造故事，渲染情绪来主张自己的观点，以获得赞同。此外，提出者也会诉诸权威，诉诸小众，言语逻辑下带着"存在即合理"的粗暴判断。以上种种，都是"简单立论"无效的原因。

4. 针对性反驳

针对性反驳需要一定知识储备才能体现其价值，该反驳针对包括对方的逻辑、论据以及对方观点背后的价值体系。如果不具备知识储备，我们期望做出的针对性反驳就会表现为无由抬杠。这也意味着相比于临场反应，知识积累和资料收集在针对性反驳中更重要。也因此司法中质证、法庭辩论等环节比较倾向针对性反驳，双方律师都可以根据对方的诉求、证据、案情，提前准备资料寻找案例，对对方的主张进行针对性反驳。

5. 建设性意见

"建设性意见"的本质是为了帮助对方对其观点的论述框架进行补充完善，换言之，"建设性意见"产生的前提，是双方就某一件事达成了基本共识，双方不再需要辩论谁的观点正确，而是要让共识如何更具有可操作性。

6. 寻求共识

最高级的沟通技巧在于寻求共识，是跳出对错二元论的框架，找到双方都认可的一套价值体系。在共识之下，双方的观点没有对错之分，只有高下之别，因此便能够减少不必要的论辩，将双方的能力都引导至共同的目标之中，进而展开更具有切实可行的讨论。

建立寻找共识的思维习惯，对律师谈案，讨论合作，日常生活都会有很大的帮助。

（二）逻辑错误

1. 以偏概全

定义：依据不充分的例证得出普遍的结论。

示例："我的舍友说她的哲学课很难，我的哲学课也很难，因此，所有的哲学课必定都很难!"本例的依据仅为两个人的感受，是不足以得出这样的结论的。

建议：检查所选用的例证：是否只有几个人的观点或者经历？如是，则应考虑是否需要增加证据，抑或缩小结论涵盖范围。（注意：本例结论若改为不那么绝对的"某些哲学课对某些学生来说是很难的"，则不属于"以偏概全"。）

2. 推不出

定义：给出的论据的确能够支撑某种结论，然而却非欲论证的结论。

示例："惩罚的严厉程度应当与违法的严重程度相吻合。现如今，对酒后驾车的惩罚也许不过只是罚款。然而酒后驾车乃是非常严重的违法，可以导致无辜行人的丧命。因此，酒后驾车应当适用死刑。"这里的论据实际上可以支撑若干结论，例如"对酒后驾车应当严惩"等，但却不能支持适用死刑的正当性。

建议：分清论据与结论。检查论据，看它们可以客观地给出什么结论。检查结论，看它需要什么论据作为支撑，然后检查实际是否给出了这样的论据。"推不出"的逻辑谬误往往发生在结论过于宽泛或者过于绝对之时，因此，如果所提主张较大，则应特别小心仔细。

3. 事后归因（亦称"假性因果"）

这一谬误的名称来自拉丁语"post hoc, ergo propter hoc"，意为"如此，故因此"。

定义：认为事件甲之后发生了事件乙，因此事件甲导致了事件乙。有时时间上似乎相互关联的两件事，实质上并不存在因果关系。换言之，相互关联并不等于存在因果关系。

示例："琼斯总统提高了税收，之后暴力犯罪上升。因此，琼斯总统对犯罪上升负有责任。"税收增加可能是，也可能不是犯罪上升的一个因素，但本例并未揭示二者存在因果关系。

建议：要避免"事后归因"，本例的论证就需要给出一定的解释，阐明税收增加如何最终就会引起犯罪上升。因此，避免这一谬误的办法就是：如果要说甲导致乙，就还应说明甲如何导致乙，而不能仅仅说是因为甲先发生乙则后发生。

4. 滑坡谬误

定义：声称某事之后将会发生一连串通常是可怕的后果，但却并无充分证据支撑该推论。这样的推论事先假定，只要我们踏上了"滑坡"，就不可能中途停住，于是就必定会一路滑跌到沟底。

示例："动物实验有损对生命的尊重。如果不尊重生命，即可能越来越容忍诸如战争及杀人等暴力行为。那么，社会将很快就会沦为战场，人人都会时刻担忧自己的生命。这将是文明的末日。为了防止出现这种可怕结果，应当立即宣布动物实验为非法。"非常明显：这一系列事件未必就会件件发生。即使认同动物实验的确危及对生命的尊重，而不尊重生命可以导致对暴力的容忍，但到此也可能就到了滑坡事件的终止点，我们也许不会非得一路滑跌到文明的末日。因此，并没有充分的理由让我们接受"必须宣布动物实验为非法"的结论。

与"事后归因"类似，"滑坡"谬论迷惑性也很强，难以识别，因为有时的确可以预知某事之后的一系列连锁反应。

建议：检查论证中属于"如果甲，那么乙，而如果乙，则丙"之类的连锁引申，确保事件系列关联合理。

5. 类比失当

定义：很多论证需要类比两种或更多事物、观点或情形。如果所比较的两件事物就所讨论的问题而言实际上并非真正类似，这种类比就不恰当，基于其上的论证也就存在"类比失当"的逻辑谬误。

示例："枪支和铁锤一样，都是可以杀人的工具。限制买铁锤是荒唐的，因此限制买枪支也同样荒唐。"的确，枪支和铁锤有共性，但这些共性却并非限制购买枪支的主要理由。实际上，限制枪支乃是因为枪支很容易用于远距离大规模杀人，而这一特性铁锤却没有。因此这样的类比是不恰当的，而据此给出的论证也同样不恰当。

建议：明确对于论题来说哪些才是关键属性，再看所比较的两个事物是否都具备这些关键属性。

6. 诉诸权威

定义：为使论证更为有力，我们往往举出权威资料、权威论点作为参照。然而，如果只是举某个实际并非专家的名人，用来说服别人，那就犯下了"诉诸权威"的逻辑谬误。

示例："我们应当废弃死刑。例如影星 GuyHandsome 公开表示反对死刑。"虽说 GuyHandsome 在演艺方面也许是个权威，但没有理由认为他在政治方面的见解也很高明。

建议：有两个很简单的办法：第一，确保所援引的权威在所讨论的话题方面确实是专家；第二，不要只是说权威人士认同某观点，因此我们也应该认同，还应该充分阐述该权威所依据的理由或者论据。这样的话，读者获得的就不仅只是某人的声名。

此外，优先援引那些中立或理性的权威，而非立场偏颇的权威。

7. 诉诸公众

定义：利用大多数人都期望受欢迎、主流的这种心理，从而赢得受众的支持。其最为常见的一种形式是"从众谬误"，即试图说服受众采取某一行动或接受某一说法，据说非常多的人们都这样。

示例："同性恋婚姻很不道德。70%的美国人都这样认为！"虽然在决定需要对什么问题立法方面，大多数美国的意见是有关系的，但是他们的意见却无疑不能决定某事是否符合道义。

建议：谨记大多数人认同的观点并非总是正确！

8. 人身攻击及"你也一样"

定义："人身攻击"及"你也一样"，类似"诉诸权威"，都是将人们的注意力引向人身而非论证、论据。这两类谬误会说"不应相信某人的看法"，因为某人是坏人（人身攻击），或者伪君子（你也一样）。针对对手其人而非对手的论证。

示例："Dworkin 出版了若干专著，认为色情会伤害女性。但是，Dworkin是个丑八怪，因此不值得相信。"这里对 Dworkin 的长相的刻薄描述，与她的论证是否有力毫无关系。

"你也一样"的例子：假定父母告诉你不能吸烟，因为有损健康、费钱等，而你回答说："我不听，因为你在我这个年龄也抽烟。你也这样！"但是，即使父母在过去也做过他们现在反对的事情，这一事实也无损于他们的论据（吸烟有害健康而且费钱）。

建议：务必专注于对方的论证，而非对方的品格。

9. 诉诸怜悯

定义：指激起人们的恻隐之心，从而接受自己的结论。

示例："我考试应该得高分，因为我的小猫生病了，我又得了感冒，我的学习是很艰难的！"所给出的理由貌似很相关，但实际上逻辑不通。

建议：确保没有仅仅只是激起人们的恻隐之心，从而认同自己的观点。

10. 诉诸无知

定义：这一谬误基本上等于说："目前关于这个问题没有谁能够给出结论性证据，因此，应该接受我对这一问题的结论。"

示例："人们都一直在努力证明上帝的存在，但迄今尚无人能够证明。因此，上帝并不存在。"与此异曲同工的说法则是："人们一直试图证明上帝并不存在，但迄今尚无人能够证明。因此，上帝确实存在。"这两种论证都是利用证据不足来支撑结论的正确性。

建议：仔细检查是否存在已经指出证据不足而又依据证据不足得出了某种结论的那些部分。

11. 草人谬误

定义：预测对方可能的论据，先发制人先行反驳之，的确可以增加说服的力量。但"草人"谬误则是先把对方的观点变成一个容易推翻的版本，然后将其驳倒从而得分。先把对手描述为稻草人，然后驳倒稻草人，就仿佛驳倒了对方，这是空想。

示例："女权主义要求全面禁止色情作品，这无疑是不稳妥的。因此，女权主义是错误的，不应干涉色情作品及其读者。"这里女权主义的观点被歪曲夸大从而说服力下降。实际上，多数女权主义者并不主张完全"禁止"色情作品。因此这种论证并不能真正得分，其中存在逻辑谬误。

建议：面对对手要宽容厚道。陈述对方的论点时应该尽量做到有力、准确，并且能够将心比心。驳倒对方最有力度的观点，那才是真正的成就。

12. 转移论题

定义：指在论证过程中偏离正题，转向某一次要问题，从而转移人们对要害问题的注意力，之后的论证往往再不会回归原题。

示例："考试分析采用曲线形式才最为公平。无论如何，师生关系融洽的话，教学效果就更好。"不妨将这里的论据及其结论各自单列出来，看看其中存在什么问题：

论据：师生关系融洽的话，教学效果就更好。

结论：考试分析采用曲线形式才最为公平。

这样就看得很清楚：论证偏离了正题，能够使人融洽相处，并不一定就更公平；公平与正义有时需要我们做出某些将会导致矛盾冲突的事情。实际上，上述论证并未给出能够支撑"曲线更公平"的任何证据。

建议：借用提纲形式，把论据与相应结论分列出来，看看论证中提出了多少问题，各个论据能否支撑相应结论。

13. 虚假两分

定义：设法让人认为只有两种选择，然后排除其中之一，于是便剩下似乎是唯一的答案，亦即论证想要的首选答案。但是，实际上往往存在很多其他选择，而不仅只有两个。

示例："大楼的状况很糟，要么把它拆掉重建，要么继续拿学生的安全冒险。显然，不应拿人的安全冒险，所以必须把大楼拆掉。"它没有指出还有这种可能：还可以维修该建筑，或采取措施保证学生安全；如果只有若干教室破损，那么可以不给这些教室排课。

建议：在对方声称只能二者选一的时候，注意检查是否还有其他选择尚未提到；如果有，就不应略去不谈，而也应该给出排除的理由。

14. 窃取论题

定义："窃取论题"就是要求读者径直接受结论，但其论证要么是建立在与结论内容相同的论据之上（即所谓"循环论证"），要么就是略去了论证以为依据的某一重要（然而可疑的）假定。

示例："主动性安乐死在道义上是可以接受的，协助他人死亡从而摆脱痛苦乃是正当的，符合伦理的。"试将这一论证的论据及结论分列如下：

论据：协助他人死亡从而摆脱痛苦乃是正当的，符合伦理的。

结论：主动性安乐死在道义上是可以接受的。

同一个意思重复了两遍！

这等于在说："主动型安乐死在道义上可以接受，因为主动型安乐死在道义上可以接受"，这样的论证并未给出任何真正的理由。这里的论证"窃取"（亦即规避）了真正的问题。

建议：把自己的论据及其结论按提纲形式一一列举出来，检查其中是否缺少某些环节步骤，从而造成论据之间或者论据与结论之间的脱节；补上缺失的那些命题。如果这些命题存在争议，而又被含混敷衍过去，那就可能发生了"窃取论题"谬误。

检查一下论据所表达的实质内容（虽然说法不同）是否与结论相同；如果是，那么就属于"窃取论题"。要旨在于：务必不要把试图论证的问题用作假定或者无可争议的证据。

15. 词语歧义

定义：在论证中某一重要词语的两个或更多含义之间游移不定。

示例："向慈善组织捐助是正确的，因此，慈善组织向我们要钱也是正确的。"这里"正确"（right）一词有歧义，既可以指或者好的，也可以指权利。有些论证会有意偷换词语含义，常见的此类词语有"自由""正义""正确"。

建议：保证在论证中所使用的主要词语的含义前后一致，没有歧义。

四、必须不断地学习

（一）主动学习

无论改合同或者研究案子，要有思考的主动性，也要有与其他律师交流的主动性。

保持开放、交流的态度以及主动学习的习惯，律师在律所要抓紧时间交流提问。有好奇心，能够主动学习新事物、新知识和新技能。步入社会后就必须明白，没有人有义务和时间等待我们成长，必须保持主动学习的劲头。

笔者踏入这一行，其实也经历过一夜成长的过程：14 年前的法学院毕业生找工作时，如果说自己没有经验，那大概率是不会被录用的。所以在应聘的时候，我对主任说我有经验，也有开庭经历。然后，他真的相信我了，直接给了我一本卷宗，让我自己负责开庭。可是，由于在本该去律所或法院实习的时候正值非典肆虐，我连法院的门都没有进去过，基本的诉讼程序我也不够熟悉。但我又无法暴露我的一无所知，因此，我把 120 页的卷宗看了 8 遍，并不断请教在法院上班的同学以及在律所上班的师兄，询问每一处细节。那是我工作后的第一个通宵，第二天还精神抖擞地去开庭。我真感谢那一夜，要不是那一次自我逼迫，估计我也会慢慢悠悠地成长。

（二）不要停止学习、停止阅读

市面上有诸多法律实务类、学术类的书籍，从实习律师执业指南到某一类案件指导性案例汇编，应有尽有，多研读与自己所在领域相关的，在有了实践经验后再看此类书籍一定会有更深刻的体会。很多时候我们只是在舒适区里进行学习，但不愿进行"探险"，追求自己不熟悉的知识和技能，也不肯挖掘那些不知道的自我潜能，甚至也没有意愿主动出击，去扩大自己的知识面。

我们总会陷入一个错误的思维定式"律师熬几年就出来了"，但一味地混日子真的就能熬出来吗？不能着急，但也不能被动地"熬"。我们说的"熬"，某种程度上指的是知识和经验的不断积累，而知识管理有利于加快积累的速度，缩短成长周期。

首先是基础知识，即我们需必备的基本文化素质和修养，例如你在中国从事律师行业，你就得起码弄清楚中国的国情、政治和存在于律师行业的人情世故。

其次是专业基础知识，它是知识结构的特色，是你所从事的行业区别于其他行业的重要标准，在律师行业我们可以说该部分知识为"法律思维"。

最后才是专业知识，是你从事专业的最新成果、行业发展、方向和动态的知识，在律师行业简单理解就是"专业化"道路，你选定某一专业，就得"一条路走到黑"。

（三）隐性知识和显性知识

隐性知识指那些高度个性化的知识，也就是我们通常所说的"经验"，如律师执业的技巧、思维方式等。这类知识"只可意会，不可言传"，是知道如何做，但却很难告诉别人或者写明白、说明白的知识。某种程度上，这些知识埋藏在"宝藏区"中，需要我们挖掘出来。

而显性知识指那些可以用文字、数字、逻辑图等清楚表达的知识，如律所的格式合同、法律文书、工作报告、法律备忘录、法律关系图等。它一般能够用语言、文字、肢体等方式或载体清楚表达。

（四）定期参加业务培训

首先，定期参加业务培训可以快速提升职业水平。执业律师是一个需要不断学习、不断提高的职业，定期参加业务培训，能遇到专业的前辈律师给你指导，让你能够事半功倍地学到知识，提升也自然更快速。笔者认为，相较于参加专业培训、接受专业指导，自我摸索会显得费时又费力，相比于金钱，时间和精力这些资源更不值得被浪费。

其次，定期参加培训可以拓展人脉关系。律师是一个很需要人脉关系的职业，你的案源也多半来自此，而案源正是一名律师走向独立的最根本要件。参加法律培训的老师、同学必然是律师或法律相关从业者，在这里建立起你的人脉关系，同学之间或互相解惑，或寻求合作或推荐案源，参加培训是一个快速成长的良机。

最后，定期参加培训是一个律师应当具有的职业精神。在每次培训中，我看到许多人的职业热情，这些热情不仅来自物质的需求，也是精神的延伸。从很多成名律师身上，我们也可以看到，虽然他们有的已日进斗金，在自己的专业领域具有权威性，在业内享有崇高威望和声誉，但他们都依然保持着谦逊的态度和不断学习的精神。我想这就是身在律师行业对自身的严格要求。

（五）律师行业中的"二八定律"

"二八定律"又名"帕累托法则"，是19世纪末20世纪初意大利经济学者帕累托通过调查取样、分析19世纪英国人的财富和收益模式发现的，即约80%的大部分财富最终会流向约20%的少数人手里，帕累托通过查阅早期的资料还发现其他国家也出现了这种微妙的关系，而且在数学上呈现出一种稳定的关系。实际上不止财富分配，工作、学习和生活中还存在很多投入与产出不平衡的现象。

时间精力的投入和所取得的成效亦是如此。我们每个人的时间和精力都是十分有限的，几乎没有人可以面面俱到，律师亦不例外。在执业过程中律师也会遇到要在有限的时间内完成各种各样工作的情况，将"二八定律"的思维运用到日常工作和学习中，学会合理分配自己的时间和精力，要抓住主要矛盾，避免将时间和精力花费在琐事上，而是将自己手中的大部分资源分配给能产出关键效益的20%。

对律所不同岗位的人来说，能产生关键效益的20%也存在不同。如对一名出庭律师来说，设计案件思路以及诉讼策略对整个案件的进展十分重要，应属于能产生关键效益的 20%，自然需要占用更多的时间和精力，而机械性地复印、装订材料可能不是非律师不可，这类工作内容可以归类为剩余的 80%，不应占据一位出庭律师太多时间和精力，此时需要律师助理或团队实习生来协助。在利用"二八定律"合理分配工作任务的基础上，团结协作，将团队作用发挥到最大。

另外，在律师行业的收入方面同样也存在"二八定律"，及 20% 的律师掌握着 80% 的案源、收入，或许自己很难成为财富分配顶端的 20%，但仍然应该为成为后 80% 的前 20% 而努力奋斗。

（六）不胜任原理

"彼得原理"是美国学者劳伦斯·彼得在对组织中人员晋升的相关现象研究后得出的一个结论：在各种组织中，由于习惯于对在某个等级上称职的人员进行晋升提拔，因而雇员总是趋向于被晋升到其不称职的地位。主要是指一个在原岗位上优秀的人才在被提拔后晋升到一个无法很好发挥才能的岗位，同时其还不追求进步、不扩充知识储备，从而导致效率低下。置身于商业、工业、行政、教育、司法等各行各业的人都会遇到新岗位适应的问题，都可能受到"彼得原理"的困扰。

一个优秀学生并不能自然认为可以胜任做一名好的律师，校园时期是接受知识的阶段，接受老师的教育然后将学习成果反馈给教师，而无需过多运用所学的知识解决实际问题，老师也会倾囊相授、尽其所能去帮助学生理解知识。但是进入社会之后，主要做的是将学习到的知识运用到实际中，发现并解决问题，同时不会有人像老师那样过多地去帮助他们、教他们如何去做，因而会产生身份上的差异，从而受到"彼得原理"的影响。

律师是一个经验较为重要的职业。法学生在校期间可能经历不到过多的实务方面的知识，在实务经验上较为匮乏，一切都要从头开始学，初入律师行业可能会感觉到实际上遇到的问题与在学校的书本上学到的知识存在不匹配的情况，从而产生挫败感，这就是"彼得原理"的影响。

"彼得原理"说明着眼于潜力的重要性，要重视人与岗的匹配，目前的成绩并不能作为提升的理由，而要看到他是否能在更高的层次上发挥能力。要想减少"彼得原理"对于人的影响，主要是通过强化技能、接触并学习新岗位的知识，保持不断进步的方式。其中最有效的方式，就是进行培训。培训会给予人们适合新岗位的新知识、新技能，帮助他们更好地适应其新岗位，这样可以尽量避免"彼得原理"的影响。作为初入职场的新律师，接受培训是很重要的。对于从学生到职场人身份上的转变有很大的影响。

由于缺乏经验，青年律师虽然学了很多年法学，理论精熟，但在实务时却经常束手无策。这时候的年轻律师，最渴望的就是能够得到前辈的指导和帮教，学习具体的技能，学习他们处理事情的方法，请他们指点和改正自己的错误，尽快掌握实战本领，成为一个能独立解决问题的执业律师。

五、做决策要有目的性

（一）对结果有预期

以起草合同为例，律师不要害怕某个合同可能出现无效、被撤销的法律后果，但是要预见到上述情况发生后可能带来的后果。有时候我们甚至会为了某种目的专门订立一份无效的合同，这不是工作的差错，而是解决问题的方法，这就叫预见到了合同无效带来的后果。但是永远不要害怕合同无效，退一万步而言，就算我们没有预见到无效的结果，但是无效后发生的争议，也会成为我们获取案源的一种方式。

（二）培养目的性思维

律师是给当事人解决问题，不是制造问题。要逐渐训练自己的目的性思维，要明白所有事情最终要达到的目的，根据目的寻找解决问题的方式。进一步而言，做决策也要有目的，要思考每项决策达成目的的利弊。继而分析利弊，选择最好的解决方法。

（三）找到问题的本质

为什么我们常说"没有问题就是最大的问题"，因为没有问题，就意味着你不知道目标在哪里，也不知道现状是什么，自然就不知道有什么问题，只是当一天和尚撞一天钟，随波逐流一脸迷茫。要解决一个问题，你得先弄明白问题到底是什么，别急于给方案。

那么如何找到本质问题？遇到问题，你要掌握足够的信息来精准地描述问题，这是第一步。下一步要找到问题本质，一定别盯着问题看，盯着表面问题是找不到答案的，或者只能找到治标不治本的方案。要透过表面问题看本质，找到争议焦点以及双方利益点，找出双方坚持的本质原因，根据本质原因对症提出解决方案。关于这一点，在谈判中也比较常见：谈判中的双方，经常就某一价格问题彼此僵持，一个要更便宜些，一个死活不降价，遇到这种情况怎么办？那就是把手段当成了目的。我们要降价，对方不肯降价，可能都是为了要达到彼此公司能有更高利润的目的。那么你谈判的焦点，就应该放在如何帮助对方提高利润上，而不要局限于眼前这个产品的价格上。比如，你们公司的网站流量很大，那么你就可以和对方说，价格我们给不了更多了，但是可以让你们公司的广告免费出现在我们的网站上，我们网站的流量非常高，这能让更多的用户了解你们，提高你们品牌的知名度。这样，你能用低价购入对方的产品，对方也能通过你的网站提升自己的总收益，这是一个双赢的方案。因此，找到本质问题，才能迅速找到解决方案。

（四）要动脑筋从多角度出发，争取想出多种解决方案

要学会提供独立的法律意见，培养独立思考和独立处理的能力。当遇到一个问题的时候，不要先想着问其他人，要查阅相关资料，仔细思考，想想问题的本质是什么，运用上文提过的要根据目的想问题，尽量列出多种方案，不要随波逐流，要提供自己独有的意见。

（五）目的与手段

要思考每项决策达成目的利弊。那是因为，读书是手段，并不是目的。你不应该问："读书是为了什么？"而是要问："为了什么，我们需要读书？"可能是为了要解决某个具体的问题；可能是为了要写一篇学术论文，也可能是为了要准备一场重要的演讲，这样的读书，才能有效果。

读书，是让你达成某个目标的手段，但我们却常常把它当成了目标本身。比如有两个人在图书馆争吵：一个人要关窗，一个人要开窗，两个人争吵不休。图书馆馆长走了过来分别问他们，为什么要开关窗啊？其中一人说："我要开窗，是因为天气太热了，想要透透气，吹吹风"，另一个人说："我要关窗，是因为外面噪声太大了，影响我专心看书"。结果馆长把窗户关上，拿来了电风扇，两个人的问题就都解决了。关不关窗是手段，

开关窗后想要达到的结果才是目的。在不伤害其他人的前提下，别纠结手段，达到目的即可。

所以，当你遇到一个问题的时候，第一步应该先检查一下的，你的目标是否符合 SMART 原则？你是否把手段本身当成了目标，找准正确的目标，知道要做什么、知道为什么这样做，某种程度上比"做"本身更重要。

（六）权衡机会成本

机会成本原属于经济学概念。作为一个理性经济人，必须意识到手中的资源，包括时间及精力都是有限的，社会中所提供的机会却是多样的。有限的资源只能投入某些用途中，因而不可避免地放弃其他用途。在资源用于已选事项中获得回报的同时，也意味着资源无法用于其他事项并丧失该事项的收益，该部分损失便是机会成本。若已选事项的回报大于或等于未选事项的损失，机会成本较小；已选事项的回报小于未选事项的损失，机会成本较大。一个理性人在做出选择或决策时应考虑其带来的机会成本，特别是某些隐形的机会成本，并尽可能使机会成本最小化。从事律师职业的过程中面临着许多抉择，在这些选择中机会成本便成为一项重要的考虑因素，并有助于据此选出最优项。

从事律师职业之前，首先面临的机会成本是是否愿意为了律师职业而放弃其他职业选项，如公务员、企业法务、升学深造等。除去某些可以兼职的情况，放弃其他职业选项可能带来的收益便是选择从事律师职业的机会成本。具体而言，放弃公务员有编制且稳定的工作、企业法务固定甚至高额的工资福利、升学深造的自我提高之后，从事律师职业预期获得的案件收入、待遇福利、自我价值实现能否大于或等于前述职业选项的预期回报，这是每个决心踏入律师行业的新人必须慎重考虑的。

就律师行业而言，其机会成本主要体现在律师的时间成本上。需要解决的核心问题便是如何以最低的时间成本获取最多收益，以下展开论述。

律师的工作时间可以划分为四个方面：为当事人提供法律服务，提升个人的知识储备，对个人及团队进行宣传以及与各行业人员的交流沟通获取人脉。而在这四个方面中，律师的核心竞争力在于为当事人提供法律服务的质量，后述的三个方面则为这一核心竞争力所服务。宣传能力用以提高律师的知名度，以获取更多案源；业务水平能力决定了律师法律服务的质量，对律师的声誉有重要影响；在业内的影响力和人脉则决定了其是否有机会获取更多资源，迈入更高平台。

对于初入行的青年律师而言，在固定的工作时间内，首先需要对以上四个方面进行合理分配，致力于达到平衡状态。而在这四个方面之中，又应当优先将精力分配至对个人知识储备，即办案能力的提升上，专业知识愈精进，愈能更好为当事人提供法律服务，从而对声誉等长期利益产生正面影响。其次则应当关注对个人的宣传，如在知乎、华律网等平台更新文章、提供法律咨询等，网络时代被看到就意味着知名度的扩大，且无需投入较多时间。而在人脉经营上，对于初入行者而言，如希望进行人脉经营则需要付出较多时间成本，若仍有剩余时间则可以兼顾。

而在工作时间之外，作为长期投入、时刻学习的行业，也应当时刻保持对于以上四个方面的关注，在执业逐渐趋于稳定后，也应当保持学习、交流和宣传，不拘泥于已经熟悉的业务，或对某一领域致力精进，或开辟拓展新的业务领域，避免陷入舒适圈，以实现个人能力的持续提升。

综上所述，律师若希望可以保持长久的核心竞争力，必须以短期时间内法律服务的利益或一定程度的个人生活为代价，换取个人业务水平的提高和知名度的提升，不应当以短期的利益获取为目的，而应当关注长期的价值收益，从而实现长期利益和短期利益的平衡。

（七）理性人考虑边际量

曼昆经济学有一个十分重要的原理——"理性人考虑边际量"，即一个理性人在抉择中，倾向于选择有利于自己的一项。例如一个卖橘子的人，降低自己橘子的价格，使买橘子的人增多，一天内赚到的钱也会比原先多。这就是他考虑了边际量所做出的选择，使他在短时间内受益，但是长远来看杯水车薪。由此，"理性人考虑边际量"更像是人在决策时体现出的非理性的心理特点，这种特点表现了人们一定程度上的短见，这样做出的决策从短期上看是正确的，但长期来看不一定是最佳选择。

"理性人考虑边际量"提供的是一种决策时的思考方式，它反映的是一种从数字到数字的形式逻辑思维，这种思维对从事律师职业有一定的启发。

首先需要明确的是，在经济学意义上，律师提供的是一种服务，并不存在原料、加工等直观成本，这决定了律师职业行为本身的价值很难被量化。即使在市场经济的框架下，律师职业的服务价值更大程度上依赖于个体心理上的认同，这意味着律师在其服务定价上具有很大的自主裁量权，同时也受整个法律服务市场的选择性调节。

根据"理性人考虑边际量"，律师可以通过降低服务价格，使购买服务的人数增多，进而在总体上寻求更多利益，但是一般情况下，这一做法存在较大问题。首先，法律服务的定价意味着律师对自身专业能力的认可，同时也是客户衡量律师专业水平的一种依据。长远来看，盲目降低服务价格，不但不会招徕更多客户反而可能面临丧失已有客户的风险。其次，薄利多销的心态也可能会让律师失去客户的信赖以及更多潜在的机会。最后，律师解决法律问题不能倚赖像商家一样以成本和利润为进路得出提高收益的方法这种惯式思维，而要注重法律与事实之间明确的联系点和有条理的内在逻辑，用概念、判断、推理等思维类型和比较、分析、概括、归纳、演绎等思维方法来驱动思维运行，找到解决问题的突破口。

从律师职业道德来讲，律师应当维护当事人的利益并尽可能追求利益最大化，律师本身应当是为当事人服务、为自身服务、为所认同的价值理念服务。笔者认为律师追求利益最大化是必要的，但这不是律师职业的唯一目标，利益之外尚有法益。

六、优秀律师具有解决问题的能力

(一) 解决问题是律师工作的要务之一

工作中遇到解决不了的困难一定要及时提出。律师应具备较强的适应能力，给自己最多三天的适应时间，无论是环境、工作方式、强度等，保证越快上手越好。此外，每当接到新任务时，不管以前是否有过经验，首先必须逼迫自己独立面对，求助他人是第二选择。

对于公司法律顾问或者外部律师来说，简单地对客户说"不行"是非常容易的事。好的律师应该经常说的不是"你不能这样做"，而应该是："你不能这样做，但是，如果采取别的方式，这样做就能实现你的商业目的……"

不能向客户提供创造性的法律解决方案的法律工作者很难得到客户的认可。法律服务要能为客户创造价值，客户为这样的法律服务支付费用属于投资。律师应当站在客户的角度处理法律问题，因为客户的利润都是源于他的客户，如果你提供的法律产品不被客户的客户所接受，那么客户就不可能实现利润，那你的法律服务自然没有了价值。

（二）解决问题的过程是一个黑盒的过程

能够影响对手策略的策略才是有效的策略。如果你选定的策略对对手的策略选择没有任何影响，这样的策略肯定是无效的。而律师在这个博弈中的最基本任务就是提升客户影响对手策略选择的能力。失控是一切失败与纷争的根源。

1. 找到问题的本质

透过现象看本质，一件问题的产生，背后一定有它的内在逻辑。找到这条逻辑，然后追本溯源，找到逻辑的出发点，这就是问题的本质。这个事情本身不难，我们在日常生活中经常不自觉地会寻找问题的本质。比如说你的手机无法开机，你的第一反应是手机没电了，绝不会是手机坏了。因为手机开机的基本逻辑就是电池有电的手机能开机，这条逻辑的源头是手机的电量，而不是手机的硬件。而当我们发现源头没有问题的时候，我们便能顺着源头进行下一步推进，去验证是手机硬件是否有问题。

2. 设立目标的 SMART 原则

这里我将提供一套 SMART 原则避免我们设立过高过难的目标，过高的目标并不能有效地激发我们的动力，反而会让我们气馁。

S：Specific，明确的、具体的。我们的目标一定是一个具体的目标，可以量化的，比如每天研究多少份案例，每月接多少个案子，每年赚多少钱。不要立抽象或者笼统的目标，比如我想当一名好律师，我想下个月多办些案子。

M：Measurable，可衡量的。我们的目标要有一套可以检验的标准，比如前文说我要每天研究三个案例，每个月接十个案子。能够实际量化检查效果的目标，我们才能够衡量出我们的进度和状态。

A：Achievable，自力、可达到的。你不能定一个不可实现的目标，比如你刚刚拿到律师执业证，你就决心一定要一年收入五十万，这种不现实的目标只会导致两种结果，让你养成空谈的习惯或者让你追求不择手段。无论哪一种，都足以毁掉你的律师执业生涯。

R：Rewarding，值得做的。为你想做的事情划分等级。很多人在工作中会觉得事情很多，不知道做什么好，结果什么事情都只完成了一半，这等于你什么都没完成。值得做是一个主观的判断，所以需要你有一个稍微客观的情景，也是参照你的计划。

T：Time－bound，有时间限制的。人们习惯说"deadline 是第一生产力"。且不说这句话是否合理，至少它背后的本质表明我们一直要与自身的惰性战斗。而帮助我们战胜惰性的有效手段之一就是为你的目标设立时间限制。同时，这也会多少训练你的时间观念。

3. 提高思考的能力

对很多事情来说，努力就是唯一的捷径。训练思考能力的要点是通过不断地学习来增加自己的知识量。此外，在学习的过程中，要多结合案例分析，多接触现实中的案例而不要停留在书本理论中。当你不断地发现实践与理论之间的差异并试图找到消除差异的方法时，当你试图让法律的归法律，道德的归道德，并想找到二者实际的分界时，说明你已经学会如何进行非常有意义地思考了。

（三）高效执行四准则

作为法律领域专业从业人员，律师优秀的法律素养与过硬的专业技能是完成法律服务的必要前提。然而，基于实践中客户多层次、全方位、实际性强、灵活多变的法律需求，律师仅具备法律知识不足以高效高质地完成法律服务，也无法达到为客户真正解决问题的目的。

面对实务中繁多的日常事务与琐碎的任务，执行能力高低直接影响了律师在办案过程中的效率与最终成果。高效处理不同种类、层级与线路的任务需要律师合理的执行策略与计划。富兰柯维公司提出的高效执行四原则对于组织与个人排除干扰，达成核心目标有着启示意义，有利于促进律师职业能力的提升与完善。

原则一为聚焦最重要目标。同时进行不同目标任务看似可以提升工作效率，但却实际产生事半功倍的结果。根据斯坦福大学社会心理学家克里夫·纳斯的研究，在多任务处理实验中神经回路深入阅读和思考的持续专注能力被削弱。因此，面对不同案件的琐碎事项，律师应当首先对于目标进行重要性排序，明确自身最重要的目标。接下来以最大专注程度全神贯注地完成该目标，以高效实现正面收益。

原则二为关注引领性指标。当律师自我评判仅以滞后性指标为衡量时，难以对于正在发生的或未来工作进行有效指导。处理案件的结果与客户反馈迟滞于该任务的完成阶段，针对已结束的行为进行评价。相反，根据引领性指标，律师在处理工作内容时应整体掌控，以具有前瞻性和预见性的眼光把握事件发展方向。选择对目标完成最具影响力的方式进行工作，进而达到理想的案件处理结果。

原则三为坚持激励性计分表。在律师团队中，形成良好团队氛围与工作状态有利于整体工作效率的提升。激励性计分表则可以将模糊抽象的引领性指标与滞后性指标转变为实际的量化指标。设计简单、醒目、公开的量化计分表有利于使团队中不同律师了解团队进度并增强工作意愿与活力。避免因案件压力与混乱评价流程导致律师工作士气低落，甚至影响执业能力的表现。

原则四为建立规律问责制。在团队内设定定期问责机制有助于各律师承担业务责任，增强完成任务积极性。相较于被动接受工作分配，使律师个人制定计划并定期确认进度可以促进律师的方案策划与任务统筹能力。目标会议的定期召开同样可以避免律师工作状态再次受紧急但不重要的琐事困扰。实时跟进工作进度并将任务处理原则贯彻执行的始终，有利于提升律师的执业能力与工作效率。

综上，复杂多变且大量繁琐的任务是律师不可避免需面对的现实，但通过富兰柯维公司提出的高效执行四原则对于团队与个人工作状态进行改正与完善，有利于提升个体的律师执业能力与整体的团队氛围和效率。

七、有为才有位而不是有位才有为

律师的职业是一个"有为才有位"的职业，你能有多大的担当，才能够承担多大的责任。"有为才有位"而还是"有位才有为",这似乎是一个永恒的话题,也是大学时期曾参与过的经典辩题之一。但是在现实生活中,答案永远那么清晰,没有什么争议,这是一个"有为才有位"的职业。人总是眼高手低,对自己的评价往往要高于实际,有个著名的心理实验也非常明确地反映出这一点。如果给自己的能力打分,是高于平均水平还是低于平均水平呢?此类实验的结果基本都是惊人的一致,大部分人对自己的评价都是要高于平均水平的,这是一个客观的科学结果,是一种自我服务的归因偏见。同样你的客户或者你的合伙人也很难于克服这种心理偏见,因此要获得更大的发展,处于律师这个岗位,记住,"有为才有位"!

训练你的责任心,它是助力你做好手中每一项任务的动力,会驱动你做更多事情,让你得到很大的锻炼。同样的,了解自己现阶段的上限,不要人心不足蛇吞象,相比领取工作任务的数量,完成任务的质量更为关键。

第二节　如何成为一名合伙人

要想成为合伙人就要以合伙人的思维来思考,以合伙人的标准来严格要求自己,不要想着等到成为合伙人再去想应该怎样做。要成为合伙人就要把律师当作事业而不仅仅理解为职业。

一、注重团队合作

一般认为,律师团队是由若干志趣相投、相互协作、相互信任、有共同发展需求、目标一致、相互间有专业差异性或互补性的律师组成,团队成员具有不同专业能力、能分担不同业务分工,并辅之以律师助理或其他辅助人员,律师成员间有严格的分工和相对合理的薪酬分配机制,彼此间通过业务资源的合理分配、专业工作有效分工来运作团队以适应更高要求的法律服务,多为二人以上的紧密型组织形式。

接到工作时,要学会判断上级指派给你这项工作的用途、紧急程度以及要学会思考"我应该怎么做才能减轻上级律师的工作负担",理解到位后开展工作会更有大局观。我们是一个团队,要有团队意识。上传文件主要是为了提高团队效率，比如一个人写完文件不上传，另一个人需要修改此文件时，会出现找不到文件或找不到最新版文件的问题，从而影响大家的工作效率。只有承认自己存在无论如何努力都无法弥补的先天不足，才会寻求分工与合作。只有分工与合作的对立统一，才能提升团队的竞争力，才能为客户创造更大的价值。

这个阶段最重要的表征就是在专业上我们走向独立，能够独立处理专业问题，但在市场开拓方面仍非常欠缺，很少有独立案源。恐慌与激情并存，是这个阶段律师的主要特点。由于只有专业能力，所以此阶段，我们更多的案源来自同事之间的合作，当然，也有一些小案子直接来自市场。这一阶段大部分律师主要的客户是同事和一些比较低端的客户。不过这个时期我们与同事的关系更趋于平等化。

我刚出来做律师的时候，几乎所有的合伙人都与我合作过。我当时给自己的定位，就是要获得与大家更多的合作机会，以尽快提升自己的专业能力，并不过多考虑资源分配多或少、条件是否有利。如果在这个阶段，过多地计较眼前利益，一是没有资格，二是得不偿失。

我们有了专业能力，且与客户有了更多的直接接触后，案源律师的危机感会越来越强。所以这一阶段，我们的垄断性优势除了专业能力外，还必须要对合作者忠诚守信，不要让合作者觉得我们动了他们的奶酪。

这个阶段，同事的口碑是最好的渠道。"一个团队主要需要有业务、产品、营销三个基本职能板块进行组合。"真正的团队化不是简单的将松散个人拉在一起，而是一门很深的学问。部分律所和团队早早地认识到了团队配合的重要性，并在这一方面做了很多努力。以协力律师事务所为例，其团队主要组成部分如下：

第一块是业务团队。有部分律师主要处理涉诉案件，也有部分律师（顾问）主要进行讲课讲座。讲课费用在他们团队的创收中占很重要的部分。

第二块是产品研发团队，有部分人员主要针对企业劳动法苑范围内涉及的法律问题进行专门的归纳总结和细分排列，以及完善一些课件的准备和课件系列的完善；

第三块是市场拓展团队，他们不仅在网站上投入大量的精力和时间，还有很多针对性的寄送和义务性的宣讲、论坛等活动，这些都是市场拓展的范围。

二、订立制度

订立制度的目的是，避免个人效率优先以提高整个团队的效率。做事情应该统筹全程，考虑到后面需要做的事情提前做好准备，避免因为没有做好提前设想而导致提供自己或团队其他成员的工作成本。例如，建立制度文档，包括授权手续、办公手册等。

三、自我成长的悟性

律师的成长，是一个"螺旋式上升"的过程。是在不断地接待、咨询、阅卷、开庭、总结、学习的循环中，获得能力的提升。这也会导致，有些人陷在螺旋的某一环里走不出来，重复着熟悉的工作，找不到突破的方向。如果执业了三五年之后，还是做着同样的案子，用着同样的工作方法和工作思路，无疑是一件非常危险的事。这不仅意味着个人能力的停滞不前，更意味着在日益激烈的法律服务市场竞争中，不进则退。

（一）能够不断地否定自己

从模仿中开始，从对比中找差距。现在大部分实习律师都会跟你的指导律师在一个办公室工作，你就可以琢磨这个律师的特点，他跟当事人沟通有什么技巧，他的法律文书是怎么写的。琢磨出来以后，再跟自己做得作对比。

当然，有些对比方式对指导律师来说可能会比较难堪，特别是将自己的指导律师与其他律师对比的时候，实习律师不要怕这样的对比，大部分指导律师是不在意这种对比的。我们一定要明白，对比不是为了贬低谁，而是找出差距给自己有个指引。

同时，尽管你处于律师助理的位置，但你也绝不能盲目迷信指导律师的权威，而是要独立地对问题进行研究，争取起到查漏补缺的作用。当你提出的问题补遗了他的不足时，他将对你好感倍增，刮目相看。

当拿到指导律师的最终定稿时，一定要认真比对，看看你们之间的差距究竟在哪里。千万不要觉得仅仅是修改了几个字就无关紧要，甚至还沾沾自喜。殊不知，指导律师增删的那几个字也许就是整个文书的点睛之笔，这几个字也许就决定了整个案件的走向，而这个能力恰恰就是你目前尚不具备的。

（二）能够不断地提高自己

其一，应该对自身进行反思和总结。上文提到的读书笔记帮助我成长良多，但近年没有坚持下去。在飞速发展的互联网新时代，我看过的各种深度好文、干货、鸡汤，远非当年所能比较。偶尔数月后再看到类似文章，发觉该观点好像以前在哪见过，原来只是重复阅读。这些我看到的不是知识，只是信息，而且是很容易忘记的信息。人生的金律良言，三两句就够，只需刻在脑海，长在心上，付诸行动。时常回顾记录下来的文字，让自己在迷茫中清醒，在不同声音中思考和坚定。

其二，思考的东西也是需要外化的，如果只是在脑海里自省，远远达不到思考的深度。于是总触不到核心，变得焦虑，不知所措，浑浑噩噩。写日记实际上就是一种自省和总结的形式，把对内心的叩问写下来，再不断问为什么，找出问题的关键和失败的原因，确定实现目标的方法和计划，同时对不同声音进行比较，得出你认为正确的观点，然后去践行。

回顾半生，不得不感叹年轻真好！年轻时有大把时光，可以去浪费、去成长。年轻时可以不用考虑任何问题，一心一意向自己的目标前进。没有人会对一个年轻人提太高要求，不是吗？但人到中年时，在年轻时不被要求的指标，一夜之间扑面而来。这使你感到焦虑、不安、怀疑、否定自己。

我们所能做的是，找个时间静下心来，为自己的人生做一个梳理。然后，走好后面的十年、二十年、三十年……不要感叹曾经失去的岁月，没关系，将来会失去更多……

（三）复盘

"复盘"是优化自我管理和工作管理的重要途径，最早来源于棋类术语，也称"复局"。指对局完毕后，重演该盘棋的记录，以检查对局中对弈者的优劣与得失关键，有效地加深对这盘对弈的印象，也可以找出双方攻守的漏洞。如何进行及时、有效地复盘对诉讼律师的案件工作非常重要。

1. 第一步：回顾目标

每一个诉讼案件的目标都应该至少包括两个方面，诉讼目标和客户目标。诉讼并非以胜诉为唯一指标，有些时候明知道案子会输但还是要打，这就是因为诉讼除了结果之外还可以有其他目的。例如利用诉讼获取时间，利用诉讼帮助谈判等。所以，任何一件诉讼案件，事先必须与客户充分沟通、确认诉讼目标。

2. 第二步：结果对比

结果对比在大方向上就是对诉讼目标与诉讼结果、客户目标与客户结果的对比。但无论是诉讼工作、还是对客户提供的服务，都是在进程中逐步推进的。

3. 第三步：叙述过程

叙述过程是为了保障每一个参与复盘的人能够知晓案件的具体细节，以便能够进行深刻的思考和提问。叙述过程可以用书面加口头的方式。

书面的叙述包括我们在案件中的办案日志、洽谈记录、庭审记录、起诉状、判决书等，这些都隐含了我们办理案件及与客户沟通的细节问题，但对于书面文件之外的其他细节问题，需要具体经办人员进行口头叙述以补漏。

需要注意的是，叙述过程应该根据工作的时间逻辑进行，如果结合事务所或者团队的工作流程，则会达到更好的效果：一来可以有利于其他人迅速抓取到重要的信息，二来可以有利于自己规避叙述的遗漏。

4. 第四步：自我剖析

自我剖析是参与办案的每个人需要对自己的工作进行自夸和自批。自夸就是对自己做的取得较好效果的行为进行夸奖，而自批是自我批评。自我剖析并非只是指责，因为一旦形成指责的氛围，就容易出现使自我剖析成为借口大会的情况。

例如，某律师会见客户迟到了，如果该律师说是因为堵车导致迟到，那这并非一个真正有意义的自我剖析。此时的自我剖析应当提出几个问题：

堵车是可以预见的，为什么没有预见？如果预见了，那准备措施是什么，是提前出门还是其他？如果是提前出门，那提前出门的时间是否充分？可见，自我剖析是对行为进行客观原因的排除、主观原因的寻找，以便在下次工作中消除因主观原因带来的相同错误或类似错误。

5. 第五步：众人设问

众人设问是在自我剖析进行过程中或进行之后的，对于参与案件办理的人，需要对其他人的工作进行设问并要求回答，对于未参与案件办理的人，亦可以站在第三人角度、裁判者角度，或者客户角度思考并提问。这些提问可以帮助复盘从不同角度呈现、也可以加强复盘的深度。当然，这样的复盘类似于工作总结中的思维风暴，因此我们建议在会议中进行多维度设问，同时使用高效的记录工具进行整理及记录。

6. 第六步：总结规律

总结规律大致可以分为总结好的规律和坏的规律。好的规律计入流程清单，坏的规律计入负面清单。例如在此次案件代理过程中，运用某种方法得到较好的客户体验反馈，这就可以计入案件流程清单。而在法庭上的某种表现被认定为不合适的，则应当计入负面清单，避免犯同样的错误。

同时，我们也应当注意，设置的清单应该以一种方便查看以及简要聚焦的方式拟定，以提高清单的实际使用率，让复盘总结的规律真正起到作用。

7. 第七步：案例佐证

案例佐证实质上是对总结的规律进行验证。有时候我们难以判断通过本案复盘得出的结论是否正确，唯一可以检验的方式就是用其他的案例来进行佐证。这种佐证可以检验总结的规律是否具有包容性。如果具有包容性，则说明规律有一定的适用范围，进而可以划出适用边界。

如果通过案例发现总结的规律并不具备包容性，说明该规律只是该个案的特殊适用，则不能计入流程清单，因为很有可能在下一案件中起到相反的作用。

8. 第八步：复盘归档

复盘归档就是知识管理。在复盘结束后，应该对复盘的步骤、方式进行整理，对复盘形成的结果进行知识管理，形成书面文件。这样的归档工作，可以在制作类型化的案件指引、律师工作指引以及设计诉讼产品的过程中，有效地进行匹配。这样，所制作的指引以及设计的诉讼产品，实际是来源于客观并且有规律的经验总结，符合实践操作需求，真正达到复盘知识化的作用。

四、坚持写作

专业技能是律师价值的核心所在，写作是技术体现的外在方式。但现在新律师写作能力往往比较弱，原因可能主要在于：常年不耕地、良田生荒草；写作不思考；缺少逻辑；语言组织能力；没有素材；不讲方法。人的表达能力也是一个需要训练的过程。在自己表达能力有限，思维不够清晰的情况下，可以先从书面表达开始。书面表达可以给予你足够的时间去思考，让你仔细琢磨用词的准确性和逻辑的严密性。你的书面表达可以是有目的性的写作，比如读书笔记类的评论，或者对热点问题的分析，也可以是一般性地对自己生活见闻的总结。

我的经验，光是写作还不够，一个更加锻炼逻辑思维的环节其实是校对修改。大学时每次论文写好之后都会修订2~3次，而每一次修订的过程，除了排除错别字和调整用词，很大一部分时间就花在了观察分析自己的逻辑，以及完善和修改上面。

这样一个过程不光可以让你写出来的文章质量大大提升，还能帮助你培养起对自己逻辑思维能力的熟悉程度，发现自己逻辑上的常见问题和错误，进而完善提升。

五、看问题要有高度

（一）长远发展

1. 个人层面

首先，要明确你现在的位置，以及你想要达到的目标。当你把自己放到合伙人（目标）的高度，就会更加全面和客观地来看待问题。当领导分配机械性的工作给你时，你要明白，你现在只是一个实习律师，你的工作就是帮团队解决这些细枝末节的事。如果零碎的小事能提高整体的工作效率，那么你的付出也是有回报的，并且在完成这些小事的过程中，你也能学到大律师们做案子的风格，合同或起诉书的写作模式，慢慢去体会这些也是提升自己的重要途径。

但也不要被这些小事阻碍，最终的目标还是要成为合伙人，而且发展的目的也是明确的，是为了锻炼和提升自己的能力还是为了金钱，抑或是为了追求法律的正义、社会的公平？再次说前面提到过的刚开始工作时不管如何分配，目的是提升自己的能力、眼界和社交高度，这样的益处是长久的。

其实最终目的是实现自我价值和社会价值，提高人生价值就要有远大的目标，而远大的目标又会使你看得更远、站得更高。

其次，在选择的时候要时刻记得你的目标。工作中在面对选择时，往往只看到近处的利益而其他的什么都不考虑。杰出的合伙人在做出选择时，就应当考虑得更长远，更全面。比如：合伙人交代的任务与个人业务要优先选择干什么。一个从有长远追求的律师在面对这个问题的时候，就会更加考虑到之后可期待的合作，合伙人交代的任务对你的能力是不是更有考验，为什么会找到你来完成，你能否同时完成这两项任务，如果必须推掉一项，那么，应当考虑怎样在保持利益的情况下减少损失。

如果你没有长远发展的眼光，在面对问题时贪图轻松省事或者推给别人，一旦错失机会，可能不止失去了一次锻炼和发展自己的机会，更甚者会失去合伙人或者客户的喜爱与信任。

最后，看待事物的思考模式和角度决定了你的位置。当面前出现一个苹果时，基层员工只能看到苹果；低层主管会联想苹果属于谁所有；而高级主管则会思考苹果为什么会出现在这里。

所以，看到事物要多想为什么，如果看事情只看到表面，不去深入思考和探究其本质，那么你的思维深度永远只会浮于表面，而透过事物看本质的能力，是一个优秀律师所应该具备的技能。

2. 企业层面

人无远虑必有近忧，企业要想长期发展，就不能只设定短期目标，只看眼前利益，很多事情是牵一发而动全身的，每个计划、构想都可能对企业的发展产生无法预料的变动。[2]

　　律师事务所是合伙企业。既然是企业，如果想要长远的发展，就不能只考虑经济利益。合伙人在选择案子时，应注意案子的影响力和社会贡献。接一个报酬很多但社会影响小的案子，不如接一个社会影响巨大的公益案子，这样的案子是机会，能在社会公众面前打开市场，让更多的人看到律所的能力。你要有意识地去承担社会责任，要尽力把握社会贡献与经济利益的平衡。

　　这些都是合伙人应该做到的，合伙人拥有的谋长远的策略和眼光，对事务所又快又好的发展有着非同寻常的意义。所以，想要成为合伙人，要学会长远地看待问题。

　　所以，事务所的合伙人在完成自己的工作时，同时也要注重自身和事务所的社会形象。比如网络宣传就能很好地展示企业形象，或者推崇一种企业文化，比如，除了注重成功率，也应看重客户体验等。

　　3. 企业成功三法则

　　哈佛商业评论2013年第4期的封面文章《王者3法则》讲到作者利用统计学对上千家公司进行了研究，从中找出了几百家长期表现突出的卓越公司。研究发现这些公司在其成功的数十年间采用的战略始终符合以下三个基本法则：①品质优先于价格（追求产品的差异化，而不是降低价格和对手竞争）。②收入先于成本（公司的重心是增加收入额，不是削减成本）。③没有其他法则（所有必要的改变都必须遵守法则1和2）。

　　律师作为一个法律工作者，卓越表现在大多数情况下来自创造更高的价值。律师向当事人提供法律服务，包括担任法律顾问、接受委托担任代理人参与诉讼、接受委托提供非诉讼法律服务等，从本质上来看，律师行业实为服务行业，"品质优先于价格，收入先于成本，没有其他法则"，上述企业成功三法则对律师职业同样适用。

　　品质优先于价格，即应以高标准的法律服务来促成案件的代理，而非低价格。根据《北京市律师诉讼代理服务收费政府指导价标准》，律师应按此标准向当事人进行收费，提供服务。律师在同一地区拥有同一政府指导价，因此案件当事人拥有更多的选择权，而律师想要获得更多的案源就需要其以更优异的品质（即拥有更强的专业知识及更丰富的经验等）来提供法律服务，而非降低收费标准来促成案件的代理，否则律师事务所的行为符合《中华人民共和国律师法》第 50 条第一款违规收费之规定，而律师本身可能构成不正当竞争。

收入先于成本，即律师在同一类型的案件中，不应因收费不同而调整时间、工作成本。律师在民事案件中的收费标准取决于案件的标的额，因此在类似的劳动纠纷中可能存在标的额差距很大的情况，这就导致了律师收费也存在较大差距，在这种情况下，律师不应因收费的不同从而降低服务的成本，应做到尽职尽责，保质保量地完成工作。

（二）选择使自己有更大发展的平台

1. 个人有长远眼光

个人有长远眼光的话，首先就会寻找更好的、更适合自己的平台，让自己的起点更高。高平台能带来更高的薪酬，更好的发展前景，更具有挑战性的工作，更好质量的人脉交际，能让你见识更广阔的世界。相对的也会带来压力，竞争压力大，工作强度大，生活成本高，团队成员太厉害导致无法满足自我的需求，还会使人脉维系成本增高。

对于如何选择平台。首先明确现在自身的高度和能力范围。选择去挑战去冲击比自己能力范围高一点的平台，不害怕从底层做起，慢慢适应高质量团队的节奏和效率，跟上他们，最终才有可能超越他们。而且应当重新认识法律服务的三个境界：即认可、信任和信赖。如果我们不努力攀登到"第三层楼"的信赖上，我们可能终其职业生涯的一生，都会在第一层楼"认可"上徘徊，并且不断抱怨客户越来越挑剔、苛刻……

2. 企业层面选择更高的平台

当企业达到了一个更高的平台，就自然达到品牌溢价的效果，而品牌溢价则可以带来可观的经济利益。品牌溢价，举个例子来说，作为"潮牌"的 Supreme 通常都是一货难求。它卖的白 T 恤就是普通白 T 恤，板砖就是普通的板砖。普通的产品贴上 Supreme 的红标，就是可以卖出天价。其原因在于品牌内附带情感价值，这是消费者的消费心理决定的。消费者购买这些品牌商品，来定义自己的形象和品位乃至自我本身。由于有了这样的消费心理，所以必须把这个品牌塑造成在消费者心目中高于其他品牌的形象，有了这个形象以后，品牌的溢价就变成了很自然的事情。

品牌溢价并不止出现在有实物的品牌，也会出现在以服务为核心的企业比如律所。大牌所或专业所都会有品牌溢价的情况出现，且品牌溢价率应该高一些。比如提到证券业务，金杜律师事务所是行业内的专业大品牌，其收费自然会比其他从事证券业务的律所收费高。溢价比例也会很高，只是律师和律所提供的是智力服务，成本的测算不同于有形产品那么简单，往往有些隐性成本。

所以要能做到律所品牌溢价，也需要像其他企业一样，让客户高看你一眼。比如被央媒报道，那当然客户就会觉得被央媒报道的律所会更厉害，成功率更高，而当他这么认为时，价钱的差别也就没那么重要了。

品牌有三个维度：知名度、美誉度、忠诚度。高的平台能带来的是知名度和美誉度，这些可以吸引客户，而最终依靠好的业务水平和服务态度，达到客户对律所的忠诚度。选择好的平台就要求合伙人有敏锐的市场洞悉力。这意味着必须要做到把握时代脉络，蜕变获得新生的。在互联网的浪潮下，具备敏锐的洞察力，是成功的必备条件。

洞察力不仅仅是预判，是对新鲜事物首先能预先判断其发展态势，厘清潜在的逻辑关系，分析可能出现的结果。通过一种意想不到的转变，改善现状或者改变自己的感知方式、认知方式甚至追求。市场的变化也会改变平台的层次，所以要敏锐地感知市场，寻找顺应时代的平台。

当然，能够开拓也是好事，在理智分析后勇于尝试新的平台和方式或许带来的是巨大的机遇。李大钊先生曾说过："人生最有趣的事情就是送旧迎新。因为人类最高的欲求，是在时时创造生活，时时开拓生活。"这句至理名言，经久不衰地被人们传颂着，实践着，正是因为它揭示了永世流传的道理：世界上一切事物的发展变化都是在开拓的推动下完成的。

古人云，流水不腐，户枢不蠹。只有求新求变，事物才有生命力，企业发展也是这样，在这个快速变化的时代，创新和改变是必然的。所以优秀的合伙人会主动追求创新，寻找时代的脚步，最终才能成为时代的风向标。

创新中还需要稳定，恪守初心和操守，不被金钱和名誉迷了眼，冲昏了头脑而做出不理智的决定。创新不代表失去了传承的精神和初心。企业的精神和风格应当是稳定的，只是形式和做法的改变，要知道没有限度的创新和改变并不能带来成功，带来的最终会是不合理的风险。所以创新和稳定之间的度要把握的得当是非常困难的，就需要合伙人有丰富的经验，要有勇气却不鲁莽，有足够的知识，并且实践得出来。还需要整个团队非常地和谐、团结。

（三）把握法律服务的两条"金线"

过去五年乃至十年的法律服务市场，无论是律师与律所业务发展本身，对客户市场和招聘的宣讲内容中以及各类律师服务机构的宣传口径中，最甚嚣尘上应该就是"专业化、产品化、一体化"这些概念。作为法律市场的观察者和参与者，深知形成"三化"的难度，除了极少数团队形成了自己的打法外，绝大多数团队目前仍然停留在对概念的理解阶段。

经过四十多年的发展，律师服务市场也从原本的风起云涌，逐步板结、固化，虽然时常会有新锐团队或律师脱颖而出，但行业正在以肉眼可见的速度分层。这并不是行业本身造成的，而是律师行业市场化带来的必然结果。经过充分竞争阶段的市场自然会分为三六九等，从服务内容、服务质量到客群分类、服务价格。正所谓"各花入各眼""汝之蜜糖彼之砒霜"。而这种分层，经过时间和实践的检验，分离出两条难以逾越的"金线"。

1. 第一条金线之上是"高端业务"的"大律师"

每个进入律师行业的人，几乎人人都想成为"大律师"，几乎人人都想做"高端业务"，这也是法律服务市场中的金字塔尖业务。但是，很少有人界定什么是"高端业务"和"大律师"，往往习惯性将其等同于"收费高的业务"和"收费高的律师"。这种以收费为主的结果导向界定，失去了深入研究业务的基础，让每个律师仿佛都成了以金钱为导向的律师。

笔者作为一名诉讼律师，在同类业务的宣传语中最常见的是"专注于重大、疑难、复杂案件"。其实扩大到刑事业务、非诉业务，这三个词恰好能界定高端业务的属性："重大、疑难、复杂"。

"重大"是指背后的商业利益和经济利益巨大，而不仅仅是表面上的标的额高。如很多知产类业务、竞争法业务，实际的商业利益很容易被表面争议标的所掩盖，"暂停侵权""赔偿1元"的背后可能是对某个产品的合法性审查；行政法业务更为明显，最为严厉的行政处罚，有可能不是天价的惩戒金额，而是对产品或业务的合规性否定，例如暂停业务、下架处理等；而刑事业务更无须多言，若为自由故，二者皆可抛。"重大"构成了业务的第一道壁垒，也是客户在选择律师时的第一道心理防线，越是重大的案件，客户相对更愿意支付成本，这也是很多案件按标的额比例收费的基础，同类型业务的业绩能够提供更好的信任背书。

"疑难"是指办理此类业务，需要运用到的不仅仅是法律知识，更多的时候需要法律技巧，甚至法律智慧。如诉讼中法无明文规定领域的各类"第一案"，台湾地区"民法"第1条规定："民事，法律所未规定者，依习惯；无习惯者，依法理。"在各类法网恢恢的地带，需要通过法理基础对法律规范进行发展性解释，将"原旨"与"现实"进行结合。

非诉中新型交易模式的搭建，需要律师在现行法律框架的边缘地带进行探索，将法律规定和商业逻辑有机融合，产生"股权激励""VIE""毒丸计划"等新型法律模型。"疑难"构成了业务的第二道壁垒，能够办理疑难案件的律师背后，往往意味着更为丰富的理论基础和实务经验，同层次业务的业绩也能提供更好的信任背书。

"复杂"是指案件的工作量规模大，包括可能的材料数量多、筛查难度大，调查范围广、检索难度大，论证程度深、研究难度大，涉及资源杂、协调难度大等。大规模的投资并购或IPO、耗时较长的大额交易引发的争议解决，为解决商业需求展开的多轮次、多程序诉讼矩阵，都在考验着牵头律师的统筹协调管理能力。工作量大、工时长，本身也构成了业务壁垒之一，只有具备一定团队规模和协同基础，才能有效应对和控制由工作量增大带来的成本和效率问题，稳定和丰富的团队构成是办理复杂业务的基础。

而真正办理高端业务的大律师，还需要最重要的一项，时势和运气。法律作为社会治理的上层建筑，与经济发展、周期波动、政策导向密不可分，每个阶段都会有业务的爆发点，远如不良资产业务、再审业务，近如互联网业务、文娱业务，再如破产业务、合规业务、税务业务。业务常有而伯乐不常有，真正能够审时度势、运筹帷幄、提前布局、抓住机遇，才是律师锦鲤们真正跃过龙门的瞬间。之所以是金线、之所以是龙门，深入表里，有着许许多多硬门槛和厚积薄发的时间成本。

2. 第二条金线之下是"标类业务"的"产品律师"

法律服务是带有明显客制化手工业特征的服务产业。虽然法律通过确定程序、确定案由和罪名、确定审查标准等方式，可以类型化政府法检机关等部门的法律供给内容，但对律师而言，更需要考虑的是不同客户对法律服务的个性化需求。而且在日趋激烈的行业竞争态势下，过去在"卖楼花"时期出现的"真·标准化·批量化业务"的黄金时代已经一去不复返，律师竞争的关键也在于如何准确满足客户的需求。提高服务标准，就会增加成本和降低效率；而降低服务标准，就会丧失机会和流失案源。律师服务进退维谷，这也是长久以来制约行业生产力提高的核心原因，法律服务的工业化和互联网化也迟迟没能到来。

但是，没能到来，不意味着没有探索。从交通事故到婚姻家事，从合同审查到中小企业的常年顾问，从劳动法到建设工程，从初创企业基础服务到投融资并购，从诉讼到执行，各个领域中都涌现出优秀的律师团队和法律服务产品，都在希望将法律服务类型化，成为流程、模板、手册，从而在下一次的服务中有效复用。随着法律服务的精细化，也有人将法律服务的某个流程和步骤进行模块化、组件化改造，如投标文件、市场开拓服务、案件分析报告、法律检索报告等，在团队内部形成可复用的微产品、微服务。

标类业务不是低端业务，不是以收费多寡作为判断标准。如果说第一条金线之上的业务是为了提高单案收益，那么第二条金线之下的业务，就是为了通过"降本增效"提高总收益。因此，如果律师想要做产品，除去纯粹为宣传考虑外，必须要在"降本"和"增效"两个维度上思考必要性和可行性。降本，能否用成本更低的方法解决同样的问题，如更利用低年级律师、非法律资格人员甚至计算机技术来解决问题；增效，能否在单位时间内完成更多的同类业务，如繁简分流、步骤分工、流水线式作业、KPI考核等。

标类业务也分为两种，"流量型业务"和"批量性业务"，虽然只差一字，但业务模式上天壤之别。长久以来，对标类业务的理解都集中在"流量型业务"，也就是通过同类业务模式化，服务不同类型的客户。流量型业务主要瞄准的是需求基数大的领域，以数量优势和规模化获取收益增长。流量型业务，着力在知识管理环节，解决在服务环节上的重复成本问题，但是由于用户分散，往往是"剃头挑子一头热"，产品研发如火如荼，但难以准确找到获客渠道。究其原因，就像看病一样，极少有客户真的希望获得标准化的法律服务，客户至少希望经过望闻问切、对症下药。在稍有议价能力的客户眼中，标类法律服务产品，价不算廉物不够美，总会显得有些鸡肋。归根到底，流量型业务徒有标准化的外衣，实质上仍然是同类非标业务的集合。这也可以解释为何在国内没有形成有效的法律互联网产品。

批量型业务，是针对单一或特定大客户的同类型批量法律服务需求而提供的服务。批量型业务是兼具数量优势和客户集中优势的特殊定制化业务，需要更深入了解大客户的业务流程、服务需求，制定针对性方案。由于大客户往往在日常业务中已经形成了系统或模式，法律服务作为其中一个环节，需要具有较强的内嵌能力。此外，批量型业务往往是原先公司法务、公司律师或其他部门自行解决的问题，如果律师希望争取该部分成为外包服务，那么对于成本和价格的控制需要非常严苛才能具有竞争力。批量型业务中，如能有效总结和产品化法律服务，低成本人力资源和更低成本的计算机技术会有更大发挥空间。

之所以标类业务也是金线，壁垒不在法律业务层面上，而在于更强的市场获客能力、更强的组织协同能力、更强的成本控制能力和更强的法律软件开发能力。标类业务的律师，更像是法律产品工程师和产品经理。

3. 两条金线之间是不断饱和的传统法律市场

而回到现实，大多数律师在大多数时候处理的大多数业务，都在两条金线之间。

这部分市场，诚然容量足够大，大到律师在现今市场上养活自己或者让小团队过上体面的生活，并不是太难的事情。但这部分市场竞争日趋激烈，导致生存之余解决发展问题时，很难找到一个可以深入突破的方向。

由于客户不够集中，需要日常担心案源稳定性，获客成本高企。由于专业不够明确，经常遇到超出经验的新业务，需要花费大量的学习成本。由于团队不够稳定，无法形成经验沉淀，也需要支出高额培训成本。由于应对策略杂乱无章，难以实现业务升级和客群升级。

由于两条金线真实壁垒的存在，律师匠人们被困在之间的这片谷地中。虽然律师中不乏"王侯将相宁有种乎"的呼喊，但现实情况是，业务升级或者规模扩大中，总会触到其中的一条金线，有一定经验的律所或团队的管理者。

两条金线之间的业务，被不断地细分、拆解，行业律师、专业律师、程序律师、地域律师，等等。现今的法律行业中，再难出现单枪匹马少年郎似的纯靠专业异军突起的青年律师，也未见得有纯靠背景可以翻手为云覆手为雨的资源大咖，大多数都是"资源+专业"的强强组合。无论是资源还是专业，要么来源于家世背景，要么来源于职业履历，要么来源于师徒传承，要么来源于社会交际，都是外部条件与内部沉淀碰撞后的结果。

随着行业的发展，越过任一金线的转型成本都愈加增高，导致行业创新停滞不前。手工业、个案化的特性，缺乏稳定产出，对资本进入形成护城河，也是紧箍咒，与新技术和新商业模式的结合也渐行渐远。以互联网企业、会计师事务所、咨询公司为代表的非法律服务机构，虽然在律师行业的门口已经虎视眈眈，但感谢司法部颁发的特许资格，尚不能颠覆行业的传统模式。

4. 金线两边其实是同一类律师

即使被中间广袤的传统业务空间阻隔，但金线两端的业务，似乎绕过了法律领域上的界限，在另一个维度上链接成为一个莫比乌斯环。行业曾经一度认为，下沉式业务由于单案价值较低，更适合在行业内缺乏案源的青年律师作为职业的起步。诚然这种建议站在青年律师的角度是符合实际和接地气的，但无论对于希望业务升级的律师，还是对于下沉业务本身，都难以获得持续性效果。越是批量或流量的下沉业务，与经验技能尚缺的律师的手工业工作方法之间，就越存在天然的矛盾，既无法优化业务，也无法实际提升律师专业能力。做得好一万件小额借贷，也不一定能办好一件银团贷款；代理过几百件轻微刑事案件，遇到数额特别巨大的职务犯罪也会棘手。

下沉业务真正需要的是标准、规则的制定，是流程、方法的总结，是刚性法律和柔性商业模式的融合，是出色的管理能力。运转良好的下沉业务团队，应该像一个半自动或全自动的车间，而这个车间主任，既要是从原来手工作业中挑选的佼佼者，能够设计和安排好整个生产流程，又要是训练有素的高级技术人才，足以应对庞大机器在运转过程中的各类情况。而这类人才所需要的素质，也正是真正顶端律师们所具备。

一方面，一旦金线两端的业务联手，高端业务人才同时建立下沉市场产品规则，则第二条金线将不断上升，挤压中间地带律师的生存空间。这个过程或许很漫长，而且社会法律服务整体需求的增速，在很长一段时间里会抵消掉被挤压带来的压力。传统业务会被新业务、新打法、新模式全方位地侵袭，或许零敲碎打、碎片式的进展，或许几年一个周期反复渐进，但这个过程却是不可逆的。另一方面，金线两端，无论对于软件技术还是对于资本市场，才是具有广阔想象空间的。下一代律所，或许是有能力将金线两端业务融为一体的团队。

六、成为一名资深律师

（一）业务专家

优秀的律师应当是一个业务水平高的律师。在营销专业能力时，必须先形成我们的核心竞争力，打造"人无我有"的专业特色，树立"人有我有"的律师专业形象。专业特色需要挖掘，比如专业特殊性。按传统部门法划分，婚姻法对应婚姻律师，刑法对应刑事律师，金融法对应金融法律师。

我们可按市场导向划分，以法律应用场景来对应不同法律服务，如投融资领域的法律服务（我国并无投融资法，投融资领域的法律服务融合了公司法、金融法等诸多部门法律）、公司上市法律服务、移民法律服务等全新细分项。

迎合市场需求提供细分服务，不仅更得客户欢心，在做营销时因市场和目标客户更精准，转化率也更高，营销效果更好。而要打造专业形象，你可以从专业领域从业年限、专业办案经验、专业性发表论文等方面做文章，把自己包装成一个专家。

（二）值得信赖

很多当事人咨询法律问题时很困惑：网上咨询了很多律师，走了很多律所，还是不知道该请哪个律师。很多律师看起来很不靠谱，业务繁忙，对自己的案子貌似很不上心。

有些律师在个人网站上打出诸如"勤勉尽责"的广告语，这针对的就是客户质疑律师诚信的痛点。律师可靠的人品和公益形象是当事人安全感和信任感的来源，我们律师在营销当中要充分展示诚信和公益形象，并且要借助很多个案和特例来辅助印证。

服务态度直接关乎获客、复购的情况，案前服务态度影响代理委托是否成功，案中服务态度影响案件是否能顺利进行，获得肯定，案后的服务态度决定能不能维护好老客户，并以老带新。

（三）拥有大量的社会兼职

资深律师基本都有大量社会兼职，人大代表、政协委员、政府顾问、立法咨询专家、大学兼职教授或副教授、民间智库成员、律师协会或专门委员会负责人等。

这些大量兼职的存在，也说明这些律师拥有一定的社会影响力，他们的业务能力得到广泛认可。当然，按照我的"理论"，这些律师都告别了青涩的初期阶段，已然进入有一定资历和能力的成熟阶段，即使一些愿意保持独立个性不愿意在律师协会兼任职务的，也会欣然接受知名大学的研究员、教授等头衔。

（四）拥有大量成功案例

没有成功案例的律师，即使从业多年严格意义上也不属于资深律师，只能是"老律师"。以刑事辩护律师为例，一位律师从业 10 年如果拿不出几单不起诉、撤回起诉、免予刑事处罚、判决无罪、改判免死、改变罪名轻判、降格轻判的经典案例，说他是"资深律师"有些不合适。律师秉承"受人之托忠人之事"，能够为当事人取得辩护实效，这才能被尊重。那些

"百战百输"的律师，缺乏成功案例，可以做"反面教员"，但距离资深律师还有一段距离。

（五）有行业影响力

资深律师应该具有行业内影响力，获得律师同行的认同。这种影响力可以是地方性的，也可以是全国性的。全国知名律师需要在全国范围内（例如超过 10 个省）办理过成功案例，全省知名律师要在本身范围内（例如超过 19 个城市）办理过成功案例，本地知名律师则需要在近 3 年办理过超过 10 个成功案例，这样的律师很容易获得行业认同。那些经常帮律师同行解答疑难问题的律师，那些被办案人员推荐给自己亲戚朋友帮忙代理的律师，都属于具有行业影响力的律师。行业影响力，是一位资深律师的"品牌资产"。

（六）要有定位，有自己的业务特点

资深律师要有自己的业务特点，这些特点当然可以"性相近，习相远"，也可以"天下英雄，所见者略同"。以刑事辩护律师为例，有的律师倾向于毒品辩护，有的律师倾向于诈骗辩护，有的律师倾向于贪腐辩护，有的律师则擅长涉税辩护，这些兴趣逐渐形成自己的业务特点，甚至成为自己的亮点。

资深律师的业务特点形成自己的"局部优势"，从而可以成为他的业绩标签，所谓"家财万贯，不如薄技在身"。那些"万金油"式律师缺乏业务特点，也就"泯然众人矣"。

第一，要明确自己的定位，做出自己的选择。可能大家的最终目标都是要成为合伙人，而合伙人与资深律师唯一的区别就是合伙人要去开发客户，而资深律师往往认为只要有稳定的客户来源即可，成为合伙人会给自己带来很大的压力。所以，从现在就要开始有想法，根据自己的能力和业务专长，有选择目标客户的意识。不要仅仅说自己只是一个"专利律师"或者"其他专业的律师"，去掉"专利"或者其他形容词的限制，在更广的维度上去看待客户和客户的问题。

第二，要注重口碑，做专做精。以求医为例，病人们往往会千方百计、不计代价地寻找专家、名医，根本原因在于专家和名医的能力强。所以我们要提高自己的能力，最终做到让客户来找你，而不是你永远在追客户。

有很多人宣传自己的方法是利用客户的案件进行媒体炒作，我一向不赞成利用客户的事情来炒作自己，这有违职业操守。律师推广自己要有合适的方式和方法。利用客户的隐私信息来博取自己的名声，很容易失去客户乃至他人的信任，实质上对自己的名声大打折扣。资深律师职业发展的下一站，通常是成为合伙人，或者会选择在事务所当顾问律师或者去公司当企业法律顾问。无论如何，在准备自己的下一站的过程中，对工作的责任心都非常重要，务必不要把自己看作初级律师。

作为资深律师，当项目来了或者案子交过来的时候，无论合伙人是否交代，都应当让自己充分全面地了解整个案情或项目情况，把自己想象成合伙人来进行工作，全盘谋划，并随时向合伙人汇报情况。这样就可以在合伙人的带领下"起飞"，通过不断由合伙人带领的"飞行"训练，最终才能实现"单飞"的目的。如果在合伙人手下，永远是合伙人说一句你就做一步，没有全盘意识，没有要准备"单飞"的心理准备，一旦合伙人撤场，你就不知所措了。

对工作的 Ownership 的延伸就是 Leadership。资深律师还要学习"管理"好与自己一起工作的合伙人，学会沟通带领团队，在合伙人指导下完成任务。作为中坚力量，资深律师不仅要研究法律问题、案件相关的问题，也需要观察和学习项目管理的 Soft skills，包括看合伙人如何寻找客户、如何与客户沟通、如何报价、如果解决客户的投诉、如何有效地管理团队，也包括如何在巨大时间压力下保质保量地完成任务等。

有时，赢得客户的第一单业务并不困难，困难的是持续地赢得客户的业务、赢得客户的心。要做到这一点，就需要时时刻刻从客户的角度出发。

（七）专业的人做专业的事

1. 提供全方位多元的法律服务

律师工作中的核心问题之一就是解决问题。全方位多元的法律服务，意味着律师不但要有丰富的知识储备，还要有敏锐的嗅觉，既能够挖掘出潜在客户，也能够给一些个人客户提供解决的问题的思路。

此外，资深律师往往是指那些在某类案件方向有一定深度和经验的律师，绝非什么类型的案件都办过，但都浅尝辄止，不精通的律师。后者只能算是执业时间长的普通律师，前者才能算是资深律师。

2. 法律服务产品的整体开发

法律服务产品化大多是基于特定行业、特定法律专业，分析客户需求的共性基础，将无形的法律服务有形化、流程化、模块化、可视化，最终通过产品化的过程。

实现法律服务的可复制与效能的提高，形成并不断更新律师事务所的法律服务产品手册，便于律所客户及时了解律所法律服务的范畴、流程、案例、代表律师等情况，也便于所内律师之间的交流与合作。

一般来说，法律服务产品的梳理大多是基于行业和专业两个维度进行，针对特定客户的特定需求，提供有价值的法律解决方案，需要在产品设计当中明确服务的特定客户；客户的特定需求；创造的特定价值；采取的特定方案及基本流程；过往的优秀代表案例。

3. 法律服务流程化研究

不可否认，法律服务是需要"匠人"式服务精神的，非常强调服务的专业性与律师的责任心，但这种专业性与责任心也需要标准化流程的支持。在法律服务流程梳理的基础上，在保障服务质量稳定性的同时，律所应当不断提升法律服务能力。流程化的优势在于能够为法律服务给客户的交付提供一个指引，使得客户在接受无形法律服务过程当中能够有明确的预期，知道法律服务已经取得进展以及整体的进程，便于良好的客户成果交付。

此外，法律服务流程的梳理，便于多人分工的实现，进而实现法律服务过程当中的多人互补、交叉确认，通过流程分工保障质量并提升服务。现有行业内流程梳理工作，大多零散存在于各个专项法律服务团队当中。律所研究部门可以从更高维度综合各个团队的服务流程进行归纳整理，进行本所律师整体水平综合提升，进而提升律所整体的服务质量和服务标准。

4. 社会焦点、行业热点研究

以律师事务所的主营业务、行业定位、专业特长、客户群体、往期案例等基础。在形式上，我们可以通过出版书籍、研究报告、数据报告、法律评论、深度研究等多种形式来体现自身优势。在内容上，我们可以通过持久性、多层次、宽领域的社会行业研究发掘更多更广的客户资源。如今越来越多的案例表明，律所可以对社会民生、国家经济有深入的触及度。基于这样的触及度，律所研究部门方可进行深入的研究，并出具相应的研究报告。

其一，可以为律所律师名下法律服务提供更深入的理论支持。其二，可以有更加深入、专业的行业品牌展示。其三，可以为客户提供更加系统的法律价值输出。

5. 事务所知识管理系统建立和维护

律师事务所发展的过程，其实也是知识沉淀、数据积累的过程。

律所与律师的传承方式，也从最早的师徒制单对单传承，变成律师个体的知识向律所积累，再由律所向每位律师传达，这种机构式知识传承。然而，无论是哪种传承方式，核心都是两个步骤：一是隐性知识显性化，也就是每个律师脑袋中的服务细节、服务流程、专业知识、思考方法、办案经验等无形的知识形成显性的文件、制度、规范、手册、课件、纪要等形式的固化过程；二是显性知识隐性化，也就是律所通过有形方式固定下来的知识成果通过工作、培训、复盘等方式，让新人能够不断吸收并加以完善的过程。

当然，律师事务所知识管理是一个复杂的系统工程，更需要由研究中心承担律所知识管理的重任，予以分解并在相当长的时间内逐渐落实。综上五个方面，我认为，一个优秀的律所应当建立研究中心，承载起法律法规政策研究、法律服务产品的整理开发、法律服务流程化研究、社会焦点/行业热点研究、事务所知识管理系统建立和维护这五方面的职能。事实上，国内一些律所已经建立了诸如"金杜法律研究院""君合研究部""中伦研究院"等律所的研究中心/部门，国外很多知名机构也都有成熟的研究部门。因此，律所内部的研究中心建设将是一个持久的努力。

七、合伙人也应当是知名律师

不懂营销和管理的律师肯定是不合格的。营销的目的在于实现营业收入，管理的主要目的在于控制成本，二者之间的比较产生利润。因此，真正的法律服务必然围绕着营销与管理展开。

（一）通过适当的途径宣传自己

1. 名片

在应酬或与客户初次见面时，通常会交换名片，客户通过感官对我们的了解也由此开始。因此，我们必须要对名牌进行有效的营销处理，否则名片的交换不仅不会带来客户，反而会留下不好的负面印象或遭受严重的负面评价。有的律师强调名片的实用性，在名片中增加了很多新功能，有的律师甚至将自己的私人账号都印在名片上，初衷可能是想方便客户，但一不小心向客户暴露了自己的风格。

名片还是要由专业机构设计。当然，有些大的事务所不存在这个问题，他们必须使用统一固定的格式，才能体现出大所的良好形象。

2. 网站

讲到官方网站，大家会联想到这是事务所管理者的事务，其实不尽然，网站的很多信息由律师提供，律师有权通过正当程序对网站中有关自己的个人信息进行更新。

在对外宣传时，如果告诉客户自己是房地产的律师或是资本市场的律师，客户如果对你有意向，通常私下会在事务所网站上对你的信息进行核查。如果官方网站中你的个人简历不支持你的说法，客户就会怀疑你在说谎。因此，官方网站数据的真实性、有效性和及时性颇为重要。

现在更多的事务所使用微信平台对外推广和展示，官方网站虽然处于运营状态但对其不够重视，客户仍然可能通过网站获得信息。我曾建议过一家律师事务所："你的网站要么关掉，要么及时更新"。

3. 微信公众号

很多律师都有自己的微信公众号，如果承载着市场营销的职能，就要注意推送的内容，与律师的专业定位保持一致，否则就会造成客户困惑，影响成交。

4. 朋友圈

微信公众号容易控制，最难管理的就是朋友圈。现在微信跟手机号绑定在一起，只要与客户相互"扫一扫"，你就可以进入客户的"世界"，客户也可以通过朋友圈了解你。因此管理好朋友圈非常重要，这是让客户了解你的途径，所以需要适当包装。客户一旦看到，就会影响对我们的判断，影响我们的业绩。怎么对朋友圈进行定位和管理，有效服务于律师营销，这需要我们多多思考。

5. 宣传资料

凡是客户能看到的书面文件、电子文档等都归为宣传资料，比如策略分析报告，宣传册，产品手册等。所有这些资料都要进行系统的营销设计，保证不同文本中的不同信息能够建构成一个体系，方便客户了解我们。严禁发生信息冲突的情形，毕竟客户对矛盾的信息更敏感。

6. 公开信息

要进行广告宣传和渠道设计的时候，一定要注意客户可以检索到的公开信息，必须让我们对外发布的信息与公开信息保持一致，或有一个合理的解释。要让公开信息发挥正向作用，而不是反向。

我们向客户所做的简介中罗列的业绩，客户通常会核实。在互联网时代，客户进行信息核对非常容易，比如裁判文书网等途径。如果核实结果与我们的陈述不一致，就会严重影响客户对我们的判断，从而影响业务成交。因此，给客户一种实事求是、诚实可靠的形象很重要。

7. 演讲

演讲是指在公众场合，以有声语言为主要手段，以体态语言为辅助手段，针对某个具体问题，鲜明、完整地发表自己的见解和主张，阐明事理或抒发情感，进行宣传鼓动的一种语言交际活动。一场成功的演讲可以很好地展现律师的能力，给人留下很深的印象，达到很好的宣传效果。但是想要演讲成功，却需要注意很多事项：首先，要提前打好草稿。草稿可以很简洁，只列提纲和要点，也可以较为详细，但是必须体现出演讲者的思维逻辑，不能杂乱无章。同时，还要注意演讲不等于朗诵，不能完全读稿子。其次，要掌握一定的演讲技巧。好的演讲技巧能够帮助演讲者更好地传达出演讲的思想内容，也可以更好地吸引到听众。最后，要注意与听众的互动。渲染现场的氛围，和听众进行眼神交流，使其进入演讲之中。同时，可以根据现场听众的反馈适当改变自己的演讲方式、演讲内容。

8. 写作

通过写一些专业性或者评论性的法律类文章也能够起到宣传的作用。如果文章能够发表、出版或者是以网络形式进行推送，则宣传效果可能更好一些。但文章的写作也不能过于随意，不仅应该考虑到文字表达的流畅性、逻辑性，还要根据文章的读者范围来调整自己的语言表述。如果文章的目标读者是法律同行或者文章是对法律问题进行非常专业的解释，那么可以使用专业度较高的"法言法语"。但是如果文章的目标读者只是一般社会大众，那么在文字表达上就需要注意"通俗化"的问题。可以适当使用图表结合、图文结合的方式对于专业度较高的关键术语或关键问题进行解释，以便读者更好地理解。

9. 参加社会活动

参加社会活动可以接触到许多不同行业的人，在这些人中说不定就有将来的客户。在时间允许的情况下，可以多参加一些社会活动，比如法律宣传、普法进社区等活动，在这些活动中可以多与他人交流，多发些名片。此外，不能因为只是一场普通的社会活动就放松自己，要时刻注意言谈举止，注意展现自己作为律师的精神风貌和专业程度。

10. 广告

目前法律是允许律师通过广告宣传自己的，但是律师打广告也有很多值得注意的地方，不能违反相应法律法规。比如，广告内容不得包含关于办案结果的承诺性内容，不能明示或暗示与政府机关、社会团体、中介机构有特殊关系，不能故意对可能出现的风险做不恰当的表述或虚假承诺，不能提供虚假信息或夸大自己的专业能力，不能进行不正当竞争，等等。如今在传播媒介很发达的情况下，要注意通过多种方式打广告，包括但不限于上文所提到的种种方法，也包括近些年很火的抖音、快手、知乎等，不能把广告的方式仅仅局限在传统的报纸、网页等方式上。此外，还需要注意的是广告永远只是一种推广手段，律师的专业素养、法律水准才是看家本领，不可本末倒置，只注重推广，而忽略了专业技能的提升。

（二）避免错误营销

1. "零"社交媒体计划

如果你没有给自己制定出一套完整的、靠谱的社交媒体计划和路线图，最好先别着急忙慌地投入大把的时间去加好友和写文章。

在制定社交媒体营销规划的过程当中，你可能需要借用小学生写作文的思维方式，谨慎地思考一下五个"W 和 H"问题：

"Who"——谁是你的目标客户？

"What"——想要达成什么目标？

"Which"——你计划使用哪些社交媒体平台？（微信、微博、知乎、领英、在行）

"When"——什么时候在社交媒体上发声能带来最大的好处和反响？

"How"——你要如何执行、复盘你的市场营销计划？如何对自己的执行情况进行考核？

通过思考和制定社交媒体营销计划的过程，你可能会发现一些之前"隐藏"起来的潜在合作伙伴或者潜在客户群体。或者可能会发现一套把与潜在客户的沟通引向更深层次的方法和套路，让客户持续关注你的专栏、你的微信公众号、官网或者你发出来的月度通信。总之，把客户引导至那些更强调个人品牌、个人烙印的平台。

无论如何，开始一段可能会跋山涉水的旅程之前，别忘了带上地图——这就是社交媒体营销计划的作用。

2. "照顾"的社交媒体平台数量过多

很多律师和律所在社交媒体上最容易犯的错误就是一旦跳入这个巨坑，就会马上在所有常规的、常见的社交媒体上开设自己的账号，补全一些基本信息，但是并没有真正地运营它们。

我们都必须要面对的现实问题是：你根本没有那么多时间，同时运营、管理这么多个社交媒体平台。同样，你也不需要"处处存在"。

学会使用社交媒体做法律市场营销固然重要，但更重要的是"善于"使用社交媒体。"善于"使用的重要标志是能正确地识别出哪一个或者哪几个社交媒体平台能帮助你最大限度地与潜在客户群体建立联系。

所以，回到第一项：制定社交媒体营销计划——谁是你的目标客户？这些目标客户集中在哪些平台上，他们平时如何获取信息？这些都是帮你识别出"正确的社交媒体平台"的线索。

如果你主要从事的是商事法律服务，领英可能是你可以考虑的一个方向。如果你主要服务的是自然人，那微博、短视频平台可能更适合你。如果你的大部分目标客户是女性，你甚至可以考虑与小红书这一类女性集中的平台建立合作。

只有私下做好功课，从里到外、彻彻底底地摸透你的目标客户群体，你才有可能找到真正准确地与他们建立沟通的社交媒体平台，而不是"到处开花，无处有果"。

3. 过于看重粉丝的数量而不是质量

诚然，在社交媒体上成为坐拥百万粉丝的大 V 的确是一件能极大满足个人虚荣心的成就，但是粉丝的数量和你在社交媒体上的投入和产出来比较并没有什么特别直接的联系，粉丝数量多不等于潜在的付费客户多。

因此，对律师和律所来说，与其意在"涨粉"，不如多想想如何收集一批真正需要你的法律服务，而且愿意付费的潜在客户。

解决粉丝质量问题的核心之一是放弃自己的虚荣心，另外一个是在社交媒体上和粉丝建立真实的联系，这并不容易，但却有个捷径可循。首先，从你已经建立了的人际关系网下手。以领英为例，你加入这个社交媒体平台之后，第一件事是向你所在的现实生活和工作当中的全部联系人（重要的或你认为不太重要的）发出"建立联系"的申请。其次，通过他们对你的动态和文章的转发和评论，把自己的触角伸向这些"现实联系人"的线上社交网络，以扩充自己的人际关系网。

4. 满眼里只有"自己"

在社交媒体平台上撰写用来发布的短文或者通信时，你应该遵循最朴素的"二八原则"，80%的篇幅用来向你的"粉丝"以及潜在客户群体传递有价值的信息，20%的篇幅用来宣传你自己的专业技能。

对大部分律师和律所来说，在社交媒体上投入大量时间的主要目标是让在现实生活中还不认识你的潜在客户知道你，把你的影响力带到这些潜在客户头脑中去。

如果扩展潜在客户群体的确是你作为律师利用社交媒体的目标之一，那换位思考，在你还不怎么认识一个人的情况下，如果他一味地强调自己有多厉害、经验有多丰富、获过多少奖，你会有什么感受？在信息爆炸的情况下，有价值的信息等于影响力，单纯地罗列"好汉都不提的当年勇"又有什么价值呢？

5. 对所有的社交媒体平台"一视同仁"

根据美国律师协会的最新调查统计显示，有超过78%的律师是会同时出现在多个社交媒体平台上的。很多律师和律所的常见错误之一就是简单地把完全相同的内容，以完全相同的形式和篇幅，发布在不同的社交媒体平台上。

这些律师和律所没有考虑到不同社交媒体平台有属于自己的"调性"，大家在不同的社交媒体平台上获取信息的期待也完全不同，对此不加以区分，最终会影响律师和律所在社交媒体上的投入产出比。

6. 社交媒体——你有真的"社交"吗？

社交媒体平台都是一天24小时、一周7天、一年365天全年无休的。这意味着你可以随时随地和你的"粉丝"、潜在客户进行沟通。

你可能内心当中有些抵触，不愿意在社交媒体平台上回答粉丝提出的具体问题，或者直接为他们提供一些实用的信息，认为转化率非常低。

但问题是在现实生活中，常常会接到陌生电话或者直接发来的邮件，询问一些特别具体甚至有些复杂的法律问题，难道你不会给出非常详细地回答，以期获得真实的业务吗？

对很多人来说，在当下的社会和网络环境下留言提问，和曾经的打电话、发邮件提问几乎是同等效力。因此，不要浪费任何一个可能会给潜在客户留下好印象的机会。

"订阅""关注"并不等于实际的交流，在社交媒体平台上与在线下交流一样真诚，只有真正去"社交"才有可能真正拓展自己的人际关系网，把影响力延伸到"朋友的朋友""同学的同学"和"同行的同行"当中去。

7. 不给社交媒体营销制定合理的预算

在社交媒体上开设一个账户，本身不怎么花时间也不花钱，但是运营这些账户、定期发布文章，却需要你投入时间、投入金钱，或者两样都要。

社交媒体给律师和律所带来的正面效应是一个长期过程（其中不排除一夜爆红的可能性），因此你需要自己投入时间，或者花钱请人帮你达成既定目标。因此，我们要有目标、有计划还要有预算。

8. 不了解目标客户

律所真正的营销对象究竟是谁？你是在寻找那些第一次犯罪刚刚被捕的年轻人吗？还是正准备离婚的年轻夫妇？又或者是你的关注重点仅限于婚姻家庭法中那些能够负担所有律师费，并一直为期望目标努力的客户？

你应当花点时间坐下来整理出一张明确的"买家清单"。然后花些时间确认自己投放广告、开展内容营销的目标对象。（仅限于这张买家清单中的对象）

他们最容易在哪里看到这些广告和文章呢？举例来说，大部分人现在都有微信账号，但年轻人更倾向于使用抖音和微博，这就意味着你可能需要把营销的重点放在这些平台上。

9. 任由优质潜在客户溜走

当有人给你的办公室打来咨询电话的时候，他们可以联系到谁？是直接跟前台或者接线员联系，还是需要打一连串复杂的转接电话才能联系到实际的联系人？太过复杂的转接过程可能会"劝退"一部分客户。如果他们可以跟接线员联系，那么需要接线员能引领他们走完整个营销流程吗？还是只会记下每个电话号码并承诺稍后回电？你需要一个受过良好训练的接线员，以及一个能够指引潜在客户并准确地向重要客户表达律所专业能力的电话系统。不仅如此，你的接线员和电话系统都应当与你整理出来的买家清单保持同步。这些简单的策略将为律所留住潜在客户，并将潜在客户转换为实际付费客户大有裨益，而不是任凭他们走向竞争对手。

10. 忽略竞争对手

你所在的地区还有无数其他律师，而且很多律师跟你的业务领域完全相同。你知道他们是如何进行市场营销的吗？可能你不想要完全复制竞争者的营销活动，同时也不希望错过他们总结出来的"最佳实践经验"。面对市场竞争，你需要知道他们在做什么。因此，务必确保你了解以下他们的这些工作：

在社交媒体上的活动：他们在使用什么平台？他们如何联系潜在客户？

品牌关键词：你的竞争者在使用什么关键词面向潜在客户？你是否在使用正确的关键词，你是否忽略了这一点？

宣传手段和内容营销：他们营销的内容是否与包括你在内的所以相同领域的其他律师一样？如果是这样的话，你可能需要根据自己的目标客户和专业能力进行创新。

11. 跟错误的中介合作

你还在做内部的市场营销吗？你曾经跟一些无法满足你需求和期望的中介机构合作过吗？

在选择一个营销中介时，你需要确保自己问出了"正确的问题"。比如：你们和律所合作过吗？因为法律领域对市场营销有特别的考量因素，律所应当选择一个在该领域内有一定经验的营销中介。

你们追踪的是哪些指标？你如何评判一项活动是否成功？如果一项活动没有像预期那样执行，应该如何弥补？你更偏向于如何跟你的客户交流？作为一个市场营销顾问或者中介，你最成功的案例是什么？

当你花时间去了解这些营销顾问机构时，你会对他们是否真正适合你以及他们会如何处理你的营销事务有一个更清晰的认识。

12. 将市场营销视为成本

市场营销可能会占据你所有支出中很大的一部分，尤其是当你期望自己的投资能有回报时。然而，市场营销远不止是一个定义模糊的成本或者是一件不得已而为之的事情。

对于律所来说，市场营销是一项重要投资。你在营销方面付出的努力会带来更多新客户、让你与现有客户的关系更加紧密，同时加深客户对你的信赖程度。

你的博客和发布在社交媒体上的文章都是帮助客户改善对律所认知、增强客户信赖度的有力工具。

当将市场营销视为一种投资，并愿意花时间追踪投资回报时，你就会发现自己处在一个能对提升业务产生巨大帮助的位置，而不是一个把金钱都耗费在失败的营销活动上的"成本中心"。你准备好打破以往的"错误循环"并为你的律所做出更好选择了吗？到了把过去的错误抛在脑后，并尝试借助市场营销实现你以往从未想过的目标的时机了吗？

（三）正确的方法论引导

成功的律所都有优秀的品牌识别度，品牌的重要性毋庸置疑。

如果一家律所能在某类特定客户群体当中具备一定知名度、具有一定品牌联想力，那将是律所的核心竞争优势，并具有重要价值。具体的实施过程毋庸置疑，需要相关方法论的指导。一般来说律所品牌部门的建设的相关方法论有以下几个方面的内容：

1. 文字、图片、音频、视频内容制作

律师往往具备很强的文字写作能力，但是品牌类文字写作需要的是建立在客户中的传播度和品牌影响力，因此有别于法律文书的写作，需要律所专门进行相关写作培训；

图片制作、音频制作更是游离在法律以外，需要更多辅导与第三方支持；

视频制作则更加复杂，涉及摄影设备、采音设备、灯光设备、拍摄、剪辑、化妆、布景等多方面的综合事务，单靠律师个体更加难以完成，更需要律师事务所的综合支持。

因此，律所品牌部门需要在具体方法论的指导下，协助律师完成文字、图片、音频、视频内容的制作。

2. 内容的推送和运营

优秀的内容在完成创作后，需要通过更多、更有效的方式传达给目标市场和目标客户，并通过多渠道对客户触达，最终实现品牌传播的目的，建立在客户心中的认知度。

而不同的传播渠道，有着不同的运营方式。

例如，什么时间发送？标题怎么起？标签怎么贴？简介怎么写？封面怎么设置？广告怎么投？这些都有着一系列不同的技巧。

因此，律所品牌部门需要针对律师内容的不同形式、客户的不同沟通、目标市场的个性化状态，进行个性化的安排、推荐和运营。

比如，文字在网站、论坛、百度百家号、微信公号、今日头条、微博、博客、知乎等平台的推送；

音频在喜马拉雅、得到等平台的推送；

视频在抖音、快手、视频号、西瓜视频、微视等平台的推送；

图文在小红书、贴吧等平台的推送等。

在这类渠道语音和推送上，需要律所更加专业、更加集中的力量予以支撑。

3. 官网、官微运营以及官方视频拍摄

律所的重大新闻、消息、活动，都需要在官网、官微进行宣传推广；

律所律师的重大案件、重大成就，也需要在律所官网、官微进行宣传推广；

律所要定期为律所、律师拍摄相应的宣传照片、视频及其他主题作品。

4. 专业论坛/组织和行业评选

律师行业是一个专业服务行业，专业类别细致，也有着众多的专业论坛、专业组织。

因此，品牌部门需要协助律师及时搜集整理相关的专业论坛/组织，帮助律师更多地在细分专业内积累品牌认知度，最终实现整个律所品牌度的提升。

同时，近些年各类性质的行业评选非常多，比如众所周知的 ALB 等。

这些评选本身需要申报，评选过程本身也需要筹备、跟进，甚至有的评选已经成了某种形式的广告。

因此，帮助律师适当地参与评选、申报资格，是律所重要的品牌工作内容。

5. 行业组织、峰会、论坛的行业内品牌

在各类行业峰会/论坛里发言/讲话，在各类行业组织内任职，是律师在客户群体内树立专业身份和专业形象的最好机会。

2019 年我在美国律所交流时，发现美国很多律所的合伙人并不会特别重视介绍自己在律协内的任职，反倒更加喜欢介绍自己在行业组织内的任职，这令我颇有感触。律师本来就应该站在离客户最近的地方、离行业最核心的地方。

因此，律所品牌部门应当协助律师在各类行业组织内任职、行业峰会/论坛内讲话，实现律师和律所品牌度在行业内的深入传播。

在美国大型律所，品牌公关部门已经是必不可少的部门之一，而中国律所专门成立品牌公关部门的屈指可数，现在往往还都是律师个体在建立个人品牌或团队品牌。律所建立品牌部门以组织形式形成机构品牌，是未来必然的趋势。

综上，我认为一个优秀的律所应当有品牌中心，承载起文字/图片/音频/视频内容制作、内容的推送和运营、官网/官微运营以及官方视频拍摄、专业论坛/组织和行业评选、行业组织/峰会/论坛的行业内品牌这几方面的职能，以更加系统有效的方式帮助律师和律所形成专业品牌，打响名气、传播名气。

八、律所其他人才的功能定位

律师拥有的是什么能力？专业能力。但我们不妨思考一下，一家法律机构，除了法律专业能力，还应该具备哪些能力？或者说，什么样的能力能够与法律专业能力相辅相成，创造更高效的法律服务呢？

（一）维系已有客户，拓展新客户能力

了解客户的行业背景、跟律师进行沟通制定谈判内容、介绍参与案件律师的背景资料、协助律师进行案件洽谈、协助客户更好地理解律师的法言法语、准备法律服务合同、协助律师制定报价方案、建立案件跟进的微信群、及时推进案件进程、提升客户的体验、跟律师及时反馈客户的满意度、结案后进行客户回访、提升复购率和转介绍率，这些工作显然不能由

律师一人完全负责。

（二）塑造律所品牌能力

从律所 logo 的设计、律所网站的设计与维护、到与媒体的联系与合作、PPT、海报、推文等设计制作、自媒体平台的宣传推广（微信群、公众号、抖音等）、群运营（推广、拉新、提高社群活跃度、留存率拓群、维护等），这些亦不能由律师完全搞定。

（三）信息技术能力

律所的信息化建设离不开信息技术人才的参与，电子化文档的储存与管理、智能办公系统的开发和维护、大数据的分析与应用，无不需要专业的信息技术人才。

（四）管理律所人力资源能力

人力资源是律所最核心的资源，寻找、挖掘和充分利用这些资源自然是律所的核心工作。招什么样的人？如何招人？如何设定授薪律师和行政人员的薪资和晋升路径？其实大有讲究。

有的律师认为，以上这些工作并非只有运营人员才可以做，律师自己就可以完成，拓展客源就是典型的例子，但是我们有没有想过，每个人的精力有限，琐事会降低你的工作效率，应酬会拉低你的专业能力。

正是因为律师并非运营方面的专业人士，所以在行政事务的处理上，律师一定不会比专门的行政人员高效，而在客户拓展、品牌塑造、人才招聘、系统开发与维护等方面，则更需要市场营销、媒体运营、平面设计、人力资源、信息技术等方面的专业人才。

从律所管理实践来看，我个人认为：律所的专业化，并不仅仅指的是律师业务的专业化。还有，行政部门专业化、市场部门专业化、客户管理部门专业化、信息技术部门专业化、知识管理部门专业化等，所有部门的专业化，才能够让律所显得更专业。

第三节　如何成为一名律所管理者

一、品牌问题

"综合性规模律所"的品牌规划要处理好以下几类品牌之间的"协同共生"关系：律所品牌、团队品牌、律师品牌。

（一）律所品牌

对综合性规模律所来说，重点在于两个：一方面是提升律所整体的社会影响力和认知度，这个维度的品牌主要是通过下面这些方式加以提升：律所参与社会活动、律所与政府融合打造、法律生态圈建设、律所跨界品牌运营；另一方面是律所在律师群体中的影响力，吸引更多优秀律师团队加盟。这个维度的品牌提升可以从下面几个方式切入：律所人才发展规划、律所承接行业活动（法律产品路演大赛）、律师公益培训项目（律师商学院、律师发展咨询室）以及律所与律协合作、律所与政法高校合作。在这个维度上，律所主任作为"律所品牌代言人"，以打造律所主任品牌作为律所整体品牌发展的第一要务。

（二）团队品牌

团队与律所不同，团队直接面对的是客户，因此团队品牌的打造应当"以客户导向为第一原则"。首先确定团队的目标客户，其次从目标客户认知出发做品牌定位，并以"活动运营+内容运营+渠道开发+社群建设"为核心，逐步建立团队品牌在目标客户心目中的品牌地位。

在团队品牌打造上，如果确定目标客户是单一行业或者单一领域，则考虑以"行业或者领域"作为团队品牌的定位，如金融法律团队、汽车法律团队。一个综合性团队涉足的行业领域较多，则建议以"同一客群"作为品牌定位的对象，如女性法律服务团队、企业法律服务团队。

当然在团队品牌上，团队负责人就是"团队品牌代言人"，以团队负责人的个人品牌和团队品牌保持一致。而且团队品牌和律所品牌之间是"协同共生"的关系：律所品牌影响力更大，团队就能越受益，这就如同知道律所的客户越多，团队开发客户也越容易，相当于律所品牌为团队品牌做"背书"。团队品牌是律所品牌的"证据"，团队品牌发展越好，也更能带动律所品牌的影响力。

（三）律师的个人品牌

只有在这个维度上才需要"专业化"，这是律师个人精力和时间以及行业分工细化所决定的，即律师个人瞄准某个专业领域深挖下去，成为这个专业领域的专家，如公司股权专家、争议解决专家、劳动人事专家等，直接和律师的个人发展和职业规划相关。

但在个人品牌打造上我们一定要注意："个人品牌是在律所品牌和团队品牌的框架下建立的"，一定是先有律所品牌、团队品牌，再定个人品牌，这样律师个人品牌的打造就能"借力律所品牌、团队品牌"，才会发展得更好。

如果个人另起炉灶，单凭个人的力量去打造个人品牌，相比于依靠律所品牌而言，难度会相当大。

二、市场开发问题

律所做到一定规模后，向内挖掘业务增量能带来的收益会大于向外拓展。一个成熟的资深律师，如果深度挖掘已有的服务客户，至少会产生20%~30%的业务增量空间。如果能够把过去不想、不能服务的资源一并挖掘的话，甚至可以产生50%以上的合作空间。

放在律所层面讲，理论上每个合伙人新签一个客户，都会带来数个业务合作的机会。随着律所规模的扩张，这个机会会以几何级数递增。

对于任何一个规模的律所来说，这部分内部交易市场带来的价值，理论上都应该非常可观，需要重视。一些成熟的律所、团队，内部合作比例可以高达50%。这就使得律所对律师有价值，律师更不容易离开律所。而律所需要做的，就是帮助合伙人打破信息壁垒，建立游戏规则，推动合作，形成内部交易市场。

（一）建立律师数据库

业务合作的第一步，就是信息匹配。所以第一件事，律所就要建立律师数据库。我们自己的合作团队，有些本身就是规模大所的团队，常常也会通过我们找律师合作，究其原因，是因为他们自己也不知道律所里有哪些团队适合做这类业务。

这类信息的搜集、整理、更新工作，理论上都应该是由律所来完成的。如果你的律所在搭建中台，这类工作就该由中台完成。中台至少要搜集两种数据：一类是静态数据，类似律师的简历。每一个律师、团队的专业能力、擅长领域、团队情况、业绩情况，差异化优势以及核心客户资源。另一类是动态数据，是需要实时更新的。它是指更加软性的能力，包括谈判能力、谈判风格、优势方向等等。

在操作上，律所可以以专业化建设、法律服务产品的名义来推动合伙人、团队提供信息，完成信息整合的工作。但需要明白，信息是永远无法穷尽的，最重要的是要保持动态更新。很多律所做的律师数据库，总是贪大求全，希望做得尽可能详尽、全面，往往会花掉或者浪费很多时间。

（二）建立合作规则

第二件事是要建立明确的合作规则，并通过律所的强制力保障运行。律师之间的业务合作，很多时候都是零和博弈。没有足够稳定的合作规则，保障可预期的利益，这件事就很难做下去。只有保证针对一个案件或者客户，带来线索的人、推动成交的人、完成交付的人、参与交付的人，都成为参与分配的一部分，大家才会摆脱零和博弈的关系，想办法共同推动交易的完成。

制度设计主要需要关注以下五个维度：

（1）案源定义。定义案源主要是为了确认最终案源费归属，原则上客户与律师应当终生绑定，但是平台型客户，可以作为例外考虑。纯粹的公共客户归属于律所。

（2）分案规则。分案规则是为了确认案件的分配问题，核心原则是要保证专业领域对口优先。在相同专业领域条件下，客户类型相同优先，或者客户指定优先；在同等条件下，基于平衡原则轮流分配

（3）流程管控。业务流程通常分为"线索—分配律师—初步沟通—呈报方案—签约—办案—结案"，中台部门必须参与的部分为：线索、分配律

师、初步沟通、结案后维系。面对重要客户，中台部门需参与呈报方案的出具，以及办案过程的跟进。

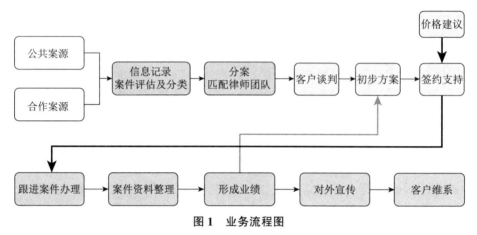

图1 业务流程图

*深灰部分为必选参与，浅灰部分为可选参与。重要案件及客户，需要参与浅灰部分。

（4）分配方式。案件的合作分成由合作律师自行约定，同时不建议超过30%。

（5）保证措施。需要建立律师数据库、产品库及对应案例整合；建立被动价格管控机制，保证类似案件报价接近；建立案件固定跟进机制，根据案件节点固定跟进案件办理情况；建立业务制度反馈及监督制度。

其中最重要的是，律所应该作为平台方，从律所的层面推动上述制度强制实施。

（三）推动合作发生

内部交易市场的建立，需要提前制定一个规则，业务合作就自然发生了。规则需要专门有人来运营，主动链接、联络合适的律师碰撞交流，才能事实上形成业务合作的机会。

第一，需要有专门的中台人员，推动各种律师之间的链接。在内部交易市场上，中台人员主要做以下三件事：①通过各种市场活动、内部交流活动，促进交流的同时，倡导合作文化。②在小范围内联络特定业务、客户资源匹配的律师深度交流。③推动案件管理和对应数据积累。

第二，要对律师分层，不同的律师，要用不同的策略。可以分为三层。①造雨型：有充足的客户资源、业务资源。②专业型：有明确的业务方向和擅长领域。③加成型：具备很强的谈判、演讲能力。

在操作上，优先结合差异化的业务、客户领域，把"造雨型"和"专业型"的律师做深度链接，根据客户情况，再加入"加成型"的律师共同参与。

（四）结语

作为规模律所的主任或者负责人，如果需要解决业务增长的问题，比起向外探索，不如花更多的精力向内挖掘。在落地操作上，重点要关注三件事：第一，基础设施。建立律师静态、动态数据库。第二，保障措施。明确的合作规则，并且通过内部制度保障。第三，主动联系。把律师分层，通过不同类型的活动促进交流，推动合作。

律所简介

北京市中通策成律师事务所成立于 1998 年，办公地址位于东城区广渠门内东玖大厦，办公面积近千平方米，现有合伙人 25 名，执业律师 70 余名，实习律师 10 余名，律师助理及其他行政辅助人员若干，共计 100 余人。

本所以专业、务实为办所理念，所内执业律师大多毕业于国内外著名高等学府，且多名律师分别拥有法学博士、硕士学位。每位律师都有多年执业经历，各有专长，具有相当深厚的法学理论修养和丰富的法律实务经验，多名律师当选专业委员会委员，能够胜任多类型法律顾问和疑难复杂的诉讼事务。事务所设立有不动产、公司、劳动、家事、金融等专业部门，逐步迈向专业化发展方向。事务所具有国家市场监督管理总局商标代理机构资格，已达到证监会鼓励从事证券业业务律所条件。

北京市中通策成律师事务所，作为具有综合业务素质的律师事务所，注重团队建设、新知识的学习和开拓进取；管理制度健全、民主；工作气氛和谐轻松。本所律师在长期的执业过程中，不断提高专业素质，建立广泛而良好的社会关系，并且与政府各有关部门、各地司法机关保持密切合作关系。北京市中通策成律师事务所的律师在注重实务的同时还积极参与各种立法工作，立足于法律实践前沿，多次参与全国以及北京市的立法研讨并提出专家意见，与中国政法大学、北京师范大学等高校建立了成熟的学术共建平台，保持着深入的学术联系。北京市中通策成律师事务所注重年轻律师业务培养，构建了青年律师"成功计划""成材计划""成长计划"。

中通策成律师所提供的法律服务范围包括：诉讼、仲裁和各种境内、涉外非诉法律业务。中通策成律师所是一家在不动产、公司、劳动、家事、金融等专业领域能力突出的综合性的法律服务机构，能为各界客户提供高效和全方位的优质法律服务。律师事务所在多年的执业经历中，不断吸纳各位合伙人及主管律师的执业经验及管理经验，注重各个团队的组建、管理和成长，为律师之间的交流学习、互通有无提供条件，这使得本所的律师团队能够成为既能满足客户多元化需求，又能根据客户的具体需求提供个性化服务的全面、高效、专业、贴心的法律服务团队。

注　释

第一章　律师职业漫谈

［1］［美］罗伯特·N. 威尔金：《法律职业的精神》，王俊峰译，北京大学出版社 2013 年版。

［2］王浩然：《中国古代讼师的社会功能——以宋代讼师为基础兼与英国中世纪律师比较》，天津商业大学 2012 年硕士学位论文。

［3］梁治平：《"礼法"探原》，载《清华法学》2015 年第 1 期。

［4］蔡永明：《中国近代法律职业的生成及其影响》，载《南开学报（哲学社会科学版）》2018 年第 1 期。

［5］蔡永明：《中国近代法律职业的生成及其影响》，载《南开学报（哲学社会科学版）》2018 年第 1 期。

［6］徐明：《独立学院法学教育更应重视实践教学》，载《教师教育论坛》2014 年第 1 期。

［7］张学义：《法务编辑——媒体自律的守望者》，载《民主与法制时报》2013 年 6 月 3 日，第 B06 版。

［8］张学义：《法务编辑——媒体自律的守望者》，载《民主与法制时报》2013 年 6 月 3 日，第 B06 版。

［9］赵静河、孟红欣：《维护公平正义的法学专业》，载《考试与招生》2013 年第 1 期。

［10］郭建军：《现代公司法务的核心商业价值构建》，载《法人》2013 年第 2 期。

［11］郭建军：《现代公司法务的核心商业价值构建》，载《法人》2013 年第 2 期。

［12］葛鹏起：《这是对"律师职业"剖析最完整的一次》，载搜狐网：https://www.sohu.com/a/334443529_ 120057417，最后访问日期：2019 年 8 月 17 日。

［13］庄庆生：《律师制度的历史发展》，载《法律科学（西北政法学院学报）》1992 年第 1 期。

［14］庄庆生：《律师制度的历史发展》，载《法律科学（西北政法学院学报）》1992 年第 1 期。

［15］庄庆生：《律师制度的历史发展》，载《法律科学（西北政法学院学报）》1992 年第 1 期。

［16］吴洪淇：《律师职业伦理规范建设的回顾与前瞻》，载《交大法学》2018 年第 2 期。

［17］邱旭瑜：《中国律师业竞争态势印象——关于不同区域律师发展的特点与策略》，载《中国律师》2009 年第 7 期。

［18］杭东霞：《选对境外"护航"者》，载《中国外汇》2016 年第 20 期。

［19］张学兵：《合伙制律师事务所管理制度研究》，载中华全国律师协会编：《第四届中国律师论坛百篇优秀论文集》，中国政法大学出版社 2004 年，第 164～177 页。

［20］张学兵：《合伙制律师事务所管理制度研究》，载中华全国律师协会编：《第四届中国律师论坛百篇优秀论文集》，中国政法大学出版社 2004 年，第 164～177 页。

［21］任兵：《关于工程咨询企业合伙人制的探讨》，载《中国工程咨询》2013 年第 8 期。

［22］赵文军：《电子实训教学的实践探讨》，载《学园》2012 第 24 期，第 190 页。

第二章　素质篇

［1］王晓莉：《中小企业管理人员继任计划的实施——以 A 企业为例》，载《中国人力资源开发》2010 年第 4 期。

［2］顾永康：《彼得原理》，载《中国石化》2006 年第 3 期。

［3］杨培国：《刑事辩护？"形式"辩护？》，载《中国律师》2010 年第 2 期。

［4］张健：《律师要勤学，但别好问》，载微信公众号"法悟"。

［5］严丹凤、李宏伟：《律师不以胜败论英雄——以律师的地位为视角论律师的职业人格建设》，载《法制与社会》2012 年第 18 期。

［6］［印］米尔思等：《律师的艺术》，刘同苏、侯君丽译，中国政法大学出版社 1989 年版。

［7］秦甫：《律师实用口才》，法律出版社 1996 年版。

［8］田文昌主编：《刑事辩护学》，群众出版社 2001 年版。

［9］田文昌主编：《刑事辩护学》，群众出版社 2001 年版。

第三章　技能篇

［1］王敏、郭丽华：《现代企业管理手册》，中国人事出版社 2002 年版。

［2］中国商务部欧洲司中国驻欧盟使团经商参处编：《欧盟商务政策指南》，清华大学出版社 2006 年版。

［3］李艳阳：《软科学知识》，中国民艺出版社 2006 年版。

［4］周广宇：《提升素质 员工素质培训完全手册》，中国工人出版社 2006 年版。

［5］周广宇：《提升素质 员工素质培训完全手册》，中国工人出版社 2006 年版。

［6］［美］比斯盖特·舒尔茨：《顶尖管理能力》，赵丁译，地震出版社 2002 年版。

［7］周广宇：《提升素质 员工素质培训完全手册》，中国工人出版社 2006 年版。

［8］高杉峻：《法律检索标准流程》，载 https://zhuanlan.zhihu.com/p/111596432，最后访问日期：2022 年 11 月 29 日。

［9］高杉峻：《法律检索标准流程》，载 https：//zhuanlan. zhihu. com/p/111596432，最后访问日期：2022 年 11 月 29 日。

［10］高杉峻主编：《民商法实务精要 1》（修订本），中国法制出版社 2018 年版。

第四章　业务篇

［1］王飞虎：《浅谈建设工程市场开发的投标经营策略》，载《施工技术》2015 年第 S1 期。

［2］郝帅：《企业合同审核：从有范本到无范本》，载《中国企业报》2015 年 12 月 8 日 014 版。

［3］郝帅：《企业合同审核：从有范本到无范本》，载《中国企业报》2015 年 12 月 8 日 014 版。

［4］郝帅：《企业合同审核：从有范本到无范本》，载《中国企业报》2015 年 12 月 8 日 014 版。

［5］尤耿煌：《浅谈烟草企业采购合同的法律风险防范——烟草行业合同管理内容及方法研究》，载《中国烟草学会 2016 年度优秀论文汇编——烟草法律法规主题》，2016 年，第 90~100 页。

［6］尤耿煌：《浅谈烟草企业采购合同的法律风险防范——烟草行业合同管理内容及方法研究》，载《中国烟草学会 2016 年度优秀论文汇编——烟草法律法规主题》，2016 年，第 90~100 页。

［7］丁寿兴、王俊：《附义务赠与合同的性质及法律后果》，载《人民法院报》2004 年 3 月 26 日。

［8］周悦：《国际买卖合同中根本违约制度研究》，载《商品与质量：消费研究》2015 年第 9 期。

［9］蔡昌鑫：《律师如何做好地方政府招商引资合同审查》，载《法制博览》2017 年第 17 期。

［10］葛永彬：《详解合同争议的解决》，载《上海国资》2009 年第 9 期。

［11］《实习律师第一步，业务领域选诉讼还是非讼?》，载 https：//zhuanlan. zhihu. com/p/448855356，最后访问日期：2022 年 11 月 7 日。

［12］《律师函的作用》，载 https：//www. 66law. cn/laws/126279. aspx，最后访问日期：2022 年 11 月 7 日。

［13］君合律师事务所：《律师之道》，北京大学出版社 2010 年版。

［14］君合律师事务所：《律师之道》，北京大学出版社 2010 年版。

［15］君合律师事务所：《律师之道》，北京大学出版社 2010 年版。

［16］《企业防范经营法律风险的六十项提示》，载《江苏法治报》2009 年 9 月 8 日，D01 版。

［17］《江苏省高级人民法院关于当前宏观经济形势下企业防范经营法律风险的六十项提示》，载《新华日报》2009 年 9 月 17 日，第 A04 版。

［18］李冠军：《建设工程法律实务手册》，中国法制出版社 2014 年版。

［19］参见《律师办理建设工程法律业务操作指引》。

［20］王工、王才亮主编：《中国律师执业必备手册》（上册），法律出版社 2013 年版。

［21］李冠军：《建设工程法律实务手册》，中国法制出版社 2014 年版。

［22］李冠军：《建设工程法律实务手册》，中国法制出版社 2014 年版。

［23］参见《中华全国律师协会律师办理物业管理法律业务操作指引》。

［24］马原：《物业管理条例分解适用集成》，人民法院出版社 2004 年版。

［25］参见《律师办理物业管理法律业务操作指引》。

［26］参见《中华全国律师协会律师办理物业管理法律业务操作指引》。

［27］参见《中华全国律师协会律师办理物业管理法律业务操作指引》。

［28］李克主编：《法官讲法》，中国方正出版社 2004 年版。

［29］参见《中华全国律师协会律师办理物业管理法律业务操作指引》。

［30］参见《民法典》。

［31］参见《物业管理条例》。

［32］参见《民法典》。

［33］参见《中华全国律师协会律师办理物业管理法律业务操作指引》。

［34］参见《中华全国律师协会律师办理物业管理法律业务操作指引》。

［35］参见《中华全国律师协会律师办理物业管理法律业务操作指引》。

［36］参见《中华全国律师协会律师办理物业管理法律业务操作指引》。

［37］参见《中华全国律师协会律师办理物业管理法律业务操作指引》。

［38］参见《中华全国律师协会律师办理物业管理法律业务操作指引》。

［39］参见《民法典》。

［40］参见《中华全国律师协会律师办理物业管理法律业务操作指引》。

［41］参见《北京市高级人民法院关于物业管理纠纷案件的处理意见》。

［42］参见《中华全国律师协会律师办理物业管理法律业务操作指引》。

［43］马庆国、韩乃家：《论道路交通事故的危害及对策》，载《科技致富向导》2011 年第 18 期。

［44］吴毅洲、陈鹏：《道路交通事故成因分析及其预防对策》，载《沿海企业与科技》2005 年第 3 期。

［45］欧阳巍林：《下班途中发生无外界因素影响自摔事故不应认定为工伤》，载《人民法院报》2021 年 1 月 21 日，第 6 版。

第五章　进阶篇

［1］Gilles Bertaux、裴超：《提高社交质量——会议从业者需要重视社交方面的质量提升》，载《中国会展》2021 年第 14 期。

［2］刘洋溢：《管理人员应具备企业家的眼光》，载《中国电力企业管理》2011 年第 10 期。

后　记

一、活出一个自我

人为什么而活？人活着是不是为了自己？这些哲学问题困扰着人类千年。人类的发展史告诉我们，我们会为了食物、为了安全、为了获得尊重、为了实现自我而存在。我们自己到了哪个阶段，我们为了什么而活，其本质上都是为了自己。为自己并不都是一个零和博弈，尤其是我们在物质生活获得了一定满足之后，当我们不再对奢侈的物质条件急切渴望之时，我们脱离了人的动物属性展现出了社会属性，我们更需要精神上的获得感。他人的赞美，战胜困难的成就感，解决问题的满足感，都是这种获得感的源泉。这些内源与外源又因对象不同而产生不同的效果。自我的肯定会使我们更加自信与强大，不断成长；那些来自亲人、朋友的认可断定要比几无联系的人让人受用；如果是珍爱之人，哪怕是特别简单的一句话更会产生无穷的动力。那么，在人生需要获得尊重、实现自我的阶段，人是为自己而活，为了获得他人发自内心的承认而活，为了珍爱之人而活，为了成为更好的我们而活。

二、做一个有能力、有理想、有目标、有决心的人

每个人都有自己的能力，每个人也都有自己的理想。从小的时候就开始不断地学习，不断地成长。但是人生很是漫长，我们是否在大学毕业之后就放弃了努力，忘记了自己的理想？更有如同我一样，考上大学之后就失去了奋斗的动力？都说人生如同一场马拉松，我们只不过才到半程。看看现在周围的人，是否都一样地停下了奔跑的脚步，要么徐步缓行，要么

原地停留？而更可怕的是，每个人都忘记了上一次为了理想而奔跑是在什么时候，人们已经忘记了努力之后带来的快感，我们所拥有的能力都在逐渐失去。很幸运的是，我虽有过浪费时光的过去，但好在那只是人生的一小部分，我很快就从这短暂的停留中恢复过来，这一切都来自内心的目标与决心，来自渴望得到珍爱之人的鼓励与肯定。给自己一个明确的目标，然后下决心去完成，如此反复形成一种习惯，一种能够战胜一切、战胜自我的习惯，一种虽有短暂停留但仍能鼓起勇气继续前行的习惯。如果你也是这样的人，请与我一起前行。

三、前进的道路上没有战友

人是社会性的动物，身边总要有几位朋友。有的是平时吃吃饭喝喝茶的朋友，有的是遇到困难能够施以援手的朋友，有的是情绪低落时予以安慰的朋友，有的是儿时的玩伴，有的是求学路上的同窗，有的是工作中谈得来的同事。但是其中最难得的是一起有远大目标，互相影响，互相促进的朋友。人生征途上，会遇到艰难险阻，会遇到迷雾重重，每个人的人生道路虽然不一样，但是这样的朋友会给你指引方向，会与你共同去探索，与此同时，这样的朋友也会随着人生之路的延伸越来越少，直到最后都需要自己去独行。每个人思想所能达到的境界、考虑问题的深度、看待事物的维度，差距会越拉越大，最后所达之高处，四下望去便只剩寥寥数人，而这其中往往再也没有之前的朋友。如果在人生之初遇到一个心灵契合、能力相当，又勇于不断攀登的战友，请珍惜他。因为，这些朋友或掉队，或阵亡，或因理念不同而分道扬镳，或因私利而卖友求荣，在前进的道路上难得有一路陪伴的战友。请珍惜他，他不需要吃吃喝喝，不会有哭哭啼啼，有的只有坚定的信念，心灵的碰撞，突破前障的指引，成为互相追赶的目标。至少写到这里，你们是能同我继续前行的战友。

四、突破自我才能成熟

《圣经》中描写了人的七宗原罪，嫉妒便是其中之一。大学之前与其他同学的攀比往往只是一些衣食住行，这是人的本性决定的。大学期间是人心智逐渐成熟的阶段，是人逐渐接触社会的时期，人的情感变得逐渐复杂。令我记忆深刻的是，在我的大学时代，全国各地的精英汇聚于北京，每个都是家乡的出类拔萃之人，班级里从此便有了"互不服气"的气氛，尤其是临近毕业更是各种暗流涌动。但是最终会有更为优秀的同学，于是乎就有了各种各样的敌意。木秀于林，风必摧之；行高于人，众必非之。大学毕业之后，我因被评为先进后被其他同事非议，可能就在那个时候顿悟了。自我限制是成长的最大障碍，而非他人。

我将忘掉所有的敌意，突破自我的心障。迈出这一步，我将能够坦然面对所有强者，忘掉过去的敌意，欣然接受失败的过去，面对更好的未来。不仅如此，我能钦慕与爱慕强者，不服输与不怕输，向比自己强的人虚心学习请教不是一个成长的良策吗？过程虽然有些反复，但最终向强者靠近的心态建立起来了，这才是成熟的表现。

五、格局决定高度

纵使所有人都接受同样的教育，学习同样的教材，他们最后依然会成为不同的人，其中不但有原生家庭的影响，更有后天生活环境的塑造培养。然而无论何种培养，本质都是影响我们理解事物的高度。大学毕业之后我报考了两个单位，都被录取，一个是专业对口的基层单位，一个是专业不对口的中央级单位，最后我选择了"级别"更高的那个。在那不到五年的时间里，对我这个农村来的小伙子来说接触的都是高级领导，直接了解到高层处理问题的思考方式。机关对我们这些年轻人也很是看重，领导们都是言传身教，让我一个从校门进到机关门的大学生能够直接接触社会问题，这让我受益匪浅。至今我仍然特别感激我的第一个工作单位，在那里我对社会的认识初具雏形，虽然当时不知道这意味着什么。后来一位同学给我个人提了一个建议，"做事要大气，格局决定高度"。话虽然简洁，但难得这么一针见血。这就是多年来我一直需要克服的问题，不能只顾眼前，不要计一城一地之得失，成大事者要有大胸怀。

六、性格决定命运

我们这一代人免不了要有应试教育的影子，虽然学生时代也不是一个安分的学生，但仍然基本上是接收信息为主，总有被动接受的习惯。对于一些事情，都会认为是命中注定的安排，无论是什么结果总会习惯性地说一句都行，随便。虽然内心很是纠结，也有一个期望的结果发生。经常的内心抗争也是有的，体现在自己内心的对话框中删来删去，最终也没有发送出去。总是抱着不希望去打扰别人心态，总是喜欢让别人猜自己的想法，总是习惯把"靠悟性"挂在嘴边，作为律师竟然没有主动出击的习惯，因此也错过了好多机会，正所谓性格决定命运吧。

七、我们无法改变过去，但可以选择未来

流逝的时间和倒向你的墙一样，都是太无能为力的事，不要等到夕阳西下才渐渐感激上天曾给予的青春。我们读这段文字的时间已经成为历史，我们已经无法改变，我们需要选择的是未来。过去的意义就是刻在记忆中发生过和错过的事情。经常会在想，如果那时候是这样就好了，现在的情况会完全不同，然后再叹息一声缘分未到。如果说我们错过了什么，确实就是错过了，不如问自己是否还要再错过。纠结于过去不如放眼未来，只要你愿意就会有未来，这可以是我们主动选择的未来。